Rücksicht. 40 Jahre Kunst in der Schweiz

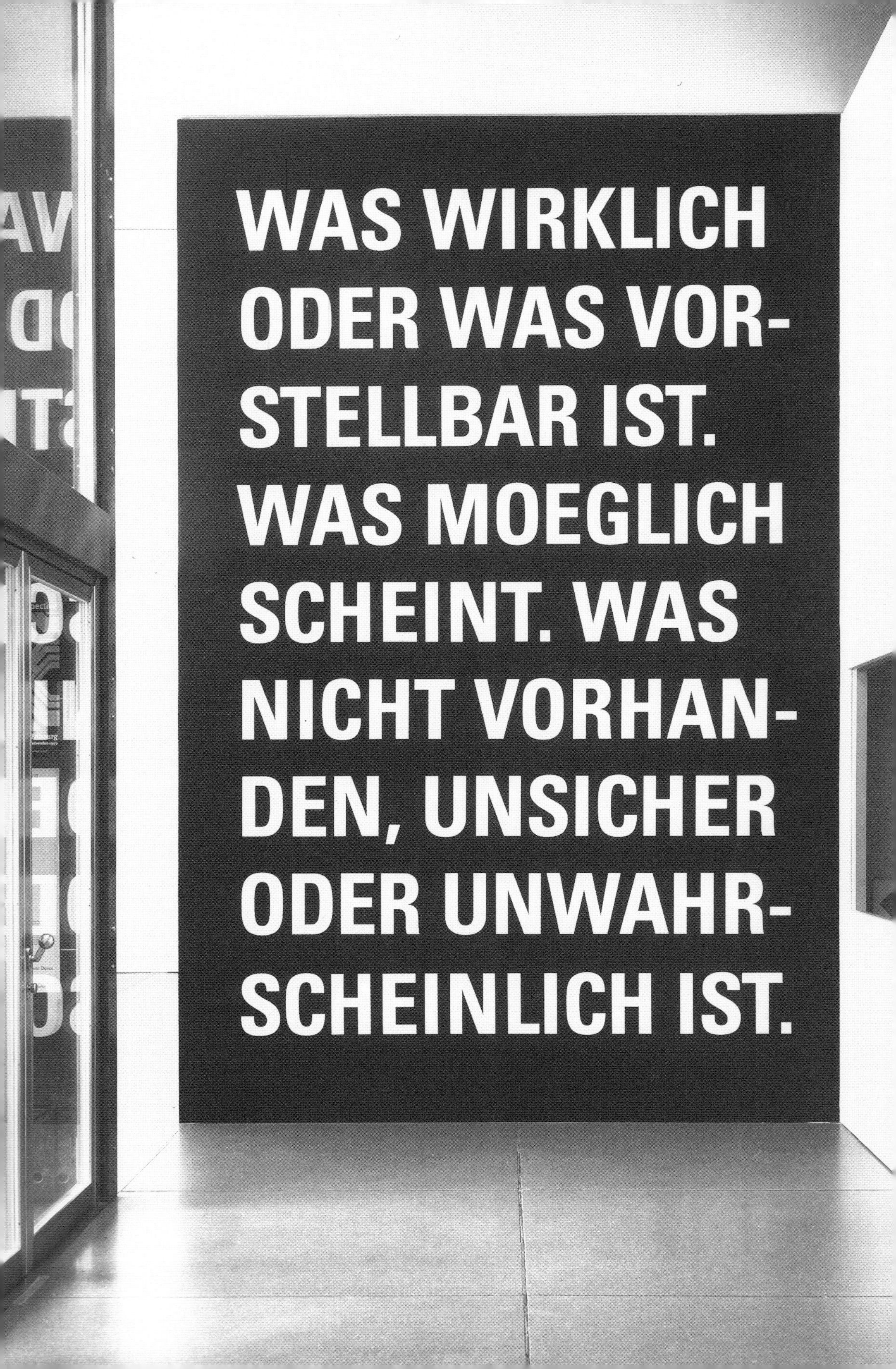
WAS WIRKLICH
ODER WAS VOR-
STELLBAR IST.
WAS MOEGLICH
SCHEINT. WAS
NICHT VORHAN-
DEN, UNSICHER
ODER UNWAHR-
SCHEINLICH IST.

Beat Wismer/Stephan Kunz

Rücksicht

40 Jahre Kunst in der Schweiz

Aargauer Kunsthaus Aarau

Herausgegeben von
Beat Wismer und Stephan Kunz
Aargauer Kunsthaus Aarau

Redaktion: Stephan Kunz
Gestaltung: Peter Zimmermann
Fotos: Jörg Müller, Aarau
Bildbearbeitung und Satz: Graphic Design, Peter Zimmermann, Zürich
Druckvorstufe: Crea Desktop AG, Dielsdorf
Druck: Engadin Press AG, Samedan
Ausrüstung: Buchbinderei Burckhardt AG, Mönchaltorf

Vertrieb im Buchhandel durch Edition Unikate, Zürich
ISBN 3 908617-12-X

Die Herausgabe dieser Publikation wurde unterstützt durch:

NEUE AARGAUER BANK
PRO HELVETIA
Kanton Aargau, Lotteriefonds

FRONTISPIZ: Alex Hanimann, Was wirklich ist oder was vorstellbar ist. 1999
Dispersionsfarbe auf Wand, 440 x 300 cm, (in-situ-Arbeit anlässlich der Ausstellung *'99 respektive '59* im Aargauer Kunsthaus Aarau 1999)

Inhalt

Schweizer Kunst der Nachkriegszeit im Spiegel der Aargauischen Kunstsammlung

Beat Wismer

Dass am Ende eines Jahrhunderts der Blick zurück geworfen wird, ist als Idee eher banal und naheliegend denn ungewöhnlich, und bedürfte, sollte man annehmen, keiner weiteren Erklärung. Dennoch hat kaum jemand den Versuch unternommen, die Schweizer Kunst des 20. Jahrhunderts im Überblick zu präsentieren; die Gründe dafür dürften auf verschiedenen Ebenen zu suchen sein, sie mögen in der vorgeblichen Einfachheit des Konzeptes ebenso liegen wie gerade auch in der Komplexität und der schieren Unüberblickbarkeit der Materie. Wie kaum eine zweite Institution ist das Aargauer Kunsthaus mit seiner Sammlung zu einer solchen Unternehmung prädestiniert: Seit 1860 wird für die Aargauische Kunstsammlung Kunst aus der Schweiz erworben. Konzentriert und zielgerichtet: Das Ziel der Tätigkeit des in jenem Jahr gegründeten Aargauischen Kunstvereins lag im Aufbau einer gültigen Sammlung von Schweizer Kunst der neueren Zeit. Dass wir für unseren Versuch eines Überblicks den Zeitraum auf vier Jahrzehnte reduziert haben, respektive, verlängert um einen Prolog, auf ein halbes Jahrhundert, hat mit der Geschichte unserer Sammlung zu tun, die erst hundert Jahre nach ihrer Gründung, im Jahre 1959, endlich zu ihrem eigenen Haus gekommen ist. *'99 respektive '59* hiess denn auch die Ausstellung, mit welcher das Aargauer Kunsthaus Ende 1999 seinen vierzigsten Geburtstag gefeiert hat und die den Anlass zu der nun vorliegenden Publikation gab. Die Ambition der Ausstellung war und jene der Publikation ist identisch mit dem Anspruch der Sammlung, der die Behauptung wagt: Im Aargauer Kunsthaus wurde in den vergangenen Jahrzehnten eine Sammlung aufgebaut, mit welcher das Kunstschaffen in unserem Lande repräsentativ und in einer gültigen Auswahl vorgestellt werden kann. Wer solches behauptet, hat mit Widerspruch zu rechnen: Wir begegnen den zu erwartenden und zum Teil gewiss nicht unberechtigten Vorwürfen betreffend gewissen Einseitigkeiten etwa in der Ausrichtung und den Vorhaltungen betreffend gewissen Lücken mit einiger Gelassenheit und mit den Hinweisen auf die Unerlässlichkeit von dezidierten Schwerpunktbildungen einerseits und einer gewissen, der Institution Museum anhaftenden Trägheit anderseits.

Es ist also zuerst dem zufälligen Eröffnungsdatum unseres Hauses zu danken, dass wir das Jahr 1959 an den Beginn des Zeitraumes unserer Retrospektive gesetzt haben, und es sollte sich erst im Verlaufe der Erarbeitung des Projektes dann zeigen, wie viel Sinn in der Wahl gerade dieses Anfangsdatums tatsächlich steckte: 1959 erweist sich immer mehr als eigentliches Schlüsseljahr für die Entwicklungs- ebenso wie für die Rezeptionsgeschichte der neuen Kunst in der Schweiz. Es ist nicht nur auf die, einleitend zum in dieser Publikation abgedruckten Gespräch erwähnte Koinzidenz der Gleichzeitigkeit der Eröffnung des Aargauer Kunsthauses und des Erscheinens der *DU* – Nummer mit den *"Schwarzen Pferden"* hinzuweisen, in welcher vorwiegend tachistische und abstrakt-expressive Maler einer jungen Generation von Schweizer Künstlern unter 35 Jahren vorgestellt wurden: Und damit auch die jungen Kunstschaffenden, welche sich den sauberen Lösungen der Konkreten verweigerten und die damit auch jene mittlerweile offiziell gewordene Avantgarde und optimistische Moderne skeptisch in Frage stellten, deren Vertreter ihrerseits für sich in Anspruch nehmen konnten, den ersten eigenständigen Beitrag von Künstlern aus der Schweiz an die internationale Entwicklung der Kunst unseres Jahrhunderts geleistet zu haben. Im selben Jahr 1959 vertreten diese damals jungen Wilden die Schweiz an der Biennale von São Paulo und ihre Werke werden, zusammen mit denen von Hans Arp, Alberto Giacometti und Max Bill und anderen, an der *documenta II* in Kassel gezeigt. Es ist die erste strikt zeitgenössische *documenta*, und die jungen Künstler präsentieren sich dort, als am grossen Projekt einer abstrakten Weltsprache gleichberechtigt Beteiligte.

Es ist auch die Zeit, da Paris seinen bis zum Krieg unangefochtenen Rang als künstlerisches Zentrum endgültig verliert und da sich der Fokus des Interesses von der französischen Metropole abwendet und auf New York richtet. Und wiederum ist, nun für die Rezeption der amerikanischen Kunst in Europa, 1959 ein Schlüsseldatum. Nachdem Arnold Rüdlinger ein Jahr zuvor in der Kunsthalle Basel die Ausstellungen *Jackson Pollock und Die neue amerikanische Malerei* präsentiert hat, erwirbt das Basler Kunstmuseum 1959 durch eine Schenkung Werke von Franz Kline, Barnett Newman, Mark Rothko und Clyfford Still. Damit wird eine Neuorientierung eingeleitet, die Basel zur ersten europäischen Adresse für die neue amerikanische Kunst machen wird. Auch dies ist aufschlussreich: Im selben Jahr, da das Aargauer Kunsthaus mit *'99 respektive '59* aus den Beständen der eigenen Sammlung einen Rückblick über die Schweizer Kunst der vergangenen vier Jahrzehnte offerierte, präsentierte Basel, ebenfalls mit eigenen Werken, die Ausstellung *White Fire – Flying Man. Amerikanische Kunst 1959–1999 in Basel*. Die Basler Entwicklung seit den sechziger Jahren ist im Grunde exemplarisch für die starke internationale Ausrichtung der grossen Schweizer Museen in den letzten Jahrzehnten; dagegen hatte es die Kunst aus dem eigenen Land in diesen Häusern mit ihren wichtigen Sammlungen oftmals nicht gerade leicht, wurde ihr doch die ihr eigentlich zustehende Beachtung nicht immer zuteil.

Die internationale, stark auf die amerikanische Kunst bezogene Ausrichtung der grossen öffentlichen Schweizer Sammlungen geht seit den sechziger Jahren einher mit einem dezidierten Interesse und einer bis anhin von Museen nicht oder kaum gekannten Offenheit gegenüber den neuesten Phänomenen der zeitgenössischen Kunst. Aus verschiedenen, im weiteren wie im engeren Sinne kulturpolitischen Gründen, aber auch bedingt durch spezifische personelle Konstellationen, verläuft die diesbezügliche Entwicklung in der Aargauischen Kunstsammlung anders und mit einer für eine provinzielle Situation typischen Zurückhaltung und Verspätung. Nachdem in den ersten fünfzig Jahren unserer Sammlungsgeschichte, bis etwa 1910, ausgesprochen zeitgenössisch und aktuell gesammelt worden war – von Böcklin bis hin zu Hodler, Amiet und Giovanni Giacometti wurden Werke direkt aus dem Atelier erworben -, begegnete man den Entwicklungen der Avantgarde und der klassischen Moderne der ersten Hälfte unseres Jahrhunderts, vom Kubismus über die Abstraktion zur Konkreten Kunst, mit reservierter Zurückhaltung, und der Aufbau einer gültigen Sammlung klassisch moderner Kunst konnte erst durch meinen Vorgänger Heiny Widmer in den siebziger und frühen achtziger Jahren entschlossen angegangen werden.

Unser Überblicksprojekt hat einen, was die Publikation betrifft, bescheidenen Vorgänger. 25 Jahre zuvor hat Heiny Widmer 1974 in einer programmatischen Ausstellung mit dem Titel *Haben und nicht haben* seine Vision eines *Musée ideal der Schweizer Kunst* vorgestellt. Er präsentierte darin die Sammlung, ergänzt durch Leihgaben von Werken, deren Erwerbung er zur Komplettierung der Sammlung vorsah. Er konfrontierte also den Ist-Zustand mit dem Soll-Zustand der Sammlung; im Vorwort des Kataloges finden wir die Zielsetzung der Sammeltätigkeit des Aargauer Kunsthauses einfach und klar so umrissen: "Das Aargauer Kunsthaus versucht eine Sammlung wichtiger Schweizerkunst (...) aufzubauen." Der Vergleich heute zeigt, dass viele damals ausgewiesene Lücken seither geschlossen werden konnten: Was Widmer als ideale Sammlung von Schweizer Kunst vorgeschwebt hatte, konnte in der Zwischenzeit in den Hauptpunkten realisiert werden, auch wenn die Einschätzung der Bedeutung des Schaffens von diversen Künstlerinnen und Künstlern seither einige Korrekturen erfahren hat und deren Beiträge heute zum Teil anders gewichtet werden. Es gelangen Heiny Widmer und uns in seiner Nachfolge wichtige Ankäufe und Ergänzungen im Bereich der frühen und der klassischen Moderne, anderseits wandte sich unter seiner Leitung auch das Aargauer Kunsthaus, mit seiner Ausstellungs- wie mit seiner Sammlungstätigkeit, entschieden und mit grosser Offenheit der Gegenwartskunst zu.

Wir haben uns für die Vorstellung dieses Teils unserer Sammlung, den wir in dieser Publikation präsentieren, für eine strenge Chronologie der Entstehung entschieden, die ausgewählten Werke werden also stur in der Abfolge ihrer Entstehungsjahre abgebildet. Unter jeder Jahreszahl findet sich eine Auflistung von für die Schweizer Kunst relevanten Ereignissen und Ausstellungen, dann folgen die wichtigsten im betreffenden Jahr entstandenen Werke unserer Sammlung. Die Werke so geordnet zu sehen, war auch für uns höchst aufschlussreich, teilweise auch überraschend. Die Sammlungstätigkeit unseres Hauses war immer relativ breit angelegt und beschränkte sich nie eng auf die jeweils dominierenden Trends, berücksichtigte immer auch qualitativ hochstehende andere Haltungen und Einzelpositionen: damit belegt der Bildteil, vor allem in den Jahren nach 1970, auch deutlich den expandierenden Pluralismus und das immer breiter werdende Dispositiv an bildnerischen Aussagemöglichkeiten der letzten Jahrzehnte. Anderseits finden wir immer wieder Werke und Werkgruppen, die als aufschlussreicher und exemplarischer Reflex auf wichtige Ereignisse ihrer Entstehungszeit gelesen werden können. Als Beispiel sei Franz Fediers *Regenbild* von 1959 erwähnt (Abb. S. 59), welches aus jener Werkreihe stammt, mit welcher der Maler im gleichen Jahr an der *documenta II* beteiligt war, und das hervorragend belegt, welchen Beitrag die Schweizer Kunst zur internationalen Entwicklung zu leisten fähig sein konnte. Ähnliches gilt für die Bildauswahl aus der Umbruchzeit um 1967/72, die auf einer rein visuellen Ebene und offensichtlich die Auseinandersetzung zuerst mit der amerikanischen Pop Art reflektiert, dann jene mit den neuen Kunstformen, -techniken, -haltungen und -strategien, die Harald Szeemann 1969 in der Kunsthalle Bern in der legendären, international breit angelegten Ausstellung *When attitudes become form* vorstellte.

Wir haben diese Art der Vorstellung des Überblicks, weil wir einerseits die Entwicklung der Kunst der Nachkriegszeit aufzeigen und anderseits belegen möchten, wie gültig dieses Ziel mit unserem Sammlungsgut erreicht werden kann, wie repräsentativ diese Sammlung mittlerweile tatsächlich ist. Gleichzeitig war es uns ein wichtiges Anliegen – eine Verpflichtung, die wir von unseren Vorgängern gerne übernommen haben –, auch Positionen zu berücksichtigen, welche in grosser Eigenständigkeit ausserhalb und unabhängig von der allgemeinen Entwicklung überzeugende Werke hervorgebracht haben. Es hätte eine andere Möglichkeit der Ordnung gegeben, die unter dem Aspekt der Sammlungs- und Rezeptionsgeschichte aufschlussreiche Erkenntnisse vermitteln würde: die Abfolge der Werke nach den Jahren ihrer Erwerbung. Die Möglichkeit einer solchen Lektüre steht dem interessierten Leser, der geneigten Leserin durch die Angabe des jeweiligen Erwerbsdatum offen: Sie fördert oftmals Erstaunliches zutage, das aber in den meisten Fällen durchaus erklärt werden könnte. Um beim Beispiel zu bleiben: Franz Fediers *Regenbild*, das nach dem Prolog unseren Bildteil 1959 einleitet, ist eines der zuletzt erst erworbenen Werke. Ähnliches gilt für die meisten Werke aus dem abstrakten Expressionismus, aber auch für die mittlerweile gültige Werkgruppe der Konkreten, die erst im Laufe der letzten 15 Jahre aufgebaut werden konnte: Jahrzehnte also erst nach der Entstehung der Werke und nachdem die Konkreten ihre wichtige Rolle im Ablauf der Kunstgeschichte gespielt haben. In dieser Lektüre geben sich die retardierende

Haltung und das Zögern zu erkennen, mit welchen die Aargauische Kunstsammlung seit der letzten Jahrhundertwende und bis in die siebziger Jahre hinein neuen Haltungen und Formen in der bildenden Kunst begegnete. Das Zögern gegenüber neuen Kunstformen liesse sich durch die spezifische Position einer öffentlichen Sammlung in einer provinziellen kulturpolitischen Situation erklären: Diese Situation betrifft jenen Zeitraum, der mit den radikalen Brüchen der historischen Avantgarde einsetzte, aber auch mit der Organisation der Aargauer Künstler in ihrer eigenen Sektion innerhalb der Gesellschaft Schweizerischer Maler, Bildhauer und Architekten um 1905. In der Folge war die Sammeltätigkeit stark regional ausgerichtet. 1969 gab sich der Kanton Aargau ein vergleichsweise fortschrittliches und liberales Kulturgesetz, zuvor hatte keine institutionalisierte kantonale finanzielle Förderung für bildende Künstlerinnen und Künstler bestanden, solche Unterstützung wurde hingegen, wenn auch in bescheidenem Masse, mit Ankäufen durch die Aargauische Kunstsammlung geleistet. Mit dem Kulturgesetz wurde die Sammlung aus dieser Verpflichtung entlassen, was in der Folge die oben erwähnte Neuformulierung des Sammlungskonzeptes erlaubte und 1974 zu einer ersten kritischen Bilanz hinsichtlich der Repräsentanz der Sammlung führte.

Der Vergleich der Erwerbs- mit den Entstehungsdaten der Werke zeigt, wie zielgerichtet in den vergangenen Jahrzehnten am Aufbau der Sammlung gearbeitet worden ist. Die Bilanzausstellung von 1974 und jene von 1999 bedeuten wichtige Marksteine in der Geschichte unseres Hauses: Auch wir benützten den Anlass der Ausstellung zur Ergänzung und Komplettierung – das erwähnte Bild von Fedier wurde auf diese Ausstellung hin für die Sammlung erworben. Als wichtigste öffentliche Sammlung von Schweizer Kunst verdient diese heute eine besondere Beachtung. Damit verbindet sich für uns auch eine besondere Verpflichtung, und der Titel unserer Publikation ist mit Bedacht gewählt: *Rücksicht auf 40 Jahre Kunst in der Schweiz* meint auch, dass in diesem Haus mit der bildenden Kunst unseres Landes besonders rücksichtsvoll umgegangen wird; so wie der Titel der Ausstellung *'99 respektive '59* ebenfalls die Assoziation "Respekt" evozieren sollte. Mit dieser Publikation ist an der Jahrhundertwende ein wichtiges Kapitel in der Geschichte unserer Sammlung abgeschlossen worden. Die Sätze, in denen 1981 im Sammlungskatalog der Tate Gallery London die Ankaufspolitik der vorangegangenen drei Jahrzehnte erläutert wurde, könnten auch über den Absichten stehen, die unsere Tätigkeit in der Vergangenheit geleitet haben: "Wir wollten eine Sammlung aufbauen, die einerseits von hohem Niveau ist, anderseits die ganze Bandbreite der modernen Kunst widerspiegelt; alle wichtigen Bewegungen sollten vertreten sein und die grössten Künstler jeweils durch mehrere Werke oder Gruppen von Werken. Bei wichtigen Ankäufen wurde neben der Qualität vor allem darauf geachtet, ob sie die historische Kohärenz der Sammlung bereicherten." Es ist damit das Ziel umschrieben, dem von unseren Vorgängern und von uns nachgelebt wurde und das auch, dies darf behauptet werden, in wichtigen Punkten erreicht werden konnte. Die Sammlung ist von hoher Qualität, und sie ist von repräsentativer Gültigkeit; dennoch dies: Auch wenn nun das Aargauer Kunsthaus, das seit langer Zeit an akutestem Platzmangel leidet, grosszügig erweitert wird – mit dem ersten Ziel einer permanenten Präsentation seiner Sammlung –, so müssen wir uns doch heute, an der Schwelle zum neuen Jahrhundert, der drängenden Frage stellen, ob dem Anspruch der dokumentierenden Breite weiterhin oberste Priorität eingeräumt werden soll. Die Diskussion um diese Frage, welche die Zukunft unserer Sammlung und unseres Hauses betrifft, wird uns in nächster Zeit zu beschäftigen haben.

Lauf der Dinge – Lauf der Kunst

Schweizer Nachkriegskunst im Gespräch

Sibylle Omlin: Es ist eine seltsame Koinzidenz. Das Kunsthaus Aargau öffnet 1959 seine Tore; im gleichen Jahr wird in der August-Nummer der Kulturzeitschrift DU die neue, junge Generation der unter 35jährigen Künstlerinnen und Künstler vorgestellt, in welcher das Augenmerk stark auf die Gruppe der abstrakten Expressionisten gerichtet ist. Damals scheint sich aus der Sicht der Nachzeit eine Umbruchsituation abgezeichnet zu haben, ein Aufbruch auch. Der Krieg war vorbei. Die jahrzehntelange Dominanz der Figurativen und Zürcher Konkreten als Avantgarde weicht sich offenbar langsam auf. Franz Fedier, Sie waren damals ein Teil der jungen Generation. Wie beurteilen Sie die Situation? Sie waren 1959 als junger Künstler an der Biennale Sao Paulo und vertraten mit Ihrer ungegenständlichen Malerei das Informel, die damals avantgardistische Kunst der Schweiz zusammen mit Samuel Buri, Matias Spescha und Pierre Terbois. Ein Jahr zuvor repräsentierten Max Bill, Fritz Glarner, Camille Graeser, Richard Paul Lohse zusammen mit Charles Rollier, Pierre Terbois, Wilfried Moser und Louis Moilliet die Schweizer Kunst an der Biennale in Venedig. 1960 schickte man Robert Müller, Otto Tschumi und Varlin an die Biennale. Kurze Zeit später bekam Bill den Auftrag, den Kunstpavillon der Expo 64 zu gestalten. Wie gestaltete sich die Situation der Kunst zu Beginn der 60er Jahre?
Franz Fedier: Sie haben das Stichwort 'Avantgarde' genannt. Ich habe als Junger in den 30er Jahren in der Schweiz zuerst den Surrealismus und die Konkreten als 'Avantgarde' kennen gelernt, dann vor allem auch durch die Allianz-Ausstellungen in den 40er Jahren. Damals waren die Konkreten und die Surrealisten als 'Avantgarde' vereint. An der Landi 1939 erhielten die Konkreten ihr erstes öffentliches Forum in der Schweiz mit einer gewissen Breitenwirkung. Auch wenn Bills "Unendliche Schleife" dann zerstört worden ist, ist aus heutiger Sicht doch zu sagen, dass die Schweizer Kunst an der Landi 39 sehr viel besser behandelt worden ist als an der Expo 1964. In zwei gigantischen Ausstellungen wurde sie im Kunsthaus Zürich präsentiert. Und die Landi war nicht nur heimattümelnd, wenngleich es diesen Aspekt auch gab. Doch die "Allianz", die moderne Schweizer Kunst, die "Avantgarde", wenn Sie wollen, war präsent.
Beat Wismer: Du bestätigst meine Vorstellung, dass die Konkreten in der Schweiz während des Krieges und in der unmittelbaren Nachkriegszeit trotz geistiger Landesverteidigung und Kaltem Krieg sich als internationalistische Avantgarde etablieren konnten – unter anderem, weil im übrigen Europa die Bedingungen für eine Alternative fehlten. Nach dem Krieg standen die Konkreten als eine der wenigen Kunstrichtungen da, die sich nicht mit den Mächten und den Mächtigen des Faschismus arrangiert oder angebiedert hatten. Das gab der konkreten Bewegung enormen Auftrieb und ein Renommee, das sie in der Wiederaufbauzeit der Nachkriegsjahre als wichtigste Strömung etablierte.

Nach dem Krieg standen die Konkreten als eine der wenigen Kunstrichtungen da, die sich nicht mit den Mächten und den Mächtigen des Faschismus arrangiert oder angebiedert hatten.

Fedier: ... zu unser aller Erstaunen, niemand konnte ahnen, dass die Konkreten so arriviert wurden. Man nahm sie als progressiven Sektor innerhalb der Kunstlandschaft wahr, zwar mit vielfältigen Beziehungen ins Design, in die Architektur, in die visuelle Gestaltung hinein. Dies schuf ihnen viele Kontakte, schlussendlich auch Aufträge, Renommee und, ja, auch Einfluss...
Wismer: Auch Macht? 1964, also in der hohen Zeit des Informels auch in der Schweiz, mit den damals um die 30- oder 40jährigen Protago-

nisten, erhielt – wie erwähnt – Max Bill den Auftrag für den Kunst-Pavillon an der Expo. Damals waren die Hauptmeister der Konkreten, Lohse, Bill und Loewensberg, bereits zwischen Mitte 50 und Mitte 60, Graeser gar über 70 Jahre alt: sie waren also alle eine gute Generation älter als Ihr Informellen, und sie hatten bereits einen wichtigen Teil ihres Lebenswerks geschaffen. 1964 war Bill 56, nicht 35 wie Pipilotti Rist, die 1997 zur künstlerischen Leiterin der Expo 2001 gewählt wurde. Die Wahl Bills für den Auftritt an der Expo war 1964 doch auch ein Absegnen einer Kunstrichtung, die sich drei Jahrzehnte zuvor bereits in der Schweiz zu manifestieren begonnen hatte und sich in der Zwischenzeit quasi als Verkörperung von angeblich typischen schweizerischen Tugenden wie Präzision, Pünktlichkeit etc. etabliert hatte. Was mich nun besonders interessiert: Wie weit war damals für Euch 30- bis 40jährige die Konkrete Kunst, die vormalige Avantgarde und nun etabliert und offiziell gewordene Kunst, jene Kunst, auf oder gegen die Ihr reagiert habt, deren Hegemonie Ihr angegriffen habt?
Fedier: Ich kann eigentlich nur für mich persönlich sprechen. Wir abstrakten Expressionisten waren ja keine geschlossene Gruppe, sondern im Gegenteil weit verstreut. Die Konkrete Kunst der Zürcher Gruppe habe ich immer als eher fremd und kalt empfunden, theoretisiert auch; erst später habe ich den Mangel an Sentiment in ihrer Abstraktion als Qualität schätzen gelernt. ...
Omlin: ... als Sie selber in Ihrer Kunst auch Richtung Konstruktivismus und geometrischer Abstraktion tendierten ...
Fedier: ... ja, aber als junger Künstler war ich eigentlich begeistert vom Surrealismus. 1939 habe ich zum ersten Mal ein Bild von Serge Brignoni gesehen; als ich dann 1945, nach meiner Ausbildung, nach Bern gegangen bin, hat mich der Surrealismus doch mehr interessiert als diese 'Quadrate-Malerei'.
Wismer: So verlief Deine Entwicklung zum Informel, zur freien Malerei also auch über den Surrealismus? Eigentlich recht typisch für die damalige Zeit und auch parallel zu den amerikanischen Pionieren wie Pollock und anderen abstrakten Expressionisten.
Fedier: Genau. Der Surrealismus, das war die Stilrichtung, in welcher wir unser Realerlebnis, den Krieg, thematisiert fanden.

Der Surrealismus, das war die Stilrichtung, in welcher wir unser Realerlebnis, den Krieg, thematisiert fanden.

Omlin: Und andere Kunstauffassungen nach dem Krieg, welche die Erfahrung des Krieges und des Holocausts thematisierten und in der Malerei bei einem Nullpunkt anfangen wollten, die Art brut beispielsweise, waren die für die jungen Schweizer Künstler und Künstlerinnen nach dem Krieg wichtig?
Fedier: Man hat die Art brut sofort zur Kenntnis genommen, nur hat sie mich damals als Künstler nicht so sehr berührt, dass ich daraus künstlerisch für mich etwas hätte folgern können. Das war eine Malerei, die sich in der Nähe von Klee befand, wenn auch mit mehr Material. Ähnlich wie Klee die Kinderzeichnungen thematisiert hatte, war Dubuffet an der Zeichnung und Malerei von sogenannten Irren interessiert. Ich kann mich erinnern, dass einige Schweizer, beispielsweise Werner Witschi und Helen Dahm, damals ebenfalls von der Art brut berührt waren, auch die Zürcher Malerin Anna Indermaur etwa. Als ich 1947 in Paris war und Anna Indermaur traf, sagte sie: "Dubuffet, das ist das einzig Wahre."
Omlin: Dann waren also vor allem der Surrealismus oder die Strömungen, die ihm nahe standen – die Art brut zeigt ja auch Verbindungen zum Surrealismus –, nach dem Krieg für die junge Malerei wichtig?
Fedier: Für eine grosse Gruppe der Jungen ja.
Wismer: Wieweit war denn der Surrealismus in der Schweiz und für die Schweizer nach dem Krieg eine suspekte Angelegenheit? Wir reden von der Avantgarde und von den Zürcher Konkreten als deren anerkanntem

Zweig und dann von der anderen Richtung, den Surrealisten, aber in der Ankaufspolitik der öffentlichen Sammlungen haben nach dem Krieg ja noch die Figurativen der Zwischenkriegszeit dominiert, Morgenthaler etwa oder Gubler, oder, um es grob vereinfacht zu sagen, die Vertreter einer Amiet-Nachfolge. Kuhn und Varlin, die vielleicht wichtigsten figurativen Schweizer Maler der Nachkriegszeit, waren zwar an der Expo 64 vertreten, aber nicht im von Bill betreuten offiziellen Kunstpavillon, sondern im Pavillon "La joie de vivre".
Fedier: Man darf nicht vergessen, dass auch einzelne ältere Figurative, Max Gubler zum Beispiel, damals durchaus als modern gegolten haben. Sie waren in der GSMBA vertreten, sie bekamen Aufträge. Doch auch die Outsider, die Avantgardisten bekamen punktuell Aufträge. Sehen Sie zum Beispiel Walter Kurt Wiemken in den 30er Jahren: er hat an den offiziellen Basler Kunstkredit-Wettbewerben teilgenommen und auch gewonnen; er hat Aufträge für Wandbilder erhalten. Mit andern Worten: in der Schweiz ist mehr als an anderen Orten die moderne Kunst integriert gewesen in die offizielle Kunst oder in das, was man als offizielle Kunst verstanden hat.
Omlin: Wir kehren für die Fragen der Nachkriegskunst offenbar immer wieder in die Zwischenkriegszeit zurück. Vielleicht ist das ein Ausdruck davon, dass die Schweiz im damaligen Europa eine Insel war, wo die Moderne überhaupt noch stattfand, in der Gesellschaft erprobt werden konnte, ein Publikum hatte, wenn auch ein kleines. Im Gegensatz zum faschistischen Europa in den 30er Jahren, wo die Moderne stigmatisiert war und sich aus dem offiziellen Kulturbetrieb herausgedrängt sah. Nach dem Krieg war die Suche nach einer Moderne, die sich nicht dem Faschismus angedient hatte, offenbar das wichtigste künstlerische Anliegen.
Fedier: Unsere Generation, die während des Zweiten Weltkriegs erwachsen wurde und nicht reisen konnte, hat nach 1945 vor allem das Bedürfnis gehabt, nach aussen zu schauen. Meine Generation ist nach dem Krieg sofort weg aus der Schweiz. Paris bot sich an, das trotz Besetzung durch die Nazis immer noch den Duft der Metropole der Moderne verströmte, und Amerika, das vom Krieg nicht betroffen gewesen war und wo sich wichtige europäische Strömungen der Moderne im Exil weiterentwickelt haben. Hugo Weber ist ein typisches Beispiel für einen von uns damals Jungen, die nach Amerika gingen.
Ich selber war in Paris. Ich habe viele Maler des abstrakten Expressionismus in Paris getroffen, auch viele Schweizer, die sich dafür interessierten – Robert Müller, Samuel Buri, Wolf Barth, Hugo Weber und andere. Zudem haben im Paris der Nachkriegszeit viele der Pioniere der Moderne noch gelebt; ich bin zu Léger gegangen, ich habe Matisse bewundert. Aber selbstverständlich konnte man nicht an diese Malerei anknüpfen, weil diese bereits 30 oder 40 Jahre Bestand hatte. Wir waren bereits zwei Generationen jünger als diese Künstler. Ich war dann Student im Atelier 17 von Stanley William Hayter.
Omlin: Wie haben Sie sich für das Informel entscheiden können, für den abstrakten Expressionismus? Wie bewusst war es überhaupt ein Entscheid?
Fedier: Da muss ich etwas ausholen. Als junge Künstler mussten wir uns in den 40er und 50er Jahren noch gegen ganz andere Kunstauffassungen durchsetzen. Wir hatten einen langen Anlaufweg, bis unser Werk wahrgenommen wurde, bis wir ausstellen konnten. Das ist heute völlig anders. Die Ausstellungsmöglichkeiten für junge Kunstschaffende haben sich seit den 80er Jahren vervielfacht. Gleichzeitig ist auch die Information so breit und unendlich verwirrend geworden, dass man den Jungen wieder Orientierungshilfen bieten muss. Was uns gefehlt hat,

das war Information, Bücher. Information haben die heutigen Künstler in Überfülle, so dass fast eine Situation der Desinformation besteht. Für uns hiess Information: Künstler kennen lernen, auch in persönlichen Begegnungen. Nach meiner Rückkehr in die Schweiz hat vor allem die Kunsthalle Bern in der Vermittlung der internationalen Tendenzen eine Rolle gespielt. Arnold Rüdlinger hatte in den mittleren 50er Jahren mit zeitgenössischer Kunst eine konsequente Informations- und Ausstellungspolitik betrieben. Er hatte die neuen Strömungen in einer gewissen Ordnung und Strukturiertheit präsentiert und mit Ausstellungen wie "Tendances actuelles" Bestandesaufnahmen gewagt, die ihn selber als Kunsthistoriker herausgefordert hatten im Sinne der Frage, ob das nun das Wesentliche war. Diese Ausstellungen haben ausgestrahlt auf Basel und Zürich. Und auch auf die Künstler. Nach Rüdlinger haben Franz Meyer und Harald Szeemann diese Informationspolitik weitergeführt.

Als junge Künstler hatten wir in den 40er und 50er Jahren einen langen Anlaufweg, bis unser Werk wahrgenommen wurde, bis wir ausstellen konnten.

Omlin: Also war die Kunsthalle Bern damals so etwas wie die trendigste Kunsthalle der Schweiz? Ein eindeutiges Zentrum in der Vermittlung neuer Tendenzen?
Fedier: Ja, das kann man so sagen.
Wismer: Aber, um auf meine Frage zurückzukommen, wie sehr war Eure neue Kunstauffassung, das Informel, als bewusster Widerstand und als bewusste Opposition gegen die Konkreten gerichtet, die für Euch doch machtvolle oder übermächtige Vertreter einer anderen, einer älteren Generation waren?
Fedier: Tatsächlich ist es so, dass die informelle Malerei sich damals Ende der 50er Jahre als Gegenpol zur konstruktiv-konkreten Kunst verstanden hat. Und die Konkreten ihrerseits haben alle figurative Malerei als Feindbild gesehen. Beides waren zeitgenössische Strömungen in einer Zeit, in der eine gegenständliche, paternalistische GSMBA-Kunst dominiert hatte. Es war somit eigentlich keine Opposition im künstlerischen Sinn, die Opposition richtete sich vor allem auf den institutionellen Bereich. Wir wollten ausstellen, uns zeigen.

Die informelle Malerei verstand sich Ende der 50er Jahre als Gegenpol zur konstruktiv-konkreten Kunst.

Hugo Suter: Ich denke, dass man als junger Künstler, als junge Künstlerin der etablierten Kunst immer mit einem fundamentalen Misstrauen begegnet. Im Misstrauen steckt jene Energie, die sich dem Unbekannten zuwendet.
Wismer: Wohin hat sich diese Energie denn gerichtet in den 50er Jahren? Die Konkreten versprachen mit ihren grossen Umwelt- und Welt-Um-Gestaltungsideen auch ein Aufgehen der Kunst in eine gestaltete Welt, letztlich war das die Infragestellung der autonomen Institution Kunst überhaupt. Die Maler des Informel wiederum beharrten gerade auf der Autonomie der Kunst und auf dem Werkgedanken. Diese Bilder waren nicht daraufhin angelegt, in einem Gesamtdesign aufzugehen. Sie brauchten den geschützten, definierten Rahmen des Museums. Musste unter einem solcherart modernen Gesichtspunkt, wie ihn die Konstruktiven und Konkreten mit ihrer Utopie vertraten, Eure Gegenposition in den 60er Jahren nicht gar als reaktionär erscheinen?

Fedier: Nein, so war das nicht. Wir hatten auch unsere theoretische Unterlage für unsere Kunst, unsere weltgestaltende Idee: den Existentialismus, wobei wir nicht genau wussten, was das war. Doch es gehörten rote Socken, Gauloises und Bebop dazu.
Omlin: Also gab es auch eine Art Gesamt-Design des Existentialismus?
Wismer: Der Bogart-Regenmantel von Matias Spescha ist heute noch legendär!
Fedier: Der Existentialismus verband sich mit der Vorstellung von Lebensgefühl, das war von uns nicht so fundiert als theoretisches Konzept zu Ende gedacht. Wir wollten einfach malen. Für uns war damals einfach eine Art Nullpunkt-Situation. Die Welt und die Art und Weise, wie sie war, hatte sich derart diskreditiert in den vorangegangenen Jahren. Es war der Schock der Konzentrationslager und des Holocaust, der ja erst nach dem Krieg in seinem ganzen Ausmass und Schrecken bekannt wurde. Das sass tief. Man konnte eigentlich nur noch gegen alle und alles sein, was an diesem Desaster irgendwie mitbeteiligt gewesen war. Ich hatte zum Beispiel alles Deutsche gehasst in jener Zeit, hatte deswegen keine deutsche Literatur mehr gelesen. Der französische Existenzialismus bot sich damals als Rettung an, die waren ja im Exil, in der Résistance, wenn sich das heute zunehmend auch als Mythos entpuppt.

Der Existentialismus verband sich mit der Vorstellung von Lebensgefühl, das war von uns nicht so fundiert als theoretisches Konzept zu Ende gedacht. Wir wollten einfach malen.

Wismer: Die Konkreten hatten ja bereits in der Zwischenkriegszeit eine schöne Lösung versprochen für die Welt und deren Gestaltung. Sahst Du denn nach dem Krieg für Dich keine Möglichkeit, dort anzuknüpfen? Hat Dich das nicht auch interessiert?
Fedier: Als Phänomen schon, ja, das hatte mich bereits an der Landi 1939 interessiert. Was mich jedoch an den Konkreten gestört hatte, war das Humorlose, das Dogmatische. Ich hatte das immer als etwas Protestantisches betrachtet.
Wismer: Dieter Roth, der in den 50er Jahren ebenfalls konkret zu malen angefangen hatte, sagte später einmal in einem Interview, dass er die Konkreten immer bewundert hätte um ihre exakten Lösungen: bei denen sei immer alles so schön aufgegangen. Ihm sei aber leider der Glaube an diese schönen Lösungen abhanden gekommen. So oder ähnlich dürfte diese Aussage doch wohl auch für die informellen Maler gegolten haben, nicht?
Fedier: Ja. Doch auch informelle Kunst hat sich kurze Zeit später selber disqualifiziert. Sie war so dominierend. Es malten so viele in diesem Stil. Es gab auch viele schlechte Kunst, es war ja relativ einfach, so zu malen. Da stellte sich die Frage nach der Qualität, die stellte sich damals wie heute. Bevor man diese Frage jeweils umfassend beantwortet hatte, kam wieder etwas Neues, was das Qualitätsempfinden, das ästhetische Urteil herausforderte und beschäftigte.
Omlin: Welche Kriterien galten denn für den abstrakten Expressionismus, für die peinture des Informel? Das kann für die Beurteilung der späteren 'Wilden Malerei' der 80er Jahre wieder interessant sein. War es das Kriterium der Intensität?
Fedier: Für gewisse Leute schon, doch da gab es viele Missverständnisse. Informelle Malerei wurde immer dem abstrakten Expressionismus gleichgesetzt, als Ausdruckskunst, da spielte der Ausdruck, die Intensität eine gewisse Rolle. Auch die alten Werte der Kontinuität haben noch eine Rolle gespielt. Immer wieder das gleiche machen, das gleiche immer besser machen. Samuel Beckett hat es treffend mit "mieux échouer" umschrieben. Mit anderen Worten, man empfand ein Qualitätsgefühl in der Kontinuität, in einem Stil des Oeuvres, einem erkennbaren Personalstil. Das galt damals als Qualität: dass man voneinander unterscheidbar war.

Man empfand ein Qualitätsgefühl in der Kontinuität, in einem Stil des Oeuvres, einem erkennbaren Personalstil. Das galt damals als Qualität: dass man voneinander unterscheidbar war.

Wismer: Das ist ein interessanter Punkt. Um 1960 waren also noch Kriterien wie Kontinuität und Homogenität für eine Qualitätsvorstellung gegeben. Und es wurden auch Feindbilder gegenüber anderen Richtungen aufrecht erhalten oder aufgebaut. Dies hat sich in den letzten Jahrzehnten, in der Postmoderne, stark verändert. So haben in den 80er Jahren zum Beispiel Helmut Federle, John Armleder und Martin Disler oft gemeinsam ausgestellt, und sie waren auch eng miteinander befreundet: gleichzeitig haben sie aber künstlerische Haltungen vertreten, die, nähme man deren Intentionen wirklich ernst, sich radikal unterscheiden und die eigentlich unvereinbar sind. Es wurde nun sehr vieles nebeneinander möglich, Armleder zum Beispiel hat gerade damit operiert, während Federle doch eher die hehren Ansprüche einer avancierten Moderne weiterführte. Wenn wir uns eine vergleichbare Konstellation eine oder zwei Künstlergenerationen früher vorzustellen versuchen, so hätten sich jene Künstler wohl den Rücken zugekehrt, oder sie hätten sich, wie zum Beispiel in der "Allianz" mit dem einzigen Ziel zusammengeschlossen, besser zu Ausstellungsmöglichkeiten zu kommen.
Fedier: Richtig. Das ist eine Zeiterscheinung. Ein Stil, eine einheitliche Haltung wird von einem Künstler heute gar nicht angestrebt, ist sogar verdächtig.
Wismer: Exemplarisch etwa bei Olivier Mosset. Ende der 60er Jahre malte er drei, vier Jahre lang nur schwarze Kreise auf weiss grundierter Leinwand, dann wurde er während einiger Zeit, scheinbar konsequent, monochrom, und 1985 malte er plötzlich ein Bild mit 196 blauen Kreisen. Der Verlauf seines Werks ist ein aufschlussreiches Beispiel für das Kippen des letzten Modernismus in die Postmoderne. Heute malt er nebeneinander monochrome wie geometrisch-abstrakte Bilder.
Fedier: Vielleicht hat es damit zu tun, dass die Konsumwelt immer mehr in die Kulturwelt hineingespielt hat, dass Kunst zum Verbrauchsartikel geworden war. Dass Künstler sich nach dem Gebrauch von Kunst ausrichteten.

*

Die Geschichtsschreibung kann dem in solchem Ausmass neuen Pluralismus nur durch das Konstrukt einer vereinfachenden Abfolge beikommen.

Wismer: Um die Vielfalt der oft gleichzeitigen Erscheinungen leichter ordnen zu können, bedient sich die Kunstgeschichte der vereinfachenden Tendenz, alles, auch Gleichzeitiges, in einer scheinbar logisch abrollenden Entwicklungslinie als Nach-Einander zu etablieren. Auffallend ist, dass gerade in den späten 60er Jahren viele Bewegungen praktisch miteinander gekommen sind: gleichzeitig mit oder unmittelbar nach 'Nouveau Réalisme', 'Pop' und 'Op Art' die verschiedenen Ausrichtungen der amerikanischen 'Minimal Art' und der 'Conceptual Art' und der europäischen 'Arte povera', und, praktisch gleichzeitig mit 'Minimal', schon die 'Post minimal Art'. Die Geschichtsschreibung kann diesem in einem solchen Ausmass neuen Pluralismus nur durch das Konstrukt einer vereinfachenden Abfolge beikommen. Bis gegen 1970 konnte es ihr noch einigermassen gelingen, einen Ablauf zu konstruieren, nach 1970 gibt es solche Klarheit nicht mehr: Szeemanns "Attitüden"-Ausstellung 1969 war, unter einem solchen Aspekt gesehen, auch ein grossartiges polyphones Konzert.
Wie war das zuvor? Gab es für ein "anything goes", wie wir es seit der Zeit um 1970 erkennen können, zehn Jahre zuvor, im Informel, schon irgendeine Berechtigung, oder herrschte damals noch eine klare existentielle Haltung, die sich in der Malerei an der peinture, an einem Gestus, an malerischen Kriterien messen liess? Ist diese Klarheit, wie ich sie mir in Eurer heroischen Zeit vorstelle, auch ein vereinfachendes Konstrukt? Bietet sich Dir jene Situation in Deiner Erinnerung auch so ein-

deutig als eine des Übergangs dar?

Fedier: Es gab keinen Übergang, es kam einfach eine neue Generation mit einer neuen Auffassung von Kunst.
Omlin: Also wieder ein Generationswechsel?
Fedier: Gepaart mit neuen Kunsthaltungen um 1968 vielleicht. Das lässt sich auch an den damaligen Ausstellungen ablesen. Ich erinnere mich an die Ausstellung im Kunsthaus Zürich "Wege und Experimente": 30 junge Schweizer Künstler, dabei zum Beispiel Markus Raetz, Albert Siegenthaler und Herbert Distel. Das war die Ablösung dessen, was man Tachismus, Informel genannt hatte.
Wismer: Ich glaube, dass der Einschub einer theoretischen Meta-Ebene für das Moment des Bildermachens sehr bestimmend geworden ist für die Kunst und ihre Geschichte nach 1968. Die erwähnte Ausstellung "when attitudes become form" in der Kunsthalle Bern von 1969 war ein wichtiges Indiz dafür. Wenn die ganze Information über Kunst zur Verfügung steht und medial vermittelt ist, erscheint auf einmal alles gleichwertig. Zu diesem Punkt sind dann später die Arbeiten von Fischli/Weiss und Jean-Frédéric Schnyder aufschlussreich. Bei "Plötzlich diese Übersicht" von Fischli/Weiss, bei jenen 1981/82 ausgestellten über 200 Objekten aus ungebranntem Ton, finden wir zum einen Banalitäten wie ein beliebiges Stück Autobahn, anderseits aber einen individual-biographisch so existentiellen Moment, wie jenen von Charlie Parker, der nach einem Konzert ausrastet und sich in der Hotelhalle die Kleider vom Leib reisst und diese verbrennt. Ähnlich operiert Jean-Frederic Schnyder mit seiner Bildstrategie: Bildchen, alle im gleichen Format, gemalt in den verschiedensten Stilen, aber immer mit der gleichen Sorgfalt, und mit verschiedensten, aber gleichwertig präsentierten Sujets, Themen und Symbolen. Diese Künstler zeigen nach 1980 deutlich den sprunghaften Wechsel in der Vermittlung von Information, die alles gleichwertig vorführt: eine Zapp-Ästhetik auch. Dies wiederum vollzieht sich gleichzeitig mit einer intensivierten Beschäftigung mit der individuellen Befindlichkeit, wie wir sie in der 'Wilden Malerei' der frühen achtziger Jahre erlebt haben.

Der Einschub einer theoretischen Meta-Ebene ist nach 1968 für das Moment des Bildermachens sehr bestimmend geworden.

Hugo Suter: Die Ausstellung "Visualisierte Denkprozesse" im Kunstmuseum Luzern (1970) signalisierte für unsere Generation tatsächlich den Aufbruch zu einer Kunst, die ihre eigenen Kriterien erarbeitet, die interessiert und neugierig an die Dinge herangeht und sich der eigenen Umwelt zuwendet. Dennoch würde ich sagen, dass das Künstler-Denken sich jenseits von logischen Zwängen ereignete, die wir vielleicht mit dem Begriff Theorie verbinden würden. Ich würde es vielleicht mit visuellem Denken umschreiben, das seine eigene Logik hat. Es war eine Zeit der unterschiedlichen Bilderfindungen, ein Tanz der Ideen, Empfindungen und Gedanken auf einer Nadelspitze.

Die Ausstellung "Visualisierte Denkprozesse" im Kunstmuseum Luzern (1970) signalisierte für unsere Generation einen Aufbruch.

Fedier: Das kann ich bestätigen. Theorie ist immer das, was ausserhalb der Kunst passiert. Was mit dem Zeitgeist zu tun hat. Jean-Christophe Ammann hat in den 70er Jahren dafür immer das Schlagwort des Paradigmenwechsels gebraucht. Ich war natürlich anderer Meinung. Ich vertrat die Ansicht, dass künstlerische Qualität an gewissen Vorstellungen hängt und dass dies das Thema der Diskussion sein müsste, nicht der Paradigmenwechsel. Dieser Meinung bin ich noch heute. Die Vorstellungen über Qualität von Kunst müssen diskutiert werden, nicht die Theorie der Kunst.

Suter: Eine eindeutige Trennung zwischen Kunstschaffenden und Theoretikern hat es wahrscheinlich nie gegeben. 'Theorie' hat ja seinen Ursprung im griechischen Wort für Betrachtung. Wissen heisst für mich, gesehen zu haben. Viele amerikanische Nachkriegskünstler waren auch ausgewiesene Theoretiker, Reinhardt, Newman und Judd beispielsweise. Die Arbeitsteilung zwischen Künstler, der sein Metier kennt, und Kritiker und Interpret, der dem Werk zur Auslegung verhilft, ist mehr und mehr am Verschwinden. Das zeigt sich gerade bei den jungen Kunstschaffenden. Sie zeichnen sich durch ein hellwaches, avanciertes Bewusstsein aus. Es sind nicht mehr nur Spezialisten oder Spezialistinnen auf dem Gebiet von Farbe und Form. Als Generalistinnen und Generalisten eignen sie sich nach Bedarf Wissen aus der Kunsttheorie, der Philosophie, der Soziologie oder der Technik an.

*

Omlin: Wir haben bisher ausführlich über die Kunstentwicklung in der Schweiz der Nachkriegszeit gesprochen, um das Thema "Kunst in der Schweiz" oder "Schweizer Kunst" haben wir uns bis jetzt etwas gedrückt. Du, Beat, hast die Überblicksausstellung in Aarau vorsichtig mit "40 Jahre Kunst in der Schweiz" betitelt. Auch die Deutschen haben in ihrer grossen Ausstellung in Berlin das unverfänglichere "Kunst in Deutschland" gewählt. Gleichzeitig mit dem Wiederauftauchen der Figuration nach dem Informel ist in den 70er und 80er Jahren wieder mehr eine Arbeit mit Ikonologien, auch mit dem Bild des eigenen politischen und gesellschaftlichen Umfelds, zu bemerken. Auch in der Schweiz. Gibt es etwas Schweizerisches an der Kunst in der Schweiz?

Fedier: In den 70er Jahren war die Schweizer Kunst ein gefragter Export-Artikel. 1968 gab es die "Wege und Experimente"-Ausstellung, dann "Giovane Arte Svizzera" in Mailand (1972), 1971 in New York "The Swisss Avantgarde", als man das letzte Mal Max Bill als Avantgarde losgeschickt hatte. In den 70er Jahren sind viele Schweizer Gruppenausstellungen ins Ausland geschickt worden. "Schweizer Kunst ist gefragt", sagte beispielsweise Jean-Christophe Ammann in den 80er Jahren. Was wir heute auch wieder beobachten können.

Ich denke, es entwickelt sich vieles über den Ort, an dem man sich aufhält, aber nicht alles. In der Schweiz war man bis vor kurzem noch stark fixiert auf den Ort, an dem man aufgewachsen ist, auf die Schule, an der man seine künstlerische Ausbildung gemacht hat, auf die Galerie, in der man seine erste Ausstellung hatte. Viele bleiben an jenem Ort und kommen nie darüber hinaus, andere ziehen weg und kehren zurück, siehe Iseli oder Buri. Die Bodenhaftung bei den Schweizern ist sehr stark. Vielleicht hat es auch damit zu tun, dass man für die Kunstbeurteilung nicht einfach nur abstrakte Qualitätskriterien brauchen kann, oft sind Emotio-

Ich denke, es entwickelt sich vieles über den Ort, an dem man sich aufhält, aber nicht alles.

nen damit verbunden, persönliche Kontakte. Dennoch glaube ich, dass ein gewisses Klima und ein Erlebnisraum prägend ist für einen Kunstschaffenden. Zum Beispiel Klee und Bern, das kann man sehr gut zusammenbringen. Es gibt viele Indizien, dass Klee ein Berner ist und in Bern aufgewachsen ist. Mich interessiert dieser biographische Aspekt zwar nicht so sehr. Doch der Künstler schöpft oft aus ganz seltsamen Bezügen.

Wismer: Du, Franz, hattest mit dem Informel teilgenommen an einem Experiment 'Weltsprache Kunst', das war doch die Utopie einer universalen Sprache, die nur abstrakt sein konnte, doch von universalen Emotionen bestimmt war. Ein Jean-Frédéric Schnyder würde doch eher sagen, er sei ein Schweizer Künstler; er braucht ja auch diese schweizerische Landschaft und Umgebung, um das darzustellen, was er will. Auch ein Gerhard Richter brauchte die Auseinandersetzung mit deutschen Themen, wie die Stammheim-Bilder oder die Auseinandersetzung mit der deutschen Romantik zeigen.

Fedier: Das stimmt. Ich habe damals gemeint, dass Kunst eine abstrakte Zeichensprache sei, die überall auf der Welt gelesen und verstanden werden könne wie ein Esperanto. Es gab auch später Versuche, die Zeichen- und Figurenarsenale zu einem archaisch-mythologischen System auszubauen, durch Penck etwa.

Ich habe damals gemeint, dass Kunst eine abstrakte Zeichensprache sei, die überall auf der Welt gelesen und verstanden werden könne wie ein Esperanto.

Omlin: Damit wären wir bei den individuellen Mythologien der frühen 70er Jahre, die gerade in der Schweiz einen sehr grossen Nachhall fanden. Unter dem Stichwort der 'Neuen Innerlichkeit' wurde vor allem in der Innerschweiz eine Kunst entwickelt, die doch als sehr archaisch empfunden wurde, als eigenständig schweizerisch auch.

Wismer: Die 'Neue Innerlichkeit' hatte sehr stark mit den Kunstinstitutionen in der Innerschweiz zu tun, mit der Luzerner Kunstgewerbeschule zur Zeit Werner Andermatts und mit dem Wirken von Jean-Christophe Ammann am Kunstmuseum Luzern.

Omlin: War somit das Zusammengehen einer Ausbildungsinstitution mit regionalem Museum und Kunstvermittlung ein Anlass zur Förderung auf Eigenbesinnung und Regionalismus?

Suter: Nicht nur. Es entstanden beispielsweise Ende der 60er Jahre die ersten Ateliergemeinschaften von Künstlern. In Aarau beispielsweise der "Ziegelrain". Dieses waren Solidargemeinschaften ohne ideologische Unterfütterung, solidarisch in der Abschottung vom lokalen Kunstbetrieb mit Fühlern in die Kunstzentren. Die Entdeckerfreude stand als Haltung im Zentrum.

Fedier: Ich vermute dennoch, dass die 'Neue Innerlichkeit' – für mich ein schreckliches Wort – etwas mit dem Scheitern der 68er Bewegung zu tun hatte. Es kam die grosse Desillusionierung. Eine ganze Jugend hatte gehofft, es würde jetzt alles anders, und es ist doch nichts anders geworden. Und irgendwie musste man weiter leben. Da bot sich ein Rückzug in die Provinz, in die private Mythologie doch an.

Suter: 1981 wagte Martin Kunz im Kunstmuseum Luzern mit "CH '70-'80" einen Überblick über die Schweizer Kunst der 70er Jahre: Wenn man ihm glaubt, haben die Vertreter des sogenannten 'Regionalismus', wie er das Phänomen umschrieb, zu den bestinformierten Kunstschaffenden gehört. Ich denke, dass es provinziell werden konnte, wenn nicht das Individuelle, sondern das Private entdeckt und dargestellt wurde. An der Kleinheit der Schweiz oder der Stadt Aarau beispielsweise haben wir in den Ateliergemeinschaften nicht gelitten. Wir hatten einen spielerischen, naiven und ironischen Umgang damit. Es ging ums Beharren auf der Instabilität von Zuständen, bis scheinbar Selbstverständliches ins Befremdliche umschlug. Es war die Zeit, da auch erste Künstlerpaare in Erscheinung traten, Gilbert und George beispielsweise. Damals waren

Es ging ums Beharren auf der Instabilität von Zuständen, bis scheinbar Selbstverständliches ins Befremdliche umschlug.

es Aberrationen in der zentrierten Werkperspektive des heroisch ringenden Einzelkünstlers, wie Pollock einer war. Nicht mehr das museale Einzelwerk war gefragt, sondern das Ensemble aus beweglichen, sich laufend verändernden Teilen. Environments, Installationen, Happenings. In diesem Ambiente wurden Kräftekonstellationen erprobt und Veränderungen fotografisch dokumentiert. Wurde der materielle Aufwand zu gross oder zu risikoreich, drängte sich die Projektskizze auf, die alles noch entschiedener in die Möglichkeitsform versetzte. Zeichnerische Entwürfe beharrten nicht auf der Umsetzung. Eine kleine Ideenskizze von Claes Oldenburg hat für mich auch heute noch eine faszinierendere Ausstrahlung als seine ausgeführten Grossobjekte.
Wismer: Bis zum Krieg Paris, dann New York: Haben die neue Wichtigkeit der Region und die Orientierung an ihr und dann die Bildung von Ateliergemeinschaften abseits der Zentren nicht auch mit einer veränderten Mediensituation zu tun? Man hat sich seit 1970 über die Kunstzeitschriften schneller und umfassender informieren können denn je. Und in diesem Moment konnte auch die Region wichtig werden. Man musste nicht mehr in die Zentren reisen, wie die erste Generation nach dem Krieg, das Zentrum als Ort der Informationsvermittlung schien obsolet geworden.
Omlin: Für mich stellen sich für diese Zeit nicht nur Fragen nach dem Verhältnis von 'Zentrum' und 'Provinz'. Interessanterweise findet in den 70er Jahren eine neue Rezeption und Gewichtung von Kunst der Outsider, Art brut, aber auch von surreal-phantastischen Haltungen statt. Haltungen einer Innerlichkeit im weitesten Sinne.
Wismer: Meret Oppenheim und Ilse Weber schufen gleichzeitig interessante Spätwerke, die mit klassischem Surrealismus wenig zu tun hatten, aber anderen Realitäten, wie jener des Traumes, ihre Legitimation nicht abstritten. Damit wurden sie wichtig innerhalb dessen, was unter 'Individuellen Mythologien' subsummiert wurde. Ilse Weber beispielsweise kam als über 60jährige zur Zeichnung und rückte damit in die Rolle einer Mentorin der 'Neuen Innerlichkeit', einer Bewegung oder Haltung, die ihrerseits wiederum gerade im Zeichnerischen ihr kongeniales Medium gefunden hat. Die Künstlerin hatte die malerische Behauptung zugunsten einer zeichnerisch-leisen Annäherung und Andeutung zurückgedrängt und wurde um 1970 von einer neuen Generation von Kunsttheoretikern und Künstlern entdeckt, von einer Generation, für die der sich selbst reflektierende Gedanke und das Konzept wichtig wurden. Ilse Weber, die natürlich auch von den Jungen profitiert hatte und durch deren Haltung ermutigt worden war, mag wohl selbst überrascht gewesen sein, als sie realisierte, dass sie sich mit ihrer Position plötzlich im Zentrum einer aktuellen künstlerischen Recherche und Beachtung wiederfand. Es ist vielleicht auch der erste Moment, da Künstlerinnen von der Rezeption wirklich ernst genommen werden. Die Übereinstimmung der eigenen künstlerisch-intellektuellen Interessenlage mit derjenigen der Zeit wirkte wiederum stimulierend zurück auf Ilse Webers Arbeit; und so entstand dieses einzigartige Spätwerk; ähnlich wie bei Meret Oppenheim, in deren Bildsprache sich eine traditionelle Mal- und Zeichenkultur mit einer sich um jedes Vorbild foutierenden, radikal poetischen Subjektivität verband. In dieses Umfeld gehörte damals die Ausstellung "Mentalität: Zeichnung", die Jean-Christophe Ammann 1976 im Kunstmuseum Luzern präsentierte. Sie war für meine frühe Auseinandersetzung mit der Gegenwartskunst als extreme Herausforderung wichtig: ich sah dort wohl die ersten Werke von Dir, Hugo, vor allem aber bereitete mir die erste Begegnung mit den Zeichnungen von Martin Disler einen heftigen Schock. Ich war damals ganz befangen in einer konzeptuellen, selbstreferentiellen Kunst, die, so schien es mir, ihren tautologischen Rahmen nie

mehr würde sprengen dürfen. Hier aber schien mir, dass einer quasi durch die Hintertür wieder einer subjektivistischen Malerattitüde zum Recht verhelfen wolle: eine Haltung, die ich in meiner konzeptuellen Auffassung von Kunst, die nur das Denken über die Kunst gelten lassen wollte und auch jede Geste in der Malerei rigoros ausschloss, nicht akzeptieren konnte. Ich habe mich gegen diese Provokation erst massiv gewehrt, wie natürlich gegen das neue Aufkommen der Malerei überhaupt. Damals hatte für mich alles, was an eine wie auch immer geartete Tradition von Malerei anknüpfte, auch etwas hoch Reaktionäres. Es dauerte sehr lange, bis ich mich der Malerei gegenüber öffnete: und noch heute überrascht es mich, wie es passieren konnte, dass ich zu jenem passionierten Liebhaber von Malerei werden konnte, der ich heute bin. Reaktionär schien mir natürlich auch, dass nach dieser Zeit des tautologischen Denkens über Kunst so etwas wie Mythologien wieder möglich sein sollte.

Reaktionär schien mir auch, dass nach dieser Zeit des tautologischen Denkens über Kunst so etwas wie Mythologien wieder möglich sein sollte.

Omlin: Hugo, Du wurdest ja von einigen Kritikern in Zusammenhang zur 'Neuen Innerlichkeit' gebracht? Warst Du ein Teil dieser Bewegung?
Suter: Die 'Neue Innerlichkeit' hat mich eigentlich nie besonders interessiert. Das Magisch-Mythische und dessen reduktionistische Formensprache sahen mir zu sehr nach Kultivierung von Kleinheit und Bescheidenheit aus. Die zelebrierte Sensibilität des tastenden Bleistiftstriches schien mir zu hermetisch, zu wenig von Ausserkünstlerischem bedroht.
Fedier: Auf mich wirkte diese Tendenz ab 1970 einfach wie ein Rückzug. Klar gab es auch einzelne, die anders reagierten. Einige gingen weg. Markus Raetz zog nach Amsterdam, zusammen mit Johannes Gachnang und Gaspare Otto Melcher.
Omlin: Hier müsste vielleicht auch die Frage nach dem Politischen in der Schweizer Kunst gestellt werden. Anders als in Deutschland kann das Verhältnis von Politik und Kunst in der Schweiz fast nicht diskutiert werden. Ist die Schweizer Kunst ausgesprochen unpolitisch? Harmlos auch, weil die Geschichte des 20. Jahrhunderts an der Schweiz aus Gründen des selbstgewählten Abseitsstehens respektive geschickten Lavierens zwischen den Positionen immer vorbei gezogen ist?
Wismer: Deine Frage eröffnet ein sehr komplexes Feld. Tatsächlich sehe ich kaum irgendwo in der Schweiz überzeugende Ansätze zu einer politischen Kunst – die 68er und die Produga haben kaum etwas geschaffen, was über den Tag oder kurze Zeit hinaus sehr relevant gewesen wäre. Und heute: Vielleicht müsste die Frage anhand der Arbeiten von Thomas Hirschhorn diskutiert werden. Das Problem ist allerdings, wie eng Politisches in der Kunst gefasst werden soll. Ist Gerhard Richter tatsächlich politisch, wenn er neben all den anderen Themen auch die Stammheim-Fotos als Bildvorlagen benutzt? Die Miriam Cahn? Ja, ich denke, dass die Cahn in den Anfängen politisch war. Ein weites Feld, zu dem man sich kaum verkürzt und vereinfachend äussern sollte. Andererseits, und nun von einer anderen Seite: Ich meine ja auch, dass die Schweiz ihre Künstlerinnen und Künstler nicht wirklich liebt, nicht stolz auf sie ist; dass sie sie mit Geld zwar unterstützt, mit dem Herzen aber nicht liebt. Vielleicht haben die Kunstschaffenden auch deshalb keine Lust, sich zu ihr zu äussern.

Ich meine ja auch, dass die Schweiz ihre Künstlerinnen und Künstler nicht wirklich liebt, nicht stolz auf sie ist; dass sie sie mit Geld zwar unterstützt, mit dem Herzen aber nicht liebt.

*

Omlin: Noch etwas zum Thema universelle Sprache Kunst. Die Pop Art hat seit den späten 50er Jahren – etwa gleichzeitig mit dem Informel – etwas Ähnliches mit figurativen Mitteln in Amerika, in England versucht: die Überführung der universalen Zeichen der Warenwelt in die Welt der

Kunst. Wenn wir die Pop Art in der Schweiz betrachten, zum Beispiel anhand der Werke im Aargauer Kunsthaus, entsteht leicht der Eindruck, dass sie hier eine Sackgasse bedeutete. Die Pop Art war zwar wieder Kunst, die mit universellen Ikonen von Konsumgütern arbeitete, die – mindestens der westlichen Welt – als Bild-Sprache vertraut und wiedererkennbar waren. Doch in der Schweiz hat man der Pop Art ein eigenes Gepräge gegeben, eine eigene Bildsprache entwickelt, die zwar auch mit dem Brechen des trügerischen Scheins von Gegenständen aus der Warenwelt operierte, die jedoch nah an die Biographie des Künstlers herangeführt wurde, beispielsweise bei Urs Lüthi, im Sinne eines individuellen Konzepts, einer persönlichen Methode, die sehr stark intellektualisiert und reflektiert war. Das zum Teil pathetisch übertriebene Getue der amerikanischen Pop Art sehe ich bei den Schweizern nicht.

In der Schweiz hat man der Pop Art ein eigenes Gepräge gegeben.

Wismer: Das stimmt, und für viele war die Pop Art eh nur eine Episode; dazu kommt, dass viele noch sehr jung waren, als sie Pop Art gemacht haben, Markus Raetz etwa und erst recht Urs Lüthi. Und was in der Schweiz natürlich sehr gefehlt hat für die Pop Art ist der Nährboden einer wirklichen Grossstadt. Pop Art ist eine ausgesprochen urbane Kunst, welche die entsprechende Grossstadt-Kultur braucht, nicht nur visuell. Die Schweiz ist zu ländlich und zu verhalten für Pop Art.
Fedier: Bei der Pop Art ist es ja immer darum gegangen, ob sie eine reine Affirmation der Warenwelt sei oder ob sie auch Kritik am Konsumsystem übe.
Wismer: Wie bei Max Matter etwa, dessen Pop-Bilder als gemalte Kritik am Konsum von Land, an der Zersiedelung durch die mittelländische und mittelständische Einfamilienhäuschen-Architektur zu lesen sind.
Fedier: In diesem Sinn war die Pop Art ambivalent. Damit war sie mir nicht unsympathisch, denn das ist das Wesen des Bildes generell. Das Bild ist immer ambivalent. Der Gedanke, dass jemand sich klar sein muss, ob er affirmativ oder gesellschaftskritisch sein will, ist eigentlich ein philosophisch-soziologischer Gedanke, eine Angelegenheit einer Person, die in Worten, in Sprache denkt. Das Bild an sich ist jedoch ambivalent, doppelbödig. Deshalb ist es immer wieder auch bekämpft worden. Das Bild hat etwas Subversives, das nicht eigentlich fassbar ist. Auch nicht in Sprache.

Die Pop Art war ambivalent. Damit war sie mir nicht unsympathisch, denn das ist das Wesen des Bildes generell: das Bild ist immer ambi-valent.

Wismer: Wie erklärst Du Dir den Bruch, den es bei Dir nicht gegeben hat und auch bei Spescha zum Beispiel nicht, aber doch bei einigen Kollegen Deiner Generation, wie bei Rolf Iseli oder Samuel Buri, die Verführung nämlich des informellen Malers durch die Pop Art? War das eine bewusste Reaktion auf das Scheitern des abstrakten Expressionismus, dessen Grund vielleicht seinem Programm inhärent ist: dass nämlich heftiger Ausdruck und radikale Intensität, wichtige Qualitätsmerkmale dieser Strategie, nicht jahre- oder jahrzehntelang und vielleicht gar virtuos glaubhaft durchexerziert werden können? Oder war es, viel einfacher, die Bewunderung für das, was aus Amerika kam? Immerhin ist Pop, um es vereinfacht zu sagen, rund zehn Jahre nach dem abstrakten Expressionismus doch die zweite wichtige Bewegung aus Amerika, mit der sich die europäischen Künstler auseinander zu setzen hatten.

Fedier: Iseli wie Buri haben gewisse Entwicklungen mit dem neuen Zeitgeist mitgemacht. Andere nicht oder weniger. Ich habe mir erlauben können, nicht mehr verkaufen zu müssen, sondern Schule zu geben. Aber auch ich habe versucht, Gegenständliches mit abstrakten Mitteln darzustellen. Und Spescha hat seine Haltung durchretten können über die zwar wenigen, aber regelmässigen Aufträge.

Omlin: Hugo, Du warst in den 70er Jahren von dieser Versuchung durch die Pop Art zumindest zeitlich betroffen. Von der Verführung durch die Dingwelt, ihrer Ambivalenz. Du hast ja immer Dinge, Materialien untersucht in Deiner Kunst. War die Pop Art für Dich als jungen Künstler eine Versuchung?

Suter: Nein. Die Untersuchung der Warenwelt hat mich nie interessiert. Was mich beschäftigt hat, war die Veränderbarkeit des Materials, die Auflösung, Neubildung. Für meine Haltung wichtig wurde der Künstler Robert Morris, der den Begriff der 'Non relational art' prägte im Gegensatz zu Fritz Glarners 'Relational painting'. Ich entwickelte Objekte aus Blachen, Teerpappe und Wellblech, die nach rationalen und ausserkünstlerischen Prinzipien funktionierten, so dass die Rationalität der Methode mich von kompositionellen Entscheidungen entlastete. Das momentane Sosein eines Objektes verwies immer auf sein mögliches Anderssein, nicht als Zustand des non finito, weil kein finaler Zustand angestrebt wurde. Es war somit auch kein Forschen unter positivistischen Vorzeichen, eher ein Absuchen jener Räume, die in Kunst, Wissenschaft und Technik aus unterschiedlichen Gründen vernachlässigt wurden. Ich würde dies auch nicht Methode nennen, wie Du das vorher gesagt hast. Ich sehe in der Methode eine Gefahr, die Derrida als "Autismus der Umschliessung" bezeichnet hat, eine Entleerung im Formalismus, dem ich immer mit der fotografischen Dokumentation zu begegnen suchte, die sich der kunstfremden Umwelt auf individual-anarchistische Weise zuwendete.

Omlin: In der jungen Gegenwartskunst spielt die Offenheit des Kunstwerks, das Fragmentarische wieder eine enorme Rolle ebenso die "Visualisierung von Denkprozessen", wenn man diesen Begriff noch einmal ins Spiel bringen will. Zudem werden viele künstlerische Positionen der frühen 70er Jahre, also der Zeit des von Ammann so bezeichneten 'Paradigmenwechsels', neu untersucht. An der grossen Überblicksausstellung "Freie Sicht aufs Mittelmeer ..." im Kunsthaus Zürich von 1998 waren die Positionen der 70er Jahren von Franz Gertsch, Urs Lüthi, Manon, Markus Raetz und anderen als "Flashback" in den Diskurs der jungen Kunst der 90er Jahre integriert. 'Re-visit', 'Re-model' und 'Review' sind heute viel genannte Begriffe im Ausstellungsbetrieb. Darf man solche Parallelen überhaupt setzen? Was bringen sie?

Suter: Wenn ich gesagt habe, dass Kunst sich aus der Beschäftigung mit ausserkünstlerischen Bereichen massgeblich entwickelt, dass die Beschäftigung mit Theorie, Wissenschaft und Gesamtgesellschaft für ein Werk wichtig ist, dann kann man solche Parallelen in der Arbeit von jungen Kunstschaffenden sehen. Ich bin immer wieder überrascht, aus welchen Bereichen junge Künstlerinnen und Künstler ihre Arbeiten schaffen. Bazon Brock hat schon früh postuliert, dass Kunstschaffende Generalisten sein müssten. Die heutige junge Kunst operiert mit vielseitigem Know-How, mit Eingriffen in alle Lebensformen mit allen möglichen Medien, die zur Verfügung stehen, mit neuen und traditionellen Medien.

Die heutige junge Kunst operiert mit vielseitigem Know-How, mit Eingriffen in alle Lebensformen mit allen möglichen, mit neuen und traditionellen Medien.

Wismer: Es ist ja vielleicht bezeichnend, dass Du gerade jetzt wieder einmal zusammen mit Rolf Winnewisser und Aldo Walker in Zürich gezeigt wirst, das sich seit kurzem als zur Zeit spannendster Ort für zeitgenössische Kunst in der Schweiz behauptet: ihr drei wart immer solche Generalisten, denen die Interdisziplinarität wichtig war.

Suter: Es ist sehr trügerisch, wenn immer vom Ende der Malerei oder dem Ende der traditionellen Techniken gesprochen wird. Ich denke, dass Kunst immer auch eine Auseinandersetzung mit bereits bekannten Bildern und Bildsetzungen ist, mit bereits erprobten Formen. Zuweilen wird heute ein flacher Formalismus verwendet, um zu fragen, wie Formalismen überhaupt zustande kommen. Man will nichts Neues entdecken, sondern die Frage nach unseren Wertungen stellen. Ich denke, dass alle Formen von Äusserungen, die man noch nicht kennt, auch wenn eine Ähnlichkeit vermutet wird, einen neugierig machen. Und es gibt auch heute noch so viele Versuche, auf dieser meist rechteckigen Fläche Bilder zu entwerfen. Monochrom oder mehrfarbig, auf dem Papier oder Bildschirm – es ist immer diese kleine beschränkte Fläche mit ihren energetischen Aufladungen.
In mir wehrt sich nur etwas, wenn Kunst fraglos nach zeitgenössischer Kunst aussieht. Es gibt Kunstschaffende, die alles richtig machen, und darum interessieren sie mich nicht. Die Professionalisierung von Kunst führt rasch einmal zum Jargon, der das Widersprüchliche und Offene überdeckt. Ich muss beim Betrachten das Gefühl haben, dass durch das Zusammentreffen von günstigen Bedingungen etwas geglückt und ereignishaft ins Bekannte eingedrungen ist. Damit ist auch die Vorstellung hinfällig, dass Kunst aus einer einzigen, genialen Idee entsteht.

Kunst ist immer auch eine Auseinandersetzung mit bereits bekannten Bildern und Bildsetzungen, mit bereits erprobten Formen.

Aargau, Herbst 1999

Franz Fedier, Künstler, 1966–1985 Leiter der Malklasse an der Schule für Gestaltung, Basel, 1985–1993 Mitglied der Eidgenössischen Kunstkommission, Bern
Sibylle Omlin, Kunstkritikerin, Zürich
Hugo Suter, Künstler, Birrwil
Beat Wismer, Kunsthistoriker, Direktor des Aargauer Kunsthauses, Aarau

Prolog

Aspekte der Kunst der fünfziger Jahre

Stephan Kunz

Aus heutiger Sicht scheint es zwingend: Den Auftakt zu einer Darstellung der jüngeren Geschichte der Kunst in der Schweiz kann nur ein Werk eines der vier grossen Zürcher Konkreten bilden: Max Bill, Richard Paul Lohse, Camille Graeser und Verena Loewensberg haben den künstlerischen Diskurs hierzulande nachhaltig geprägt und gehören damit zum festen Bestand eines Museums, das den Anspruch hat, einen gültigen und repräsentativen Überblick über die Entwicklung der Kunst in der Schweiz zu bieten. Die starke Präsenz der konkreten Kunst in den fünfziger Jahren lässt sich auch historisch begründen: Als sich 1937 in der Nachfolge der Ausstellung *Zeitprobleme in der Schweizer Malerei und Plastik* die Künstlervereinigung "Allianz" formierte, dauerte es nicht lange, bis sich die wortgewaltigen Vertreter der konstruktiv-konkreten Richtung die Vereinigung zu ihrem Sprachrohr machten. Und wenn in den ersten Ausstellungen der "Allianz" noch Künstler verschiedener Generationen und vor allem auch verschiedener avantgardistischer Richtungen vereint waren, wurde dieses Forum bald nur noch von der einen Gruppe bestimmt und beherrscht. Die konkrete Kunst hatte nicht nur in der Schweiz immer grösseren Erfolg, sondern wurde auch als der Schweizer Beitrag zur Entwicklung der internationalen Kunst der Nachkriegszeit anerkannt. In den 50er Jahren wirkte sie als Magnet und führte Künstlerinnen und Künstler aus ganz Europa und aus Südamerika in die Schweiz. Gleichzeitig fungierte sie aber auch als ein besonderer Exportschlager und wurde zu einem international gefragten Ausstellungsgut. Der Aufbruch war bedeutend: Zum ersten Mal wohl rezipierten Künstler in der Schweiz nicht mehr nur die Bewegungen, die sich oft bereits Jahre früher in den Kunstmetropolen manifestierten, sondern entwickelten beinahe unbehelligt von den Wirren des Krieges mit ungebrochenem Schwung die Konzepte der Moderne weiter und schufen damit eine Basis für den künstlerischen Neubeginn nach dem Krieg.

Für die Sammlung des Aargauer Kunsthauses bildet die kleine, aber hochwertige Werkgruppe der konkreten Kunst eine Brücke zwischen dem Kernbestand der historischen, klassischen Abteilung und dem Bereich der zeitgenössischen Kunst. So bildet sie etwa den Abschluss einer Präsentation von Schweizer Kunst von der Aufklärung bis zur Moderne[1], und sie wird wohl auch noch in den Bereich gehören, der in einem neuen Museum für Schweizer Kunst permanent zu sehen sein wird – im Unterschied zur jüngeren Kunst, die sinnvollerweise in wechselnden Zusammenstellungen gezeigt wird.[2] Gleichzeitig markiert die Werkgruppe der konkreten Kunst aber auch den Auftakt zur zeitgenössischen Sammlung. Das hat verschiedene Gründe: Mit der erwähnten Ausstellung von 1936 *Zeitprobleme in der Schweizer Malerei und Plastik* und der daraus entstandenen "Allianz der modernen Künstler der Schweiz" ist ein Selbstbewusstsein der Schweizer Künstlerinnen und Künstler erwachsen, das für die jüngeren Generationen wichtig werden sollte. Es waren wohl die Vertreter der konkreten Kunst, welche die sprichwörtliche geografische und mentale Enge bewusst zu sprengen vermochten. Nachhaltig wirkte aber auch ihre künstlerische Auseinandersetzung, und in der Nachfolge der bekannten Repräsentanten entstand ein weites Feld mehr oder weniger eigenständiger formaler und konzeptueller Ausprägungen der konkreten Kunst. Interessant wird das vor allem dort, wo Werke dieser Künstler nicht nur zu späten Zeugen einer überlieferten Haltung der Moderne werden, sondern als durchaus zeitgemässe Werke im Kontext etwa der Hardedge-Malerei, der Signal-Kunst, der Minimal Art oder der Konzept-Kunst auftreten.

Im Laufe der fünfziger Jahre hat nun aber auch in der Schweiz die informelle Malerei, ein vom Gestus her bestimmter malerischer Ausdruck, der konkreten Kunst die Vorreiterrolle streitig gemacht. Als sich in der überaus wichtigen und umfassenden Ausstellung *Ungegenständliche Malerei in der Schweiz* 1957 im Musée d'art et d'histoire, Neuchâtel, und 1958 im Kunstmuseum Winterthur die beiden Richtungen gegenüberstanden, gab es wohl für die Besucher zwei Lesarten der Ausstellung: Einerseits konnte man darin zwei parallele, gleichwertige Strömungen der Gegenwartskunst entdecken, andererseits liess sich die informelle Malerei auch als Antwort auf die konkrete Kunst und damit als künstlerische Weiterentwicklung verstehen. Eines hat die Ausstellung jedoch deuchtlich gemacht: Nachdem sich die konkrete Kunst als starke und bedeutende Kraft in der Schweizer Kunst etabliert hat, ist die informelle Malerei zu einer Breitenbewegung geworden, die zu dieser Zeit viele, vor allem auch junge Künstler erfasst hat.

Genährt wurde die informelle Malerei in der Schweiz zuerst vor allem aus Frankreich und dann aus den USA, und sie prägte ohne provinzielle Stilverspätung eine ganze Generation junger Schweizer Künstler. Zwei Momente waren dafür besonders ausschlaggebend: Zum einen hielten sich in dieser Zeit besonders viele Schweizer Künstler in der damals erstrangigen Kunstmetropole Paris auf und kamen hier sehr unmittelbar mit den aktuellen künstlerischen Tendenzen in Berührung. Zum andern sorgten aber auch aufgeschlossene Vermittler dafür, dass diese Kunst in grossen und bedeutenden Ausstellungen in der Schweiz vorgestellt werden konnte. Allen voran Arnold Rüdlinger, der von 1946–1955 als Leiter der Kunsthalle Bern und anschliessend bis zu seinem Tod 1967 als Leiter der Kunsthalle Basel Pionierarbeit leistete. Rüdlinger war es, der in viel beachteten Ausstellungen 1952, 1954 und 1955 in Bern den "Tendances actuelles" ein Forum gab und hier nicht nur die "Ecole de Paris" präsentierte, sondern neben Sam Francis, Mark Tobey 1955 auch erstmals Werke von Jackson Pollock. 1958 zeigte er in Basel die Ausstellung "Neue amerikanische Malerei" und machte damit die bedeutenden Maler des amerikanischen abstrakten Expressionismus in Europa bekannt. Ein Jahr später folgte daraus eine überaus bedeutende, umfangreiche Schenkung von Werken des Amerikanischen Expressionismus durch die Nationalversicherung an das Kunstmuseum Basel. Der Einfluss solcher Bemühungen auf die bereits gut vorbereitete Künstlerschaft war enorm und verhalf letztlich dem Informel auch in der Schweiz zum durchschlagenden Erfolg.

Dass der Tachismus nicht nur in Opposition zur geometrischen Abstraktion gesehen wurde, sondern dass man in den meist auch eine Generation jüngeren Malern eine neue Kraft mit einem Potential für eine künstlerische Weiterentwicklung erkannte, manifestiert insbesondere die Kulturzeitschrift *Du*, die 1959 eine inzwischen berühmte Nummer über die jungen Schweizer Maler publizierte, die wie "dark horses" über gute Qualitäten verfügen und Hoffnungen weckten, auch wenn sie bisher noch keine grossen Erfolge erzielt haben. Der Herausgeber des Heftes, Manuel Gasser, wollte den Erfolg des Heftes denn auch erst Jahre später gemessen sehen, wenn bekannt sein wird, ob sich die ausgewählten Künstler bewährt haben. Wer nun heute dieses Heft betrachtet, wird auf einige Namen stossen, die zum festen Bestand der Kunst in der Schweiz der letzten vierzig Jahre zählen: u. a. Samuel Buri, Rolf Iseli, Bernhard Luginbühl und Jean Tinguely.

Neben der geometrisch konstruktiven Kunst und der informellen Malerei ist im Zusammenhang mit der Kunst der fünfziger Jahre in der Schweiz vor allem auch die Eisenplastik zu erwähnen. Ungeachtet der grundverschiedenen künstlerischen Formulierungen hat der sich in dieser Zeit international verbreitende Einsatz des Materials Eisen für raumplastische Werke zu dem künstlerischen Gattungsbegriff oder vielleicht besser: Sammlungsbegriff Eisenplastik geführt. Das Eisen als Material der autonomen Kunst war damals relativ neu und unverbraucht, und so konnte für einmal die Zugehörigkeit zu der Eisen verarbeitenden Gruppe der Künstler stilgeschichtliche Kategorien dominieren. Dementsprechend gelten für alle dieselben Künstler als Pioniere: Picasso, Gargallo, Gonzalez, Calder. Nach ersten vereinzelten Versuchen hat eine neue Künstlergeneration nach dem Krieg im Eisen ein besonderes Potential für die künstlerische Entwicklung gefunden. Es eignete sich sowohl für die strenge Konstruktion wie es auch, am anderen Ende des Spektrums, als Abfall-Produkt der Industriegesellschaft neodadaistische Assemblagen beförderte. Dazwischen findet sich eine reiche Palette durchaus experimenteller Verarbeitungen des Eisens zu individuellen Formschöpfungen mit mehr oder weniger deutlichen Parallelen zur zeitgenössischen Malerei.

In der Schweiz war es wiederum Arnold Rüdlinger, der 1955 in der Kunsthalle Bern in einer Ausstellung internationale Eisenplastik zeigte[3] und hier damit einen ersten repräsentativen Überblick bot. Parallel zu einer monographischen Präsentation von Julio Gonzalez, die Rüdlinger vom Stedelijk Museum Amsterdam übernahm, versammelte er achtzehn weitere internationale Künstler, die sich des Materials Eisen bedienten, unter ihnen Alexander Calder, Lynn Chadwick, Eduardo Chillida und Norbert Kricke. Mit dabei waren auch verschiedene Schweizer Künstler sowohl der mittleren Generation (Walter Bodmer, Serge Brignoni, Walter Linck) als auch der jüngeren Generation (Bernhard Luginbühl, Silvio Mattioli, Robert Müller, Jean Tinguely, Werner Witschi). Insbesondere letztere wurden durch diese Ausstellung auf ihrem Weg bestärkt und entwickelten sich in der Folge zu den international bedeutendsten Protagonisten der Eisenplastik, mit Ausstellungen in den wichtigsten europäischen und amerikanischen Museen, die gleich auch Werke dieser Künstler für ihre Sammlungen erwarben. Es scheint müssig, darüber zu streiten, ob die kluge und weitsichtige Tätigkeit eines Kurators wie Arnold Rüdlinger für die Entwicklung der Eisenplastik in der Schweiz besonders förderlich war, oder ob starke und eigenwillige Künstler selbst die Auseinandersetzung mit diesem Thema hierzulande initiierten. Wichtig war, dass ihre bedeutenden Beiträge zur Entwicklung der zeitgenössischen Kunst durch Ausstellungen und Publikationen auch internationale Anerkennung fand.

Die Einsenplastiker wie Robert Müller, Jean Tinguely oder Bernhard Luginbühl gehören wohl zu den ersten Schweizer Künstlern, die in ausgedehnten internationalen Ausstellungstourneen vorgestellt wurden. Rezipiert wurden sie aber nicht als Schweizer Künstler, sondern als Protagonisten einer internationalen Avantgarde, die immer breitere Unterstützung fand. So ist ihr durchschlagender Erfolg auch mit entscheidenden Veränderungen des Kunstbetriebes verbunden, etwa mit den sprunghaft wachsenden Ausstellungsmöglichkeiten, mit einer internationalen Vernetzung der Institute, aber auch mit entsprechenden Grossveranstaltungen wie den Biennalen in Venedig und Sao Paolo und der 1955 erstmals durchgeführten *Documenta* in Kassel. Solche Veränderungen beförderten den Typus des "Ausstellungskünstlers"[4] und hatten entscheidende Auswirkungen auf die Biographie dieser Künstler, die sich nun immer weniger in nationale Kontexte einbinden lassen. Das gilt nicht nur für die Künstler, die mit Vorzug in Paris eine zweite Heimat gefunden haben und von hier aus ihre Ausstellungen organisierten, sondern vor allem auch für jene, die an den internationalen Bewegungen teilgenommen haben. Dadurch wurden sie immer wieder in besondere Projekte involviert und haben zuweilen auch den Rahmen stilgeschichtlicher Epochen gesprengt: Robert Müllers skandalumwittertes Werk *La veuve du coureur* (Abb. S. 48) etwa ist wohl in jedem anderen Zusammenhang interessanter als im Kontext der Eisenplastik: 1957 wurde es in einer der letzten Ausstellungen der Surrealisten in Paris präsentiert; 1961 sollte es in einer Ausstellung mit kinetischer Kunst im Stedelijk Museum Amsterdam gezeigt werden, musste aber nach der Vernissage auf polizeiliche Verfügung wegen

Obszönität wieder entfernt werden; 1975 schliesslich zeigte es Harald Szeemann neben einem Readymade von Marcel Duchamp in seiner Ausstellung *Junggesellenmaschine*. Auch Jean Tinguely lässt stilgeschichtliche Kategorien hinter sich, ausdrücklich und dezidiert, wenn er spielerisch auf konstruktive Werke, etwa auf Malewitsch, Bezug nimmt oder wenn seine *Metamatics* informelle Werke am Laufmeter produzieren. Seine beweglichen Maschinen machten ihn zu einem wichtigen Vertreter der kinetischen Kunst, und sein Umgang und freier Einsatz mit Fundstücken wurde zu einem Kredo der 1960 gegründeten Pariser Gruppe der "Nouveaux Réalistes".

Der Triumph der Avantgarde wird in den fünfziger Jahren zu einer Feier der abstrakten Kunst. Es sind sicher nicht zuletzt die grossen internationalen Ausstellungen wie die *Documenta* in Kassel, die der abstrakten Kunst zu ihrem Siegeszug verholfen haben. Die figurative Kunst hat dagegen in dieser Zeit einen schweren Stand, insbesondere dort, wo sie sich weniger der Tradition verpflichtet fühlte, sondern einen eigenen Weg zu gehen versuchte. Im Streit zwischen den modern abstrakt und den traditionell gegenständlich arbeitenden Künstlern geriet die "andere Moderne" zwischen die Fronten und konnte sich lediglich mit übersteigerter Subjektivität behaupten. Einer, der diese Auseinandersetzung annahm und sich durch keinen Zeitgeist irritieren liess, war Varlin. In der Hochblüte der abstrakten Kunst blieb er der figurativen Malerei treu. Er schätzte die Tradition, befreite sich aber von allen beengenden Konventionen, in der grenzenlos offenen Darstellung des Menschen ebenso wie in der direkten, oft rohen Malweise auf allen erdenklichen Bildträgern. Bereits 1951 wurden seine Werke in einer Ausstellung im Kunstmuseum Luzern denjenigen des spätgeborenen Schweizer Expressionisten Max Gubler gegenübergestellt. Während Gubler von vielen auch bürgerlichen Kreisen hoch geschätzt war, löste Varlin mit seinen direkteren, moderneren Bildern lange Zeit Befremden aus. Die Verantwortlichen der aufgeschlossensten Museen und Kunsthallen in der Schweiz haben wohl Varlins Qualität erkannt und seine Werke auch in Einzelausstellung gezeigt, es gelang ihnen aber nicht, ihn an ein anderes europäisches Museum weiter zu vermitteln.[5] So blieb Varlins Ruhm auf die Schweiz beschränkt – hier allerdings erlangte der Maler als grosser Unzeitgemässer eine Sonderstellung, die ihm mit der Zeit auch viel Anerkennung einbrachte.

Es wäre wohl falsch, Varlin als einen peintre maudit zu bezeichnen, dennoch hat er einiges mit dieser besonderen Spezies von Malern gemein, die in Zürich, der Hochburg der geometrisch konstruktiven Kunst, bereits in den 50er Jahren auftauchten – und sei es auch nur die Opposition zur selbstherrlichen Feier der autonomen Kunst. Varlin allerdings blieb stets Maler, aus Überzeugung und Leidenschaft. Für die Künstler im Kreis um Friedrich Kuhn und Muz Zeier dagegen war die Malerei nichts als eine Manifestation des Lebens. Als Originale waren diese Künstler bereits bekannt und auch gefürchtet, als Maler wurden sie aber erst seit Ende der 60er Jahre geschätzt. Einerseits im Zuge von Veränderungen in der Kunst selbst, indem gerade solch subjektivistischen Äusserungen um 1970 als Gegenpol zu den starken und lange Zeit dominierenden Avantgardebewegungen entstanden; andererseits in einer damit zusammenhängenden Revision der Kunstgeschichte, die jenseits der kontinuierlichen Abfolge sich jagender Stile eine breite Vielfalt paralleler künstlerischer Manifestationen anerkannte.

Das führt nicht nur zu einer Neubeurteilung einzelner Strömungen, sondern hat grundsätzliche Konsequenzen für die Kunstgeschichte. Dementsprechend reich fällt auch das Bild der 50er Jahre aus, das wir in diesem Prolog mit wenigen ausgewählten Werken zeichnen können. Aus heutiger Sicht präsentieren sich die 50er Jahre nicht nur als heroische Zeit der abstrakten Kunst. Mit Interesse betrachten wir auch die Werke, die quer zu allen Moderströmungen liegen. Und auch die Trennung zwischen ungegenständlicher und gegenständlicher Kunst ist längst obsolet geworden. Aufschlussreich bleibt aber die Rezeptionsgeschichte: Fast alle hier gezeigten Werke aus den 50er Jahren, sind erst Jahre oder Jahrzehnte nach ihrer Entstehung angekauft worden. Im Hinblick auf die Eröffnung des Aargauer Kunsthauses 1959 hat man keinen Versuch unternommen, die Sammlung bis in die Gegenwart zu aktualisieren, sondern hat sich weiterhin auf die klassische Schweizer Malerei und auf regionale Kunst konzentriert. Die historische Distanz war notwendig, um diese Lücke zu schliessen. Dazu bedurfte es aber nicht nur des grösseren Überblickes über eine abgeschlossene Epoche, sondern auch eines neuen Interesses an der Kunst dieser Zeit. Nachdem Heiny Widmer Anfang der 80er Jahre Werke der frühen Moderne und der klassischen Avantgarde für die Sammlung erwerben konnte, hatte das Aargauer Kunsthaus Aarau in den letzten Jahren die Chance, gezielt Werke der wesentlichen künstlerischen Bewegungen der 50er Jahre anzukaufen und kleine, konzentrierte und hochrangige Werkgruppen zusammenzutragen. Aber auch die dezidierte Pflege besonderer Einzelgänger hat in dieser Sammlung von Kunst der 50er Jahre deutliche Spuren hinterlassen.

Eine grosse, schmerzliche Lücke darf hier aber dennoch nicht verschwiegen werden: Noch immer hat die Aargauische Kunstsammlung kein Werk von Alberto Giacometti! Diese Lücke macht also deutlicher als alles andere: Dass nämlich auch dieser Prolog zwar Grundlagen der zeitgenössen Kunst aufzeigt und neue Wege eröffnet, aber als Teil der jüngeren Sammlung selbst noch verschiedene Veränderungen erfahren kann und soll.

1 vgl. dazu die Ausstellung *Berge Blicke Belvedere. Kunst in der Schweiz von der Aufklärung zur Moderne aus dem Aargauer Kunsthaus Aarau*, Kunsthalle Schirn, Frankfurt 1997 und den gleichnamigen Katalog.

2 So ist es auch im Aargauer Kunsthaus Aarau vorgesehen, wenn die geplante Erweiterung realisiert wird.

3 *Internationale Eisenplastik*, Kunsthalle Bern, anschliessend im Musée des Beaux-Arts in La Chaux-de-Fonds

4 Oskar Bätschmann: Ausstellungskünstler. Kult und Karriere im modernen Kunstsystem, Köln 1997

5 Auch Arnold Rüdlingers Vorschlag, Varlin, Max Gubler und Max von Mühlenen für die *Dokumenta* 1959 in Kassel einzuladen, blieb ohne Erfolg. Während Rüdlinger betonte, dass diese Künstler das Bild der Schweizer Malerei wesentlich prägten, hiess es in Kassel, dass die Kunst nun abstrakt geworden sei und dass die weltweite Ausbreitung der Abstraktion so etwas wie ein erster Modellfall von Weltkultur sei, in der Nationales keine Bedeutung mehr habe.

In den Bildlegenden verwendete Abkürzungen:
AKV: Aargauischer Kunstverein
Kt. AG: Kanton Aargau
Schenkung der Freunde: Freunde der Aargauischen Kunstsammlung

Richard Paul Lohse (1902–1988)
Reihenelemente zu rhythmischen
Gruppen konzentriert. 1946–1956
Öl auf Leinwand, 90 x 90 cm
Schenkung der Freunde, AKV, Inv.-Nr. 3965 (1984)

Verena Loewensberg (1912–1986)
Ohne Titel. 1957
Öl auf Leinwand, 77 x 77 cm
Kt. AG, Inv.-Nr. 4672 (1995)

Camille Graeser (1892–1980)
Triade (Triadisches Thema). 1946–1955
Öl auf Leinwand, 108 x 108 cm
Schenkung der Freunde, AKV, Inv.-Nr. 5018 (1997)

Helen Dahm (1878–1968)
Bergkristall. 1950
Öl auf Glas, 72 x 79 cm
Schenkung Walter Tappolet
AKV, Inv.-Nr. 1256 (1960)

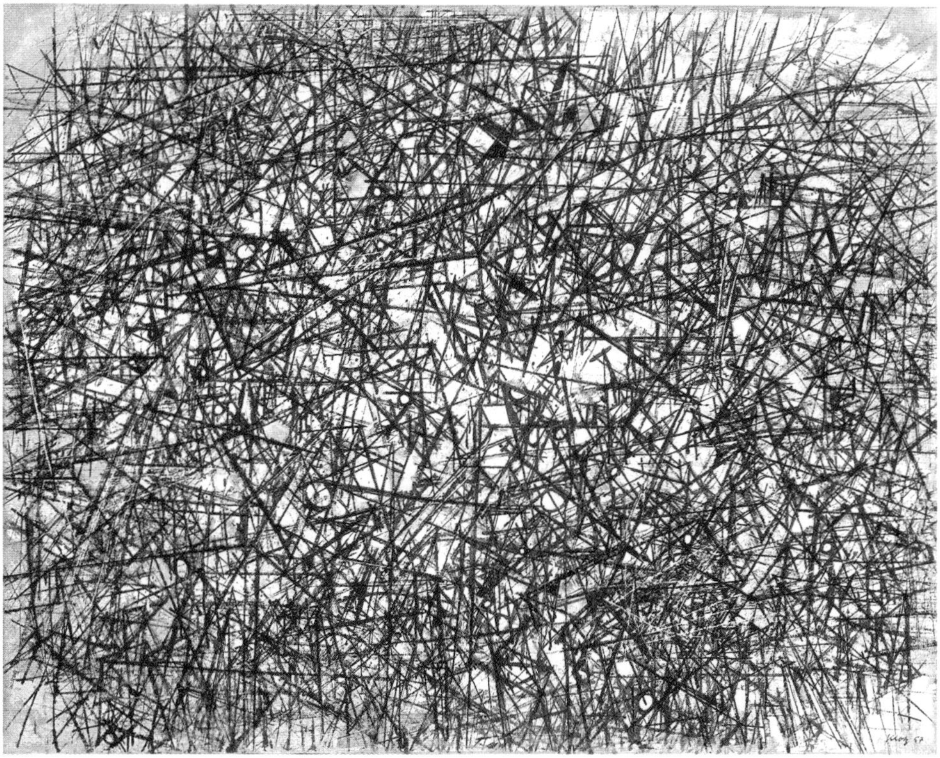

Lenz Klotz (1925)
Unwegsam (Werk 57/0). 1957
Öl auf Leinwand, 80 x 100 cm
Kt. AG, Inv.-Nr. 3694 (1982)

Ungegenständliche Kunst

Georg Schmidt

Welche Macht das Gefäss der Architektur über seinen Inhalt hat, das ist mir, einmal mehr, bewusst geworden, als wir diese Ausstellung aus dem Neuchâteler ins Winterthurer Kunstmuseum zu verpflanzen hatten. Dass aus Raumgründen in Winterthur die Zahl der Künstler von 68 auf 47 und die Zahl der ausgestellten Werke von 229 auf 176 reduziert werden mussten, das hätte an sich noch keine Veränderung der geistigen Haltung der Ausstellung zur Folge haben müssen, das hätte im Gegenteil, neben der qualitativen Verbesserung, die jede quantitative Beschränkung mit sich bringt, sogar eine Verdeutlichung des in Neuchâtel Beabsichtigten bedeuten können. Auch der Wegfall des Tachisten Gérard Schneider und das Hinzutreten des Konstruktivisten Richard Lohse hätte an sich nur eine leise Gewichtsverschiebung bewirken sollen. Und dennoch ist die Winterthurer Ausstellung etwas ganz Anderes geworden, als es die Neuchâteler Ausstellung war. Und offensichtlich allein infolge der baulichen Verschiedenheit der beiden Museen. Ich bin sicherlich nicht im Verdacht, ein besonderer Freund klassizistisch-symmetrischer Museumsgrundrisse zu sein, und zuerst glaubten wir denn auch, die Sturheit des Neuchâteler Grundrisses durch auflockernde Einbauten brechen zu müssen. Dann aber hat gerade die Sturheit und Starrheit des Neuchâteler Grundrisses uns einen Aufbau der Ausstellung in die Hand gespielt, in dem sich unsere künstlerische Absicht besonders deutlich zum Ausdruck hat bringen lassen. Von einem mittelachsialen Vorplatz aus führen rechts und links symmetrisch gleichwertige Eingänge in geschlossenem Rundgang durch eine Folge von symmetrisch gleichwertigen Oberlichtsälen. Aus diesem symmetrischen Grundriss hat sich auf die natürlichste Weise uns der Aufbau der Ausstellung ergeben: rechts herum von den radikal Geometrischen über eine Stufenfolge der zunehmenden malerischen Auflockerung bis zu den radikalen Tachisten – oder linksherum von den Tachisten über eine Stufenfolge der zunehmenden konstruktiven Verfestigung bis zu den Geometrischen. Durch diesen Aufbau haben sämtliche Möglichkeiten der ungegenständlichen Malerei sich einbeziehen und an ihren angemessenen Ort setzen lassen. Und damit hat die objektiv referierende Absicht der Ausstellung, erstmals eine umfassende Bestandesaufnahme der ungegenständlichen Malerei der Schweiz in allen ihren Facetten darzubieten, die ausstellungsmässig zutreffende Form gefunden. Vor allem aber hat der Neuchâteler Grundriss die beiden polaren Möglichkeiten der ungegenständlichen Malerei der Gegenwart, die Geometrischen und die Tachisten, in genau gleich grossen Räumen einander unmittelbar gegenübergestellt und hat, von diesen beiden Polen ausgehend, in weitgespanntem Bogen die vielfachen Versuche dargeboten, im Sinn einer Synthese oder einer Vermittlung am Konstruktiven wie am Malerischen teilzuhaben. An der betont harten Gegenüberstellung der beiden Pole hat in der "Neuchateler Fassung" unserer Ausstellung sich die heute entscheidende Diskussion innerhalb der ungegenständlichen Malerei entzündet. Der freiere, beweglichere, zufälligere Grundriss des Winterthurer Kunstmuseums hat solcher Unerbittlichkeit und solcher Energie der Fragestellung von vornherein sich versagt. Und merkwürdigerweise haben den Gewinn nicht etwa die sonst gerne dem Zufall sich anvertrauenden Tachisten, sondern im Gegenteil die unerbittlicheren Geometrischen. Die beiden ersten Hauptsäle des Winterthurer

Museums bereiten der geometrisch ungegenständlichen Malerei der Schweiz eine förmliche Apotheose, während die konsequentesten Tachisten in den kleinen Kabinetten ganz hinten ein wenig Anhang und Ausklang sind. Und da die Geometrischen im Durchschnitt die Älteren, die Tachisten im Durchschnitt die Jüngeren sind, gibt das der "Winterthurer Fassung" unserer Ausstellung einen etwas retrospektiveren Charakter – mit einem Ausblick auf die gegenwärtige Situation ganz am Ende. Ich glaube das so offen aussprechen zu dürfen, weil ich persönlich in allem Geformteren mich heimischer fühle. Ich will es noch schärfer sagen: als alter, eingefleischter Verehrer Mondrians habe ich seinerzeit das erste Auftreten des Tachismus fast als eine persönliche Beleidigung empfunden, als eine Desavouierung alles dessen, was mir bis dahin das Wichtigste und das Liebste war. Obgleich Keiner gerne zugibt, ein schlechter Prophet der kommenden Dinge gewesen zu sein, muss ich doch heute bekennen, dem Tachismus mindestens das Eine zu verdanken: die heilsame Lehre, dass die Geschichte nicht nach unseren persönlichen Wünschbarkeiten verläuft, sondern nach überpersönlichen Notwendigkeiten. Immerhin, die "Winterthurer Fassung" unserer Ausstellung hat doch auch ihren grossen Vorteil. In Neuchâtel war es dem Besucher frei gestellt, bei den Tachisten angelangt, entweder die Ausstellung fluchtartig zu verlassen oder noch einmal den umgekehrten Weg zu gehen. In Winterthur erlebt der Besucher zwangsläufig beides: auf dem Hinweg, wie Schritt für Schritt die Eindeutigkeit der Formen und der Farben ins malerisch Vieldeutige sich auflöst, wie Schritt für Schritt die persönliche Handschrift, der Farbauftrag und die Farbmaterie stärker sprechen, wie Schritt für Schritt das Zufällige, Spontane, Eruptive überwiegen – und auf dem Weg zurück, wie die Formen und Farben allmählich wieder sich klären und schärfen, wie das Objektive, Geordnete, Beherrschte überhandnehmen, wie Rhythmisches und Melodisches sich bilden.

So sei es mir denn erlaubt, im Folgenden diese Ausstellung nicht unter retrospektivem, sondern unter gegenwärtigem Blickwinkel zu betrachten, d. h. von der unbestreitbaren Tatsache aus, dass der Tachismus für jeden Freund der modernen Malerei das entscheidende Problem ist, das dringend eine Antwort heischt. Da ist nun sogleich mit aller Deutlichkeit grundsätzlich zu sagen: es ist beinah die Definition der Kunst, wie es die des Lebens ist, dass sie beide immer am Ende sind und jedes Ende zugleich ein möglicher Neubeginn. Weswegen die viel berufene Frage, ob der Tachismus nicht nun wirklich das allerletzte Ende, der Ausverkauf der ungegenständlichen Malerei sei, im Grunde so völlig uninteressant ist. So hiess es ja immer schon: so von Mondrian, "weiter" gehe es nun aber wirklich nicht mehr, so vom Kubismus, so vom Impressionismus. Und die jeweils diese Frage stellten, meinten sie gar nicht als echte Frage. Ihnen war sie und ist sie – nur die in Frageform vorweggenommene Antwort, nur der in Frageform schlecht verhüllte Wunsch: "es ist das Ende!" Wenn nicht "das" Ende, sondern "ein" Ende – dann einverstanden! Der Impressionismus war ein Ende – und Cézanne die schöpferische Antwort auf den Impressionismus, der Kubismus auf Cézanne, Mondrian auf den Kubismus. So ist auch der Tachismus die Antwort auf Mondrian. Welche Antwort der Tachismus sich einmal wird müssen gefallen lassen, das kann heute noch Keiner sagen. Warten wir doch geduldig ab, bis er sich ganz ausgesprochen hat. Verhindern können wir ihn sowieso nicht. So viel aber ist gewiss: diese Antwort wird nicht von denen gegeben werden, die vor dem Tachismus sich bekreuzigten, sondern von denen, die einmal an ihn geglaubt haben, die durch ihn hindurchgegangen sind. Vestigia terrent – die Geschichte kennt abschreckende Beispiele. Liebermann, nur ein Jahr älter als Gauguin, hat sich vor dem Impressionismus bekreuzigt und ist in der deutschen Malerei ohne Nachfolge geblieben, während von Gauguin ein Weg zum französischen wie zum deutschen Fauvismus führt. Hodler ist vor dem Impressionismus zurückgeschreckt und hat in der Schweiz nur Mitläufer, keine echten Nachfolger gefunden. Ob es uns gefällt oder nicht: es ist eine simple statistische Tatsache, dass der Tachismus – in allen seinen radikaleren und gemässigteren Spielarten – heute die über die ganze westliche Welt hin verbreitetste Sprache der zeitgenössischen Malerei ist. Wie ein Ölfleck hat seit dem Ende des Zweiten Weltkriegs der Tachismus über die Ozeane sich ausgedehnt. Man trägt heute Tachismus: in Paris, Berlin, Mailand, Tokio, New York, São Paulo, Bern – ja sogar in Zürich, der Hochburg des Priestertums der "Konkreten Kunst"! Also: der Tachismus die grosse Mode unseres Jahrzehnts? Ganz gewiss! Aber auch Mondrian ist einmal die grosse Mode gewesen, und auch der Kubismus, und auch der Impressionismus. Doch wer kennt und wer nennt heute noch die Namen der impressionistischen Mitläufer, der kubistischen Mitläufer, der Mondrianschen Mitläufer? Auch die tachistische Flut wird einmal sich wieder verlaufen und mit ihr ihre Mitläufer. Und wie immer werden nur die wenigen ursprünglichen Begabungen übrigbleiben und werden als hoffnungslos unmodern sich müssen schelten lassen. Viele meinen, mit der Feststellung, dass eine Kunstrichtung einmal Mode war, sei gegen sie alles ausgesagt. In Wirklichkeit aber ist damit gegen sie überhaupt nichts ausgesagt. Ja, es ist nicht einmal unehrenhaft, ein blosser Mitläufer zu sein, wie es nicht unehrenhaft ist, nur über eine bescheidenere Begabung zu verfügen. Jeder Grad der Begabung hat an ihrem Ort ihre nützliche Funktion, ist ein nützliches Würmchen in der Zubereitung unseres geistigen Erdreichs, eine nützliche Bakterie im geistigen Verdauungsprozess der Kunst der jeweiligen Gegenwart. Was alles anderseits nicht verhindert, dass einen bereits das grosse Gähnen ankommen kann, wenn man die Ausstellungskataloge durchblättert, die einem die tägliche Post auf den Schreibtisch schwemmt. Das Ärgernis dabei ist nicht, dass überall kleinere und grössere Begabungen Tachismus machen, das Ärgernis ist, dass für jede lokale Begabung mondiale Beachtung beansprucht wird. Von solchem Anspruch distanziert unsere Ausstellung sich mit vollem Bewusstsein. Und zwar auf zweifache Weise. Einmal dadurch, dass sie in erster Linie sich an die schweizerische Öffentlichkeit wendet und damit die Frage durchaus offen lässt, wer von den gezeigten Malern vor einem übernationalen Forum aufzutreten das Recht und zu bestehen die Kraft hätte. Darum auch beschränkt sich unsere Ausstellung nicht auf die bekannteren Namen, die auch im Ausland bereits ein Echo gefunden haben. Ihre Absicht ist vielmehr, dem schweizerischen Kunstfreund zu zeigen, welche Kräfte bei uns in dieser Richtung tätig sind. Es sind deren erstaunlich Viele. Doch bevor wir uns darüber empören, wollen wir bedenken, dass damit jeder an seinem Orte heute noch die Ächtung auch vieler Kunstfreunde auf sich nimmt. Zweitens aber und vor allem lauten Thema und Titel unserer Ausstellung nicht "Der schweizerische Tachismus", sondern umfassender "Die ungegenständliche Malerei in der Schweiz". Dass es ein wenig die Sensation dieser Ausstellung ist, wie viele Maler in unserem Land vom Tachismus erfasst sind, ist nicht deren Absicht, sondern deren Ergebnis. Wir haben den Tachismus eine Antwort auf Mondrian genannt. Die Konstruktivisten (Mondrian, van Doesburg, der mittlere Kandinsky der Bauhauszeit, Malewitsch, Moholy, Sophie Taeuber) sind zwischen 1920 und 1935 das entscheidende neue Wort der europäischen Malerei gewesen. Die ersten Tachisten aber sind im Jahrzehnt vor dem Zweiten Weltkrieg aufgetreten, und unbestreitbar sind heute sie das entscheidende neue Wort. Das wird uns bestätigt, wenn wir die Träger dieser beiden Richtungen in unserer Ausstellung nach ihrem Alter befragen. Der Hauptharst der Geometrischen ist zwischen 1880 und 1910 geboren: Sophie Taeuber 1889, Graeser 1892, Leuppi 1893, Bally 1896, Glarner 1899, Lohse 1902, von Mühlenen 1903, Bill 1908. Der Hauptharst der Tachisten hingegen nach 1910: Rollier 1912, Moser 1914, Weber 1918, Acht 1920, Liegme 1922, Fedier 1922, Dessauges 1924, Klotz 1925, Barth 1926, Müller 1929, Voegeli 1929, Iseli 1934. Der einzige Schneider ist 1896 geboren. Aber – und das ist nun eine der Überraschungen dieser Ausstellung: auch unter den Geometrischen hat es eine ganze Reihe nach 1910 Geborener: Philippe 1919, Mattmüller 1923, Jobin 1927, Gerstner 1930, Baier 1932. Anderseits aber dürfen wir nicht vergessen, dass auch der Tachismus seine Ahnen hat: im späten Cézanne vor und nach 1900 und im improvisatorischen Kandinsky von 1910 bis 1919. Die zwischen den beiden Polen Stehenden verteilen sich charakteristischerweise sehr gleichmässig auf alle Altersstufen zwischen 1880 und 1930: Moilliet 1880, Graf 1896, Eble 1899, Burckhardt 1900, Bodmer 1903, Stöckli 1906, Fischli 1909, Spiller 1913, Jacob 1917, Faesi 1917, Comment 1919, Stein 1922, Crivelli 1923, Baratelli 1926, Terbois 1932. Dieser statistische Befund entspricht sehr genau den Verhältnissen auch ausserhalb der Schweiz. Das gibt unserer Ausstellung förmlich den Wert eines Testes über die Situation der ungegenständlichen Malerei in unserer Zeit. Das entspricht aber auch der geistigen Situation, deren Spiegel die ungegenständliche Kunst ist.

Die geometrisch ungegenständliche Kunst der Zwanzigerjahre, damals "Konstruktivismus" genannt, ist geboren aus dem damals lebenskräftigen zuversichtlichen Ja zu den aufbauenden Kräften des 20. Jahrhunderts. Sie war getragen vom Glauben an die menschliche Bewältigung der Lebensprobleme unserer Zeit. Dabei übersah sie gewiss die tiefe Problematik, ja die Chaotik nicht, in die wir gestellt sind; sie nahm sie aber nicht fatalistisch hin, sondern setzte ihr die formende Tat entgegen. Ihr pessimistischer Gegenpol war damals der Surrealismus, dessen Definition geradezu das Bekenntnis der Widersprüchlichkeit unserer Zeit ist. Die wirtschaftliche und die politische Krise der Dreissigerjahre haben der optimistischen Haltung der Konstruktivisten für einmal Unrecht gegeben. Ein fatalistisches Lebensgefühl erfasste die Menschheit. Optimismus galt als unrealistisch und oberflächlich. Ja, es galt nicht nur als realistisch, es war es auch, die steigende Flut des Bösen zu sehen und von Ruinen-Visionen verfolgt zu sein. So ist im Jahre 1939 die zweite der Heldenzeiten ausgebrochen. Und hat uns 1945 zerstörte Städte, eine zerstörte Wirtschaft und, als einzigen "Fortschritt", eine unheimlich verbesserte Technik der Zerstörung hinterlassen. Zur allgemeinen Überraschung aber hat die Dezimierung der diversen Produktionsapparate nicht die erwartete Arbeitslosigkeit zur Folge gehabt, sondern hat sich im Gegenteil als gesundende Schröpfkur ausgewirkt. Und es ist überhaupt keine Frage, sondern der fraglose Trieb der Selbsterhaltung der Völker gewesen, dass sämtliche Kräfte in den Wiederaufbau strömten. Die surrealistische Ruinenmalerei wurde gespensterhaft unaktuell. Die Gedächtnisausstellungen für Mondrian aber, der 1944 gestorben war, fanden nicht nur ein elegisch rückgewandtes Echo in seiner Generation, sondern in den jüngeren Generationen einen höchst gegenwärtigen Widerhall.
Da der Krieg aber, wie üblich, kein Problem, kein innenpolitisches und kein aussenpolitisches, gelöst, sondern im Gegenteil unvorstellbar grössere, neue erzeugt hat, ist die Technik in unvorstellbarem Masse der Herstellung von unvorstellbar wirksameren Zerstörungsmitteln dienstbar gemacht worden. Und die Wissenschaft hat ihr unvorstellbare neue Entdeckungen bereitgestellt. Mit dem Erfolg, dass heute die Angst vor der schlechthin totalen Zerstörung jedem Menschen des Erdballs als täglich

empfundene Last auf der Seele liegt. Wahrlich Anlass genug für eine Kunst der Vision des total getilgten Lebens, der Vision des Heimfalls ins Chaos des Urbeginns! Die von der Kriegstechnik hervorgepresste Erschliessung neuer Energiequellen aber hat auch der Vision ihres friedlichen Einsatzes zur Linderung jeglicher materiellen Not in unvorstellbarem Ausmass Nahrung gegeben. Wahrlich Anlass genug für eine der Technik befreundete, ihre Zuversicht in Gegenwart und Zukunft teilende Kunst. Aber nicht genug damit, dass wir Menschen des sechsten Jahrzehntes des zwanzigsten Jahrhunderts uns hin und her getrieben sehen zwischen einer wahrhaft apokalyptischen Kriegsangst und einer beinah paradiesischen Friedenshoffnung: selbst wenn die ganze Kriegsangst von uns genommen würde, wir könnten dem uns von der Technik verheissenen Paradies nicht angstlos entgegensehen. Jedenfalls nicht, soweit uns die technische Perfektion nicht den höchsten der Werte des menschlichen Daseins bedeutet. Alles, was die Technik uns auf der einen Seite an Lebens-Erleichterung schenkt, nimmt sie uns auf der anderen Seite an Lebens-Unmittelbarkeit. Wir scheinen einer bakterienfreien Kultur der Konservenbüchse entgegenzuschreiten. Im Innersten bedroht sieht sich alles Ursprüngliche, Wachstumshafte, Spontane, Persönliche, Improvisatorische-kurz: alles Musische. Wahrlich Anlass genug für eine Kunst, die gerade zu diesen Werten und zu ihnen rebellisch ausschliesslich sich bekennt! Kein Wunder, dass einer der frühesten und stärksten Tachisten, Pollock, Amerikaner ist. Kein Wunder, dass das hochindustrialisierte Oberitalien eine so grosse Zahl von Tachisten hervorgebracht hat. Oder das Deutschland des Wirtschaftswunders. Oder endlich gerade die durchtechnisierte, die wohlbehütete Schweiz! So stehen heute der Konstruktivismus und der Tachismus – obgleich der erstere schon einmal seine historische Stunde gehabt hat und trotz aller undiskutierbar oberflächlichen Mitläuferschaft des letzteren – einander in unverminderter Aktualität gegenüber: als zwei fundamentale Antworten auf zwei fundamentale Anrufe unserer Zeit. Von den "Mittleren" aber vernehmen wir warnend die dritte Antwort: es geht nicht um ein Entweder-Oder; das Künstlerische wie das Menschliche leben aus beiden Quellen – aus dem Unbewussten und aus dem Bewussten, aus dem Spontanen und aus dem Geordneten, aus der Freiheit und aus der Gesetzlichkeit. Welcher aber von diesen drei Richtungen die Zukunft gehört, das wird weder auf der Ebene der Theorien entschieden, noch dadurch, auf welcher Seite die Mehrheit der Anhänger steht, ja auch nicht einmal dadurch, auf welcher Seite die grösseren Begabungen sind, sondern ausschliesslich vom allgemeinen Lauf der Dinge, den nie die Kunst bestimmt, von dem immer die Kunst bestimmt wird. Merkwürdig: die drei Jüngsten unserer Ausstellung bekennen sich zu diesen drei künstlerischen Haltungen und jeder mit besonderer Sauberkeit und Intensität. Der Genfer Jean Baier (geboren 1932) ist unter den Geometrischen einer der proportionsempfindlichsten. Der Genfer Pierre Terbois (geboren 1932) verbindet das Konstruktive und das malerisch Beschwingte auf die glücklichste Weise. Und endlich der Berner Rolf Iseli (geboren 1934), der radikalste unter den Tachisten, dessen Bilder aussehen wie vielschichtig gebrauchte Paletten, hat eine ungemeine farbige Sensibilität und hat einen geistigen Ernst und eine innere Heiterkeit, womit er den Besten am anderen Ende die Hand reicht.

Wiederabdruck aus: *Ungegenständliche Malerei in der Schweiz*, Ausstellungskatalog, Kunstmuseum Winterthur, 1958

Leo Leuppi (1893–1972)
Renversement 1950
Öl auf Leinwand, 111 x 87 cm
AKV, Inv.-Nr. 3588 (1980)

Meret Oppenheim (1913–1985)
Strand, drei Hütten und Felsen. 1951
Öl auf Karton, 33,5 x 49,5 cm
Kt. AG, Inv.-Nr. 5265 (1999)

Max von Mühlenen (1903–1971)
Spaziergang im Park. 1952
Öl auf Leinwand, 149 x 130 cm
Depositum Schweiz. Eidgenossenschaft
Inv.-Nr. D 886 (1954)

Zoltan Kemeny (1907–1965)
Insecte. 1946
Bleistift, Öl auf Leinwand, 94 x 74 cm
Schenkung Madeleine Kemeny
Kt. AG, Inv.-Nr. 3650 (1981)

Karl Ballmer (1891–1958)
Zwei Figuren. Um 1953–1957
Öl auf Pavatex, 132,5 x 120,5 cm
Kt. AG, Inv.-Nr. 2843 (1971)

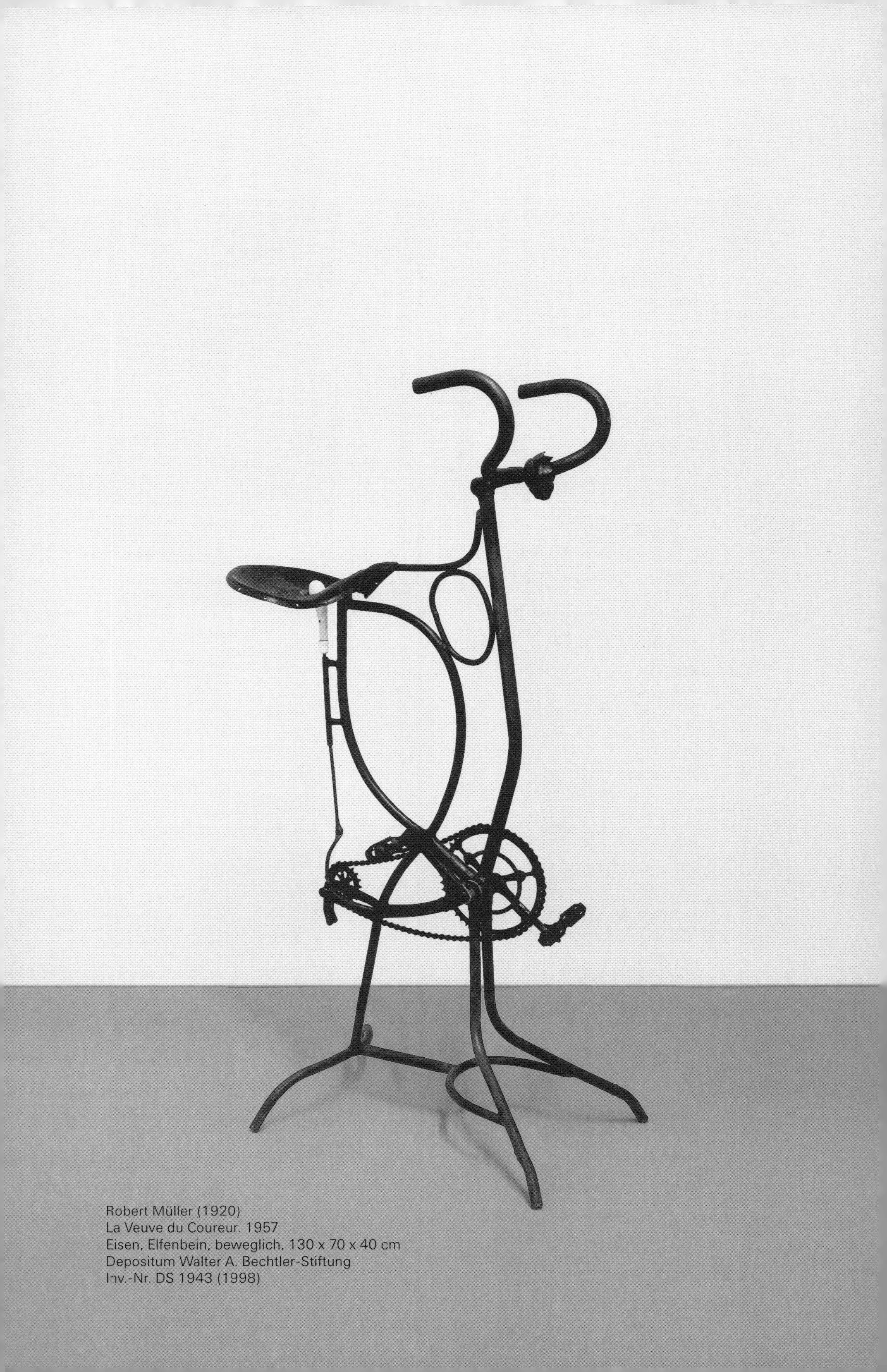

Robert Müller (1920)
La Veuve du Coureur. 1957
Eisen, Elfenbein, beweglich, 130 x 70 x 40 cm
Depositum Walter A. Bechtler-Stiftung
Inv.-Nr. DS 1943 (1998)

Robert Müller (1920)
Aaronstab. 1958
Eisen, Assemblage
163 x 44 x 52 cm
Kt. AG, Inv.-Nr. S 4249 (1988)

Friedrich Kuhn (1926–1972)
Die drei Soldaten. 1958
Öl auf Leinwand, 58,5 x 73 cm
Kt. AG, Inv.-Nr. 3130 (1974)

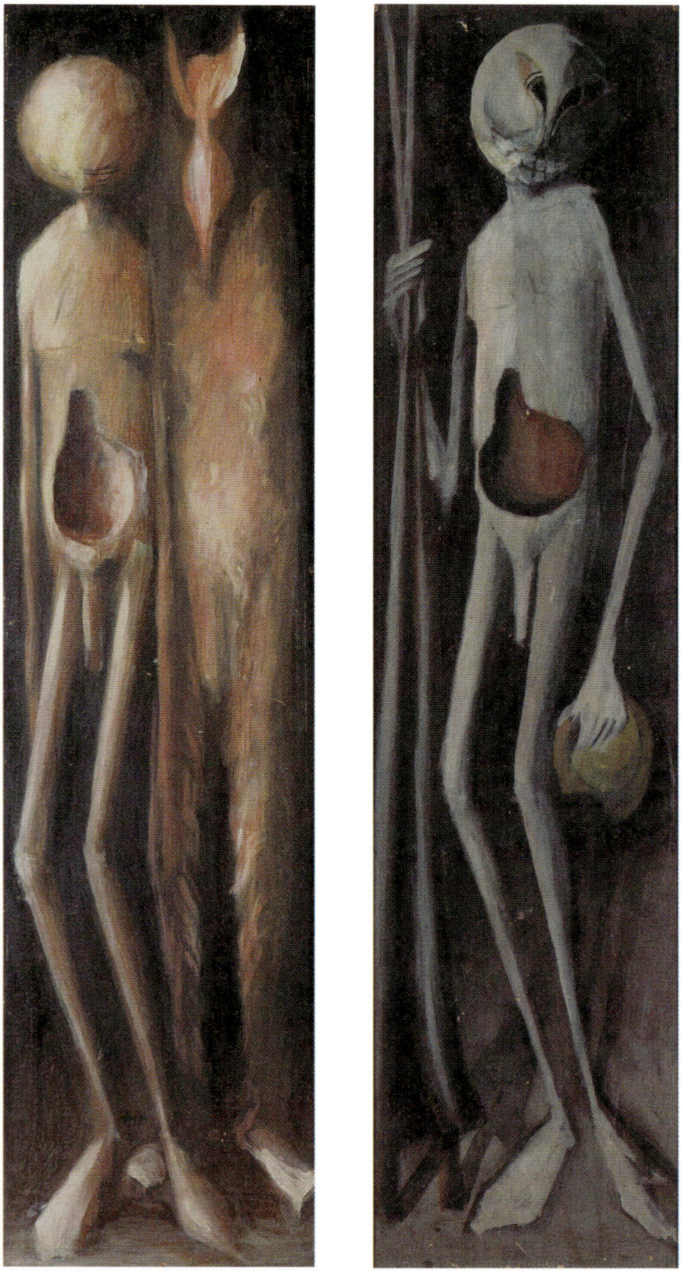

Muz Zeier (1929–1981)
Lemuren I/II. Um 1952
Öl auf Holz, je 123,5 x 32,5 cm
Schenkung Daniel Spoerri
Kt. AG, Inv.-Nr. 4581 (1993)

Mario Comensoli (1922–1993)
La macchina infernale. 1957
Öl auf Leinwand, 180 x 160 cm
Kt. AG, Inv.-Nr. 4079 (1986)

Hans Josephsohn (1920)
Arbeiter. 1954–1965
Bronze, 212 x 72 x 48.5 cm
Kt. AG, Inv.-Nr. S 3186

Rücksicht. 40 Jahre Kunst in der Schweiz 1959–1999

Die Sammlung in ihrer Zeit

Stephan Kunz

Als 1983 der Sammlungskatalog Band 2 "Von Cuno Amiet bis heute – Werke des 20. Jahrhunderts" erschien, war die Aargauische Kunstsammlung (bis auf die Druckgrafik) ein erstes Mal umfassend publiziert. Für die weitere Aufarbeitung und Dokumentation der Sammlung gilt es seither, spezifischere Blickwinkel auf das Sammlungsgut zu richten und ausgewählte Themen und Aspekte hervorzuheben. Mit der Zeit wurde aber auch der Wunsch immer drängender, die seit 1982 erworbenen Werke in einer Publikation zusammenzufassen. Da es sich dabei im Wesentlichen um Werke handelt, die im Zeitraum der letzten 40 Jahre entstanden sind und im Hinblick auf eine Sammlung zeitgenössischer Schweizer Kunst angekauft wurden (ein Ansinnen, das in Aarau erst in den siebziger Jahren gewachsen ist), haben wir uns entschlossen, eine Publikation zur Schweizer Kunst der 2. Hälfte des 20. Jahrhunderts herauszugeben, die von der Aargauischen Kunstsammlung ausgeht, den Blick aber über die Grenzen einer einzigen Sammlung hinaus lenkt.

Im Unterschied zu einer klassischen Kunstsammlung, die ihre eigene Geschichte in sich trägt, muss eine Sammlung zeitgenössischer Kunst ganz in und aus der Zeit heraus betrachtet werden, in der sie entsteht. Die Form der Chronik ist dabei sehr naheliegend und erscheint uns aus verschiedenen Gründen auch sehr geeignet, nicht zuletzt wegen ihrer offenen Form, die den im Bereich einer Sammlung zeitgenössischer Kunst notwendigen Veränderungen Rechnung trägt. In der Chronik manifestieren sich darüber hinaus zwei Vorstellungen von Zeit und damit zwei verschiedene Betrachtungsweisen, die ein reicheres Bild der Kunstgeschichte erscheinen lassen: eine vertikale und eine horizontale. Die eine bezieht sich auf das Fortschreiten, die Entwicklung, die andere auf die Gleichzeitigkeit verschiedener Ereignisse und künstlerischer Ausdrucksformen. Die vertikale Betrachtung lässt in der zeitlichen Ordnung Entwicklungslinien der Kunst erkennen, wie sie sich im Laufe der letzten 40 Jahre herausgebildet haben – in ausgewählten Beispielen erscheinen hier über die Jahre hinweg die wichtigsten künstlerischen Tendenzen, die hierzulande prägend waren. Dieser Blick bedarf aber einer Ergänzung: Wenn sich in den 50er und 60er Jahren des 20. Jahrhunderts die Stile noch in rascher Folge jagten, sich aufeinander bezogen oder dezidiert voneinander zu unterscheiden suchten, bestimmt spätestens ab 1970 ein breites Feld verschiedener Möglichkeiten die künstlerische Auseinandersetzung. So setzt sich auch in der Kunstgeschichte allmählich eine synchrone Betrachtungsweise durch, die nun das gleichzeitige Nebeneinander verschiedener Mentalitätsräume offen legt. Indem die Chronik die zeitliche Abfolge dokumentiert und zugleich besondere Momentaufnahmen mit überraschenden Konstellationen und Zusammenhängen aufzeigt, lässt sich damit die Kunst unserer Zeit in ihrer ganzen lebendigen Komplexität vergegenwärtigen.

In den meisten Schweizer Museen ist die zeitgenössische Kunst heute lediglich Teil einer grossen, weit umfangreicheren Sammlung – nur Genf und Basel führen zur Zeit eigene Museen für Gegenwartskunst. So sind die zeitgenössischen Abteilungen vielerorts nichts als die Fortführung der Sammlung in die Gegenwart, und es fehlen oft konzise Vorstellungen und spezifische Konzepte für eine Sammlung aktueller Kunst. Wie aber können wir vor diesem Hintergrund die eigene Sammlung aktueller Schweizer Kunst auf ihre Qualitäten und Besonderheiten hin befragen? Die Chronik bietet einen Massstab, mit dem sich der besondere Anspruch messen lässt: Die Aargauische Kunstsammlung scheut die Konfrontation nicht: Indem der Blick in der Chronik immer wieder zwischen dieser Sammlung und der Schweizer Kunstlandschaft hin und her wechseln kann, lässt sich über die Jahre hinweg beurteilen, wo ihre Stärken und Schwächen liegen. Der Blick über die Grenzen der Sammlung hinaus ermöglicht eine objektivere oder zumindest differenziertere Sichtweise. Es wird dabei aber auch deutlich, dass sich ein Museum heute mehr denn je Gedanken über die Möglichkeiten einer Sammlung zeitgenössischer Kunst machen muss: Angesichts der schnell wechselnden Stile und Trends fragt sich, wie aktuell und zeitgenössisch eine Museumssammlung sein kann und soll. Angesichts der immer unüberblickbareren Vielfalt zeitgenössischer Kunst wird die Notwendigkeit einer Beschränkung und Konzentration offensichtlich. Und im Wissen um aktuelle Kunstformen, die sich dem traditionellen Sammlungsbegriff entziehen, gilt es, das Verhältnis von Museum und zeitgenössischer Kunst stets neu zu reflektieren. Zur Diskussion stehen also implizit auch die Bedingungen des Museums und die Möglichkeiten dieser Institution, die ihr angetragenen Verpflichtungen wie Archivierung, Dokumentation und Kommunikation im Bereich der zeitgenössischen Kunst weiter wahrzunehmen. – Der Rückblick wird zum Einblick: in die Geschichte der Kunst in der Schweiz, in die Veränderungen des Kunstbetriebes und, nicht zuletzt, in die eigene Sammlungstätigkeit. Das Aargauer Kunsthaus Aarau will ein Museum für Schweizer Kunst sein. Ob es das in den 40 Jahren seines Bestehens geworden ist, und ob es das heute – kurz vor Beginn seines mit eben diesen Argumenten legitimierten Ausbaus – sein kann, lässt sich anhand seiner Sammlungs- und seiner Ausstellungstätigkeit im Spiegel der Schweizer Kunst der letzten 40 Jahre überprüfen.

Wie kein anderes Museum bemüht sich das Aargauer Kunsthaus Aarau um die Kunst in diesem Land und bezieht dabei immer wieder Position. Aus dieser Perspektive ist die vorliegende Chronik zur Schweizer Kunst entstanden. Wir sind uns bewusst, dass die notwendige Auswahl der künstlerischen Ereignisse der Vielfalt des künstlerischen Schaffens in der Schweiz nicht in vollem Umfang gerecht werden kann. So haben wir uns mit wenigen Ausnahmen auf wichtige Ausstellungen in öffentlichen Institutionen beschränkt und mussten etwa auf Hinweise auf die Tätigkeit privater Galerien verzichten, obwohl diese in den vergangenen Jahrzehnten Entscheidendes zur Rezeption und Vermittlung der Kunst in der Schweiz beigetragen haben. Auch was die Sammlung betrifft, mussten wir auf einiges verzichten, am schmerzlichsten war es dort, wo die sture Chronologie andere sinnvolle Zusammenhänge verdeckte und die so wichtigen Werkgruppen auseinander riss. Der neue Blick auf die Sammlung und die dichten Informationen zur Kunst in der Schweiz mögen dafür entschädigen.

1959

Ereignisse/Institutionen/Personelles

Schenkung von Bildern des Amerikanischen Expressionismus durch die Nationalversicherung an das Kunstmuseum Basel.

Eröffnung des Aargauer Kunsthauses Aarau. Eröffnungsausstellung mit Werken aus der Sammlung (Schweizer Kunst). Guido Fischer wird der erste Konservator.

Ein Bild einer gekreuzigten Frau von Kurt Fahrner löst anlässlich eines Happenings auf dem Barfüsserplatz in Basel einen Skandal aus und wird von der Polizei konfisziert.

David Spoerri gründet die Edition MAT (erste Edition von Multiples).

Internationale Ausstellungen:

documenta II, Kassel. Leitung: Arnold Bode. Teilnehmende Schweizer Künstler: Max Bill, Franz Fedier, Rolf Iseli, Walter Bodmer, Hans Aeschbacher, René Acht, Max von Mühlenen, Walter Linck, Robert Müller, Theo Eble, Zoltan Kemeny, Alberto Giacometti, Hans Arp.

5. Biennale São Paulo. Die Schweiz wird vertreten durch René Acht, Jean Baier, Samuel Buri, Franz Fedier, Lenz Klotz, Werner Otto Leuenberger, Wilfrid Moser, Matias Spescha und Pierre Terbois.

Ausstellungen von Schweizer Künstlern (Auswahl):

Hans Aeschbacher/Max Bill/Walter Linck/Robert Müller (Kunsthalle Basel), **Coghuf** (Kunsthalle Basel), **Max Gubler/Irène Zurkinden** (Kunsthalle Basel)

Ausstellungen von internationalen Künstlern in der Schweiz (Auswahl):

Zoltan Kemeny (Kunsthaus Zürich), **Antonio Tàpies/Pierre Alechinsky/Jean Messagier/Wilfrid Moser** (Kunsthalle Bern)

Literatur:

Marcel Joray: *Schweizer Plastik der Gegenwart 1954–1959*, Edition du Griffon, Neuchâtel
Manuel Gasser: "Die dunkeln Pferde. Junge Schweizer Künstler unter 35", in: *Du*, Nr. 8/1959

Das Aargauer Kunsthaus Aarau kauft u. a. Werke von:

Emile Chambon, Hans Eric Fischer, Werner Holenstein, Carl Liner, Fritz Strebel, Ilse Weber

Franz Fedier (1922)
Regenbild. 1959
Kunstharzfarbe auf Leinwand, 195 x 195 cm
Kt. AG, Inv.-Nr. 5372 (2000)

1959

He nrich Gisler (1918)
eg 17. 1959
Öl auf Leinwand, 30 x 120 cm
Schenkung Heinrich Gisler
Kt. AG, Inv.-Nr. 4262 (1989)

Theodor Bally (1896–1975)
Gitterzeichnung. 1959
Graphit auf Papier, 43 x 46 cm
Kt. AG, Inv.-Nr. 3075 (1973)

Hans Aeschbacher (1906–1980)
Komposition. Fig. X. 1959
2-teilig, Messing, 39,8 x 14 x 6,5 cm
Kt. AG, Inv.-Nr. S 3277 (1977)

1959

Antonio Calderara (1903–1978)
Ohne Titel. 1959
Aquarell auf Papier, 12 x 13,5 cm
Schenkung Antonio Calderara
AKV, Inv.-Nr. 2880 (1971)

Julius Bissier (1893–1965)
Ronco 13. oct. 59 S. 1959
Monotypie mit Eitempera und Goldbronze
18,8 x 19.8 cm
Legat Dr. Othmar und Valerie Häuptli
AKV, Inv.-Nr. 3806 (1983)

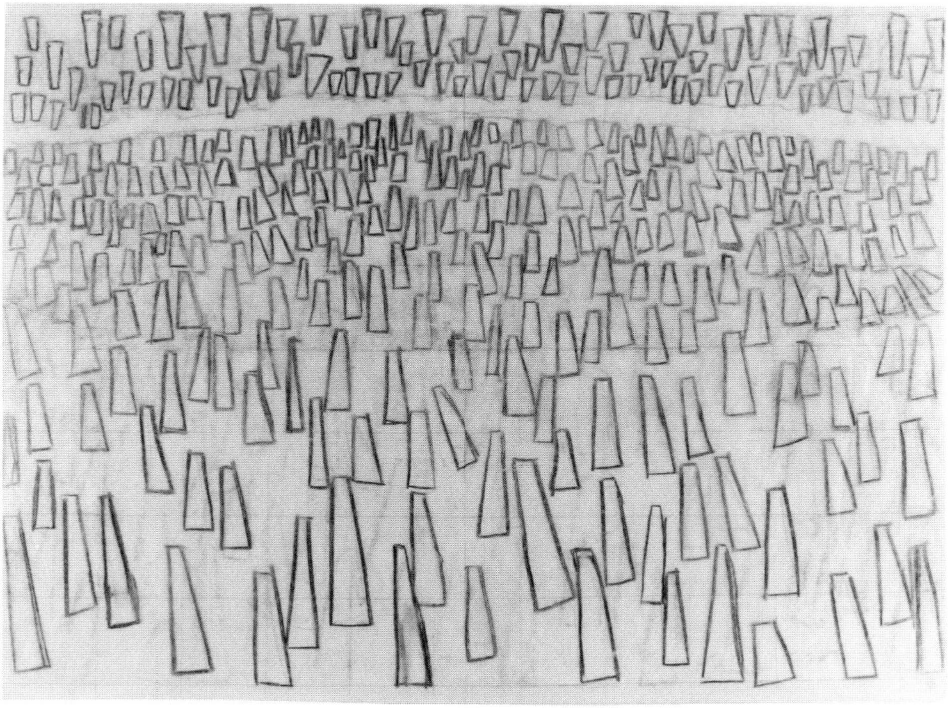

Zoltan Kemeny (1907–1965)
Loins et près. Um 1956–1959
Bleistift auf Papier, 92 x 124 cm
Schenkung Madeleine Kemeny
Kt. AG, Inv.-Nr. 3638 (1981)

1959

Werner Holenstein (1932–1985)
Sevilla. 1959
Öl auf Leinwand, 100 x 130 cm
Kt. AG, Inv.-Nr. 1287 (1960)

Varlin (1900–1977)
Zigeunerjunge in Andalusien. 1959
Öl auf Leinwand, 96 x 71 cm
Schenkung Manuel Gasser
Kt. AG, Inv.-Nr. 3582 (1980)

Friedrich Kuhn (1926–1972)
Indische Landschaft. 1955–1959
Öl auf Leinwand, 175 x 121 cm
Kt. AG, Inv.-Nr. 3131 (1974)

1960

Ereignisse/Institutionen/Personelles

In Paris wird die Gruppe der *Nouveaux Réalistes* gegründet. Zu ihnen gehören neben Yves Klein, César, Arman, Martial Raysse auch die Schweizer Künstler Daniel Spoerri und Jean Tinguely.

Am 17. 3. 1960 findet vor dem Museum of Modern Art in New York die Selbstzerstörung von Jean Tinguelys kinetischem Monument "Huldigung an New York" statt.

Internationale Ausstellungen:

30. Biennale Venedig. Die Schweiz wird vertreten durch Robert Müller, Otto Tschumi und Varlin.

Ausstellungen internationaler Kunst in der Schweiz:

Konkrete Kunst. 50 Jahre Entwicklung, Helmhaus Zürich, organisiert von Max Bill und Margit Staber.

Kinetische Kunst. Alexander Calder, Mobiles und Stablies aus den letzten Jahren. Edition Mat, Paris. Kunstwerke, die sich bewegen oder bewegen lassen, Kunstgewerbemuseum, Zürich.

Ungegenständliche Photographie, Gewerbemuseum Basel.

Ausstellungen von Schweizer Kunst:

43 junge Schweizer, Kunstmuseum St. Gallen; Städtisches Museum Leverkusen (42 junge Schweizer).

4. Schweizer Plastikausstellung im Freien, Biel.

Ausstellungen von Schweizer Künstlern (Auswahl):

Max Bill (Staatsgalerie, Stuttgart; Kunstmuseum Winterthur), **Richard Paul Lohse** (Ulmer Museum, Ulm), **Norbert Kricke/Bernhard Luginbühl/Jean Tinguely** (Kunsthalle Bern), **Bernhard Luginbühl/Arnold d'Altri** (Kunsthalle Basel) **Max von Mühlenen** (Kunsthalle Bern), **Erwin Rehmann** (Aargauer Kunsthaus Aarau), **Jean Tinguely** (Museum Haus Lange, Krefeld), **Varlin** (Kunsthaus Zürich)

Ausstellungen von internationalen Künstlern in der Schweiz (Auswahl):

Francis Bacon (Kunsthaus Zürich), **Marcel Duchamp** (Kunstgewerbemuseum Zürich), **Sam Francis** (Kunsthalle Bern), **Serge Poliakoff** (Kunsthalle Bern)

Literatur:

Konrad Farner: *Der Aufstand der Abstrakt-Konkreten. Zur Kunstgeschichte der spätbürgerlichen Zeit*, Edition Dobbeck, München

Georg Schmidt/Robert Schenk (Hrsg.): *Kunst und Naturform – Form in Art and Nature – Art et Nature*, Basilius Presse, Basel

Das Aargauer Kunsthaus Aarau kauft u. a. Werke von:

Otto Ernst, Hans Eric Fischer, Ursula Fischer-Klemm, Peter Hächler, Werner Holenstein, Jakob Probst, Erwin Rehmann, Fritz Strebel, Adolf Weber, Otto Wyler

André Thomkins (1930–1985)
saint gaulois. 1960
Aquarell, Bleistift auf Papier, 28,9 x 20 cm
Kt. AG, Inv.-Nr. 5047 (1997)

Hugo Weber (1918–1971)
Trace de l'ange maudit. 1960
Öl auf Leinwand, 115 x 78 cm
Schenkung Galerie Riehentor, Basel
AKV, Inv.-Nr. 5319 (1999)

Marcel Schaffner (1931)
Gewitter. Um 1960
Öl auf Jute, 130 x 120 cm
Depositum Schweiz. Eidgenossenschaft
Inv.-Nr. D 1753 (1989)

1961

Ereignisse/Institutionen/Personelles

Cuno Amiet †

Harald Szeemann wird Leiter der Kunsthalle Bern als Nachfolger von Franz Meyer.

Das Werk *La Veuve du coureur* von Robert Müller muss aus der Ausstellung *Bewogen Beweging* in Amsterdam wegen Obszönität entfernt werden.

Internationale Ausstellungen:

6. Biennale São Paulo. Die Schweiz wird vertreten durch Jean Baier, Köbi Lämmler, Rolf Lehmann, Raymond Meuwly, Rudolf Mumprecht, Léon Prébandier und Pierre Terbois.

Ausstellungen von Schweizer Künstlern (Auswahl):

Hans Aeschbacher (Kunsthalle Bern), **Richard Paul Lohse** (Stedelijk Museum, Amsterdam), **Max von Moos** (Kunstmuseum Luzern), **Serge Brignoni/Oskar Dalvit/Emanuel Jakob/Karl Jakob Wegmann** (Kunsthaus Glarus), **Samuel Buri/Walter Gürtler/Rolf Iseli/Bernhard Luginbühl/Peter Meister/Mathias Spescha/Marcel Schaffner** (Städtische Galerie, Biel)

Ausstellungen von internationalen Künstlern in der Schweiz (Auswahl):

Zoltan Kemeny (Musée des Beaux-Arts, La-Chaux-de-Fonds), **Ben Nicholson** (Kunsthalle Bern), **Pierre Soulages** (Kunsthaus Glarus)

Literatur:

Künstler-Lexikon der Schweiz. XX. Jahrhundert, Bd. 1: A – Le Corbusier, Verlag Huber, Frauenfeld

Das Aargauer Kunsthaus Aarau kauft u. a. Werke von:

Otto Ernst, Hans Eric Fischer, Erwin Rehmann, Wilhelm Schmid, Eduard Spörri, Adolf Weber, Ilse Weber

Ilse Weber (1908–1984)
Traum (Wie eine Landschaft). 1961
Gouache auf Papier, 50 x 62 cm
Kt. AG, Inv.-Nr. 1304 (1961)

1961

Julius Bissier (1893–1965)
29. Mai 61 GW. 1961
Aquarell auf Papier, 16 x 24,5 cm
Schenkung Lisbeth Bissier
Kt. AG, Inv.-Nr. 3394 (1978)

Sonja Sekula (1918–1963)
Dark and light steps. 1961
Collage auf Papier, 34,3 x 42,7 cm
Schenkung aus dem Nachlass
AKV, Inv.-Nr. 1595 (1966)

Erwin Rehmann (1921)
Komposition. 1961
Eisenplatten geschweisst
62 x 55 x 66 cm
Kt. AG, Inv.-Nr. S1302 (1961)

1962

Ereignisse/Institutionen/Personelles

Louis Moilliet †

Franz Meyer wird Direktor des Kunstmuseums Basel als Nachfolger des 1961 zurückgetretenen Georg Schmidt.

In verschiedenen europäischen Städten finden die ersten Fluxus-Konzerte und -Feste statt. An der internationalen Fluxus-Bewegung sind u. a. auch die Schweizer Künstler Dieter Roth und Daniel Spoerri beteiligt.

Internationale Ausstellungen:

31. Biennale Venedig. Die Schweiz wird vertreten durch Louis Moilliet, Albert Schilling und Paul Speck.

Ausstellungen von Schweizer Kunst

3. Schweizer Plastikausstellung im Freien, Biel

Querschnitt Schweizer Malerei der Gegenwart, Museum zu Allerheiligen, Schaffhausen, mit Werken von René Acht, Hans Berger, Serge Brignoni, Coghuf, Theo Eble, Hans Falk, Ferdinand Gehr, Max Gubler, Alexandre Rochat, Richard Paul Lohse, Max von Mühlenen, Marcel Schaffner, Otto Tschumi, Pierre Terbois, Varlin, Robert Wehrlin.

Ausstellungen von Schweizer Künstlern (Auswahl):

Alberto Giacometti (Kunsthaus Zürich), **Max Gubler** (Museum zu Allerheiligen, Schaffhausen), **Richard Paul Lohse** (Kunsthaus Zürich), **Varlin** (Museum zu Allerheiligen, Schaffhausen; Bündner Kunstmuseum Chur), **Lenz Klotz/Friedrich Kuhn/Bruno Müller/Matias Spescha** (Kunsthalle Bern)

Ausstellungen von internationalen Künstlern in der Schweiz (Auswahl):

Francis Bacon (Kunsthaus Zürich), **Eduardo Chillida** (Kunsthalle Basel), **Mark Rothko** (Kunsthalle ,Basel), **Antonio Tàpies** (Kunsthaus Zürich), Vier Amerikaner: **Jasper Johns, Alfred Leslie, Robert Rauschenberg, Richard Stankiewicz** (Kunsthalle Bern)

Das Aargauer Kunsthaus Aarau kauft u. a. Werke von:

Arthur Dätwyler, Roland Guignard, Werner Holenstein, Willy Müller-Brittnau, Albert Siegenthaler, Fritz Strebel, Ilse Weber; zudem eine grosse Werkgruppe von Louis Soutter

Hans Josephsohn (1920)
Liebespaar. 1962
Bronze, 84 x 67 x 25 cm
Kt. AG, Inv.-Nr. S 3255 (1973)

1962

Willy Müller-Brittnau (1938)
Menetekel. 1962
Öl auf Jute, 80 x 80 cm
Kt. AG, Inv.-Nr. 1362 (1962)

Rolf Iseli (1934)
Ohne Titel. 1962
Öl auf Leinwand, 211 x 176 cm
Kt. AG, Inv.-Nr. 4615 (1994)

1962

Robert Strübin (1897–1965)
Musikbild (Peter Mieg: Les Malheurs de Sophie). 1962
Gouache auf Papier, 29 x 48,5 cm
Depositum Peter Mieg-Stiftung
Inv.-Nr. D 1803 (1992)

Fritz Glarner (1899–1972)
Ohne Titel. 1962
Farbstift, Kohle auf Papier, 45,8 x 30,5 cm
Kt. AG, Inv.-Nr. 3529 (1980)

Ernst Schurtenberger (1931)
Ohne Titel. 1962
Bleistift auf Papier, 25 x 25 cm
Kt. AG, Inv.-Nr. 4180 (1988)

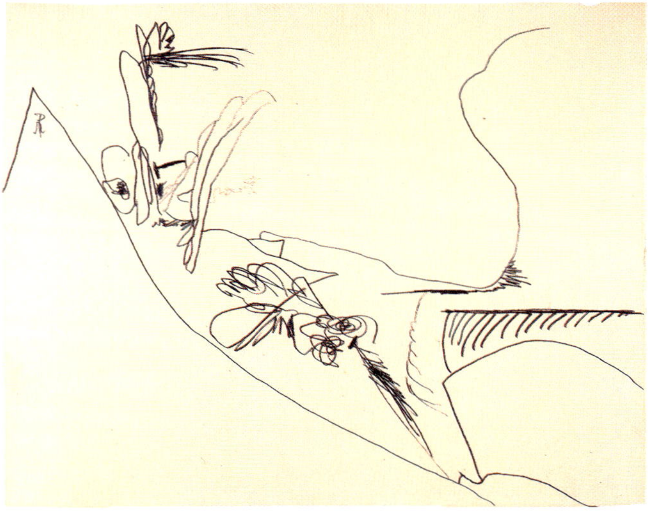

Robert Müller (1920)
Ohne Titel. 1962
Bleistift auf Papier, 51 x 65 cm
Schenkung Robert Müller
AKV, Inv.-Nr. 5193 (1998)

Kurt Fahrner (1932–1977)
Regnabo oder Le châtiment. Um 1962
(nachträglich datiert 1965)
Öl auf Leinwand, 35 x 75 cm
Kt. AG, Inv.-Nr. 4244 (1988)

1963

Ereignisse/Institutionen/Personelles
Sonja Sekula †

Internationale Ausstellungen:
7. Biennale São Paulo. Die Schweiz wird vertreten durch Rolf Iseli, Walter Linck und Wilfrid Moser.

Ausstellungen von Schweizer Kunst:
La sculpture en Suisse 1952–1963, Musée Rodin Paris.

Ausstellungen von Schweizer Künstlern (Auswahl):
Jean Baier (Kunstmuseum St. Gallen), **Helen Dahm** (Kunsthaus Zürich), **Karl Gerstner** (Haus am Lützowplatz, Berlin), **Max von Moos** (Museum zu Allerheiligen, Schaffhausen), **Charles Meystre/Marcel Schaffner/ Ernst Schurtenberger/ Walter Vögeli** (Kunstmuseum Luzern)

Ausstellungen von internationalen Künstlern in der Schweiz (Auswahl):
Auguste Herbin (Kunsthalle Bern), **Etienne Martin** (Kunsthalle Bern)

Das Aargauer Kunsthaus Aarau kauft u. a. Werke von:
Arthur Dätwyler, Werner Holenstein, Willy Müller-Brittnau, Jakob Probst, Wilhelm Schmid, Fritz Strebel, Ilse Weber, Otto Wyler

Wilfrid Moser (1914-1997)
Les concièrges (Komposition). 1963
Acryl auf Jute, 150 x 195 cm
Kt. AG, Inv.-Nr. 3031 (1972)

1963

Theodor Bally (1996–1975)
Stabkomposition. 1963
Öl auf Leinwand, 63 x 44 cm
Theodor Bally Stiftung 1973

Theodor Bally (1996–1975)
Stabkomposition. 1963
Öl auf Leinwand, 63 x 44 cm
Theodor Bally Stiftung 1973

Willi Schoder (1930)
C46. 1963
Öl auf Leinwand, 62,4 x 78,5 cm
Kt. AG, Inv.-Nr. 4555 (1993)

1964

Ereignisse/Institutionen/Personelles
Erste grosse Ausstellung mit Pop Art und Nouveau Réalisme in Europa. Stationen in Wien, Berlin und Brüssel.

Internationale Ausstellungen:
documenta III, Kassel, unter der Leitung von Arnold Bode; Berater: Werner Haftmann und Arnold Rüdlinger. Teilnehmende Schweizer Künstler: Hans Aeschbacher, Max Bill, Zoltan Kemeny, Bernhard Luginbühl, Jean Tinguely, René Auberjonois, Otto Meyer-Amden, Paul Klee.

32. Biennale Venedig. Die Schweiz wird vertreten durch Zoltan Kemeny und Bernhard Luginbühl. Kemeny gewinnt den grossen Preis für Bildhauerei.

Ausstellungen internationaler Kunst in der Schweiz:
Bilanz. Internationale Malerei seit 1950, Kunsthalle Basel

Ausstellungen von Schweizer Kunst:
Landesausstellung EXPO 64 in Lausanne, gezeigt werden Werke u. a. von Hans Aeschbacher, Serge Brignoni, Werner Holenstein, Ödön Koch, Friedrich Kuhn, Max von Mühlenen, Erwin Rehmann, Jean Tinguely, Varlin, Werner Witschi

Art suisse au XXe siècle, Musée cantonal des Beaux-Arts, Lausanne (parallel zur Landesausstellung)

Ausstellungen von Schweizer Künstlern (Auswahl):
Serge Brignoni (Kunsthalle Bern), **Camille Graeser** (Kunsthaus Zürich), **Johannes Itten** (Kunsthaus Zürich), **Hans Josephsohn** (Kunsthaus Zürich), **Wilfrid Moser** (Kunstmuseum Luzern), **Robert Müller** (Stedelijk Museum, Amsterdam), **Dieter Roth** (Philadelphia Museum, School of Art, Philadelphia), **Jean Tinguely** (Kunsthalle, Baden-Baden), **Varlin** (Städtische Galerie, Biel)

Ausstellungen von internationalen Künstlern in der Schweiz (Auswahl):
Alfred Jensen (Kunsthalle Basel), **Asger Jorn** (Kunsthalle Basel), **Franz Kline** (Kunsthalle Basel), **Joan Mirò** (Kunsthaus Zürich), **Louise Nevelson** (Kunsthalle Bern), **Victor Vasarely** (Kunsthalle Bern)

Literatur:
Es erscheint die erste Nummer der Zeitschrift *Kunstnachrichten. Zeitschrift für internationale Kunst* (10 Ausgaben pro Jahr bis 1988).

Das Aargauer Kunsthaus Aarau kauft u. a. Werke von:
Paul Eichenberger, Hans Eric Fischer, Felix Hoffmann, Roland Guignard, Werner Holenstein, Walter Kuhn, Max Matter, Peter Stein, Ernst Suter, Ilse Weber, Otto Wyler

Bruno Müller (1929–1989)
Situation. 1964
Öl auf Leinwand, 201 x 255 cm
Kt. AG, Inv.-Nr. 3408 (1978)

Peter Stein (1922)
Schwarz/Weiss/Grau. 1964
Öl auf Leinwand, 120 x 100 cm
Kt. AG, Inv.-Nr. 3545 (1964)

Matias Spescha (1925)
Cupp'en Brin. 1964
Öl auf Jute, 176 x 139 cm
Kt. AG, Inv.-Nr. 4243 (1988)

Max von Moos (1903–1979)
Drei Nornen. 1964
Öl auf Karton, 49 x 73,5 cm
Kt. AG, Inv.-Nr. 3065 (1973)

Ernst Schurtenberger (1931)
Ohne Titel. 1964
Öl auf Leinwand, 73,5 x 86 cm
Kt. AG, Inv.-Nr. 4188 (1988)

Walter Arnold Steffen (1924–1982)
1000 Engel. 1964
Öl auf Leinwand, 227 x 146 cm
Kt. AG, Inv.-Nr. 3383 (1977)

1964

Friedrich Kuhn (1926–1972)
Rêve helvétique. 1964
Öl auf Holz, 240 x 528 cm
Kt. AG, Inv.-Nr. 3609 (1981)

Friedrich Kuhn (1926–1972)
Fêve helvétique. 1964
Öl auf Holz, 240 x 528 cm
Kt. AG, Inv.-Nr. 3967 (1984)

1965

Ereignisse/Institutionen/Personelles

Le Corbusier †
Georg Schmidt †
Oskar Reinhardt †

Gründung der Alberto Giacometti-Stiftung.

Gründung der Klasse Farbe und Form an der Kunstgewerbeschule Zürich.

Internationale Ausstellungen:

8. Biennale São Paulo. Die Schweiz wird vertreten durch Richard Paul Lohse und Jean Tinguely.

Ausstellungen internationaler Kunst in der Schweiz:

Licht und Bewegung. Kinetische Kunst, Kunsthalle Bern; Staatliche Kunsthalle, Baden-Baden; Palais des Beaux-Arts, Brüssel; Kunsthalle, Düsseldof; Museum des 20. Jahrhunderts, Wien, mit Werken u. a. von Paul Talman, Jean Tinguely, Markus Raetz, Bendicht Fivian, Walter Linck, Christian Megert, Mary Vieira, Willy Weber, Angel Duarte.

Signale, Kunsthalle Basel, mit Werken von Al Held, Ellsworth Kelly, Hansjörg Mattmüller, Kenneth Noland, Jules Olitski, Karl Georg Pfahler, John Plumb, Willian Turnbull.

Ausstellungen von Schweizer Künstlern (Auswahl):

Hans Aeschbacher/Walter Bodmer/Walter Linck/Bernhard Luginbühl (Kunsthalle, Düsseldorf; Haus am Waldsee, Berlin), **Alberto Giacometti** (Tate Gallery, London; Stedelijk Museum, Amsterdam; Museum of modern Art, New York), **Rolf Iseli** (Kunsthalle Bern), **Johannes Itten** (Kunsthalle, Düsseldorf), **Walter Linck** (Kunsthalle Bern), **Robert Müller** (Kunsthalle Bern; Kunsthalle, Düsseldorf; Museum des 20. Jahrhunderts, Wien; Palais des Beaux-Arts, Brüssel), **Gustav Stettler/Hans Josephsohn** (Kunsthalle Basel), **Jean Tinguely** (Museum of Fine Arts, Houston; The Jewish Museum, New York: zusammen mit Nicolas Schoeffer)

Ausstellungen von internationalen Künstlern in der Schweiz (Auswahl):

Barbara Hepworth (Kunsthalle Basel),

Das Aargauer Kunsthaus Aarau kauft u. a. Werke von:

Serge Brignoni, Emil Chambon, Franz Fischer, Franz Pabst, Carl Roesch, Albert Siegenthaler, Hugo Suter, Carlotta Stocker, Ilse Weber, Heiny Widmer

Charles Rollier (1912-1968)
Les gouttes du Soma I. 1965
Öl auf Leinwand, 195 x 135 cm
Kt. AG, Inv.-Nr. 3224 (1976)

1965

Gottfried Honegger (1917)
Biseautage. B.2.201 (cercle et carré). 1965
Kartonschnitt, Graphit auf Papier, 57 x 57 cm
anonyme Schenkung
AKV, Inv.-Nr. 3492 (1979)

Gottfried Honegger (1917)
Biseautage B132. 1965
Kartonschnitt, Graphit auf Leinwand, 50 x 50 cm
anonyme Schenkung
AKV, Inv.-Nr. 5124 (1998)

Hans Arp (1886–1966)
Le fruit qui marche. Um 1965
Bronze, 74 x 61 x 45 cm
Schenkung Marguerite Arp-Hagenbach
Kt. AG, Inv.-Nr. S 4015 (1985)

1966

Ereignisse/Institutionen/Personelles

Hans Arp †
Alberto Giacometti †

Internationale Ausstellungen:

33. Biennale Venedig. Die Schweiz wird vertreten durch Johannes Itten und Walter Linck.

Ausstellungen internationaler Kunst in der Schweiz:

Weiss auf Weiss, Kunsthalle Bern, mit Werken u. a. von Hans Arp, Ueli Berger, Max Bill, Andreas Christen, Herbert Distel, Angel Duarte, Karl Gerstner, Gottfried Honegger, Christian Megert, Sophie Taeuber-Arp, Paul Talman, Willy Weber, Marcel Wyss.

Phantastische Kunst und Surrealismus, Kunsthalle Bern

Ausstellungen von Schweizer Kunst

4. Schweizer Plastikausstellung im Freien, Biel

Schweizer Malerei und Plastik 1945–1965, Wanderausstellung in Deutschland (Reuchlinghaus, Pforzheim; Mittelrhein-Museum, Kassel; Pfalzgalerie, Kaiserslautern), mit Werken u. a. von Max Bill, Walter Bodmer, Samuel Buri, Le Corbusier, Helen Dahm, Hans Fischli, Alberto Giacometti, Fritz Glarner, Camille Graeser, Max Gubler, Gottfried Honegger, Rolf Iseli, Johannes Itten, Max Kämpf, Zoltan Kemeny, Leo Leuppi, Richard Paul Lohse, Bernhard Luginbühl, Max von Moos, Wilfrid Moser, Robert Müller, Charles Rollier, Matias Spescha, Peter Stein, Oscar Wiggli

Ausstellungen von Schweizer Künstlern (Auswahl):

Alberto Giacometti (Kunsthalle Basel; Kestner Gesellschaft, Hannover), **Gottfried Honegger** (Würtembergischer Kunstverein, Stuttgart), **Walter Linck** (Museum Folkwang, Essen), **Richard Paul Lohse** (Centro de Artes Visuales del Instituto Torcuato Dí Tell, Buenos Aires; Museum de Arte Moderna, Rio de Janeiro)

Ausstellungen von internationalen Künstlern in der Schweiz (Auswahl):

Jean Dubuffet (Kunstmuseum St. Gallen), **Serge Poliakoff** (Kunstmuseum St. Gallen), **David Smith** (Kunsthalle Basel), **Graham Sutherland** (Kunsthalle Basel), **Mark Tobey** (Kunsthalle Bern)

Das Aargauer Kunsthaus Aarau kauft u. a. Werke von:

Ursula Fischer-Klemm, Werner Holenstein, Roland Guignard, Walter Kuhn, Max Matter, Heiner Richner, Fritz Strebel, Hugo Suter, Ilse Weber

Walter Linck (1903-1975)
Vegetativ III. 1966
Stahl, Federstahl, Eisen, 200 x 175 x 8 cm
Kt. AG, Inv.-Nr. S 4242 (1988)

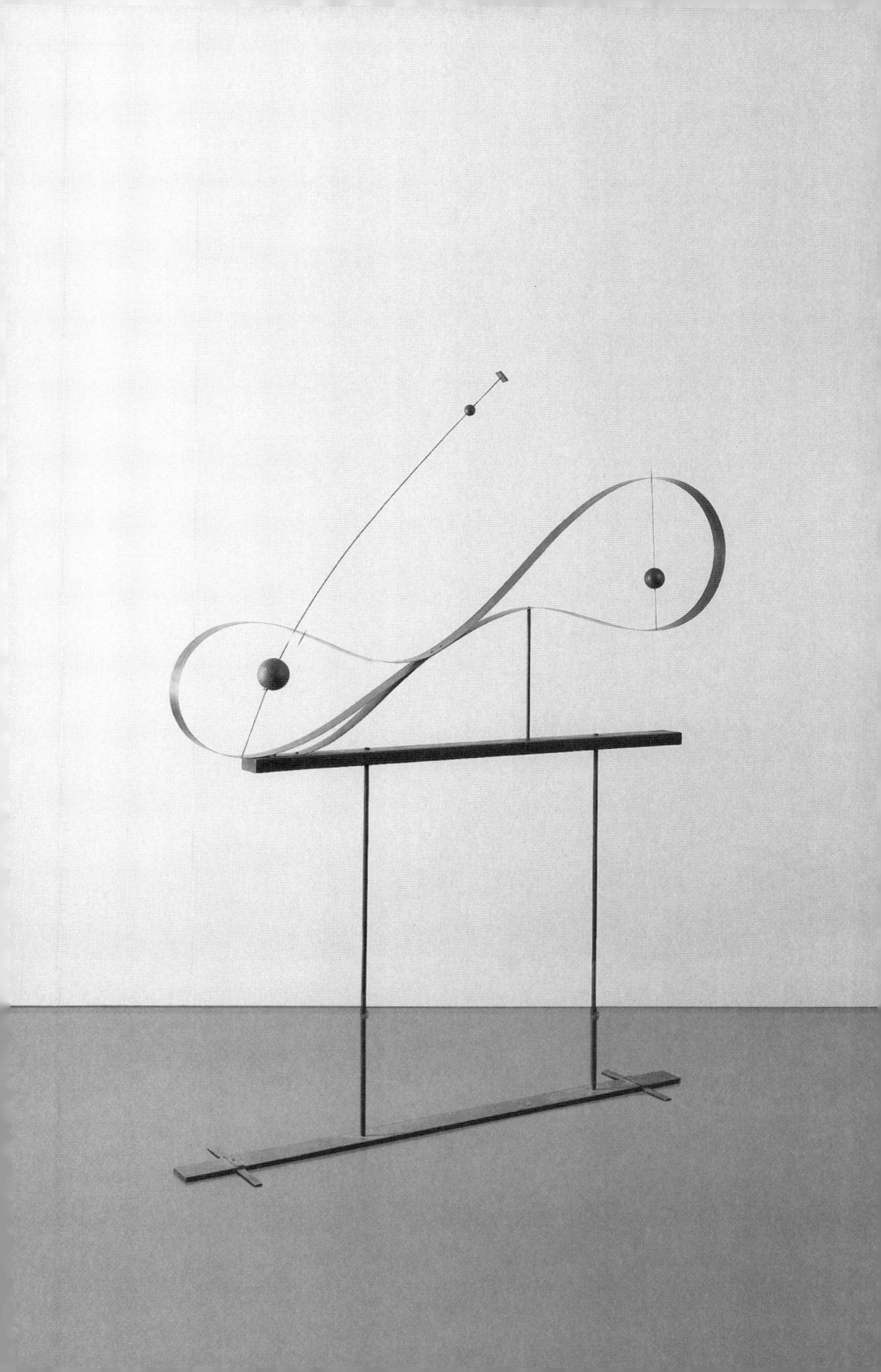

1966

Max Bill (1908–1994)
Feld aus vier Zonen. 1966
Öl auf Leinwand, 120 x 60 cm
Schenkung der Freunde
AKV, Inv.-Nr. 5368 (2000)

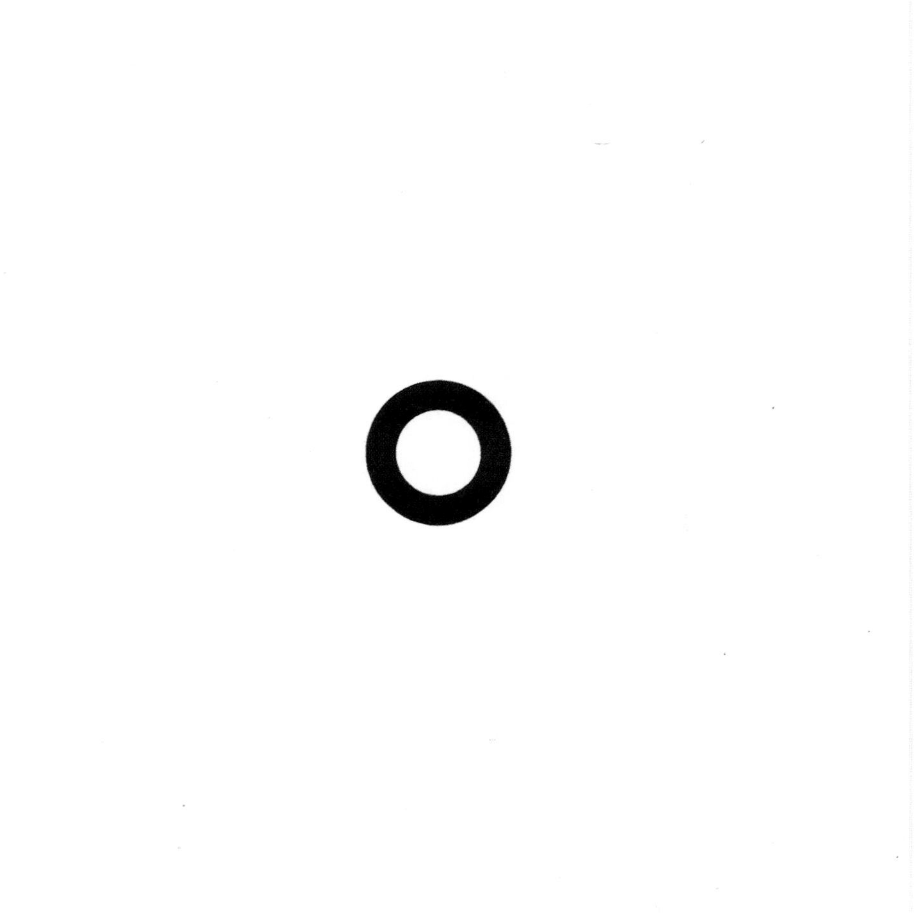

Olivier Mosset (1944)
Ohne Titel. 1966
Acryl auf Leinwand, 100 x 100 cm
Kt. AG, Inv.-Nr. 4160 (1987)

Links: Albert Siegenthaler (1938–1984)
Der Morgen. Um 1966, Stahl bemalt,
15 x 225 x 185 cm
Kt. AG, Inv.-Nr. S 4189 (1987)

Rechts: Luigi Lurati (1936–1967)
West-End. 1966
Kunstharz auf Holz, 201 x 268 x 8 cm
Kt. AG, Inv.-Nr. 4295 (1990)

im Hintergrund: Werke von Willi Schoder,
Albert Siegenthaler/Willi Müller-Brittnau

1967

Ereignisse/Institutionen/Personelles

Johannes Itten †
Arnold Rüdlinger † (1946–1955 Leiter der Kunsthalle Bern, 1955–1967 Leiter der Kunsthalle Basel)

Internationale Ausstellungen:

9. Biennale São Paulo. Die Schweiz wird vertreten von Andreas Christen und Peter Stämpfli.

Ausstellungen internationaler Kunst in der Schweiz:

Formen der Farbe – Shapes of Color, Kunsthalle Bern, mit Werken u. a. von den Schweizer Künstlern Jean Baier, Max Bill, Pierre Haubensack, Richard P. Lohse, Luigi Lurati, Willi Müller-Brittnau, Roland Werro.

Science Fiction, Kunsthalle Bern, mit Werken u. a. von den Schweizer Künstlern Ueli Berger, Franz Fedier, Markus Raetz.

Ausstellungen von Schweizer Künstlern (Auswahl):

Gottfried Honegger (Kunsthaus Zürich), **Verena Loewensberg** (Helmhaus Zürich), **Bernhard Luginbühl/Jean Tinguely** (Kunstmuseum Luzern; Rijksmuseum Kröller-Müller, Otterloo; Stedelijk van Abbemuseum, Eindhoven), **Meret Oppenheim** (Moderna Museet, Stockholm), **Varlin** (Kunsthalle Basel), **Ilse Weber** (Aargauer Kunsthaus Aarau)

Ausstellungen von internationalen Künstlern in der Schweiz (Auswahl):

Ben Nicholson (Aargauer Kunsthaus Aarau), **Antonio Tâpies** (Kunstmuseum St. Gallen)

Literatur:

Marcel Joray: *Schweizer Plastik der Gegenwart, Band 3: 1959–1966*, Editions du Griffon, Nechâtel

Künstler-Lexikon der Schweiz XX. Jahrhundert, Bd. 2: Le Corbusier – Z, Verlag Huber, Frauenfeld

Das Aargauer Kunsthaus Aarau kauft u. a. Werke von:

Hans Eric Fischer, Roland Guignard, Werner Holenstein, Carl Roesch, Hugo Suter, Carlotta Stocker, Adolf Weber, Ilse Weber

Urs Lüthi (1947)
Supercortemaggiore. 1967
Acryl auf Holz, Gummischläuche,
185 x 165 x 4 cm
Kt. AG, Inv.-Nr. S 4682 (1995)

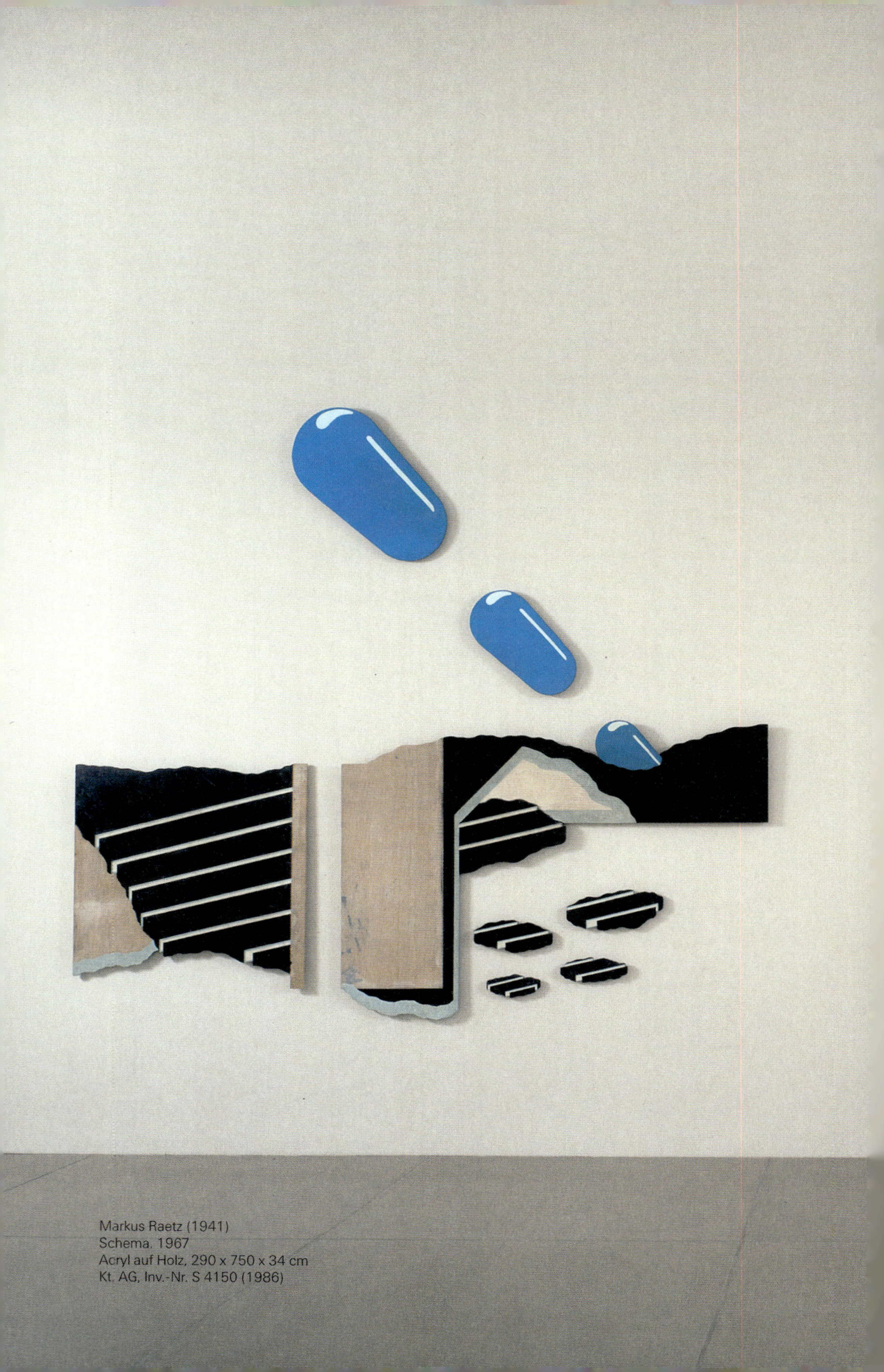

Markus Raetz (1941)
Schema. 1967
Acryl auf Holz, 290 x 750 x 34 cm
Kt. AG, Inv.-Nr. S 4150 (1986)

Rolf Iseli (1934)
Relief. 1967
Holz, bemalt, 75 x 56 x 4,5 cm
Schenkung Erna und Curt Burgauer
Kt. AG, Inv.-Nr. S 3488 (1979)

Franz Gertsch (1930)
Mireille, Colette, Anne. 1967
Dispersion auf Papier auf Pavatex
118 x 77 cm
Kt. AG, Inv.-Nr. 4673 (1995)

Wilfrid Moser (1914–1997)
Assemblage peinture Metro. 1965–1967
Dispersion auf Holz, Collage, 193 x 274 cm
AKV, Inv.-Nr. 2601 (1968)

ROX
ENT
AU CENTRE PROFESSIONNEL DU MEUBLE... C'EST MIEUX !
ADO
BAL

1968

Ereignisse/Institutionen/Personelles

Helen Dahm †
Fritz Pauli †
Charles Rollier †

Peter F. Althaus wird Leiter der Kunsthalle Basel als Nachfolger von Arnold Rüdlinger.

Christo verpackt die Kunsthalle Bern.

Internationale Ausstellungen:

documenta IV, Kassel. Leitung: Arnold Bode. Teilnehmende Schweizer Künstler: Richard Paul Lohse, Christian Megert, Markus Raetz, Jean Tinguely, Karl Gerstner, Dieter Roth, Paul Thalmann.

34. Biennale Venedig. Die Schweiz wird vertreten durch Hans Aeschbacher und Fritz Glarner.

Ausstellungen internationaler Kunst in der Schweiz:

Neue Formen expressionistischer Malerei, Kunstmuseum Luzern

Ausstellungen von Schweizer Kunst:

Wege und Experimente, Kunsthaus Zürich, mit Werken u. a. von Jean Baier, Ueli Berger, Carl Bucher, Andreas Christen, Herbert Distel, Angel Duarte, Franz Eggenschwiler, Bendicht Fivian, Karl Gerstner, Hansjörg Glattfelder, Pierre Haubensack, Luigi Lurati, Bernhard Lüthi, Christian Megert, Willi Müller-Brittnau, Markus Raetz, Albert Siegenthaler, Peter Stämpfli, Paul Talman, Dieter Roth

Ausstellungen von Schweizer Künstlern (Auswahl):

Eva Aeppli (Moderna Museet, Stockholm), **Max Bill** (Kunsthalle Bern; Gemeentemuseum, Den Haag, Kestner Gesellschaft, Hannover; Kunsthaus Zürich), **Gottfried Honegger** (Museum am Ostwall, Dortmund), **Robert Müller** (Stedelijk Museum, Amsterdam), **Jean Tinguely** (Museum of Contemporary, Art Chicago; Stedelijk Museum Amsterdam)

Ausstellungen von internationalen Künstlern in der Schweiz (Auswahl):

Christo (Kunsthalle Bern), **Sam Francis** (Kunsthalle Basel), **Roy Lichtenstein** (Kunsthalle Bern)

Literatur:

Es erscheint die erste Nummer des *Kunstbulletins*.

Das Aargauer Kunsthaus Aarau kauft u. a. Werke von:

Hans Aeschbacher, Jules Bissier, Hans Falk, Peter Hächler, Lenz Klotz, Wilfrid Moser, Max Matter, Markus Müller, Willy Müller-Brittnau, Albert Rouillier, Wilhelm Schmid, Heinz Schwarz, Gustav Stettler, Ilse Weber

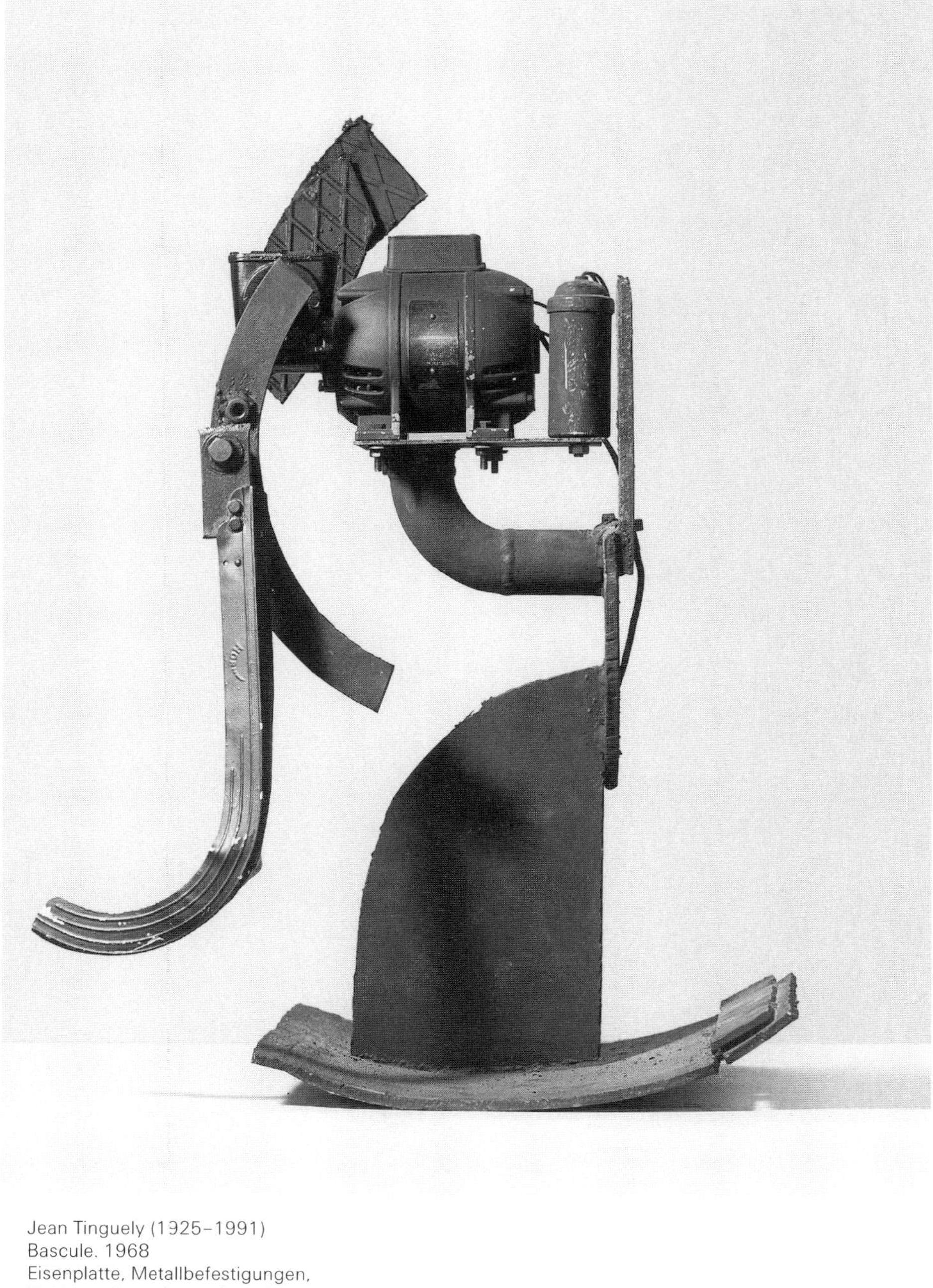

Jean Tinguely (1925–1991)
Bascule. 1968
Eisenplatte, Metallbefestigungen,
Elektromotor, schwarz bemalt
102 x 47 x 29 cm
Kt. AG, Inv.-Nr. S 2906 (1972)

Philippe Schibig (1940)
No 8. 1968
Kugelschreiber auf Papier, 20,5 x 29 cm
Kt. AG, Inv.-Nr. 3018 (1972)

Philippe Schibig (1940)
For L. 1968
Kugelschreiber auf Papier, 20,5 x 29 cm
Kt. AG, Inv.-Nr. 3017 (1972)

Suzanne Baumann (1942)
Macht und Ohnmacht I. Um 1968
Bleistift auf Papier, 52 x 70 cm
Kt. AG, Inv.-Nr. 4575 (1993)

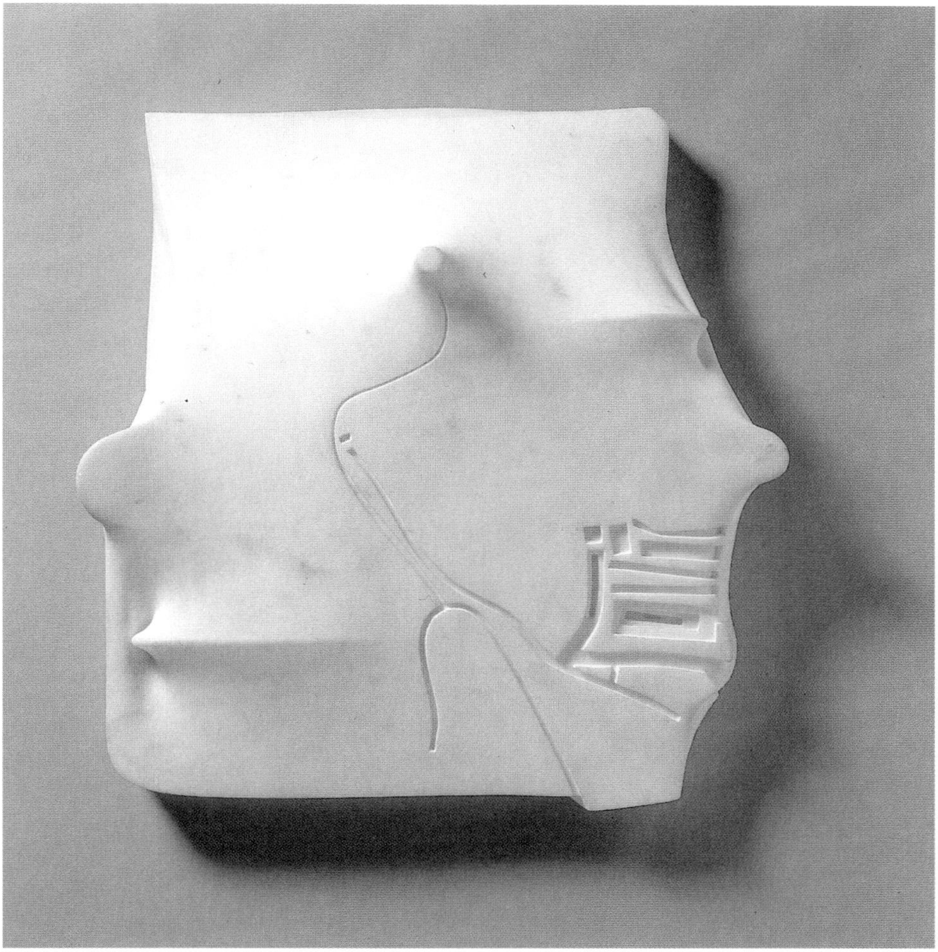

Robert Müller (1920)
Relief Camp. Um 1968–1970
Marmor, 36 x 35 x 12 cm
Depositum Robert Müller, Inv.-Nr. DS 1924 (1996)

Varlin (1900–1977)
Ballsaal des Hotel Palace in Montreux. 1968
Öl, Kohle und Lack auf Spanplatte, 210 x 360 cm
Schenkung der Freunde, AKV, Inv.-Nr. 3405 (1978)

Wege und Experimente

Richard Paul Lohse

Das Zürcher Kunsthaus versucht mit der Ausstellung "Wege und Experimente" einen Überblick über die Ziele der jungen Generation in der Schweiz zu geben und zur Diskussion zu stellen. Notwendigerweise mussten innerhalb des Programms Grenzen abgesteckt und eine engere Wahl vorgenommen werden. Als sich die Direktion zu dieser Ausstellung entschloss und das Material vorlag, wurde es klar, dass eine objektive Übersicht über die künstlerischen Tendenzen der jungen Generation sowohl raum- wie themenmässig nicht in einer einzigen Ausstellung vereinigt werden könnte und es notwendig sein würde, in einer zweiten, eventuell einer dritten die weiteren Aspekte aufzuzeigen. Die gegenwärtige erste Ausstellung befasst sich im wesentlichen mit den Tendenzen des Methodisch-Konstruktiven, der sogenannten neuen Abstraktion und der kinetischen und Licht-Experimente, wobei sich Grenzfälle und Übergänge nicht vermeiden liessen. In einer weiteren Ausstellung sollen dann die Einflüsse der Pop-Art und der informellen Malerei auf die junge Generation in der Schweiz zur Darstellung gelangen.

Obwohl diese Abgrenzung vorgenommen wurde, blieb die Ausstellerzahl mit 31 Namen und 143 Werken allein für die erste Ausstellung beträchtlich, womit deutlich wird, dass wir in der Schweiz heute ein wesentlich grösseres Kontingent von künstlerisch Schaffenden innerhalb der jungen Generation antreffen und damit diese Situation völlig verschieden ist von derjenigen in den dreissiger Jahren, in denen die moderne Kunst in der Schweiz sich erst zu behaupten begann. Auch die Stellung innerhalb der Gesellschaft ist eine wesentlich andere geworden. Wir stehen heute vor einer relativ breiten Anerkennung der künstlerischen Bemühungen der Jungen, die damals undenkbar gewesen wäre. Aufschlussreich ist ein Vergleich der gegenwärtigen Ausstellung mit derjenigen des Jahres 1936 "Zeitprobleme in der schweizerischen Malerei und Plastik" im Kunsthaus Zürich, als der ersten Ausstellung dieser Tendenzen in der Schweiz mit 39 Künstlern und 159 Werken, der älteste Teilnehmer war 53 Jahre, der jüngste, es war eine Frau, 24 Jahre. In der heutigen Schau ist der älteste 42 Jahre, der jüngste 25 Jahre alt. Wenn die Ausstellung "Wege und Experimente" mit 143 Werken sich durch eine relativ ähnliche Haltung auszeichnet, so reichten in den Ausstellungen der dreissiger Jahre die Tendenzen von der Abstraktion, der Konstruktion über die organisch-expressiven bis zu den surrealistischen Ausdrucksformen. Die kleine Gesamtzahl der Repräsentanten einer Kunst mit geringer öffentlicher Anerkennung machte es zudem selbstverständlich, dass Arp, Le Corbusier, Klee, Moilliet, Sophie Taeuber als ältere mit uns jüngeren gemeinsam ausstellten.

Ein wesentlicher Grund zu diesem Zusammenschluss lag darin, dass die moderne Kunst in der Schweiz in jenen Jahren immer noch heftig umstritten war. Das Übergewicht, das die sogenannte realistische Malerei – um diesen Arbeitstitel zu verwenden – damals noch besass, liess die Altersunterschiede und die Differenzen sowohl im persönlichen wie auch im künstlerischen Ausdruck angesichts der Schwierigkeiten, denen sich alle als Gruppe gegenübergestellt sahen, unwichtig erscheinen. Damals war der Kampf um gleiche Ausstellungsrechte noch nicht beendet, trotzdem die Preise für diese Art Kunst auch in der Relation zu den Lebenskosten phantastisch niedrig waren und Einladungen zu Ausstellungen manchmal zur Hintertür hereinkamen. Es war ein völlig anderes Klima, es war gleichsam immer Winter.

Ein weiterer charakteristischer Unterschied zu den Ausstellungen der Generation der dreissiger Jahre besteht darin – und das ist typisch für den Neo-Individualismus dieser Generation -, dass der gegenwärtigen Ausstellung keine Organisation ihren Namen geben kann, im Gegensatz zu den Ausstellungen der "Allianz" (Vereinigung moderner Schweizer Künstler), die im Jahre 1937 im Anschluss an die Ausstellung "Zeitprobleme in der schweizerischen Malerei und Plastik" durch Leo Leuppi ins Leben gerufen wurde und der ein entscheidender Anteil dafür zugesprochen werden muss, dass sich die heute selbstverständlich gewordenen Gestaltungsmethoden und Ausdrucksformen für die Generation, wie sie in der gegenwärtigen Ausstellung zur Darstellung kommen, durchgesetzt haben. Durchgesetzt gegen eine machtvolle in Staat und Gesellschaft tief verwurzelte Beharrungstendenz in Bezug auf die künstlerischen Wertmassstäbe. In jener Zeit war der Kampf gegen das normale Sehbild als einziges Thema der Kunst in der Schweiz noch im vollen Gang. Die veränderte Situation lässt sich am Beispiel der Bezeichnung der Ausstellung "Kunst und Naturform" 1958 deutlich erkennen, in der eine Konfrontation und Parallele der unsichtbaren Natur mit der modernen Kunst versucht wurde und wir uns dann gleichzeitig überlegen, wie eine Ausstellung mit dem analogen Titel noch 1920 konzipiert worden wäre.

Die in der heutigen Schau vertretene Generation arbeitet in einer Situation, die ihr ein selbstverständliches Feld der Aktion ist. Das Naturvorbild als verbindliches Generalthema steht als alleiniges Objekt der Auseinandersetzung nicht mehr zur Diskussion. Ohne Zweifel ist es der beharrlichen und kontinuierlichen Arbeit der zweiten Pioniergeneration zu verdanken, wenn heute der freie Raum des Experimentes unbehindert betreten werden kann.

Die Veränderung der Ablösung einer Thematik ist nicht allein das Werk einer besonders kämpferischen Gruppe, sondern die zwangsläufige und logische Folge eines Prozesses der Entwicklung und Verlagerung der politischen, sozialen und industriellen Energiezentren aus dem Bereiche der Natur-Landschaft in die Stadt-Landschaft. Diese Energien haben das Arsenal der neuen Formen in der künstlerischen Gestaltung in entscheidendem Masse mitbestimmt. So müssen wir feststellen, dass die junge Generation nicht mehr die Auseinandersetzung mit dem gewohnten Sehvorbild als Bedingung zu einem künstlerischen Unternehmen akzeptiert, sondern die inhaltlichen und formalen Leitbilder künstlerischer Ausdrucksformen aus grossen Zivilisationsräumen sucht. Fast jeder der Jungen adaptiert deshalb selbstverständlich eines der heutigen Formalphabete, ohne dass wir daraus einen Vorwurf machen dürften; wir selbst haben uns am Beginn von Vorbildern anregen und prägen lassen.

In der gegenwärtigen Ausstellung können wir folgende Hauptströmungen unterschieden: Wir haben einmal diejenige Gruppe, die methodisch ihre Werke baut, Logik und Intuition zu verbinden sucht und durch systematische Forschung an den Bildmitteln die Gestaltungsbasis erarbeitet.

Während diese Gruppe, als die kleinste, die künstlerischen und theoretischen Grundlagen der Zürcher Schule individuell weiter entwickelt, werden bei der zahlenmässig grössten Gruppe mit den Formen des hard-edge und der Signal-Malerei die Einflüsse der Zentren New York und London erkennbar. Die Mittel sind expressiv-dekorativ, es besteht die Tendenz zur Symmetrie, Monumentalisierung und Emblematik. Der plakative Superpurismus und das trompe-l'oeil als mitbestimmende Faktoren der Formgebung sind weitere charakteristische Merkmale dieser kalten Romantik. Die Aggression der Farbe und Form erscheint gleichsam als Abwehr gegen den dauernden Verschleiss ihrer Basis. Das bewusst Primitive verbindet sie ideologisch und strukturell durch die expressive Gestik mit den Formen der Pop-Art, die den Anspruch geltend macht, ihre visuelle Grundlage, die Konsumwelt, zur Lebenswirklichkeit in der Kunst zu erheben.

Eine weitere Gruppe, die der ersten durch ihre Arbeitsmethoden nahe steht – experimentell eine analoge Haltung mit den Prinzipien der Groupe de Recherches d'Art visuelles hat – beschäftigt sich mit dem Problem bewegter Strukturen und optischer Attraktionen, die durch Lenksysteme in verschiedenartigsten Kompositionen und Ordnungen ergeben, oder mit Konstellationen, die durch den Einbezug des Betrachters als Akteur oder durch mechanische Auslösung verändert werden können. Gemeinsam ist dieser experimentellen Gestaltungsweise der Montagecharakter und die Mobilität. Wir haben ausserdem das Problem reflektierender Elemente, die Bewegungsmontagen von Wirklichkeiten erzeugen. Nur ein Teil aus dem Problemkreis der Kinetik, des Materials Licht, der Chromatik, der Erzeugung und Veränderung von Bildkonstellationen durch physikalische Prozesse sind in unserer Ausstellung sichtbar. Wenn ein deutlicher Unterschied zu den am Anfang genannten Ausstellungen der Generation der dreissiger Jahre und zu dieser Schau besteht, so ist es einmal das vermehrte Angebot an räumlicher Expression, an industriellen Materialien und an Motorisierung. Damit wird aber gleichzeitig die Verbindung – wenn wir die Sachlage aus der Perspektive grösserer Zusammenhänge betrachten – zu den Manifestationen der ersten Stunde der modernen Kunst erkennbar. Erinnern wir an die Ausstellung "Obmochu", Moskau 1921, an die "Mobiles" von Rodschenko, an Tatlins tönendes und rotierendes Modell für ein politisches Denkmal, Moholys Lichtrequisit, seine Projekte zur Bestrahlung von Wolken, und übersehen wir nicht den revolutionären Beitrag des Bauhauses, der Fotografie und des Films für manchen gleichen, heute durch andere Mittel bearbeiteten Problemkreis, so zeigen uns diese wenigen Beispiele allein auf dem Sektor der Kinetik, des physiologischen und technischen Materials, dass das heutige Formenalphabet mit demjenigen der ersten Stunde in direkter Verbindung steht und damit die Situation der experimentellen Erfindung präzisiert. Anderseits ist es für die heute Schaffenden wichtig zu wissen, dass sie eine Tradition trägt. Sicherer ergeben sich auch Erkenntnisse im Sektor der künstlerischen Realisation.

Leichter mag der Generation dieser Ausstellung heute die spontane Anerkennung zufallen, aber leichter birgt diese am andern Pol Einsamkeit, Vergessenwerden im Sog des Wechsels. Es ist eines der besonderen Merkmale der gegenwärtigen Situation des westlichen Kulturkreises, dass dieser anfälliger für Reaktionen und Wechsel der Stile geworden ist.

Die entscheidende Frage ist deshalb letztendlich eine persönliche, also eine Frage der Moral, wie sie sich für uns in gleicher Unmittelbarkeit und Härte in den dreissiger Jahren bis heute stellt, und die von jeder Generation eine ebenso fundamentale Antwort auf die Frage nach der Überwindung der Vorbilder, dem Erfindungswert, der Persönlichkeit und der Intensität verlangt.

Wiederabdruck aus: *Wege und Experimente*, Ausstellungskatalog, Kunsthaus Zürich, 1968

Willy Müller-Brittnau (1938)
Nr. 27/68. 1968
Öl auf Leinwand, 80 x 80 cm
Kt. AG, Inv.-Nr. 2618 (1968)

Max Matter (1941)
Hungerberg. 1968
Accent-Spray auf Kellco, 100 x 120 cm
Kt. AG, Inv.-Nr. 2620 (1968)

Markus Müller (1943)
Fulvia. Um 1968
Öl auf Leinwand, 150 x 200 cm
Kt. AG, Inv.-Nr. 2619 (1968)

1969

Ereignisse/Institutionen/Personelles
Jean-Christoph Ammann wird Leiter des Kunstmuseums Luzern.

Gründung von Ecart, Genf (Künstlergruppe und Galerie).

Internationale Ausstellungen:
10. Biennale São Paulo. Die Schweiz wird vertreten durch Herbert Distel, Camille Graeser, Francesco Mariotti und Willy Weber.

Ausstellungen internationaler Kunst in der Schweiz:
When Attitudes Become Form. Live in your head – Works – Concepts – Processes – Situations – Information, Kunsthalle Bern, mit Werken u. a. von Markus Raetz und Jean-Frédéric Schnyder. Im Katalog erwähnt wird auch Aldo Walker. Das Ausstellungsplakat gestalten Markus Raetz, Jean-Frédéric Schnyder und Balthasar Burkhard.

Der Raum in der amerikanischen Kunst, Kunsthaus Zürich.

In Serie, Kunstgewerbemuseum, Zürich.

Für Veränderungen aller Art, Kunsthalle Basel.

Pläne und Projekte als Kunst, Kunsthalle Bern; Kunstverein, Hamburg.

Kompass West Coast USA, Kunsthalle Bern

Düsseldorfer Szene (u. a. Josef Beuys, Blinky Palermo, Sigmar Polke, gerhard Richter, Rainer Ruthenbeck), Kunstmuseum Luzern.

Ausstellungen von Schweizer Kunst:
Junge Kunst, Kunstmuseum Luzern, mit Werken von Kurt Fahrner, Friedrich Kuhn, Hans Schärer, Philippe Schibig, Perter von Wattenwyl, Muz Zeier.

22 junge Schweizer Künstler, Kunsthalle Bern; Stedelijk Museum, Amsterdam, mit Werken von Andreas Christen, Urs Lüthi, Markus Raetz, Roland Werro, Jean-Frédéric Schnyder, Samuel Buri, Peter Stämpfli, Kurt Fahrner, Alfred Hofkunst, Herbert Distel, Pierre Haubensack, Rolf Iseli, Bernhard Lüthi, Willi Müller-Brittnau, Walter Voegeli, Rolf Weber, Jakob Bill, Gianfranco Camesi, Paul Talman, Christian Megert, Willy Weber, Janos Urban.

Phantastische Figuration. 50 junge Schweizer Künstler, Helmhaus Zürich
Freunde – Friends – d'Fründ, Kunsthalle Bern, mit Karl Gerstner, Daniel Spoerri, André Thomkins, Dieter Rot und Freunden

Ausstellungen von Schweizer Künstlern (Auswahl):
Eva Aeppli (Kunsthalle, Nürnberg), **Max Bill** (Centre National d'Art Contemporain, Paris), **Max Gubler** (Kunstmuseum Bern), **Bernhard Luginbühl** (Stedelijk Museum, Amsterdam; Badischer Kunstverein, Karlsruhe), **Willy Müller-Brittnau** (Aargauer Kunsthaus Aarau), **Charles Rollier** (Musée Rath, Genf), **Albert Siegenthaler** (Aargauer Kunsthaus Aarau)

Ausstellungen von internationalen Künstlern in der Schweiz (Auswahl):
Josef Beuys (Kunstmuseum Basel), **Eduardo Chillida** (Kunsthaus Zürich), **Hamish Fulton** (Kunstmuseum Basel)

Literatur:
Hans Christoph von Tavel: *Ein Jahrhundert Schweizer Kunst. Von Böcklin bis Alberto Giacometti*, Albert Skira, Genf

Das Aargauer Kunsthaus Aarau kauft u.a. Werke von:
Ursula Fischer-Klemm, Werner Holenstein, Jean Lecoultre, Max Matter, Markus Müller, Jakob Probst, Fritz Strebel, Hugo Suter

Aldo Walker (1938–2000)
Wand-Boden-Bild. 1969
(Replik 1989)
Stoff und Kettenringe, 400 x 200 cm
Kt. AG, Inv.-Nr. S 5373 (2000)

Marcel Stüssi (1943–1997)
Anna. 1969
Acryl auf Leinwand, 114 x 135 cm
Legat Marcel Stüssi
Kt. AG, Inv.-Nr. 5424 (1999)

Christian Rothacher (1944)
Ohne Titel. Um 1969/1970
Holz, verchromte Schnittflächen, 64 x 120 x 100 cm
Depositum Christian Rothacher
Inv.-Nr. DS 1920 (1996)

Herbert Distel (1942)
Eierteppich. 1969
Polyester, 255 x 255 x 60 cm
Schenkung Herbert Distel
Kt. AG, Inv.-Nr. S 4647 (1995)

1969

Josef Herzog (1939-1998)
Ohne Titel. Um 1969
Aquarell auf Papier, 31,5 x 24,3 cm
Kt. AG, Inv.-Nr. 4285 (1990)

Josef Herzog (1939-1998)
Ohne Titel. Um 1969
Aquarell auf Papier, 29,5 x 20,5 cm
Kt. AG, Inv.-Nr. 4286 (1990)

Karl Jakob Wegmann (1928-1997)
Komposition. 1969
Öl auf Leinwand, 82 x 99 cm
Kt. AG, Inv.-Nr. 3154 (1976)

1970

Ereignisse/Institutionen/Personelles

Gründung der internationalen Kunstmesse ART in Basel.

Herbert Distel beginnt sein Schubladen-museum. In jedem der 500 Fächern eines ausgedienten Nähkastens liegt ein Kunst-werk eines zeitgenössischen Künstlers.

Eklat im Helmhaus: Varlin zerschneidet zwei eigene Bilder mit der Rasierklinge, weil Max Bill sie gegen seinen Willen in der Ausstel-lung der Zürcher Künstler präsentiert und im Katalog die figurative Malerei diffamiert.

Internationale Ausstellungen:

35. Biennale Venedig. Die Schweiz wird vertreten durch Jean-Edouard Augsburger, Peter Stämpfli und Walter Voegeli.

Ausstellungen internationaler Kunst in der Schweiz:

Das offene Museum – die Stadt, Kunsthalle Basel

Spiel und Ernst – Internationale Kunst jetzt, Kunsthaus Glarus

Text – Buchstabe – Bild, Helmhaus Zürich

Ausstellungen von Schweizer Kunst:

5. Schweizer Plastikausstellung im Freien, Biel

Visualisierte Denkprozesse, Kunstmuseum Luzern, mit Werken von Batlhasar Burkhard, Gianfredo Camesi, Luciano Castelli, Herbert Lienhard, Urs Lüthi, Dieter Meier, Gérald Minkoff, Markus Raetz, Aldo Walker.

Ausstellungen von Schweizer Künstlern (Auswahl):

Franz Eggenschwiler (Kunsthalle, Köln; Kunstmuseum Luzern), **Fritz Glarner** (San Francisco Museum of Art, San Francisco; Institute of Contemporary Art, University of Pennsylvania, Philadelphia; University of Iowa, Iowa City), **Alfonso Hüppi** (Badischer Kunstverein, Karlsruhe), **Richard Paul Lohse** (Kunsthalle Bern; Kunstverein, München), **Wilfrid Moser** (Kunsthaus Zürich), **Markus Raetz** (Kunstmuseum Luzern), **Dieter Roth** (Kunstmuseum Luzern), **Vieira da Silva** (Kunsthalle Basel)

Ausstellungen von internationalen Künstlern in der Schweiz (Auswahl):

Georg Baselitz (Kunstmuseum Basel), **Josef Beuys/Michael Buthe** u. a. (Kunstmuseum Luzern), **Richard Hamilton** (Kunsthalle Bern), **Robert Rauschenberg** (Kunstmuseum Basel)

Literatur:

Paul Nizon: *Diskurs in der Enge. Aufsätze zur Schweizer Kunst*, Kandelaber-Verlag, Bern
Jean-Christophe Ammann/Harald Szee-mann: *Von Hodler zur Antiform. Geschichte der Kunsthalle Bern*, Benteli Verlag, Bern

Das Aargauer Kunsthaus Aarau kauft u. a. Werke von:

Rolf Brem, Max Matter, Jakob Probst, Ernst Suter

Hugo Suter (1943)
Ohne Titel. 1970
Wellblech, Aluminium, Leuchtstoffröhre
300 x 65 x 33 cm
Depositum Hugo Suter
Inv.-Nr. D S 1921 (1997)

Franz Gertsch (1930)
Kranenburg. 1970
Dispersionsfarbe auf ungrundiertem Halbleinen, 200 x 300 cm
Kt. AG, Inv.-Nr. 4633 (1994)

GROSS

1970

Albert Siegenthaler (1938-1984)
Willi Müller-Brittnau (1938)
Modell für grossen Rahmen. 1970
Eisen bemalt, 68 x 48,5 x 13,5 cm
Schenkung aus Privatbesitz
AKV, Inv.-Nr. S 5338 (1999)

Willi Schoder (1930)
V 4. 1970
Acryl auf Baumwolle, 125 x 125 cm
Kt. AG, Inv.-Nr. 4559 (1993)

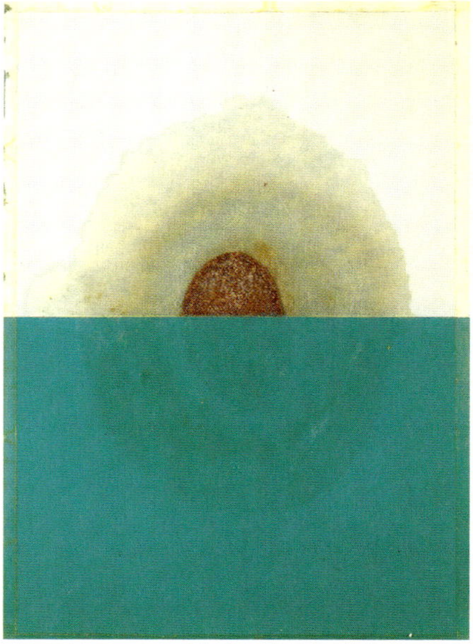

Dieter Roth (1930–1998)
Kleiner Sonnenuntergang. 1970
Wurst, weisses und blaues Papier
43 x 32 cm
Multiple, unlimitiert
Kt. AG, Inv.-Nr. G 3364 (1991)

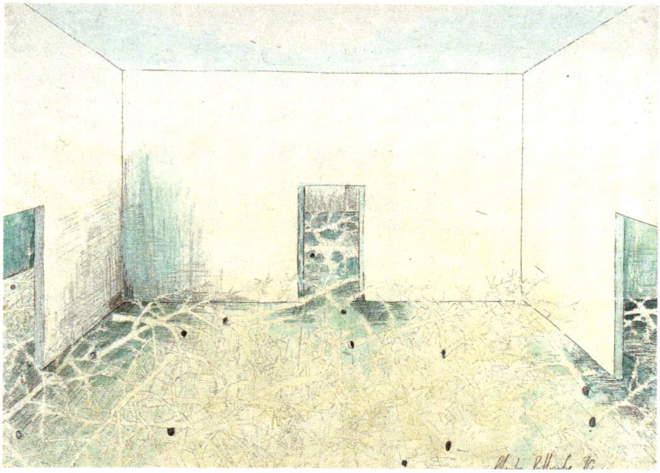

Christian Rothacher (1944)
Ohne Titel. 1970
Bleistift, Aquarell, Collage auf Papier
72,5 x 101 cm
Kt. AG, Inv.-Nr. 2861 (1971)

Ilse Weber (1908-1984)
Schiff auf nächtlicher Fahrt. 1970
Öl auf Leinwand, 96 x 130 cm
Kt. AG, Inv.-Nr. 3212 (1976)

1971

Ereignisse/Institutionen/Personelles

Heiny Widmer wird Leiter des Aargauer Kunsthauses Aarau.

In der Schweiz werden erste künstlerische Video-Bänder produziert. Zur Pioniergeneration gehören René Bauermeister, Jean Otth, Muriel Olesen, Gérald Minkoff, Janos Urban, Urs Lüthi, Dieter Roth, Dieter Meier.

Die Klasse Form und Farbe löst sich von der Kunstgewerbeschule Zürich und wird zur Privatschule F+F.

Internationale Ausstellungen:

11. Biennale São Paulo. Die Schweiz wird vertreten durch Alfred Hofkunst, Heiner Kielholz und Christian Rothacher.

Ausstellungen von Schweizer Kunst

The Swiss Avantgarde, Cultural Center, New York, mit Werken u. a. von Jean Baier, Carl Bucher, Gianfredo Camesi, Luciano Castelli, Andreas Christen, Herbert Distel, Franz Eggenschwiler, H.R. Giger, Fritz Glarner, Camille Graeser, Hansjörg Glattfelder, Pierre Haubensack, Alfred Hofkunst, Gottfried Honegger, Rolf Iseli, Heiner Kielholz, Verena Loewensberg, Richard Paul Lohse, Bernhard Luginbühl, Urs Lüthi, Max Matter, Christian Megert, Dieter Meier, Markus Müller, Willy Müller-Brittnau, Markus Raetz, Christian Rothacher, Hugo Schumacher, Albert Siegenthaler, Daniel Spoerri, Peter Stämpfli, Hugo Suter, Jean Tinguely, Hugo Weber.

Schweizer Zeichnung im 20. Jahrhundert, Wanderausstellung des Schweizerischen Institutes für Kunstwissenschaft 1971–1972: Staatliche Samlung, München, Kunstmuseum Winterthur, Kunstmuseum Bern, Musée d'art et d'Histoire, Genf.

Les Suisse de Paris, Aargauer Kunsthaus Aarau, mit Werken u.a von Samuel Buri, Michael Grossert, Jürg Kreienbühl, Wilfrid Moser, Bruno Müller, Robert Müller, Peter Stämpfli

Ausstellungen von Schweizer Künstlern (Auswahl):

Eva Aeppli (Karl-Ernst-Osthaus-Museum, Hagen), **Franz Eggenschwiler** (Kunstmuseum Basel), **Alfonso Hüppi** (Museum Folkwang, Essen), **Richard Paul Lohse** (Kunstverein, Hannover; Moderna Museet, Stockholm; Van Abbemuseum, Eindhoven; Gemeentemuseum, Den Haag), **Robert Müller** (Kunsthalle Basel), **Dieter Roth** (Museum Haus Lange, Krefeld; mit Stefan Wewerka: Von der Heydt Museum, Wuppertal), **Alex Sadkowsky** (Museum zu Allerheiligen, Schaffhausen), **Daniel Spoerri** (Stedelijk Museum, Amsterdam), **André Thomkins**, (Kunstmuseum Basel), **Jean Tinguely** (Centre National d'Art Contemporain, Paris)

Ausstellungen von internationalen Künstlern in der Schweiz (Auswahl):

Horst Antes (Kunsthalle Bern), **Antonio Calderara** (Aargauer Kunsthaus Aarau), **Jim Dine** (Kunsthalle Bern), **Jasper Johns** (Kunsthalle Bern), **Edward Kienholz** (Kunsthaus Zürich), **Yves Klein** (Kunsthalle Bern), **Karl Prantl** (Aargauer Kunsthaus Aarau), **Bridget Riley** (Kunsthalle Bern), **George Segal** (Kunsthaus Zürich)

Literatur:

Paul Nizon, *swisse made*, Benziger Verlag, Zürich

Das Aargauer Kunsthaus Aarau kauft u. a. Werke von:

Rolf Brem, Michael Grossert, Josef Herzog, Wilfrid Moser, Bruno Müller, Christian Rothacher, Jürg Stäuble, Hugo Suter, Italo Valenti, Ilse Weber

Jürg Kreienbühl (1932)
Carmen. 1971
Acryl auf Pavatex, 150 x 126 cm
Kt. AG, Inv.-Nr. 3127 (1976)

1971

Heiner Kielholz (1942)
Chien Dalmatien. 1971
Aquarell und Fotografie auf Fotoleinwand, 78 x 105 cm
Kt. AG, Inv.-Nr. 4278 (1989)

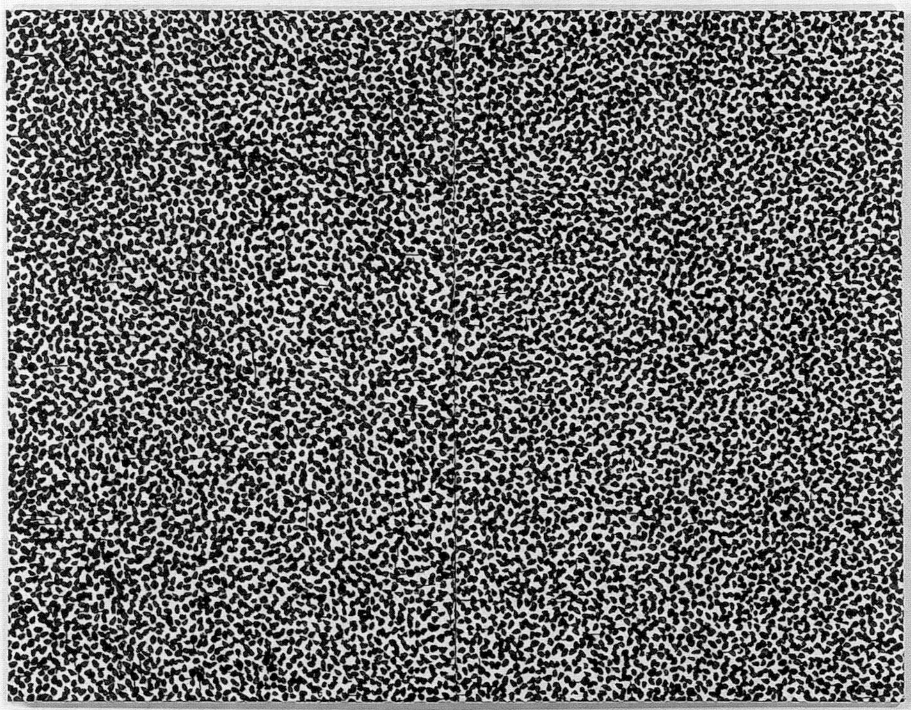

Heiner Kielholz (1942)
Tupfenbild. 1971
2-teilig, Öl auf Leinwand, 201 x 258 cm
Kt. AG, Inv.-Nr. 4146 (1987)

1971

Ilse Weber (1908-1984)
Glaskasten. 1971
Farbstift auf Papier, 45,5 x 37,5 cm
Kt. AG, Inv.-Nr. 2913 (1971)

Robert Müller (1920)
Masque. Um 1971–1973
Sandstein, 16 x 20 x 6 cm
Depositum Robert Müller
Kt. AG, Inv.-Nr. D S1923 (1996)

Rolf Iseli (1934)
Berner Erdbild (Erde vom Schüpberg und Wahlendorf). 1971
Dispersionsfarbe, Erde, Tusche auf Papier, 76,5 x 106 cm
Kt. AG, Inv.-Nr. 3123 (1974)

Die Schweizer Kunstlandschaft (eine Skizze)

Theo Kneubühler

Das Schweizertum und die Reaktion des Schweizer Künstlers
Das Mögliche des Fühlens, des Denkens und des Lebens des sensibilisierten Schweizer Künstler-Menschen bricht sich an der verharschten Realität des mehrheitlichen Schweizer Menschen, was beim ersteren Leiden, Frustration und daraus Agression oder Abkapselung zur Folge hat. Besonders ältere Künstler bauen auf diesem Ablauf, auf dieser Situation ihre ganze Existenz auf. Sie verinnerlichen das Leiden, machen es zur kreativen Unabdingbarkeit und gefallen sich in der masochistischen Selbstaufzehrung. Dieser ganze Mechanismus mag unabhängig einer Nationalität allgemeine Gültigkeit haben, doch in der Schweiz ist der Fall spezifisch, indem er eine besonders starke Gültigkeit hat.

Die Enge der Schweiz, ein besonders starkes Nationalgefühl, ein einebnender Demokratismus und die jahrhundertelange Selbständigkeit haben eine gewisse Homogenität der Strukturen des Schweizerischen zur Folge. Der Schweizer Künstler-Mensch und der mehrheitliche Schweizer sind so durch Ähnliches geprägt. Beide erhielten, da die sozialen Gegensätze nicht zu gross sind, eine ähnliche Erziehung; trotzdem das Schulwesen unter kantonaler Oberaufsicht steht, gingen beide durch ähnliche Schulen; beide erfuhren ähnliche Geschichten über die Entstehung und jahrhundertelange Selbstbehauptung der Eidgenossenschaft, und vor allem ist es die bestimmte Mentalität, die beide auf die gleiche Weise formte. Eine Mentalität, die viele Gegensätze unter einem Hut vereint, so mischen sich beim Schweizer Gutmütigkeit und Tücke, strenges Zweckdenken und Sentimentalität, rationaler Materialismus und magisch-fetischistische Religiosität oder Versponnenheit, ein wesentliches Moment ist auch, dass beim Schweizer ein fast krankhafter Ordnungswille die Spontaneität abwürgt. Damit hängt auch zusammen, dass auf dem einmal Erreichten konservierend beharrt wird, ob das Erreichte, Bewährte in Beziehung zum Ziel und der veränderten Wirklichkeit noch funktional ist, spielt keine Rolle. Robert Walser schrieb im Roman *Der Gehülfe* über die Bärenswiler, eine fiktive bernerische Dorfgemeinschaft, und charakterisiert damit den Schweizer, das Schweizerische schlechthin: "Sie verbinden mit der Ehrlichkeit gern einen gewissen Schein von Schlauheit und Weltbenehmen und sehen gern nach was Klugem und noch Klügerem aus. Sie schämen sich alle ein wenig ihrer kernigen, natürlichen Gradheit und jeder von ihnen will lieber ein 'schlechter Hund' sein als ein Tropf vom Esel, den man leicht übers Ohr hauen kann. Die Bärenswiler sind nicht leicht übers Ohr zu hauen; davor kann sich jeder, der das probieren will, tüchtig gewarnt sein lassen. Sie sind herzensgut, wenn man sie achtet, sie haben eine gute Portion Ehre im Leib, denn sie sind seit Jahrhunderten usw. Aber sie schämen sich auch ihrer Güte, wie fast jeglicher Gefühlsäusserung. Sie lachen mit den Stockzähnen, wo andere Menschen und Nationen mit den Lippen lachen; sie plaudern mehr mit den gespitzten Ohren als mit dem ungenierten Mund; sie schweigen gerne, aber manchmal fangen sie an zu prahlen wie die leibhaftigen Matrosen, als ob sie alle mit einem Wirtshaustischmaul zur Welt gekommen wären. (...) Sie seien grob wie die Teufel, sagt man in der rundum liegenden Welt, und nicht ganz ohne Ursache, aber es sind ihrer immer nur ein paar unter ihnen, die grobe Laster sind, und um dieser paar Ausnahmen willen müssen die Bärenswiler manches kecke und ungerechte Wörtlein hören. (...) Aber vor allen Dingen (...) sind sie trocken und nüchtern, ein Schlag Mensch, wie geschaffen dazu, bescheidene, aber sichere Geschäfte zu machen, und dito Erfolge zu erzielen. Die Häuser, die sie bewohnen, sind sauber wie sie selber .." (S. 99, *Der Gehülfe*, Fischer Bücherei 452, 1955). Gerade Robert Walser, der dies schrieb, ist der Inbegriff des sensibilisierten Schweizer Künstler-Menschen. Er ist der hinterlistige, boshafte, empfindliche und zugleich weiche, empfindsame und exakt ordnende Kleinmeister, der das Schweizerische schreibend durchschaut, von ihm aber nicht loskommt, es pflegt und tiefgründig liebt. Daran zerbrach er dann auch, die letzten Jahrzehnte seines Lebens verbrachte er freiwillig und ohne zu schreiben in einer psychiatrischen Klinik im Appenzellischen. Die bewusste Isolation, das Ausscheren, oder das unbewusste Absondern des Schweizer Künstler-Menschen – weil seine gesteigerte Empfindsamkeit und Empfindlichkeit mit der gesellschaftlichen Wirklichkeit kollidiert – lässt ihn seine Matrix verlieren. Unbehaust und bodenlos geworden, kann er so nur auf sich selber abstellen, was eine bohrende, teilweise verbohrte Innerlichkeit zur Folge hat. Bei Schweizer Künstlern, die ihre beste Schaffenskraft in der Zeit zwischen den grossen Kriegen hatten, zeigt sich in einer rekonstruierenden Vergegenwärtigung, in einer Mythisierung, auch Sublimierung der Werdungsgeschichte der eigenen Persönlichkeit, welche notwendigerweise durch eine mehr oder weniger ambivalente Haltung gekennzeichnet ist. Beispielshaft für diesen Ablauf, diese Archäologie des Selbst sind Otto Meyer-Amden, Paul Klee, Louis Soutter, Ernst Gubler, im gewissen Sinne auch Alberto Giacometti als bildende Künstler, Hans Morgenthaler, Alexander Xaver Gwerder, Robert Walser, Albin Zollinger, Jakob Schaffner, Friedrich Glauser als Schriftsteller. Otto Meyer Amden wuchs im Berner Burger-Waisenhaus der Knaben heran. Dies findet später seinen Ausdruck in der mythischen Suche eines idealischen Knaben-Bildes, in den Einweihungs- und Eintrittsszenen, die wesentlich pantheistischen Initiationsriten entsprechen. Meyer-Amden lebte während längerer Zeit auf einer Alp oberhalb des Walsensees, die damals noch nur mühsam erreicht werden konnte. Diese isolierende Absonderung entspricht seiner von der Gesellschaft nicht akzeptierten Sonderbarkeit, auch seiner, ihm bewussten, geistigen Sündhaftigkeit, die tagtäglich, durch neue, intensivere Sehnsüchte immer verstärkt, mit Macht erlebt wurde. Was blieb Meyer-Amden anderes übrig, als aus einer Gegensätzlichkeit zum gesellschaftlichen Konsensus ein masochistisch verinnerlichtes Prinzip zu machen, das, in starke Ordnungsstrukturen gelegt, künstlerisch gebändigt wurde. Aus dieser erlittenen Sublimierung resultierte eines der schönsten, intensivsten und auch eigenartigsten Werke der Schweizer Kunst überhaupt.

Auch der heutige Schweizer Künstler-Mensch lebt innerhalb der Ordnung, des Systemes des Schweizerischen. Er reflektiert es, indem er es darstellt und sich so davon distanziert. Zugleich aber ist die Form, das Elementare seiner Darstellung, das von dem er sich nicht distanzieren kann, hier kristallisiert sich seine schweizerische Eigenart. Erkennt er diese Diskrepanz, dann gebiert dies eine besondere Ironie. Eine Ironie, wie sie bei Raetz, Winnewisser, Thomkins, Eggenschwiler, Spoerri, Rot, Suter u. a. offenkundig wird. Diese Ironie ist morphologisch gekennzeichnet durch das Abwenden von der Linearität des Stildenkens, vom formal Hypostasierten. Jede Methode ist recht, um einen Gedanken Bild werden zu lassen. Selbst die kunstgeschichtlich fixierten Methoden werden wieder herangezogen, werden auch vermischt, dienen der Sichtbarmachung eines gedanklichen Komplexen. Formale und mentale Disponibilität als Zerstörung der Geradlinigkeit, der Abstraktheit, der Reinheit, der Ordnung feiert Triumphe.

Die jungen und jüngeren Schweizer Künstler spielen bewusst mit ihrem Schweizertum, sie leiden nicht mehr daran wie Otto Meyer-Amden oder wie Robert Walser.[1] Sie präsentieren ihre Ambivalenz, ihre Liebe zum Kleinmeisterlichen, zum Behausten, Überblickbaren, ihre Detailfreudigkeit und ihre Sonderbarkeit, sie stellen ihre Sehnsüchte, ihre Obsessionen, ihre Sentimentalität, auch ihre Kindhaftigkeit oder Heimtücke offen zur Schau. Dies geschieht dabei viel mit einem Augenzwinkern, das besagen will, was soll's, es kann auch ganz anders sein. Indem beispielsweise Beny von Moos – Sprössling einer alten Innerschweizer Aristokratenfamilie – aus seiner Hingezogenheit zur androgynen, hermetisch-künstlichen Schönheit kein Hehl macht, die Fotografien aber, die diese Schönheit präsentieren, zu gewaltigen Dimensionen aufbläst, distanziert er sich von der Intimität und verhindert die Identifikation. Was bei von Moos geschieht – die die Identifikation aufhebende Präsentation der Subjektivität –, passiert auf eine modifizierte Weise auch bei Urs Lüthi. Er beginnt 1970 mit seinen Selbstinszenierungen und arbeitete sich im Verlaufe der Zeit durch verschiedenen Ich-Lagen hindurch, ohne dass aber die Werke je privat werden, das heisst, ohne dass das Psychologische dominiert. Bei neueren Werken aus 1971 konfrontiert er seine Zeichen bildende Arme mit verschiedenen Objekten, sodass entsprechend der ganz unterschiedlichen Inhalte, ganz unterschiedliche Lüthi-Bilder entstehen, was die Reaktion auf eine Identität ausschliesst.

Ein weiteres wesentliches Charakteristikum der Kunst, die durch Schweizerisches geprägt wurde, ist die "bricolage" im Sinne Claude Levi-Strauss[2] als präwissenschaftliches, alchemistisches Erproben von Stoffen, von Formen und von Vorgängen. Gemeint ist damit, dass in Opposition zur schweizerischen Enge die Strukturelemente des Fixierten, des Tradierten, des Bewährten in andere Zusammenhänge gestellt wird, was einen neuen Inhalt und so eine neue Bedeutung zur Folge hat. Alltäglich erfahrene Wirklichkeit eines Objektes, eines Sachverhaltes, einer Ansicht wird so unvermittelt anders, wird magisch, vielgestaltig, vieldeutig. Dies wird besonders bei Thomkins, Rot, Spoerri, Eggenschwiler, Raetz, Ryser, Winnewisser u. a. evident. Charakteristisch dafür sind die Paraphrasen, die Thomkins von Bildern und Zeichnungen von Klee, Fuessli, Meyer-Amden, Böcklin u. a. machte, indem er ausgehend vom Formalen, vom Gestalthaften der bestehenden Werke, daraus neue Bedeutungen ableitet, ohne dabei das Kompositorische des Originals rigoros zu stören. Eggenschwiler realisierte ausgehend von einem Grenzstreit zwischen den Kantonen Uri und Wallis einen versetzbaren Grenzstein. Jeder dieser Kantone beharrte darauf, dass ein bestimmtes umstrittenes Stück Land auf einer grenzbildenden Passhöhe ihm zustehe. Erboste Walliser schleppten den 1.3 Tonnen schweren Grenzstein einige Kilometer das Tal hinunter, wo er dann gefunden wurde. Eggenschwilers Objekt "Versetzbarer Grenzstein" besteht aus einem sänfteartigen Behältnis, indem sich der Grenzstein befindet. Eggenschwiler macht so die Grenze als Uebereinkunftsbegriff (als Bild für Statik, Immobilität, Verdinglichung) in ihrer abstrakten Willkür transparent. Grenzen (Konventionen) in jeglicher Hinsicht – ob moralisch, politisch, sozial, juristisch – werden als versetzbar erklärt.

Zur heutigen Situation der Schweizer Kunstlandschaft

Eine Konstante der Schweizer Kunst bildet die strukturell von der Zeit unabhängige und inhaltlich bestimmte Phantastik. Dies gründet einerseits in der durch die besondere Enge bewirkten Stauung der (Lebens)Energien und deren therapeutischen Sublimierung, anderseits in einem Hang zum Spintisieren, in einem magischen, beseelenden Nachvollzug der platten Wirklichkeit, was als Bild gefahrlos und ohne Folgen zu bewerkstelligen ist. In diesem Sinne gibt es in allen Landesteilen Vertreter dieser Kunst, es kristallisierte sich nicht ein eigentliches Zentrum. So lebt Ilse Weber, eine der besten Schweizer Künstlerinnen, im Aargau (Wettingen), Wegmüller, Schulthess und Fahrner in Basel, Sadkowsky, Kuhn, Zeier, Dannecker in Zürich, Max von Moos, Philippe Schibig und Hans Schärer in Luzern, Otto Tschumi, Peter von

Wattenwyl und Claude Sandoz in Bern. Phantastische Elemente im definierten Sinne beinhaltet auch das Schaffen von Raetz, Thomkins, Eggenschwiler, Winnewisser, Werro, Meret Oppenheim u. a.

1971 fand in New York eine Ausstellung von Schweizer Kunst unter dem irreführenden Titel *The Swiss Avant Garde* statt. die Hälfte der Ausstellenden waren Künstler der zweiten (Bill, Lohse, Loewensberg u. a.) und der dritten (Baier, Candolfi, Christen, Glattfelder) Generation der Konkreten, respektive Konstruktivisten, was dem offiziellen Bilde der Schweizer Kunst entspricht, aber was nicht unbedingt mit der heutigen Situation übereinstimmt. Viele dieser Konkreten stammen aus Zürich, was kein Zufall ist, war doch die Zürcher Kunstgewerbeschule so etwas wie die Fluchtburg des deutschen Bauhaus, nachdem dies von den Nationalsozialisten 1933 geschlossen wurde. Hans Fischli, Itten und Max Bill (alle ehemalige Bauhaus Lehrer oder Schüler) waren die wesentlichen Propagandisten der Bauhaus-Ideen in der Schweiz, R.P. Lohse ihr wichtigster Realisator. Max Bill, ihr grosser Theoretiker, versuchte die Gestaltungsideen des Bauhaus in einem die Architektur, die Plastik, die Malerei, das Design und die Werbegrafik umfassenden Gesamtprogramm zu realisieren, was wesentlich zur Geschmacksdiktatur der *Guten Form* in der Schweiz der zwei, drei letzten Jahrzehnte beitrug. Paul Nizon meint in diesem Zusammenhang: "Die Ideologie der 'Guten Form' befriedigt unsere affirmativen Neigungen. Man möchte behaupten, im Wertsystem der 'Guten Form' transzendiere Wesentliches aus dem Katalog schweizerischer Nationaltugenden (darunter versteht Nizon: Nüchternheit, Sparsamkeit, Schnörkellosigkeit, Sauberkeit, Vernünftigkeit), "in eine mystische Sphäre."[3] Bern konnte anfangs der sechziger Jahre die Vorherrschaft von Zürich, aber somit noch nicht die der *Guten Form*, brechen.[4] Künstler wie Rot, Spoerri, die in den fünfziger Jahren in Bern lebten, Eggenschwiler, Werro, Distel, Megert, Weber, Vögeli bedienten sich der Mittel der traditionell Konkreten, um aber durch irgendwelche Kniffe immer eine Spur an der Reinheit des Mathematischen vorbeizugehen. Diese Störung der bildnerischen Rationalität, als bewusste Methode, bewirkt eine minime Irritation und so eine Ironisierung der vermeintlichen Homogenität.

Gegen Ende der sechziger Jahre tauchen plötzlich einzelne junge und jüngere Künstler auf, die sich durch eine grosse Eigensinnigkeit auszeichnen. So in Bern Jean-Frederic Schnyder, Markus Raetz, ein veränderter Franz Eggenschwiler, in Zürich Dieter Meier, Urs Lüthi, in Genf der Tessiner Gianfredo Camesi (neben Paolucci und Bernasconi der einzige Tessiner von überregionaler Bedeutung) und der Deutschschweizer H.R. Huber, in Aarau Suter, Kielholz, Rothacher, Matter, Herzog und Müller, in Luzern Castelli, ein veränderter Egloff, Meier, Ryser, Walker, Widmer und Winnewisser. Dabei ist interessant, dass von bislange künstlerisch eher peripheren Zonen und Gegenden her, wie dies Luzern, Aarau und teilweise auch Genf sind, plötzlich neue Energien nachstossen. In Luzern wohnen und arbeiten heute vielleicht fünfzehn junge und jüngere Künstler, die besonders auf dem Gebiete der Zeichnung Ausserordentliches schaffen, dabei arbeitet jeder für sich, sie bilden also nicht eine eigentliche Gruppe. Aehnliches spielt sich in Aarau ab, wo Rothacher, Kielholz, Suter, Matter, Herzog und Müller zusammen in einem alten Fabrikgebäude arbeiten, so auch, durch die solidarisierende Isolation, symbolisch ihrer Andersartigkeit Ausdruck verleihen (auf die Situation in Aarau und in Luzern wird im anschliessenden Teil des Textes umfassend eingegangen).

Die Zentren und Schaltstellen heutiger Schweizer Kunst befinden sich fast ausnahmslos im deutschsprachigen Teil. Was einerseits auf die hohe Qualität und relativ breite Streuung der Informationen der Kunstmuseen und Kunsthallen in Aarau, Bern, Basel, Luzern, Winterthur und Zürich sowie auf die vielen Galerien zurückzuführen ist, anderseits profitiert der Schweizer Künstler von der Lebendigkeit, von den ständigen Innovationen, auch von der Rigorosität der Kunstszene in der Bundesrepublik Deutschland. In der Romandie, dem französischsprachigen Teil der Schweiz, verhindert der Konservativismus, die wohltemperierte Bürgerlichkeit der Museumsleute, Galeristen und Kunstkritiker eine lebendige Entwicklung. Zudem schwört, pauschalisierend, der Westschweizer Künstler auf die Gediegenheit des Handwerks, was sich auf die künstlerische Substanz, auch auf die Innovation nicht unbedingt positiv auswirkt.[5] Abgesehen vom Genfer Kreis der Camesi, Candolfi, Huber, Minkoff, Ducimetiere (dazu gehört auch der Lausanner J. Urban) und gewisser Einzelgänger herrscht in der Romandie ein konservierender Traditionalismus.[6]

Eine Exklave der Schweizer Kunst ist seit einigen Jahren das deutsche Ruhrgebiet, wo Schweizer wie B. Lüthi, Thomkins, Spoerri, Rot, Gerstner u. a. wohnen und arbeiten, sowie Holland, wo seit einiger Zeit Raetz und Melcher leben und arbeiten. Diese Künstler leisten wesentliches zur innovierenden Befruchtung des Schweizer Kunstgeschehens.

Die Situation in Aarau und in Luzern

Die Grossstadt war seit dem Frühkapitalismus Schaltstelle, dynamischer Vektor, Innovationsdeterminante der Kunst. Und zwar spielen dabei verschiedene Faktoren eine Rolle: a) Konzentration des Marktes, b) des Kapitals, c) der Information, d) der progressiven künstlerischen Kräfte (Solidarisierung), e) Möglichkeiten der Anonymität, des Untertauchens, was dem Künstler mehr Freiraum, Unabhängigkeit, "Atmungsmöglichkeiten" verschafft. In Kleinstädten und auf dem Lande ist der Künstler ständig der "Sozialisation" ausgesetzt, er hat sich den herrschenden Gepflogenheiten, der dominanten Weltanschauung anzupassen oder zumindest zu nähern, will er nicht Paria-Status übernehmen. Präsentiert er seine Andersartigkeit, steht er zu ihr, macht er daraus eine Rolle – was sich im Habitus und Verhalten äussert – so kann er, wenn er seine Rolle agressiv spielt, aus der Sozietät ganz hinausgestossen werden, spielt aber mehr das kauzige, humorige, vielleicht selbst- oder fremdironische Moment mit, so wird er als Unterhalter, als "lustige Person", als Narr akzeptiert. Die soziale und weltanschauliche Homogenität, die koagulierten Strukturen der Kleinstadt, das ständige Präsentierverhalten der Individuen verhindern Innovation. Diese hier skizzierten Vorteile der Grossstadt und Nachteile der Kleinstadt hatten, in dieser Gegensätzlichkeit, sicher ihre Geltung bis in die fünfziger und sechziger Jahre hinein. Durch die Urbanisierung, durch die Industrialisierung, durch veränderte Informationsgepflogenheiten und durch die grössere Verflechtung von Stadt und Land ("Landflucht"; in der Stadt der Arbeitsplatz, auf dem Lande der Wohnplatz), begannen sich die Strukturen der Kleinstadt, des Dorfes aufzuweichen. Mittelalterliche Relikte – die "Burgfried-Gesinnung" als Abkapslung aus Angst vor dem Neuen, dem Anderen verschwanden und verschwinden mehr und mehr. Es kam zu einer Annäherung, ja zu einer Verschmelzung von Stadt und Land. Die Grossstadt ist so heute nicht mehr unabdingbare Voraussetzung für die Kreativität. Im Gegenteil, sie ist heute mehr Hemmnis, was sich in der "Stadtflucht" vieler Künstler, Intellektueller, Wissenschaftler ausdrückt. Doch die Annäherung und teilweise Verschmelzung von Stadt und Land, respektive Kleinstadt und Grossstadt, haben nun auch die Künstler der Kleinstadt die Vorteile der Grossstadt. Ja, die Künstler, besonders die jungen, der kleinen und mittleren Städte haben heute sogar gewisse Vorteile, indem sie nicht in einem Wasserkopf, in einer Künstler-Konzentration arbeiten und leben müssen. Sie sind in einem gewissen Sinne naiver, das heisst unbeschwerter, freier, experimentierfreudiger, weil sie sich nicht gegen ein allzugrosses, allzugewaltiges, gutfunktionierendes "Kunst-Establishment" (Vermittler, Verteiler), dass alles schon weiss, anzustemmen haben, wie es in den Grossstädten (z. B. Basel, Genf, Bern, Lausanne und Zürich) an vielen Schaltstellen hockt. Diese Grossstädte haben ein Gesicht zu verlieren, also wehren sie sich gegen allzugrosse Waghalsigkeit, währenddem die kleinen und mittleren Städte quasi vom Nichts her, das heisst frei und beweglich, sich ein Gesicht zulegen können. Darin liegt dann auch die grosse Chance: Veränderung und Innovation kommen heute nicht mehr nur von den Zentren her, sondern immer vermehrt von den bisherigen Randzonen, von den jungfräulichen, bewegungsfähigen Peripherien.[7]

Bis vor kurzem waren Aarau und Luzern künstlerisch eher Entwicklungsgebiete. Abgesehen von einigen Einzelgängern, so im Aargau Müller-Brittnau, Hächler, Rehmann, in Luzern Max von Moos, W. Andermatt, G. Hirschi, Hans Schärer, die von überregionaler Bedeutung sind, hatten die zwei Städte, respektive Regionen, nicht viel vorzuweisen. Ende der sechziger Jahre kam es in beiden Städten zu wesentlichen Veränderungen. Aarau hatte dabei den Vorteil, über einen kapitalstarken Rückhalt in der Industrie zu verfügen, sowie, als erster Schweizer Kanton, ein wirklich effektives Kulturgesetz zu verwirklichen.

Ich bat den Konservator des Kunstmuseums Aargau, Heiny Widmer, mir kurz die Entwicklung der jungen Aarauer (Herzog, Kielholz, Matter, Müller, Rothacher und Suter) zu skizzieren, daraus wurde ein umfangreicher Aufsatz, der mir H. Widmer in Briefform zusandte. Da dieser Brief wesentliche Hintergrundinformationen enthält – H. Widmer erlebte die Entwicklung in Aarau –, möchte ich es nicht unterlassen, ihn hier wiederzugeben:

"Heiner Kielholz, Christian Rothacher, Markus Müller, Hugo Suter und Max Matter gehören einer Generation von Aargauern an, die als erste nicht mehr an dem merkwürdigen und für eine etwas ältere Generation von Künstlern scheinbar wichtigen Problem litt, Aargauer und damit ein Spezialfall zu sein.

Es stimmt zwar, dass der Aargau kein Zentrum, keine grössere Stadt und vor allen Dingen keine Bevölkerung mit einem historisch gewachsenen Staatsbewusstsein hat und darum länger als andere Schweizer Kantone brauchte, um über die Stufe der, vereinfacht gesagt, Agrarphase herauszukommen.

Die vergangene Generation gefiel sich immer wieder im Ausspruch, den vor Jahrzehnten ein Berner Maler getan haben soll: "D'Aargauer sind lislige Cheibe." Zwar litt man unter dem Bilde des ängstlichen Untertanen, aber man identifizierte sich doch damit und lange Zeit war das Malen mit heftigen Farben, Ansätze zu extremen Formulierungen verpönt. Man glaubte eine Zeitlang sogar, es gäbe eine typische Aargauer Malerei, obwohl die Aargauer Künstler ihre Ausbildung überall (München, Paris, Karlsruhe usw.) holten.

Allerdings war die stille Uebereinkunft über das, was allenfalls als Kunst zu betrachten war, in den kleinen Verhältnissen so gross, dass die aus der Fremde zurückkehrenden Künstler sich meist der herrschenden Vorstellung unterzogen und die revolutionären Ansätze bald vergassen.

Dieses offizielle Kunstbild war in einer ländlich domestizierten Form des Impressionismus angesiedelt und dieses Bild wandelte sich nun langsam, indem kubistische Erfahrungen nach und nach einen Umschmelzungsprozess bewirkten, der dann ebenso zu domestizierten Formen der Abstraktion führte. Die zwei oder drei Künstler dieser Generation, die aus diesem Gehäuse ausbrachen und sich weitergestreut orientierten, isolierten sich bald und hatten mit grossen Schwierigkeiten zu kämpfen. Rehmann, Hächler und Müller-Brittnau waren die ersten, die über lokale Gegebenheiten hinauskamen. Ilse Weber gelang dieser Sprung erst, als sie sich vom Milieu des ortsansässigen Malerverbandes loslöste und sich eine breitere geistige Basis schuf. Es ist nicht unwichtig zu sehen, dass gerade hier in kleinen Verhältnissen sich die These von der geistigen Determination des Künstlers durch die soziologischen Verhältnisse in einem hohen Masse bestätigt.

Kielholzs erste Arbeitsphase ist denn auch eine durchaus lokale. Er befreundete sich wie Max Matter mit dem sehr begabten Maler Werner Holenstein, der in den 50-er Jahren Aufsehen erregte durch seine nachkubistischen Landschaften und Figurenbilder. Kielholz, der sehr malerisch arbeitet, sah hier eine innere Verwandtschaft. Er und Matter veranstalteten eine erste Ausstellung in der lokalen Galerie und hatten grossen Erfolg mit Bildern, die in einem verengten Zwischenfeld zwischen Matisse, Braque und Holenstein angesiedelt waren.

Die Ablösung erfolgte dann abrupt. Matter suchte Kontakt mit dem amerikanischen Pop, Kielholz fand seine merkwürdig eigene Welt der Dalmatinerhunde und gepunkteten Räumen.

In der Rückschau erscheint Kielholzens damaliges Weiterschreiten nicht mehr als Bruch. Seine Bilder, ja seine Objekte sind heute noch malerisch und gerade seine letzten Bilder[8] beweisen erneut, dass er organisch weiterwächst, aber nicht auf der vorprogrammierten Linie selbst- und umwelterzeugter Vorurteile, sondern in einem allerdings oft durch Depressionen erschütterten freiheitlichen Glauben an die ganz dem Augenblick entspringende Eingebung. Matters damaliger Ausbruch sieht von heute her betrachtet doch eher als Bruch aus. Die Kontinuität scheint damals gebrochen worden zu sein. Man kann nicht sagen, dieser Vorgang sei ein rein intellektueller gewesen. Wahrscheinlich spürte Matter eine existentielle Notwendigkeit, aus dem schal gewordenen Bereich dekorativer Verbrämung der Welt auszubrechen.

Nun, Matter und Kielholz hatten den Mut aus den Normen ihrer Umwelt auszubrechen und so zu demonstrieren, dass sie sich nicht mehr als Aargauer im eingangs beschriebenen Sinne fühlten, und auch keine provinziellen Gefälle mehr spürten.

Inwieweit bei diesem Bewusstseinswandel der allgemeine wirtschaftliche und soziologische Wandel mitgeholfen haben, ist im einzelnen nicht lokalisierbar, im ganzen jedoch sicher festzustellen. Rothacher lernte Schuhzeichner in der Firma Bally. Von diesem Metier mag seine handwerkliche Präzision stammen, die ja in den ersten Radierungen und Hinterglasbildern ihren Niederschlag fand. Im übrigen verdankt er sehr viel der Klasse von Mattmüller und Stauffer.[9] Der dortige Unterricht scheint einige Öffnungen in ihm bewirkt zu haben.

Während Matter seine Formation in der Kantonsschule und in der Kunstgewerbeschule holte und entsprechend geprägt worden ist, haben Kielholz und Rothacher Berufslehren hinter sich und somit kein "gebrochenes Verhältnis zur Kunst". Das scheint nicht unwichtig zu sein.

Alle drei aber sind Söhne von Angestellten. Merkwürdigerweise waren die Väter von Kielholz und Rothacher Unteroffiziere im Polizeikorps und Matters Vater war Postbeamter. Rothachers Vater war ein stadtbekanntes Original, das, wenn er ins nächste Dorf fahren musste, davon sprach, dass er eine "Auslandreise machen müsse".

Kielholz und Rothacher haben diese Bindung auch in sich. Nur leben sie nicht von der Übereinstimmung sondern vom Kontrast mit der Stadt und somit doch in heimlicher Übereinstimmung, Matter ebenso. Das kann gefährlich werden und Rothachers Reise nach Indien per Jeep ist ein Versuch dieser Stadt zu entkommen.[10]

Ein ganz anderer Fall ist Suter. Suters Wesen ist das eines verschlossenen, innerlich aber sehr bewegten Menschen. Seine "Verschlussbilder" (Lastwagen von hinten mit geschlossenen Verdecken), sind in dieser Hinsicht bezeichnend. Suter begann mit idyllischen Bildern (z. B. Gartenwirtschaft) und gelangte dann zu Abstraktionen von Baumaschinen, Mailänder Bahnhof usw.

Neuerdings beschäftigt er sich mit Objekten und realistischen Zeichnungen. Er ist einer der ganz wenigen Künstler, die ich kenne – Kielholz gehört dazu -, die sich, gemessen an ihrem Ausgangspunkt, in den weitesten Räumen bewegen können und doch unverkennbare Zeichen ihrer

Person in ihren Werken hinterlassen. Die Kargheit, Sachlichkeit und zeitweilige Verbissenheit der Suterschen Erzeugnisse sind Stilmerkmale geworden. Suter ist darin, wenn Sie so wollen, ein "typischer Aargauer" ohne aber jene provinziellen Züge aufzuweisen, die vielen zum Verhängnis geworden sind. Sein Verhältnis zur Umwelt ist so geartet, dass er zwar dazu in heftigem Kontrast steht, aber nie auf billige Weise provoziert. Er lernte wie Markus Müller Tiefdruckretoucheur. Während nun aber Markus Müller bis auf den heutigen Tag etwas von dieser Präzisionsarbeit beibehalten hat, hat sich Suter davon gelöst. Wohl, weil er sich nie damit hat identifizieren können und sie seinem in die Tiefe dringenden oft dunkel verhängten Wesen nicht entsprach. Markus Müller hingegen hat von Anfang an sehr präzis formulierte Arbeiten gemacht, die indes nie jene "Verankerungstiefe" erreichten, wie sie etwa Suters Arbeiten haben.

Immerhin sind seine besten Bilder *Autositze* doch beachtliche Beiträge zu einem guten Schweizer Pop. In der letzten Zeit haben mir seine Environments, seine Montagen gut gefallen. Jene in St. Gallen (Aargauer Künstler in St. Gallen, Herbst 1971), die eine wirklich heitere Note brachten und eine gelungene eigene Erfindung waren, und jene im Kunsthaus Aarau (Weihnachtsausstellung 1971), die einer naiven, und doch reflektierten "Hommage a Bleriot" gleichkamen.

Der abgründigste von allen dürfte jedoch Herzog sein. Er ist eigentlich kein Aargauer, sondern ist in Zug aufgewachsen und hat dort das Gymnasium besucht.[11] Ich lernte ihn kennen, als er Zeichenlehrer in Sursee war. Wir suchten damals einen Lehrer für das Gymnasium in Aarau und der Zufall führte uns nach Sursee. Herzog fiel auf, weil er sehr karg sprach, aber sehr substantiell wirkte. Er ist einer der wenigen Zeichenlehrer, der kein Opfer seines Berufes geworden ist. Er hat stets jene Distanz zu allfälligen von der pädagogischen Tätigkeit erzeugten Verengung gehabt und immer wieder neu angesetzt in seinen Zeichnungen und Bildern. Neu ansetzen heisst bei Herzog: Keinesfalls die einmal gefundene Welt zur Routine werden lassen, auf jeden Fall das soeben Erreichte in Frage stellen. Herzog lebt zurückgezogen und hat als einziger der Gruppe eine Familie." So weit Heiny Widmers Brief.

Hugo Suter beschreibt im anschliessenden Text (es handelt sich ebenfalls um einen Brief an den Autor) aus der Sicht des Dabeigewesenen die Entwicklung der Aarauer Gruppe:

"Nachfolgend ein paar Zeilen über unsere Ateliergemeinschaft. In grösseren oder kleineren Siedlungen haben sich Leute niedergelassen, die sich in irgend einer Form künstlerisch betätigen. Alle befinden sich in einer teilweisen oder totalen Isolation. Manchmal ist diese Isolation gewollt. Sie ist dann das Resultat einer inneren Notwendigkeit. Erfahrungsgemäss ist sie aber meistens irgendwelchen unglücklichen Umständen zuzuschreiben.

Einer dieser Unzufriedenen, Christian Rothacher, kurz vorher aus der Kunstgewerbeschule ausgetreten, liest in einem Zeitungsinserat von einem alten Fabrikgebäude, das zu vermieten wäre (Sommer 1967). Markus Müller verlässt das kleine Zimmer bei seinen Eltern in Suhr. (Ein halbes Jahr vorher kam er von einem neunmonatigen Aufenthalt aus Urbino zurück.) Max Matter ist bereit, das einer reichen Aarauer Familie gehörende, mitten in einem Garten stehende Sommerhäuschen aufzugeben. Was bei allen dreien vorher nur latent vorhanden war, beginnt sich in der neuen Umgebung auszuprägen. Es bildet sich 1967 in einem Provinzstädtchen ein Pop-Klima heran. Obschon diese Bewegung in den Zentren bereits museale Züge anzunehmen beginnt, ist sie für Aarau wichtig. Der Formenkanon des amerikanischen und englischen Pop wird dazu benützt, um die eigene Situation darstellbar zu machen. Einerseits stossen die drei Maler in ihrer engsten Umgebung auf starken Widerstand, andererseits beginnen sich gleich oder ähnlich orientierte Leute für dieses Gruppenschaffen zu interessieren. Heiner Kielholz kommt an den Ziegelrain und belegt einen weiteren Raum (Winter 1967). Mit seinen lyrischen Abstraktionen bringt er eine komplexere Beziehung in die Gruppe. Hugo Suter sucht den Kontakt (Sommer 1968) nicht zuletzt, um die luginbühlsche Beeinflussung abzubauen. (Suter war vorher ein halbes Jahr bei Bernhard Luginbühl.) Bis heute arbeiten diese fünf Leute gemeinsam. Seit 1970 gehört Josef Herzog in einer etwas loseren Bindung dazu.

Es geschieht nun, was die logische Folge einer Konzentration ist. Um den Kern beginnt sich ein Kranz zu bilden, der sich mehr und mehr ausweitet. Es würde zu weit führen, wenn man von den enormen Verzweigungen berichten würde, die sich in den vergangenen viereinhalb Jahren ergeben haben. Das Haus ist zu einem Sammelbecken verschiedener Menschen geworden. Ein Jahr lang hat im Anmeldebüro ein blondes Mädchen aus Bern seine Bilder gemalt. Nil und Jürgen erschienen von Ibizia und blieben ein paar Wochen am Ziegelrain. (Nil ist mit Christian Rothacher und dessen Freundin im letzten Herbst nach Indien verreist.) Jakob Nielsen wohnt mit Walter Bauhofer im obersten Stock. Nielsen experimentiert mit Filmen und Bauhofer spielt auf seiner Flöte. In engem Kontakt mit uns steht Bernhard Lehner, ein 18-jähriger Fotograf. In einem nebenstehenden Fabriktrakt hat sich eine Experimentierklasse der Kantonsschule angesiedelt. Ihre Mitglieder haben sich für dieses Gemeinschaftsleben entschieden, weil das ganzheitliche Menschsein in unserem Schulbetrieb verunmöglicht wird. Andere junge Leute kommen vorbei, finden einen Raum mit Material und Werkzeug und versuchen, ihren Ideen Ausdruck zu geben. Einmal ist ein 14-jähriger Basler zu Hause ausgerissen und auf irgendwelche Empfehlung hin zwei Tage bei uns geblieben. Während dieser Zeit hat er herumliegende Bretter mit herumstehender grüner Farbe bemalt. All diese Begebenheiten beeinflussen, erzeugen Spannungen und begünstigen bei den Angesprochenen eine veistige Vertiefung." So weit Hugo Suter.

Der Raum Luzern war in den fünfziger und sechziger Jahren künstlerisch durch die Abstraktion einerseits und durch die Phantastik andererseits bestimmt. Wesentlich an dieser Ausrichtung war die Kunstgewerbeschule Luzern beteiligt. Lehrer und Künstler wie Werner Andermatt, Godi Hirschi, Sidler u. a. als aus der Generation stammend, für die die Abstraktion ein Abenteuer bedeutete, unterrichteten im Geiste des analytischen Kubismus, der die Naturform zerlegt, um zu allgemeinen bildnerischen Prinzipien zu kommen, was eine von der Naturform unabhängige sogenannte abstrakte Bildgestaltung ermöglicht. Diese Prägung wurde für viele junge Innerschweizer Künstler zum verdinglichten methodischen Leitbild. Anderseits war auch Max von Moos bis Ende der sechziger Jahre Lehrer an der Kunstgewerbeschule. Sein Surrealismus, seine Phantastik war für einige junge Innerschweizer wegweisend für ein durchaus originäres Schaffen (so für den 1967 verstorbenen Markus Kohler, für Philippe Schibig, M. Dubach u. a.). Weitere interessante "Abstrakte" sind der Stanser Paul Stöckli, Charles Wyrsch, Andreas Walser, Franz Bucher, Barend Issleiber. Als eigenständige "Phantasten" sind Hans Schärer, H.R. Ambauen, Irma Ineichen und teilweise auch Hans Eigenheer (was das frühere Schaffen betrifft) hervorgetreten.

Zwischen 1968 und 1970 geschah dann, vorerst noch zaghaft, vereinzelt, der grosse Umbruch. Plötzlich stand eine ganze Phalanx von interessanten jungen Künstlern da. So Anton Egloff, der 1968/69 von der abstrakten Plastik überging zu konzeptuell bestimmten Objekten; Aldo Walker, der schon seit anfangs der sechziger Jahre ideell geprägte ausserordentliche Werke konzipierte und teilweise auch realisierte, aber als Einzelgänger und "schwieriger Stiller" Schwierigkeiten hatte (und immer noch hat), sein Schaffen zu präsentieren; der junge Luciano Castelli, dessen Werk besonders ab dem Herbst 1971 zu überzeugen weiss, weil er zu ganz eigenen Formulierungen kam; dann Rolf Winnewisser als der Alchemist unter den Innerschweizern, das heisst als der ständig seine Irrationalität und Subjektivität stark systematisierende und immer neue Bildprägungen schaffende; gleichzeitig oder später stiessen zu dieser Gruppe: Erwin Bossard, Werner Meier, Beat Odermatt, Ruedi Arnold, Hans Eigenheer, Marianne Eigenheer, Toni Roelli, Beny von Moos, Francois Bucher, Theophil Koch, Peter Widmer, Peter Ryser, Bruno Bussmann, Ernst Buchwalder, Leo Walz, Olga Zimmelova u. a.

Wie kam es nun so relativ schnell zu diesem Umbruch? Teilweise spielt auch hier wieder die Kunstgewerbeschule Luzern eine Rolle. Denn Lehrer wie Anton Egloff, Hans Eigenheer, Godi Hofmann und Godi Hirschi – alle sind zwischen Mitte dreissig und anfangs vierzig – vermittelten wesentliche Impulse und zwar nicht nur in rein formal-handwerklicher Hinsicht. Wichtig an ihrer Unterrichtsmethode ist die Offenheit, ist das selbst- und fremdkritische Geöffnetsein gegenüber allen Erscheinungen. Der Schüler wird also nicht so programmiert, dass er zum reinen Imitator der künstlerischen Methode seines Lehrers wird, sondern er wird ständig mit verschiedenen Methoden, verschiedenen Anschauungen, verschiedenen Aspekten konfrontiert. Obwohl es sich um eine Kunstgewerbeschule handelt, entspricht das Klima mehr einer Akademie, besonders was die Klasse von Anton Egloff betrifft.

Ein weiteres Moment für den Umschwung ist das Luzerner Kunstmuseum. Der Wechsel des Leiters 1968/ 69 brachte eine wichtige Befruchtung, ohne die die Luzerner Szene undenkbar oder nur schwer vorstellbar wäre. Der frühere Konservator, P.F. Althaus, der jetzt die Basler Kunsthalle leitet, ist eher der Typ des abwägenden und ständig ausgleichenden, distanzierten Intellektuellen, der (es) schwer hat, persönliche Beziehungen zu knüpfen. Währenddem Jean-Christophe Ammann im starken Masse disponibel, spontan und von einer gewissen Ausschliesslichkeit oder Rigorosität des Denkens, des Handelns und der Anschauung ist. Zwischen der Museumsleitung oder der Ausstellungstätigkeit des Museums und den jungen Künstlern herrscht ein ständiger Meinungswechsel, so dass es aus dieser Spannung zu einer kreativen Freisetzung der Energien kommt. Selbst wenn diese Spannung auf der Seite der Künstler zu Unmutsäusserungen führt, so ist es doch so, dass schlussendlich das Innovationsmoment wichtiger ist, als die persönliche Verunsicherung. Die Ausstellungstätigkeit von Ammann ist durch seine Person gekennzeichnet. Es herrscht dabei ein interessantes Wechselverhältnis von Oberflächlichkeit und Tiefgründigkeit, von Verinnerlichung und Veräusserlichung, von Intellektualität und Emotionalität, von trockener Distanziertheit und empfindsamer Poesie, aber immer spielt dabei die Intensität die grösste Rolle. Intensität verstanden als grösstmögliche Verbundenheit, "Richtigkeit" von Struktur und Empfindung (Empfindungsbezeichnendes und Empfindungsbezeichnetes). Die wichtigsten Ausstellungen, die in Luzern gezeigt wurden, waren 1969: *Düsseldorfer Szene* (Beuys, Palermo, Polke, Richter, Ruthenbeck...), *Visualisierte Denkprozesse* (zwölf junge Schweizer: Camesi, Huber, Walker, Dieter Meier, Raetz, Urs Lüthi...); 1970: die Ausstellung der italienischen Avantgarde *Processi di pensiero visualizzati* (Anselmo, Boetti, Merz, Calzolari, Kounellis, Paolini...), die Gruppenausstellung von Beuys, Buthe, Eggenschwiler, Rot, Raetz; 1972: die Gruppenausstellung von Boltanski, Fernie, le Gac und Vautier. Allen diesen Ausstellungen ist eigen, die absolute Eigenständigkeit, im gewissen Sinne der systematisierte Autismus der

Ausstellenden, auch eine besondere Introvertiertheit, vielleicht auch eine Rigorosität der Formulierung. Dieses Vertrautwerden der jungen Luzerner Künstler mit einem das "Objektive" (im Sinne des Subjektabholden, mehr von aussen Gesteuerten, im luftleeren begrifflichen Raume Steckenden) negierende "Vertrauten", Übereinkunftsmässigen, auf Konventionen Basierenden war wesentlich Voraussetzung für die eigene Kreativität.

Seit einiger Zeit setzt auch der Luzerner Galerist Beni Raeber sich stark für die jungen Luzerner ein. Seine Tätigkeit ist deshalb wichtig, weil die Innerschweiz, als extremer Holzboden für die Kunst, auch für den Kunsthandel, nicht mehr über die eigene Kunstszene hinwegblicken kann. Bei Raeber hatten Egloff, Ryser, Walker Einzelausstellungen, Hans Eigenheer, Erwin Bossard, Peter Widmer u. a. Gruppenausstellungen. Zudem präsentierte Raeber 1971 und 1972 wichtige und interessante Outsider: So 1971 der Berner Roland Werro, der Langenthaler Jakob Weder, 1972 Rolf Iseli und die Wettinger Künstlerin Ilse Weber.

Wenn weiter oben von einer Gruppe gesprochen wurde, so trifft dies in Bezug auf die Luzerner nicht zu, wenn man den Begriff soziologisch versteht. Denn dazu sind sie zu wenig homogen strukturiert, sind viel zu verschieden in Denken, Weltanschauung, Interessen, Intentionen, in altersmässiger, sozialer, pekuniärer Hinsicht. Egloff beispielsweise ist knapp vierzig Jahre alt, Walker, Hans Eigenheer, Peter Ryser sind um die Mitte dreissig, Bossard, Arnold, Marianne Eigenheer, Roelli, von Moos, Francois Bucher, Peter Widmer, Bussmann, Buchwalder, Werner Meier, Walz, Olga Zimmelova sind zwischen Mitte zwanzig und dreissig, Beat Odermatt, Rolf Winnewisser, Theophil Koch und Castelli sind zwischen zwanzig und Mitte zwanzig. Zwischen den jüngsten und den ältesten liegen also knapp zwanzig Jahre, das heisst, sie gehören verschiedenen Generationen an, sind durch andere Umwelten, durch anderes Denken geprägt. Das Denken, die Weltanschauung, das Leben von Egloff ist von dem von Castelli beispielsweise denkbar weit entfernt. Der knapp vierzig Jahre alte Egloff, Sohn eines Wettinger Arbeiters, machte eine Zahntechnikerlehre, besuchte dann Abendkurse, um Zeichnen und Modellieren zu lernen, bildete sich dann weiter an der Kunstgewerbeschule Luzern, war einige Zeit an der Düsseldorfer Akademie und wurde anschliessend Lehrer an der Luzerner Kunstgewerbeschule. Egloff besitzt seit einiger Zeit ein Haus, wo er arbeitet und mit seiner Familie wohnt. Er ist ein eher zurückhaltender, vorsichtiger, sachlich und umfassend denkender, wenig spontaner, ständig reflektierender, stark einfühlsamer Mensch. Bevor er etwas angeht, wird über den Weg und das Resultat aus verschiedenen Standpunkten nachgedacht. Dementsprechend ist auch für ihn das Material wesentliches Moment beim Schaffensprozess. Der Widerstand erlaubt es ihm, Schritt für Schritt vorsichtig vorzugehen, ständig zu reflektieren. Bei seinen neuesten Zeichnungen zeigt sich eine gewisse Befreiung, der Ansatz einer reflektierten Unmittelbarkeit. Für Egloff ist die ständige Auseinandersetzung mit seinen Schülern unabdingbare Notwendigkeit für seine eigene Entwicklung. – Castelli ist ein junger Mensch, langhaarig, androgyn. Er fühlt sich auf seinem Motorrad sicherer als auf seinen Beinen. Castelli hält sich viel im Kreise von ebenso androgynen, "beflügelten" jungen Menschen auf. Es sind solche junge Menschen, die beginnen, innerhalb der Gesellschaft ihr eigenes Leben nach ihren Vorstellungen, Ideen und Wünschen zu verwirklichen. Ein Leben, bei dem kein Unterschied mehr gemacht wird zwischen Alltag und Kreativität, zwischen Leben und Kunst. Nachdem Castelli ein Jahr den Vorkurs der Luzerner Kunstgewerbeschule besuchte, machte er eine Flachmalerlehre (sein Vater besitzt ein grösseres Malergeschäft). Kunst ist für ihn weniger Beruf, als vielmehr Ausfluss seines Lebens. Seine Zeichnungen,

Aquarelle und kleinen Objekte sind so Relikte seines Lebens. Wochenlang macht er nichts, um dann urplötzlich eine ganze Reihe von Zeichnungen und Aquarellen zu machen. Seine zumeist kleinformatigen Werke sind schön, spontan und zugleich reflektiert, witzig, ambivalent, oberflächlich und tiefgründig zugleich, von Schmuckstücken nicht zu unterscheiden, was nicht Werturteil ist sondern Gesinnungsausdruck. So wie bei südamerikanischen Indianervölkern verhält es sich bei Castelli, bei denen die Kunstwerke zugleich schmücken und bannen, dekorieren und transzendieren. Ammann schreibt über Castelli: Er "geht mit offenen Augen und wachem Geist seinen Weg. Er setzt den Alltag von sich ab, umkreist und ironisiert ihn. Er lebt bewusst, lässt alles auf sich zukommen, ist verfügbar, ohne seine Freiheit einzubüssen, weil im Innersten distanziert. Er hat die Gabe vorurteilslos in Zusammenhängen zu sehen und zu denken und damit seine Sensibilität im Kontakt mit dem Alltag zum Ausdruck zu bringen."[12]

Trotzdem vom Soziologischen her nicht von einer Gruppe die Rede sein kann, kann der Begriff, weitergefasst, angewendet werden. Einmal gibt es unter den genannten Künstlern Gruppierungen, die entweder durch die Gemeinsamkeit des Denkens, der Weltanschauung, des kritischen Gespräches oder eines Projektes entstehen. So bilden Egloff, Ryser, Hans Eigenheer, Widmer und Bossard eine lose Gruppierung, Winnewisser, Walker und Meier finden sich zu Gesprächen, Auseinandersetzungen und feuchten Anlässen[13], lose um Ammann herum gruppieren sich Marianne Eigenheer, Castelli und Beny von Moos. Diese Gruppierungen sind, wie gesagt, mehr durch menschliche, geistige Grundlagen und Verwandtschaften gegeben, denn durch künstlerische im Sinne einer Kollektivarbeit. Dabei ist es natürlich so, dass auch dies auf das künstlerische Schaffen einwirkt, beispielsweise bei der ersten hier genannten Gruppierung hat das ständige Gespräch, die permanente Auseinandersetzung sichtbare Einwirkungen auf das Schaffen der einzelnen. Wie lässt sich nun der Begriff "Gruppe" auf alle anwenden? Primäres dabei ist, dass ihr Schaffen eine strukturelle Gemeinsamkeit aufweist. Das Werk ist nicht geformter Selbstzweck, es geht nicht um die Gestaltung um ihrer selbst wegen, sondern es ist immer das Gedankliche, Ideelle, Konzeptuelle, was vorerst steht. Das Kunstwerk ist also mehr Mitteilungsträger eines Gedankens, denn ästhetisches Ereignis, obwohl Schönheit, Sensibilität dabei viel eine Rolle spielt. Ein weiteres gemeinsames Kennzeichen ist die Innerlichkeit, was sich schon in den Präsentierformen, das heisst dem Vorherrschen von Techniken wie Aquarell, Bleistift- oder Farbstiftzeichnungen sowie von Kleinformaten, äussert. Diese Innerlichkeit resultiert auch daraus, weil das Gedankliche vorherrscht. Und dieses Gedankliche ist die Summe der reflektierten Existenz eines Individuums, seine Wünsche, Hoffnungen, Sehnsüchte, seine subjektiv geprägte Objektbeziehung, sein Umweltverhältnis, sein Un- und Vorbewusstes. Diese Eigenheit äussert sich im Werk, weil die Form nicht Stilistikum ist sondern Mitteilungsträger. Weil die Form nicht Stilistikum ist – also jedermann verfügbare formale Methode, um ein Bild zu machen oder zu rezipieren – ist es notwendig, sich als Rezipient in das präsente Klima, in die sich kristallisierenden Existentialien (das Intensitätsmoment) einzufühlen, einzudenken. Denn Kunst ist hier am direkten Lebensborn, ist erlebtes Leben, ist erlittene, erfreute, ersehnte, vereitelte, erhoffte, verletzte und zurückgewiesene Existenz. Um das Vorangegangene zu präzisieren: Innerhalb der heutigen Luzerner Kunst zeichnen sich zwei Gruppierungen ab, die sich durch das Methodische, die Art zu denken ergeben. Dabei gibt es selbstverständlich Ueberschneidungen. Die eine Gruppierung schafft innerhalb einer formulierbaren umfassenden Konzeption, beispielsweise das Problem der Kommunikation, der Perzeption, der Wechselbeziehung von Begriff und Wirklichkeit (exakter: Zeichen und Bezeichnetes), der Zersetzung, Auflösung, systematischen Veränderung betreffend. Es spielt also die Relation Subjekt/Objekt oder Subjekt/Umwelt in einem mehr objektdominanten, kognitiven, kontingenten, systematisierten Sinne eine Rolle. Zu dieser durch das Methodische definierten Gruppierung gehören: Arnold, Francois Bucher, Bussmann, Roelli, Ryser, Walker und Widmer. Bei der anderen Gruppierung dominieren folgende Momente: das Situationelle im Sinne der bildlichen Umsetzung der Empfindung, des Gefühls im Zusammenhang mit einem Erlebnis, einer inneren oder äusseren Situation; das Umsetzen von archetypischen Bildern (mythische Bildprägung); die Zeichnung, das Objekt als Sensibilitätszustand, als quasi-psychoanalytisches Medium, als Brennpunkt von Innen- und Aussenwelt. Die Relation Subjekt/Objekt oder Subjekt/Umwelt ist also hier mehr sensitiv, pantheistisch, magisch, fetischistisch im ethnologischen Sinne, subjektdominant. Zu dieser Gruppierung gehören: Bossard, Castelli, Egloff, Hans Eigenheer, Marianne Eigenheer, Werner Meier, Beat Odermatt, Walz und bedingt auch Winnewisser (bei ihm mischen sich Elemente beider Methoden, doch dominiert die zweitere, deshalb wurde auch weiter vorne von ihm als Alchemisten, als ständig seine Irrationalität, seine Subjektivität Systematisierender gesprochen).

Wenn dem Problem des "Innerschweizerischen" in der Kunst der Luzerner nachgegangen werden soll, so kann die sich manifestierende Introvertiertheit, teilweise und mit viel Vorsicht, aus der geografischen, geschichtlichen und ethnischen Situation gefolgert werden. Denn das Moment des Katholischen beispielsweise oder auch der relativen Isoliertheit der Innerschweizer Metropole, dann die Spannung zwischen dem Konservativismus der Bevölkerung und der Andersartigkeit des Denkens und Schaffens der jungen Künstler, all dies sind Impulse zur Verinnerlichung. Doch scheint mir bei den Luzernern der Zusammenhang mit der internationalen Kunstszene viel zu stark, um von der Innerschweizer Matrix her ein System der Hermeneutik zu entwickeln.

1 Hugo Leber schrieb in diesem Zusammenhang über die Schriftsteller: "Die jüngeren Autoren schreiben in einer veränderten Situation. Sie leiden nicht mehr an der Schweiz, wie jene Schriftsteller, die in der Zeit des Zweiten Weltkrieges zu schreiben begannen, begrenzt von der Geschichte, verwiesen auf dieses Land, dem keine andere Wahl blieb, als fortwährend den Eigenwillen zur Selbständigkeit und zur Eigenart zu verteidigen. Der einzige Fluchtweg war der Traum. Mit gerollten Plänen unter dem Arm floh man beispielsweise in ein Traumreich von Peking – so wie Max Frisch seine *Reise nach Peking* unternahm. Die Enge forderte Versöhnlichkeit – aber in jener Zeit schrieb Ludwig Hohl auch seine 'unversöhnlichen' Notizen." (in *DU, kulturelle Monatsschrift*, August, 1967, S. 653).

2 Claude Levy-Strauss, *Das wilde Denken*, S. 29 in der deutschsprachigen Edition, Suhrkamp Verlag, Frankfurt/M, 1968.

3 Paul Nizon, in: *Diskurs in der Enge*, Kandelaber Verlag, Bern, 1970.

4 Dazu trug wesentlich auch der ehemalige Leiter der Berner Kunsthalle Harald Szeemann bei, der durch seine starke Persönlichkeit viele Impulse zu vermitteln verstand, sowie durch sein internationales Ausstellungsprogramm wichtige Informationsarbeit leistete.

5 Ein weiterer Grund für das relative Malaise der Westschweizer Kunst ist, dass Paris, wo der Westschweizer Künstler seit je seine Informationen bezieht, als Kunstmetropole nahezu bedeutungslos geworden ist.

6 In der Romandie herrscht dafür ein günstiges Klima für den Film. Westschweizer Filmautoren wie C. Champion, J. Sandoz, Alain Tanner, Yves Yersin realisierten die letzten Jahre ausgezeichnete Filme. So wurde *La Salamandre* von Alain Tanner von der internationalen Vereinigung der "Cinema d'art et d'essai" die Auszeichnung als bester Film des Jahres 1971 verliehen. Zudem ist der gleiche Film von den französischen Filmkritikern in der Zeitschrift *Cinema 72* als bester Film des Jahres 1971 vor Fellinis *I Clowns*, Viscontis *Tod in Venedig* und Loseys *The Go-Beetween* bezeichnet worden.

7 Als internationale Beispiele mögen hier Turin und die amerikanische West-Coast angeführt werden, welche als künstlerische Randzonen der internationalen Kunstszene Ende der sechziger Jahre wesentliche Impulse gaben.

8 Die Arbeiten ab dem Winter 1971 (siehe Text Kielholz).

9 Rothacher besuchte die ehemalige Klasse Farbe und Form an der Zürcher Kunstgewerbeschule.
10 Rothacher brach im Herbst 1971 zu einer mehrmonatigen Indienreise auf.
11 Herzog stiess 1970 zu den Aarauern.
12 Jean-Christophe Ammann im Katalog *Visualisierte Denkprozesse*, Kunstmuseum Luzern, Februar/März 1970
13 In Luzern ist es so, dass die jungen und mittleren Künstler, Schriftsteller, Intellektuellen und Denker einander zumeist mehr oder weniger gut kennen. Das ermöglicht die Altstadt. Da gibt es "Beizen" (Restaurants), die Treffpunkt aller sind. Natürlich sind diese Beizen auch wieder Ausdruck einer bestimmten Gesinnung, so dass nicht alle in alle diese Beizen gehen. So ist das "Fritschi" (Falkenplatz) eher der Treffpunkt der "Erfahrenen", der durch alle Gefahren Gegangenen, währenddem das "Moc" (Weggisgasse) eher eine intellektuell-distanzierte Gesinnung, auch sozial höhere Rangordnung zum Ausdruck bringt

Wiederabdruck aus: Theo Kneubühler: *Kunst: 28 Schweizer*, Edition Raeber, Luzern 1972

1972

Ereignisse/Institutionen/Personelles

Fritz Glarner †
Friedrich Kuhn †

Johannes Gachnung wird Leiter der Kunsthalle Bern.

Internationale Ausstellungen:

documenta 5, Kassel, unter der Leitung von Harald Szeemann. Teilnehmende Schweizer Künstler: Luciano Castelli, Herbert Distel, Franz Eggenschwiler, Franz Gertsch, Rolf Iseli, Markus Raetz, Jean-Frédéric Schnyder, Robert Strübin, André Thomkins, Rolf Winnewisser.

36. Biennale Venedig. Die Schweiz wird vertreten durch Richard Paul Lohse und Willy Weber.

Ausstellungen internationaler Kunst in der Schweiz:

Konzept-Kunst, Kunstmuseum Basel.

Metamorphose des Dings. Kunst und Antikunst 1910–1970, u. a. Kunsthalle Basel.

Ausstellungen von Schweizer Kunst:

Junge Schweizer Kunst, Kunstmuseum/Stadthaus, Olten, mit Werken von...

Profile X – Zwei Aspekte heutiger Kunst in der Schweiz, Museum Bochum, Bochum; Neue Galerie am Landesmuseum Joanneum, Graz, mit Werken u. a. von Max Bill, Angel Duarte, Franz Eggenschwiler, Franz Gertsch, Fritz Glarner, Alfonso Hüppi, Verena Loewensberg, Wilfrid Moser, Willy Müller-Brittnau, Meret Oppenheim, Alex Sadkowsky, Daniel Spoerri, Jean Tinguely.

Giovane arte Svizzera, Rotonda di via Besana, Mailand, mit Werken u. a. von Urs Bänninger, Ueli Berger, Markus Raetz, Balthasar Burkhard, Gianfrdo Camesi, Luciano Castelli, Herbert Distel, Franz Eggenschwiler, Anton Egloff, Franz Gertsch, Heiner Kielholz, Rolf Iseli, Urs Lüthi, Chasper O. Melcher, Flavio Paolucci, Dieter Roth, Claude Sandoz, Ernst Schurtenberger, Daniel Spoerri, Hugo Suter, André Thomkins, Janos Urban, Aldo Walker, Ben Vautier, Ilse Weber, Rolf Winnewisser.

31 Artistes suisses contemporains, Galeries nationales du Grand Palais, Paris, mit Werken u. a. von Eva Aeppli, Jean Baier, Samuel Buri, Gianfredo Camesi, Angel Duarte, Franz Eggenschwiler, Johannes Gachnang, Alfred Hofkunst, Rolf Iseli, Friedrich Kuhn, Bernhard Luginbühl, Max Matter, Wilfrid Moser, Bruno Müller, Robert Müller, Meret Oppenheim, Markus Raetz, Dieter Roth, Daniel Spoerri, Peter Stämpfli, André Thomkins, Jean Tinguely, Janos Urban, Ben Vautier

Swiss Arts, Tel Aviv Museum, Tel Aviv.

Implosion, Musée cantonal des Beaux-Arts, Lausanne.

Ausstellungen von Schweizer Künstlern (Auswahl):

Max Bill (Musée Rath Genf), **Franz Eggenschwiler** (Kunstmuseum Olten; Van-der-Heydt-Museum, Wuppertal), **Franz Gertsch** (Kunstmuseum Luzern), **Fritz Glarner** (Kunsthalle Bern), **Camille Graeser** (Kunstverein Bremerhaven), **Alfred Hofkunst** (Stedelijk van Abbemuseum, Eindhoven), **Gottfried Honegger** (Badischer Kunstverein, Karlsruhe), **Richard Paul Lohse** (Kunstmuseum Düsseldorf), **Bernhard Luginbühl** (Kunsthaus Zürich; Nationalgalerie, Berlin), **Markus Raetz** (Kunstmuseum Basel), **Dieter Roth** (Kunsthalle Basel; Helmhaus Zürich), **Daniel Spoerri** (Centre national d'art contemporain, Paris; Helmhaus Zürich), **Peter Stämpfli** (Palais des Beaux-Arts, Bruxelles), **André Thomkins** (Galerie im Taxispalais, Innsbruck), **Jean Tinguely** (Kunsthalle Basel; Kestner-Gesellschaft, Hannover; Moderna Museet Stockholm; Louisiana Museum, Humlebaek; Stedelijk Museum, Amsterdam), **Rémy Zaugg** (Kunstmuseum Basel)

Ausstellungen von internationalen Künstlern in der Schweiz (Auswahl):

Gilbert & George (Kunstmuseum Luzern), **Sol LeWitt** (Kunsthalle Bern), **Walter De Maria** (Kunstmuseum Basel), **Andy Warhol** (Kunstmuseum Basel)

Literatur:

Theo Kneubühler: *Kunst: 28 Schweizer*, Edition Galerie Raeber, Luzern

Grégoire Müller: *The new avantgarde. issues for the art of the seventies*, Pall Mall, London

Das Aargauer Kunsthaus Aarau kauft u. a. Werke von:

Antonio Calderara, Emile Chambon, Franz Eggenschwiler, Hans Falk, Heiner Kielholz, Urs Lüthi, Wilfrid Moser, Robert Müller, Philippe Schibig, Jean Tinguely, Ilse Weber

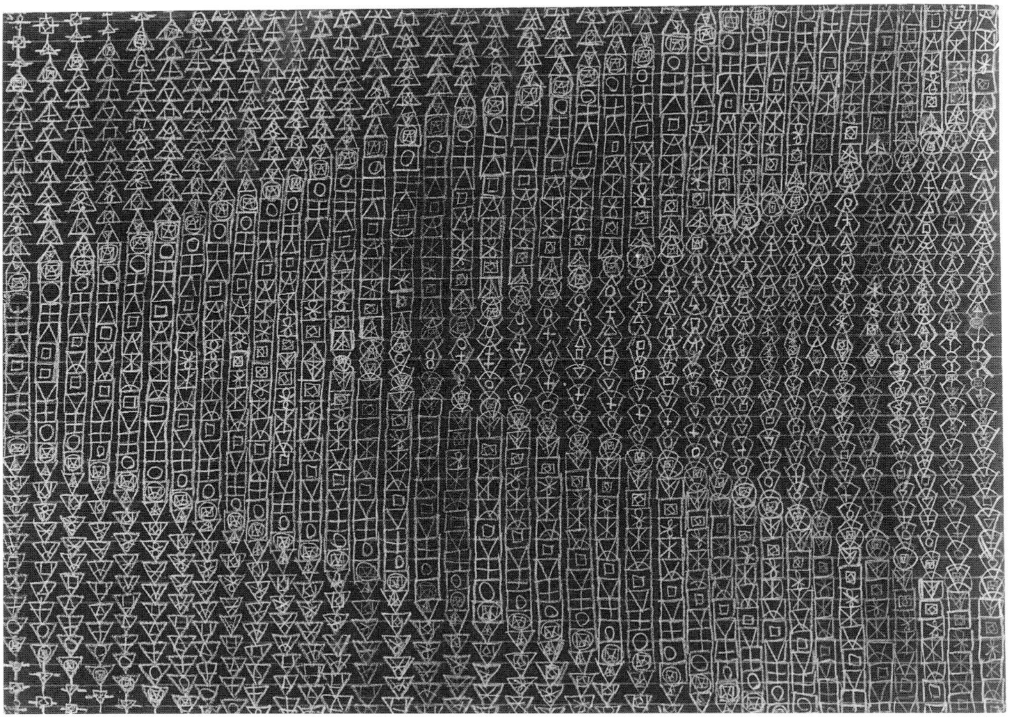

Gaspare O. Melcher (1945)
Harfenschema. 1972
Kreide, Gouache auf Papier, 70 x 100 cm
Kt. AG, Inv.-Nr. 4298 (1989)

1972

Anton Egloff (1933)
Fallroute eines Blattes I. 1972
Bleistift auf Papier, 63,5 x 47 cm
Kt. AG, Inv.-Nr. 4003 (1985)

Anton Egloff (1933)
Fallroute eines Blattes II. 1972
Bleistift auf Papier, 63,5 x 47 cm
Kt. AG, Inv.-Nr. 4002 (1985)

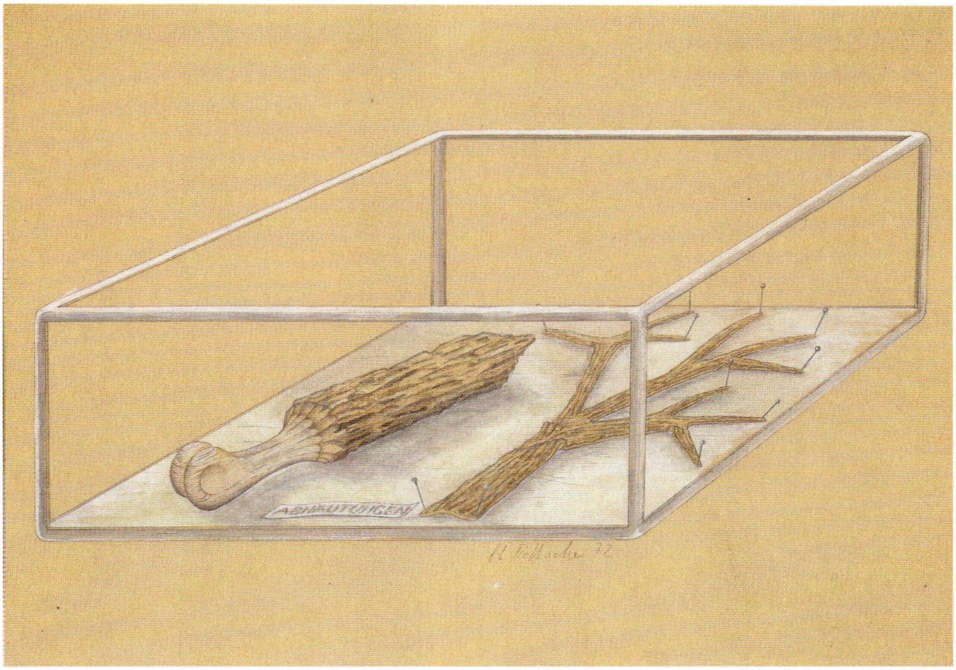

Christian Rothacher (1944)
Abhäutungen. 1972
Bleistift, Farbstift, Aquarell auf Papier
50 x 70,5 cm
Kt. AG, Inv.-Nr. 3085 (1973)

1973

Ereignisse/Institutionen/Personelles

Max Gubler †
Otto Morach †

Gründung des Kunstmuseums des Kantons Thurgau, Kartause Ittingen.

Internationale Ausstellungen:

12. Biennale São Paulo. Die Schweiz wird vertreten durch Gianfredo Camesi.

Ausstellungen internationaler Kunst in der Schweiz:

Formen des Realismus, Aargauer Kunsthaus Aarau, mit Werken u. a. der Schweizer Künstler Franz Gertsch, Margrit Jäggli, Hugo Schuhmacher.

Diagrams & Drawings. Amerikanische Bildhauer-Zeichnungen, Kunstmuseum Basel.

Ausstellungen von Schweizer Kunst:

Tell 73, Kunsthalle Bern; Kunsthaus Zürich; Kunsthalle Basel; Villa Malpensata, Lugano; Musée Rath, Genf, mit Werken u. a. von Urs Bänninger, Samuel Buri, Gianfredo Camesi, Luciano Castelli, Herbert Distel, Franz Eggenschwiler, Helmut Federle, Schang Hutter, Margrit Jäggli, Rolf Iseli, Friedrich Kuhn, Bernhard Luginbühl, Max Matter, Chasper O. Melcher, Gérald Minkoff, Josef Odermatt, Muriel Olesen, Meret Oppenheim, Jean Otth, Flavio Paolucci, Markus Raetz, Dieter Roth, Alex Sadkowsky, Hans Schärer, Hugo Schuhmacher, Jean Tinguely, Peter von Wattenwyl, Franz Anatol Wyss
Kunstmacher 73. 60 unter 30, Museum zu Allerheiligen, Schaffhausen.

Stadt in der Schweiz. 1. Biennale der Schweizer Kunst, Kunsthaus Zürich.

Neuer Realismus in der Schweiz, Kunstverein St. Gallen im Historischen Museum St. Gallen, mit Werken von Urs Bänninger, Karl Anton Fürer, Alfred Hofkunst, Margrit Jäggli, Alfred Kobel, Walter Pfeiffer, Eric Schommer, Hugo Schumacher, Hans Schweizer, Peter Stämpfli, Bernhard Tagwerker.

Ausstellungen von Schweizer Künstlern (Auswahl):

Anton Egloff (Kunstmuseum Luzern), **Karl Gerstner** (Museum of Modern Art New York), **Peter Hächler** (Aargauer Kunsthaus Aarau), **Alfred Hofkunst** (Kunstmuseum Winterthur; Kunsthalle Hamburg; Haus der Kunst München), **Friedrich Kuhn** (Helmhaus Zürich), **Emma Kunz** (Aargauer Kunsthaus Aarau), **Richard Paul Lohse** (Kunsthaus Zürich), **Dieter Roth** (Kunstverein Braunschweig), **André Thomkins** (Schloss Morsbroich Städtisches Museum Leverkusen; Kunstmuseum Solothurn; Goethe Institut Amsterdam), **Jean Tinguely** (Louisiana Museum Humlebaek; Stedelijk Museum Amsterdam), **Ben Vautier** (Stedelijk Museum Amsterdam),

Ausstellungen von internationalen Künstlern in der Schweiz (Auswahl):

Giovanni Anselmo (Kunstmuseum Luzern), **Alfred Jensen** (Kunsthalle Bern), **On Kawara** (Kunstmuseum Basel), **Joseph Koshuth** (Kunstmuseum Luzern), **Bruce Nauman** (Kunsthalle Bern), **Gerhard Richter** (Kunstmuseum Luzern), **Nicolas Schöffer** (Aargauer Kunsthaus Aarau), **Cy Twombly** (Kunsthalle Bern; Kunstmuseum Basel)

Das Aargauer Kunsthaus Aarau kauft u. a. Werke von:

Theodor Bally, Mario Comensoli, Josef Herzog, Jan Hubertus, Anton Egloff, Hans Josephsohn, Max Matter, Christian Rothacher, Philippe Schibig, Karl Jakob Wegmann

Urs Bänninger (1950)
Abegheit. 1973
Acryl auf Leinwand, 216 x 150 cm
Kt. AG, Inv.-Nr. 3393 (1978)

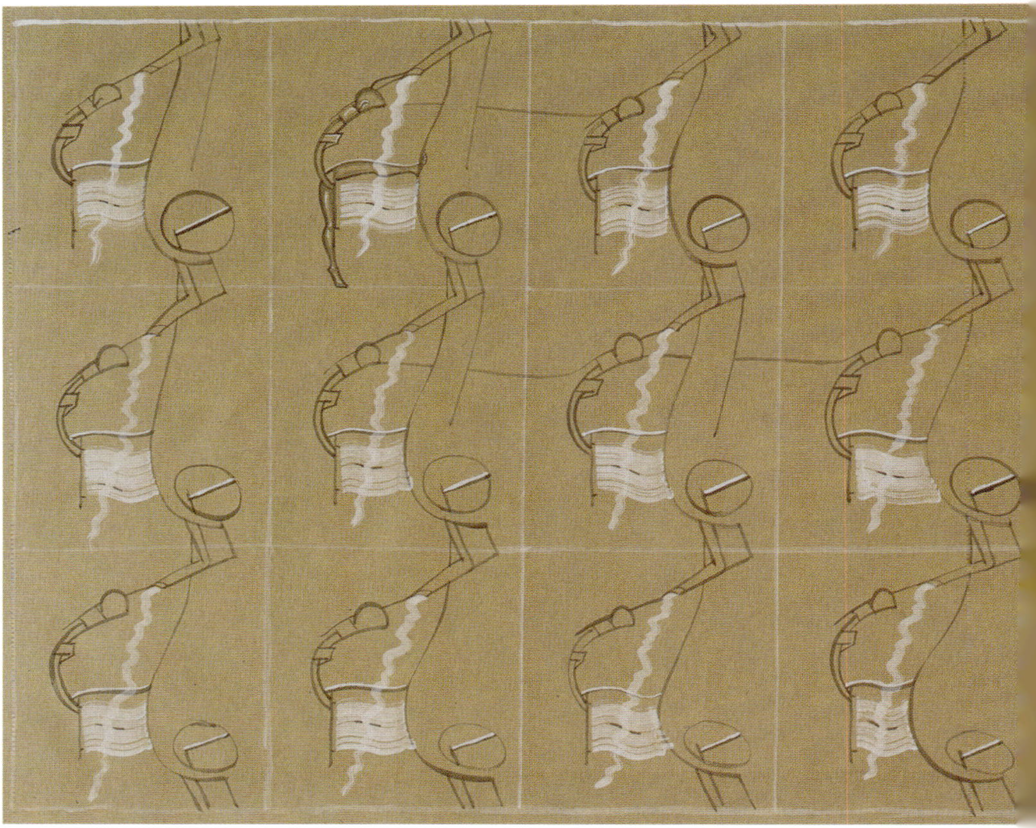

André Thomkins (1930-1985)
Ohne Titel. 1973
Gouache auf Papier, 149,5 x 395,5 cm
Kt. AG, Inv.-Nr. 3550 (1980)

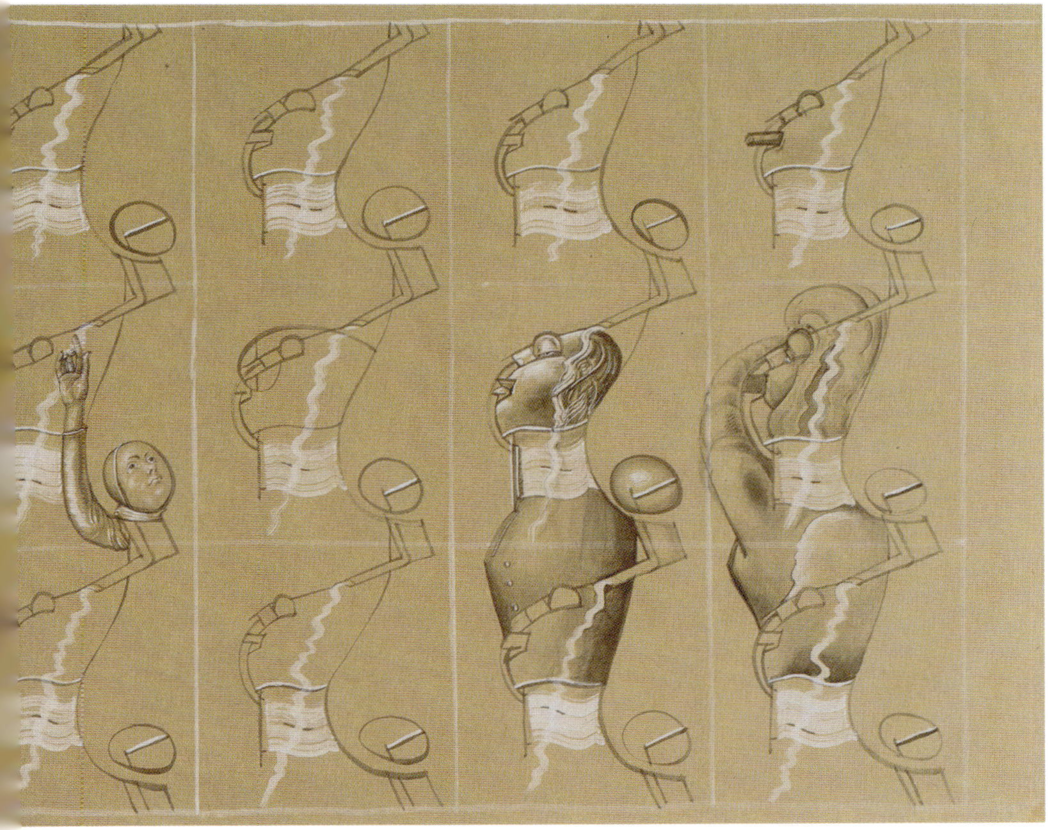

1973

Hans Schärer (1927–1997)
Madonna. 1973
Öl, Kieselsteine auf Holz, 72,5 x 51,5 cm
Kt. AG, Inv.-Nr. 3565 (1980)

Kurt Sigrist (1943)
Steinflügel (Zeitobjekt). 1973
Eichenholz, Kalkstein, teilweise bemalt
72,5 x 51,5 cm
Kt. AG, Inv.-Nr. S 4081 (1986)

Hans Richter (1888–1976)
pro und kontra. 1973
zweilagige Metallplatten, teilweise bemalt
79 x 63 x 4,8 cm
Kt. AG, Inv.-Nr. S 4325 (1990)

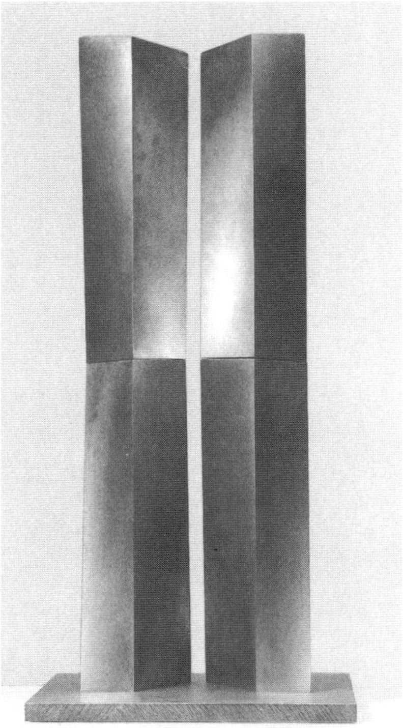

Peter Hächler (1922-1999)
Duo. 1973
Aluminium, 94,5 x 44 x 44 cm
Kt. AG, Inv.-Nr. S 3162 (1976)

Hans Josephsohn (1920)
Sitzende. 1973
Bronze, 76 x 22 x 33 cm
Kt. AG, Inv.-Nr. S 3256 (1978)

1974

Ereignisse/Institutionen/Personelles

Gründung des Centre d'art contemporain, Genf.

Carlo Huber wird Leiter der Kunsthalle Basel.

Erste Bundesstipendien für Video und multimediale Arbeiten. Sie gehen an Muriel Olesen und Jean Otth.

Ausstellungen internationaler Kunst in der Schweiz:

Transformer – Aspekte der Travestie, u. a. Kunstmuseum Luzern, mit Werken u. a. von Luciano Castelli, Urs Lüthi, Werner A. Meyer, Alex Silber.

Impact art vidéo, Musée cantonal des Beaux-Arts, Lausanne.

Ausstellungen von Schweizer Kunst:

Ambiente 74. 27 (bzw.28) Schweizer Künstler, Kunstmuseum Winterthur; Musée Rath Genf; Villa Malpensata Lugano, mit Werken u. a. von John Armleder, Us Bänninger, Samuel Buri, Gianfredo Camesi, Herbert Distel, Corsin Fontana, Rolf Iseli, Urs Lüthi, Gérard Minkoff, Jean Otth, Flavio Paolucci, Christian Rothacher, Daniel Spoerri, Hugo Suter, André Thomkins, Janos Urban.

Die andere Seite. 8 Züricher Künstler der fantastisch-surrealen Richtungen, Stadthaus Olten, mit Friedrich Kuhn, Paul Racle, Lubomir Stepan, Alex Sadkowsky, Thomas Mislin, H. R. Giger, Franz Anatol Wyss, Joseph Egger.

Schweiz im Bild – Bild der Schweiz, Aargauer Kunsthaus Aarau; Musée des Arts décorativs de la ville de Lausanne; Villa Ciani Lugano; Helmhaus Zürich.

Haben und nicht Haben. Schweizer Kunst. Versuch eines Musée ideal, Aargauer Kunsthaus Aarau.

Ausstellungen von Schweizer Künstlern (Auswahl):

Eva Aeppli (Helmhaus Zürich), **Max Bill** (Fine Arts Academy Buffalo; Conty Museum of Art San Francisco; Corcoran Art Gallery New York), **Samuel Buri** (Museum zu Allerheiligen, Schaffhausen), **Franz Eggenschwiler** (Bündner Kunstmuseum Chur), **Karl Gerstner** (Kunstmuseum Düsseldorf), **Alfonso Hüppi** (Städtisches Museum Leverkusen Schloss Morsbroich; Kunsthalle Basel; Städtisches Museum Ulm), **Rolf Iseli** (Ulmer Museum, Ulm), **Max von Mühlenen** (Kunsthalle Bern), **Meret Oppenheim** (Kunstmuseum Solothurn), **Dieter Roth** (Kestner Gesellschaft, Hannover; Kunstverein Hamburg), **André Thomkins** (Kestner Gesellschaft Hannover), **Jean Tinguely** (Kunstmuseum Solothurn), **Ben Vautier** (Neue Galerie Achen)

Ausstellungen von internationalen Künstlern in der Schweiz (Auswahl):

Art & Language (Kunstmuseum Luzern), **Robert Barry** (Kunstmuseum Luzern), **Alighiero Boetti** (Kunstmuseum Luzern), **Marcel Broodhaers** (Kunstmuseum Basel), **Luciano Fabro** (Centre d'art contemporain Genf), **On Kawara** (Kunsthalle Bern), **Phillip King** (Kunsthalle Bern)

Literatur:

Peter F. Althaus: "Malerei in der Schweiz", in: Wieland Schmied: *Malerei nach 1945*, Propyläen Verlag, Frankfurt/Berlin/Wien

Das Aargauer Kunsthaus Aarau kauft u. a. Werke von:

Helmut Federle, Rolf Iseli, Heiner Kielholz, Jürg Kreienbühl, Friedrich Kuhn, Christian Rothacher, Hans Schärer, Eva Wipf

Varlin (1900–1977)
Der Friedensapostel Max Daetwyler. 1974
Öl auf Leinwand, 338,5 x 136 cm
Depositum Max Daetwyler jun.
Inv.-Nr. D 1613 (1978)

VARLIN

1974

Hugo Suter (1943)
Architektur. 1974
5-teilig, Verformung von ungebrannten und gebrannten Backsteinen, Bohrkern
Schenkung Hugo Suter
AKV, Inv.-Nr. S 5020 (1997)

Hans Schärer (1927–1997)
Drei Figuren. 1974
Bleistift, Tempera auf Halbkarton, 42 x 55 cm
Kt. AG, Inv.-Nr. 3143 (1975)

Hans Schärer (1927–1997)
Frühling. 1974
Bleistift, Tempera auf Halbkarton, 38,5 x 55,5 cm
Kt. AG, Inv.-Nr. 3142 (1975)

Heiner Richner (1944)
Ohne Titel. 1974
3-teilig, Eichenholz
184 x 40 cm, 196 x 35 cm, 190 x 35 cm
Kt. AG, Inv.-Nr. S 3528 (1980)

Jean Pfaff (1945)
Spaltkasten. 1974
2-teilig, Acryl auf Leinwand, je 150 x 100 x 8 cm
Kt. AG, Inv.-Nr. 3392 (1978)

1975

Ereignisse/Institutionen/Personelles
Roman Signer und Bernard Tagwerker realisieren ihr Projekt *Bodensee und Säntis*: mit Ballonen zeichnen sie die Silhouette des Säntis über dem Bodensee nach.

Internationale Ausstellungen:
13. Biennale São Paulo. Die Schweiz wird vertreten durch Carl Bucher, Rolf Iseli und Urs Lüthi.

Ausstellungen internationaler Kunst in der Schweiz:
Junggesellenmaschine, u. a. Kunsthalle Bern.

Ausstellungen von Schweizer Kunst
6. Schweizer Plastikausstellung im Freien, Biel.

Ausstellungen von Schweizer Künstlern (Auswahl):
Luciano Castelli (Centre d'art contemporain Genf), **Chérif Defraoui** (Centre d'art contemporain Genf), **Corsin Fontana** (Bündner Kunstmuseum Chur), **Franz Gertsch** (Akademie der Künste, Berlin; Kunstverein Braunschweig; Kunsthalle Düsseldorf; Kunsthalle Basel), **Camille Graeser** (Kunsthaus Zürich), **Max Gubler** (Kunsthaus Zürich; Akademie der bildenden Künste Wien), **Alfred Hofkunst** (Kestner Gesellschaft Hannover), **Hans Josephsohn** (Museum zu Allerheiligen, Schaffhausen), **Richard Paul Lohse** (Kunsthalle Düsseldorf; Kunsthaus Zürich), **Bernhard Luginbühl** (Kestner Gesellschaft Hannover; Stedelijk Museum Amsterdam), **Urs Lüthi** (Neue Galerie am Landesmuseum Joanneum Graz; Musée d'art et d'Histoire Genf), **Meret Oppenheim** (Kunstmuseum Winterthur; Wilhelm-Hack-Museum Ludwigshafen), **Markus Raetz** (Kunsthaus Zürich; Neue Galerie am Landesmuseum Joanneum Graz), **Dieter Roth** (Stedelijk Museum Amsterdam), **Matias Spescha** (Bündner Kunstmuseum Chur), **Niele Toroni** (Palais des Beaux-Arts Bruxelles), **Aldo Walker/ Rolf Winnewisser/Theo Kneubühler** (Kunstmuseum Luzern)

Ausstellungen von internationalen Künstlern in der Schweiz (Auswahl):
Carl Andre (Kunsthalle Bern), **Hanne Darboven** (Kunstmuseum Luzern), **Dan Flavin** (Kunsthalle und Kunstmuseum Basel), **Hamish Fulton** (Kunstmuseum Basel), **Antonius Hökelmann** (Kunsthalle Bern), **Alfred Jensen** (Kunsthalle Basel), **Donald Judd** (Kunsthalle Basel), **Mario Merz** (Kunsthalle Basel), **Claes Oldenburg** (Kunstmuseum Basel), **A.R. Penck** (Kunsthalle Bern), **Robert Ryman** (Kunsthalle Basel), **Frank Stella** (Kunsthalle Basel), **Lawrence Weiner** (Kunsthalle Basel), **Sol LeWitt** (Kunsthalle Basel)

Das Aargauer Kunsthaus Aarau kauft u. a. Werke von:
H.R. Giger, Michael Grossert, Peter Hächler, Hans Josephsohn, Jürg Kreienbühl, Willy Müller-Brittnau, Erwin Rehmann, Christian Rothacher, Alex Sadkowsky, Hans Schärer, Kurt Sigrist, Paul Stöckli, Ilse Weber, Eva Wipf

Gianfredo Camesi (1940)
Colonne-Pyramide, Continuité (Dimension unique, Transmutation Forme de Terre). 1975
Gouache Holz, Stein und Schnur auf Papier
Bilder je 47 x 39 cm,
Säule: 120 x 19,5 x 19,5 cm
Kt. AG, Inv.-Nr. 3612 (1981)

Eva Wipf (1929–1978)
Ohne Titel. Um 1975
Objekt-Montage in verkohltem Holzkasten
55 x 32 x 18 cm
Kt. AG, Inv.-Nr. S 3606 (1976)

Eva Wipf (1929–1978)
Ohne Titel. Um 1975
Objekt-Montage in Holzkasten
54 x 4 x 15 cm
Kt. AG, Inv.-Nr. S 3607 (1976)

Marcel Wyss (1930)
Winkelprogression I. 1975
Acryl auf Leinwand
60 x 60 cm
Kt. AG, Inv.-Nr. 4177 (1988)

Roman Clemens (1910-1992)
Szenenbild zu: Roi David (Arthur Honnegger). 1975
Öl auf Leinwand, 70 x 140 cm
Kt. AG, Inv.-Nr. 4577 (1993)

1975

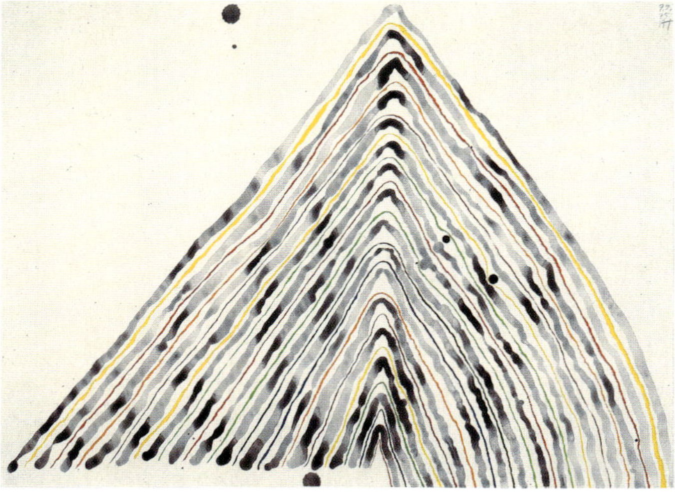

Josef Herzog (1939–1998)
Ohne Titel. 1975
Aquarell auf Papier, 50 x 70 cm
Kt. AG, Inv.-Nr. 3205 (1976)

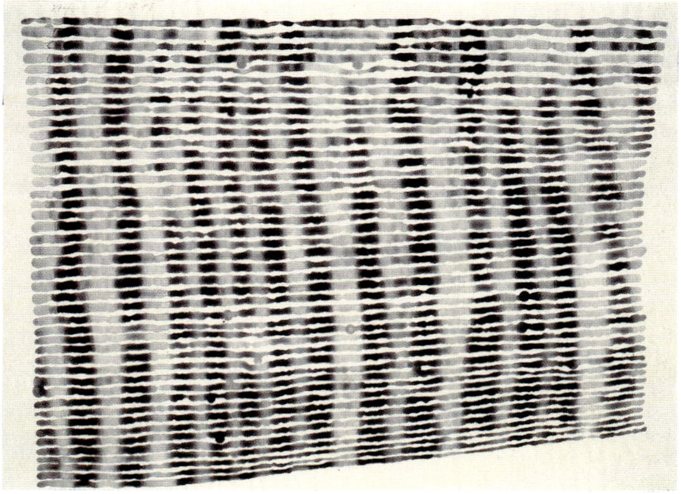

Josef Herzog (1939–1998)
Ohne Titel. 1975
Aquarell auf Papier, 50 x 70 cm
Kt. AG, Inv.-Nr. 3204 (1976)

Martin Disler (1949–1996)
Ohne Titel. 1975
Gouache, Goldbronze auf Papier, 99 x 70 cm
Schenkung Helmut Federle
AKV, Inv.-Nr. 5155 (1998)

André Thomkins
(1930–1985)
Schwarzwälder
Brieftaube. 1975
Bleistift auf Papier
20,5 x 6 cm
Kt. AG,
Inv.-Nr. 3274 (1977)

André Thomkins
(1930–1985)
Zelebrieren + Praxis des
Sammelns. 1975
Bleistift auf Papier
21 x 6,8 cm
Kt. AG,
Inv.-Nr. 5046 (1997)

Dieter Roth (1930–1998)
Selbstbildnis als Loch. 1973/75
übermalte und überzeichnete Serigraphie auf
Karton, 50 x 69 cm
Kt. AG, Inv.-Nr. 3339 (1981)

1976

Ereignisse/Institutionen/Personelles

Carlo Huber †, seit 1974 Leiter der Kunsthalle Bern.

Eröffnung des Musée de l'Art brut, Lausanne.

Erweiterung des Kunsthauses Zürich.

Internationale Ausstellungen:

37. Biennale Venedig. Die Schweiz wird vertreten von verschiedenen Gruppen und Schulen.

Ausstellungen internationaler Kunst in der Schweiz:

Zeichnung heute – drawing now, Kunsthaus Zürich.

Art Minimal: Judd, Morris, Andre aus der Sammlung Panza di Biumo Varese, Musée d'art et d'histoire, Genf.

Ausstellungen von Schweizer Kunst:

Mentalität Zeichnung, Kunstmuseum Luzern, mit Werken von Anton Bruhin, Martin Disler, Markus Dulk, Helmut Federle, Heiner Kielholz, Claude Sandoz, Hugo Suter, David Weiss, Christian Ludwig Attersee.

Outside, Aargauer Kunsthaus Aarau.

Aspekte zeitgenössischer Kunst in der Schweiz. Objekte und Zeichnungen, Kunstverein St. Gallen im Historischen Museum St. Gallen, mit Werken von Luciano Castelli, Franz Eggenschwiler, Andreas Gehr, Markus Raetz, Dieter Roth, Roman Signer, Bernhard Tagwerker, Rolf Winnewisser.

Art et collectivité et Art. 2. Biennale der Schweizer Kunst, Musée cantonal des Beaux-Arts, Lausanne.

Ausstellungen von Schweizer Künstlern (Auswahl):

Eva Aeppli (Musée d'art Moderne de la Ville de Paris), **Max Bill** (Kunsthalle und Museum für Kunst und Gewerbe, Hamburg), **Samuel Buri** (Musée d'art moderne de la ville de Paris), **Martin Disler/Helmut Federle** (Kunstmuseum Solothurn), **Robert Frank** (Kunsthaus Zürich), **Camille Graeser** (Landesmuseum für Kunst und Kulturgeschichte, Münster; Kunstmuseum Düsseldorf; Wilhelm Hack-Museum Ludwigshafen), **Franz Immos** (Kunsthalle Basel), **Emma Kunz** (Musée d'art Moderne de la Ville de Paris), **Richard Paul Lohse** (Neue Galerie am Landesmuseum Johanneum Graz; Moderne Galerie Bottrop; Kunsthaus Zürich), **Bernhard Luginbühl** (Kunstmuseum Winterthur; Kunstmuseum Bern), **Urs Lüthi** (Kunsthalle Basel), **Dieter Meier** (Kunsthaus Zürich), **Josef Maria Odermatt** (Kunstmuseum Luzern), **Dieter Roth** (Kunstmuseum Solothurn), **Paul Stöckli** (Kunstmuseum Luzern), **Varlin** (Rotonda di via Bassano, Mailand)

Ausstellungen von internationalen Künstlern in der Schweiz (Auswahl):

Georg Baselitz (Kunsthalle Bern), **George Brecht** (Centre d'art contemporain Genf), **Günter Brus** (Kunsthalle Bern), **Daniel Buren** (Centre d'art contemporain Genf), **Dan Graham** (Centre d'art contemporain Genf; Kunsthalle Basel), **Donald Judd** (Kunsthalle Bern; Kunstmuseum Basel), **Sol LeWitt** (Centre d'art contemporain Genf), **Mark Tobey** (Kunstmuseum Basel), **Lawrence Weiner** (Kunsthalle Basel), **Gilberto Zorio** (Kunstmuseum Luzern)

Literatur:

Sondern. Jahrbuch für Text und Bild, Hrsg. Dieter Schwarz (es erscheinen 6 Nummern bis 1986), Edition am Mehringdamm, Berlin/Seedorn Verlag, Zürich.

Das Aargauer Kunsthaus Aarau kauft u. a. Werke von:

Anton Egloff, Peter Hächler, Josef Herzog, Hans Josephsohn, Heiner Kielholz, Jürg Kreienbühl, Erwin Rehmann, Heiner Richner, Charles Rollier, Christian Rothacher, Jürg Stäuble, Paul Stöckli, Ilse Weber, Karl Jakob Wegmann, Eva Wipf

Aldo Walker (1938–2000)
Die Greifbarkeit der weiblichen Masse
(als magisches Quadrat). 1976–1986
Dispersion auf Baumwolle, 140 x 140 cm
Kt. AG, Inv.-Nr. 4141 (1986)

1976

Markus Raetz (1941)
Im Bereich des Möglichen. 1976
6 Blätter aus der Werkgruppe der "Dinten"
verdünnte Tinte auf Papier, je 17 x 23,5 cm
Kt. AG, Inv.-Nr. 3271 (1977)

Heiner Kielholz (1942)
Rosenbild. 1976
Acryl auf Papier auf Holz, 200 x 150 cm
Kt. AG, Inv.-Nr. 4151 (1987)

1976

Josef Herzog (1938–1998)
Ohne Titel. 1976
Aquarell auf Papier, je 21 x 29,5 cm
Schenkung aus dem Nachlass
AKV, Inv.-Nr. 5286, Inv.-Nr. 5290, Inv.-Nr. 5293 (1999)

Martin Disler (1949–1996)
Amazonas. 1976
Aquarell, Gouache auf Papier auf Leinwand
234 x 93 cm
Kt. AG, Inv.-Nr. 3448 (1979)

Martin Disler (1949–1996)
Amazonas. 1976
Aquarell, Gouache auf Papier auf Leinwand
234 x 93 cm
Kt. AG, Inv.-Nr. 3447 (1979)

1977

Ereignisse/Institutionen/Personelles

Varlin †

Internationale Ausstellungen:

documenta 6, Kassel. Leitung: Manfred Schneckenburger. Teilnehmende Schweizer Künstler: Camille Graeser, Jean Otth, André Thomkins, Bernhard Luginbühl, Jean Tinguely, Urs Lüthi.

14. Biennale São Paulo. Die Schweiz wird vertreten durch Samuel Buri, Markus Raetz und Kurt Sigrist.

Skulptur-Projekte, Münster (ohne Schweizer Beteiligung).

Ausstellungen internationaler Kunst in der Schweiz:

Malerei und Photographie im Dialog, Kunsthaus Zürich.

Ausstellungen von Schweizer Kunst:

20 artistos jovanes suizos, Museo La Tetulia, Cali; Bogotá, Medellín.

Rationale Konzepte. Schweizer Konkrete, Wanderausstellung, mit Werken von Max Bill, Jakob Bill, Andreas Christen, Angel Duarte, Karl Gerstner, Hansjörg Glattfelder, Camille Graeser, Verena Loewensberg, Richard Paul Lohse, Rudolf Mattes, Christian Megert, Paul Talman, Marcel Wyss.

Ausstellungen von Schweizer Künstlern (Auswahl):

Franz Eggenschwiler (Nijmeegs Museum, Nijmegen), **Marianne Eigenheer** (Kunstmuseum Luzern), **Niele Toroni** (Stedelijk van Abbemuseum Eindhoven), **Markus Raetz** (Kunsthalle und Kunstmuseum Bern), **Dieter Roth/Richard Hamilton** (Wanderausstellung, u. a. Aargauer Kunsthaus Aarau), **Marcel Schaffner** (Kunsthalle Basel), **André Thomkins** (Kunstmuseum Basel), **Jean Pfaff** (Kunstmuseum Basel), **Hannes Vogel** (Bündner Kunstmuseum Chur), **Aldo Walker** (Kunstmuseum Luzern), **Oscar Wiggli** (Kunstmuseum Winterthur; Kunstmuseum Solothurn)

Ausstellungen von internationalen Künstlern in der Schweiz (Auswahl):

Vito Acconci (Centre d'art contemporain, Genf), **Joseph Beuys** (Kunstmuseum und Kunsthalle Basel), **Alighiero Boetti** (Centre d'art contemporain, Genf), **Stanley Brouwn** (Kunsthalle Bern), **Jannis Kounellis** (Kunstmuseum Luzern), **Richard Long** (Kunsthalle Bern), **Markus Lüperz** (Kunsthalle Bern), **Robert Mangold** (Kunsthalle Basel), **Panamarenko** (Kunsthalle Basel), **Giuseppe Penone** (Kunstmuseum Luzern), **Arnulf Rainer** (Kunsthalle Bern), **Richard Tuttle** (Kunsthalle Basel), **Lawrence Weiner** (Centre d'art contemporain, Genf)

Literatur:

Willy Rotzler: *Konstruktive Konzepte. Geschichte der konstruktiven Kunst vom Kubismus bis heute*, ABC-Verlag, Zürich.

Künstleralmanachs *Der Blaue Berg*, hrsg. von Claude Sandoz (es erscheinen 14 Nummern bis 1986), Verlag Der Blaue Berg, Berg.

Das Aargauer Kunsthaus Aarau kauft u. a. Werke von:

Hans Aeschbacher, Heiner Kielholz, Hans Josephson, Max Matter, Dieter Roth, André Thomkins, Markus Raetz, Walter Arnold Steffen

Dieter Roth (1930–1998)
Angefangenes Bild. 1977
Malerei, Collage, Assemblage auf Leinwand, 200 x 250 cm
Kt. AG. und Gottfried Keller-Stiftung
Inv.-Nr. D 1944 (1998)

Richard Paul Lohse (1902–1988)
Waagrechte Dominante mit rotem Quadrat. 1960–1977
Öl auf Leinwand, 120 x 120 cm
Schenkung der Freunde
AKV, Inv.-Nr. 3966 (1984)

Helmut Federle (1944)
Ohne Titel. 1977
Dispersion auf Papier, 69,5 x 99,5 cm
Kt. AG, Inv.-Nr. 4567 (1993)

Helmut Federle (1944)
Ohne Titel. 1977
Dispersion auf Papier, 69,5 x 99,5 cm
Kt. AG, Inv.-Nr. 4409 (1991)

1978

Ereignisse/Institutionen/Personelles

Eva Wipf †

Eröffnung des INK, Halle für internationale neue Kunst, Zürich.

Jean-Christophe Ammann wird Leiter der Kunsthalle Basel.

Eröffnung des Raumes für aktuelle Schweizer Kunst/Galerie Rägeboge, Luzern.

Internationale Ausstellungen:

38. Biennale Venedig. Die Schweiz wird vertreten durch Raffael Benazzi, Roland Hotz und Jean Lecoultre.

Ausstellungen internationaler Kunst in der Schweiz:

Poetische Aufklärung in der europäischen Kunst der Gegenwart bei Joseph Beuys, Daniel Buren, Jannis Kounellis, Mario Merz, Gerhard Richter – Geschichte von heute und morgen, InK, Halle für internationale neue Kunst, Zürich.

Ausstellungen von Schweizer Kunst:

Swiss vidéo, Musée cantonal des Beaux-Arts, Lausanne, mit Werken u. a. von René Bauermeister, Gérald Minkoff, Muriel Olesen, Jean Otth, Janos Urban.

Le dessin en Suisse, Musée Rath, Genf (Wanderausstellung).

Schweizer Kunst der Gegenwart. Sammlung der Gotthard Bank, Helmhaus Zürich; Musée cantonal des Beaux-Arts, Lausanne (1979).

Beginn des Tachismus in der Schweiz. Lyrische Abstraktion – Informel – Action Painting, Kunsthaus Zürich.

Rationale Konzepte – Schweizer Konkrete, Stedelijk Museum Schiedam.

Aktualität – Vergangenheit. 3. Biennale der Schweizer Kunst, Kunstmuseum Winterthur.

Ausstellungen von Schweizer Künstlern (Auswahl):

Martin Disler (Kunstmuseum Olten), **Franz Fedier** (Kunstmuseum Thun), **Gottfried Honegger** (Musée d'art moderne de la ville de Paris), **Rolf Iseli** (Kunsthaus Zürich), **Richard Paul Lohse** (Stedelijk van Abbemuseum, Eindhoven), **Bernhard Luginbühl** (Neue Galerie der Stadt Linz; Secession, Wien), **Urs Lüthi** (Museum Folkwang, Essen), **Bruno Müller/Robert Müller** (Aargauer Kunsthaus Aarau), **Peter Roesch** (Kunstmuseum Luzern), **Karl Gerstner** (Kunstmuseum Solothurn), **Jean-Frédéric Schnyder** (Kunstmuseum Bern), **André Thomkins** (Haags Gemeentemuseum Den Haag; Kunstmuseum Luzern; Kunstmuseum St. Gallen), **Jean Tinguely** (Wilhelm Lehmbruck-Museum Duisburg), **Niele Toroni** (Stedelijk von Abbemuseum Eindhoven; Kunsthalle Bern), **Varlin** (Aargauer Kunsthaus Aarau), **Hannes Vogel** (Kunstmuseum Luzern)

Ausstellungen von internationalen Künstlern in der Schweiz (Auswahl):

Vito Acconci (Kunstmuseum Luzern), **Alighiero Boetti** (Kunsthalle Basel), **George Brecht** (Kunsthalle Bern), **Anselm Kiefer** (Kunsthalle Bern), **James Lee Byars** (Kunsthalle Bern), **A.R. Penck** (Kunstmuseum Basel), **Peter Roehr** (Kunstmuseum Luzern), **Antoni Tâpies** (Kunstmuseum Winterthur), **Andy Warhol** (Kunsthaus Zürich)

Literatur:

Schweizer Kunst der Gegenwart, Sammlungskatalog der Gotthard Bank, hrsg. vom Schweizerischen Institut für Kunstgeschichte, Zürich.

Das Aargauer Kunsthaus Aarau kauft u. a. Werke von:

Anton Bruhin, Marianne Eigenheer, Helmut Federle, Stephan Gritsch, Heiner Kielholz, Hans Josephsohn, Bruno Müller, Robert Müller, Jean Pfaff, Christian Rothacher, Hans Schärer, Hugo Schuhmacher, Ernst Suter, Hugo Suter, Ilse Weber, Rolf Winnewisser

Rolf Winnewisser (1949)
Ohne Titel. 1978
Gouache auf Papier, 79 x 109 cm
Kt. AG, Inv.-Nr. 3369 (1978)

1978

Gaspare O. Melcher (1945)
Little Severy. 1978
Bleistift auf Papier auf Leinwand, 150 x 400 cm
Schenkung Gaspare O. Melcher
AKV, Inv.-Nr. 4267 (1989)

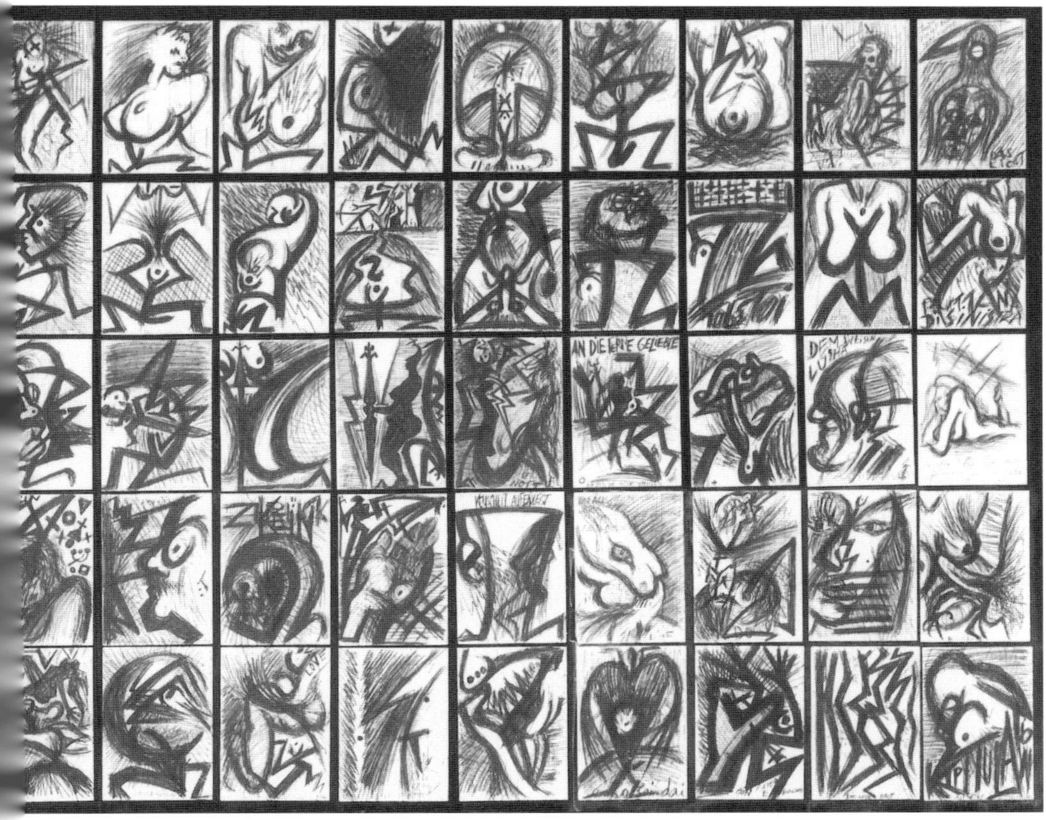

1978

Hannah Villiger (1951–1997)
Ohne Titel. 1978
3-teilig, Fotografie auf Baryt-Papier, 80 x 110 cm
Kt. AG, Inv.-Nr. 3436 (1979)

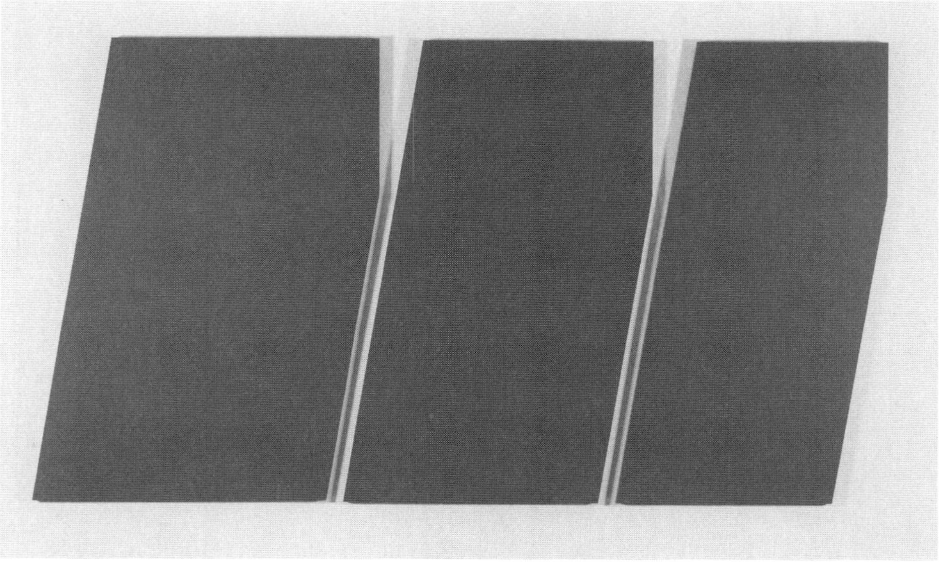

Jean Pfaff (1945)
R-3/18. 1978
3-teilig, Kunstharz auf Sperrholz, 159 x 296 x 3 cm
Schenkung Jean Pfaff
Kt. AG, Inv.-Nr. S 3962 (1984)

Hannah Villiger (1951–1997)
Arbeit (Boccia). 1978
Fotografie auf Baryt-Papier, 130 x 190 cm
Depositum aus Privatbesitz
Inv.-Nr. D 1955 (1999)

1979

Ereignisse/Institutionen/Personelles

Max von Moos †

Zum ersten Mal finden in Luzern die Video- und Performance-Tage (VIPER) statt.

Gründung der Bernischen Stiftung für Fotografie, Film und Video am Kunstmuseum Bern.

Eröffnung der Kunsthalle Palazzo, Liestal.

Internationale Ausstellungen:

15. Biennale São Paulo. Die Schweiz wird vertreten durch Herbert Distel und André Thomkins.

Ausstellungen internationaler Kunst in der Schweiz:

Zero – Bildvorstellungen einer europäischen Avantgarde 1958–1964, Kunsthaus Zürich.

Weich und Plastisch, Kunsthaus Zürich, mit Werken u. a. von Eva Aeppli, Franz Eggenschwiler, Bernhard Luginbühl, Meret Oppenheim, Daniel Spoerri, André Thomkins, Jean Tinguely.

Les Battisseurs de l'imaginaire, Aargauer Kunsthaus Aarau.

Ausstellungen von Schweizer Künstlern (Auswahl):

Martin Disler (InK, Halle für internationale neue Kunst, Zürich), **Herbert Distel** (Kunsthaus Zürich), **Kurt Fahrner** (Kunsthalle Basel), **Helmut Federle** (Kunsthalle Basel), **Andreas Gehr** (Kunstmuseum Luzern), **Camille Graeser** (Kunsthaus Zürich), **Alfonso Hüppi** (Kunstmuseum Winterthur), **Bernhard Luginbühl/Jean Tinguely** (Städtische Galerie im Städel, Frankfurt), **Urs Lüthi** (Aargauer Kunsthaus Aarau), **Christian Megert** (Kunsthalle, Düsseldorf), **Max von Moos** (Kunsthaus Zürich), **Wilfrid Moser** (Museum zu Allerheiligen, Schaffhausen), **Robert Müller** (Musée Rath, Genf), **Markus Raetz** (Stedelijk Museum, Amsterdam), **Dieter Roth** (Staatsgalerie, Stuttgart), **Peter Stämpfli** (Musée d'art et d'industrie, Saint-Eitienne), **Varlin** (Musée cantonal des Beaux-Arts, Lausanne), **Not Vital** (Bündner Kunstmuseum Chur), **Rolf Winnewisser** (Kunsthalle Basel), **Rémy Zaugg** (Kunsthalle Bern)

Ausstellungen von internationalen Künstlern in der Schweiz (Auswahl):

Giovanni Anselmo (Kunsthalle Basel), **Joseph Beuys** (Kunstmuseum Luzern), **Daniel Buren** (Musée d'art et d'histoire, Genf), **John Chamberlain** (Kunsthalle Bern), **Jochen Gerz** (Kunstmuseum Luzern), **Jörg Immendorf** (Kunstmuseum Basel), **Jasper Johns** (Kunstmuseum Basel), **Per Kirkeby** (Kunsthalle Bern), **Dennis Oppenheim** (Kunsthalle Basel), **Michael Snow** (Kunstmuseum Luzern)

Das Aargauer Kunsthaus Aarau kauft u. a. Werke von:

Martin Disler, Michael Grossert, Heiner Kielholz, Rolf Iseli, Max Matter, Robert Müller, Dieter Roth, Christian Rothacher, Hugo Schuhmacher, Hannah Villiger, Beat Zoderer

Martin Disler (1949–1996)
Ohne Titel. 1979
Acryl auf Pavatex, 205 x 250 cm
Kt. AG, Inv.-Nr. 3495 (1979)

1979

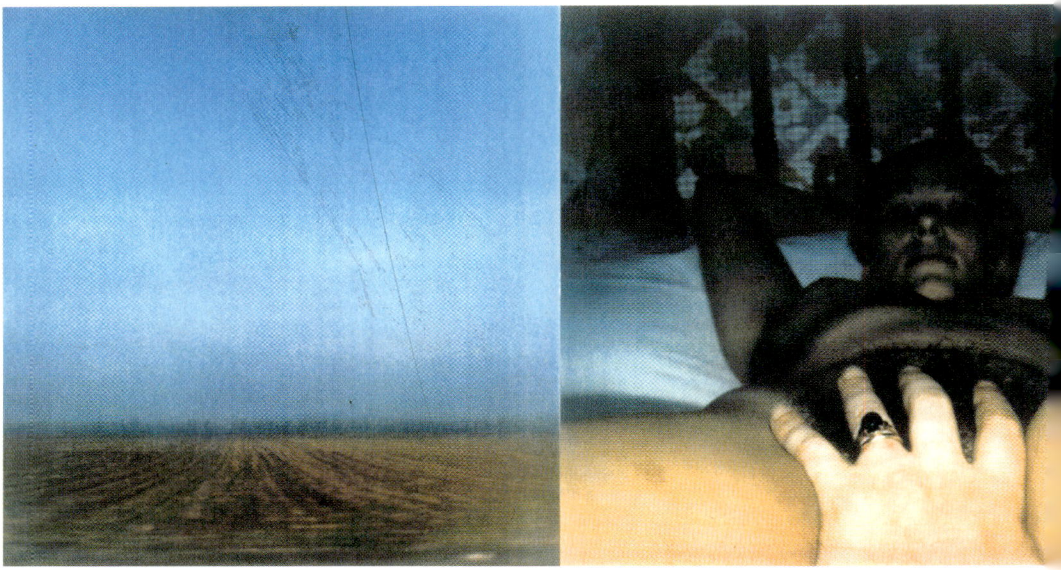

Urs Lüthi (1947)
Ohne Titel. 1979
4-teilig, Fotografie hinter Glas aufgezogen, je 109 x 108 cm
Kt. AG, Inv.-Nr. 3673 (1981)

1979

Anton Bruhin (1949)
Schönheit I. 1979
Gouache auf Papier, 26 x 20,5 cm
Kt. AG, Inv.-Nr. 3672 (1981)

Anton Bruhin (1949)
Schönheit IV. 1979
Gouache auf Papier, 26 x 20,5 cm
Kt. AG, Inv.-Nr. 3669 (1981)

Christian Rothacher (1944)
Schnee auf dem Fudschijama. 1979
Aquarell auf Papier, 27,5 x 39,5 cm
Kt. AG, Inv.-Nr. 3509 (1979)

Guido Nussbaum (1948)
Friends. 1979
Lochkamerafotografie (Unikat), 95 x 65,5 cm
Schenkung Guido Nussbaum
Aargauische Stiftung für Fotografie, Film und Video
Inv.-Nr. D 1950 (1996)

1979

Robert Müller (1920)
Ohne Titel (Kreta). 1979
Tinte auf Papier, 47 x 32 cm
Schenkung Robert Müller
AKV, Inv.-Nr. 5195 (1998)

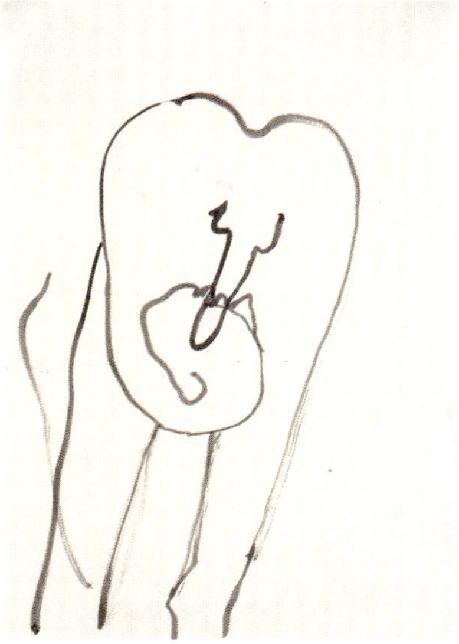

Josef Felix Müller (1955)
Ohne Titel. 1979
Tusche laviert auf Papier, 27,8 x 20,2 cm
Kt. AG, Inv.-Nr. 5066 (1998)

Meret Oppenheim (1913–1985)
Dunkle Berge, rechts gelb-rote Wolken. 1977–1979
Öl auf Leinwand, 64,5 x 81 cm
Kt. AG, Inv.-Nr. 3946 (1984)

1980

Ereignisse/Institutionen/Personelles

Camille Graeser †

Eröffnung des Museums für Gegenwartskunst, Basel. Es beherbergt die zeitgenössischen Kunstsammlungen der Emanuel Hoffmann-Stiftung und der Öffentlichen Kunstsammlung Basel.

Eröffnung der Kunsthalle Winterthur.

Internationale Ausstellungen:

39. Biennale Venedig. Die Schweiz wird vertreten durch Wilfrid Moser, Peter Stein und Oscar Wiggli.

Westkunst. Zeitgenössische Kunst seit 1939, Köln. Teilnehmende Schweizer Künstler: Max Bill, Alberto Giacometti, Jean Tinguely, Daniel Spoerri, Dieter Roth

Ausstellungen internationaler Kunst in der Schweiz:

Skulptur im 20. Jahrhundert, Wenkenpark, Riehen

Reliefs. Formprobleme zwischen Malerei und Skulptur, Kunsthaus Zürich

Kunst aus Italien: Sandro Chia/Francesco Clemente/Enzo Cucchi/Nicola De Maria/ Luigi Ontani/Mimmo Palladino/ Ernesto Tatafiore, Kunsthalle Basel

Ausstellungen von Schweizer Kunst:

Schweizer Museen sammeln aktuelle Schweizer Kunst, Kunsthaus Zürich.

7. Schweizer Plastikausstellung im Freien, Biel

Saus und Braus – Stadtkunst, Städtische Galerie zum Strauhof, Zürich, mit Werken u. a. von Anton Bruhin, Peter Fischli/David Weiss, Olivia Etter, Liliput, Urs Lüthi, Dieter Meier, Klaudia Schifferle, André Thomkins, François Viscontini, Andreas Züst.

Die andere Sicht der Dinge. Phantastik in der zeitgenössischen Schweizer Kunst, Kunsthaus, Zug.

Pop Art und verwandte Strömungen in der Schweiz, Kunstmuseum Thun.

22 artistas suiços, Galeria nacional de arte moderna Belem, Lissabon, mit Werken u. a. von John M. Armleder, Christoph Gossweiler, Jean Mauboulès, Olivier Mosset, Jean Otth, Vaclav Pozarek, René Zäch.

Kunstmacher 80, Museum zu Allerheiligen, Schaffhausen.

Ausstellungen von Schweizer Künstlern (Auswahl):

John M. Armleder (Kunstmuseum Basel), **Balthasar Burkhard** (Centre d'art contemporain, Genf), **Roman Clemens** (Kunsthaus Zürich), **Martin Disler** (Kunsthalle Basel), **Franz Gertsch** (Kunsthaus Zürich), **Alfred Hofkunst** (Aargauer Kunsthaus Aarau), **Urs Lüthi** (Neue Galerie am Landesmuseum Joanneum, Graz), **Peter Maier** (Kunstmuseum Luzern), **Chasper O. Melcher** (Bündner Kunstmuseum Chur), **Gérald Minkoff** (Musée cantonal des Beaux-Arts, Lausanne), **Jean Otth** (Centre d'art ceontemporain, Genf), **Dieter Roth** (Kunstmuseum Luzern), **Jean-Frédéric Schnyder** (Kunstmuseum Luzern), **Hugo Schumacher** (Städtische Galerie zum Strauhof, Zürich), **Kurt Sigrist** (Kunstmuseum Luzern; Kunsthaus Zürich), **Alex Silber** (Kunstmuseum Basel), **Peter Stämpfli** (Centre Georges Pompidou, Paris), **Jürg Stäuble/Heiner Richner/Hannah Villiger/ Jean Pfaff** (Aargauer Kunsthaus Aarau), **Niele Toroni** (Centre d'art contemporain, Genf), **Eva Wipf** (Museum zu Allerheiligen, Schaffhausen)

Ausstellungen von internationalen Künstlern in der Schweiz (Auswahl):

Günter Brus (Kunstmuseum Luzern), **Daniel Buren** (Kunstmuseum Luzern), **Willian N. Copley** (Kunsthalle Bern), **Hanne Darboven** (Ink, Halle für internationale neue Kunst, Zürich), **Jan Dibbets** (Kunsthalle Bern), **Luciano Fabro/Jannis Kounellis/ MarioMerz/ Giulio Paolini** (Kunsthalle Bern), **Jörg Immendorf** (Kunsthalle Bern), **Niklaus Lang** (Aargauer Kunsthaus Aarau), **Robert Ryman** (Ink, Halle für internationale neue Kunst, Zürich), **Frank Stella** (Kunstmuseum Basel), Lawrence Weiner (Centre d'art contemporain, Genf)

Literatur:

Fritz Billeter: *Outside. Streiflichter auf die moderne Schweizer Kunst*, ABC Verlag, Zürich.

Das Aargauer Kunsthaus Aarau kauft u. a. Werke von:

Fritz Glarner, Josef Herzog, Claude Loewer, Guido Nussbaum, Heiner Richner, Christian Rothacher, Hans Schärer, Walter Arnold Steffen, Hugo Suter, André Thomkins, Ilse Weber

Olivier Mosset (1944)
Ohne Titel. 1980/81
Acryl auf Leinwand, 280 x 140 cm
Kt. AG, Inv.-Nr. 4122 (1986)

1980

Helmut Federle (1944)
motor city. 1980
Dispersionsfarbe auf Wellkarton auf Holz, 40,5 x 52 cm
ehemals Sammlung Martin Disler
Kt. AG, Inv.-Nr. 5141 (1998)

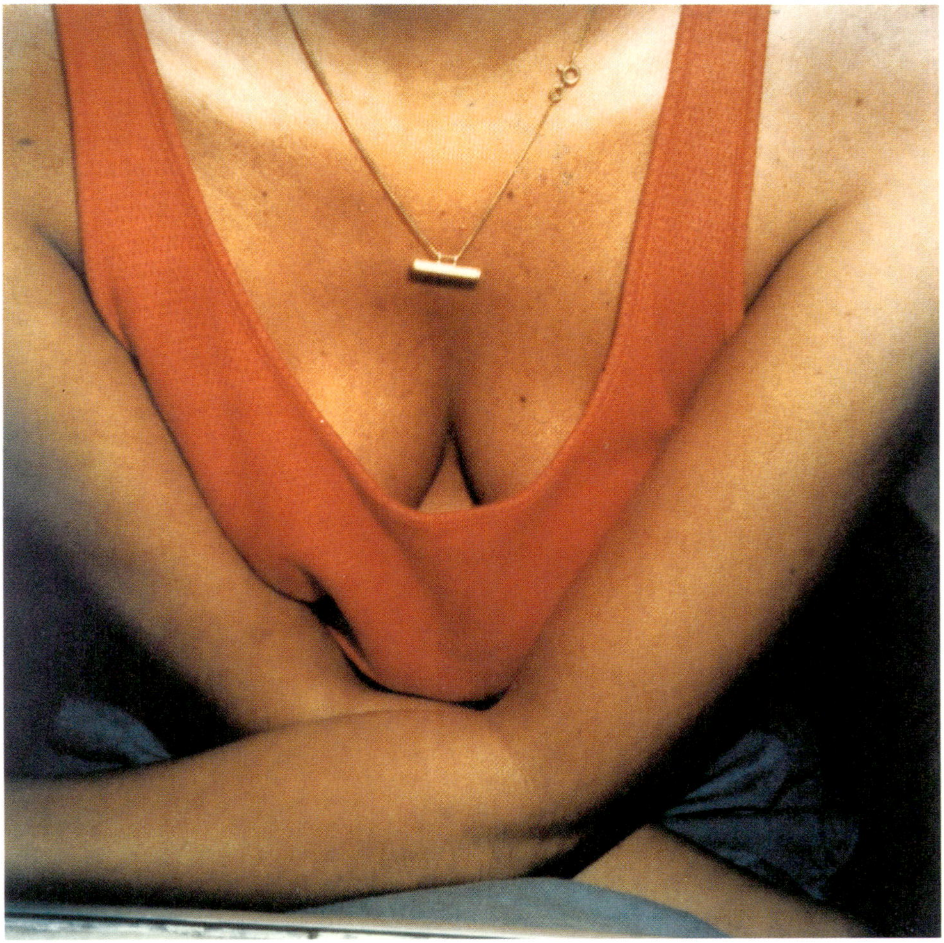

Hannah Villiger (1951-1997)
Ohne Titel (T-Shirt rot). 1980
Fotografie ab Polaroidvorlage auf Aluminium aufgezogen, 100 x 100 cm
Aargauische Stiftung für Fotografie, Film und Video
Inv.-Nr. D 1952 (1999)

1980

Henri Presset (1928)
Figure XIX A. 1980
Corten-Stahl, 134 x 124 x 91 cm
Kt. AG, Inv.-Nr. S 4455 (1991)

Albert Siegenthaler (1938–1984)
Gillian White (1939)
Das Südtor (Paradise Lost). 1980
Corten-Stahl, 550 x 480 x 540 cm
Depositum Gillian White (1987)

Leiko Ikemura (1951)
Ohne Titel. 1980
Dispersion auf Papier, 149 x 213 cm
Kt. AG, Inv.-Nr. 3693 (1982)

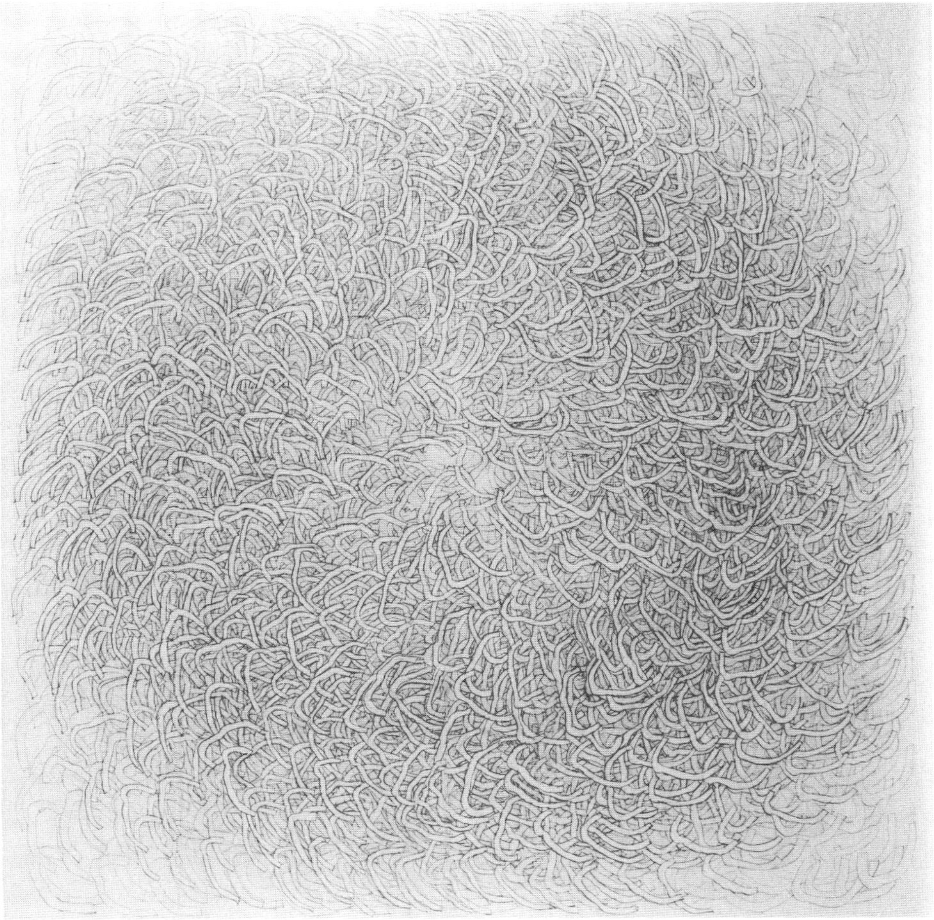

Max Matter (1941)
Der Weg von UE nach A. 1980
Bleistift auf Papier, 160 x 160 cm
Kt. AG, Inv.-Nr. 3600 (1981)

1981

Ereignisse/Institutionen/Personelles

Gründung von Andata/Ritorno, Genf.

Gründung der Filiale, Basel (1981–1995).

Internationale Ausstellungen:

Amerikanische Zeichnungen der siebziger Jahre, u. a. Kunsthalle Basel.

Ausstellungen internationaler Kunst in der Schweiz:

Mythos und Ritual in der Kunst der 70er Jahre, Kunsthaus Zürich.

Im Westen nichts Neues, Kunstmuseum Luzern, mit Werken von Luciano Castelli, Rainer Fetting, Helmut Middendorf, Salomé, Bernd Zimmer.

Ausstellungen von Schweizer Kunst

Schweizer Kunst '70–'80. Regionalismus/Inernationalismus. Bilanz einer neuen Haltung in der Schweizer Kunst der 70er Jahre am Beispiel von 30 Künstlern, Kunstmuseum Luzern.

Aspects de l'art d'aujourd'hui 1970 – 1980. Les Genevois collectionnent, Musée d'art et d'histoire, Genf; Musée Rath, Genf; Cabinet des Extampes, Genf.

Le dessin suisse 1970–1980, Wanderausstellung der Pro Helvetia 1981–1983: Musée Rath, Genf; Tel Aviv Museum, Tel Aviv; Pinakothek, Athen, Ulmer Museum, Ulm, Palais des Beaux-Arts, Brüssel, Musée de la Ville de Toulon, Toulon, Bündner Kunstmuseum Chur; Aargauer Kunsthaus Aarau; Centre Culturel Suisse, Paris.

30 Künstler aus der Schweiz, Galerie Krinzinger Innsbruck; Frankfurter Kunstverein; Galerie nächst St. Stephan, Wien, mit Werken u. a. von John M. Armleder, Peter Emch, Helmut Federle, Peter Fischli, Leiko Ikemura, Heiner Kielholz, Urs Lüthi, Chasper Otto Melcher, Markus Raetz, Peter Roesch, Dieter Roth, Claude Sandoz, Hugo Suter, Hans Schärer, Klaudia Schifferle, André Thomkins, Aldo Walker, David Weiss, Rolf Winnewisser

Aspekte junger Schweizer Kunst, Städtische Galerie, Regensburg, mit Werken von Michael Biberstein, Mariam Cahn, Martin Disler, Helmut Federle, Rut Himmelsbach, Peter Roesch, Jürg Stäuble, Hannah Villiger, Rolf Winnewisser.

Bilder, Kunstmuseum Winterthur, mit Werken von Anton Bruhin, Martin Disler, Olivia Etter, Peter Fischli, Urs Lüthi, Josef Felix Müller, Walter Pfeiffer, Klaudia Schifferle, Anselm Stalder, François Visconti, David Weiss.

Fri-Art, Grand Séminaire, Fribourg.

Der behauste Mensch. Figuratives/Figürliches. Ein Aspekt der Innerschweizer Kunst der Gegenwart, Kunstmuseum Luzern.

7 Schweizer Künstler, De Vleeshoal, Middelburg NL, mit Werken von Guter Frentzel, Franz Immoos, Res Ingold, Carlo Edouardo Lischetti, Rudolf Mattes, Vaclav Pozarek, René Zäch.

Prospekt 81, Galerie Rägeboge, Luzern, mit Werken von Silvia Bächli, Mireille Gros, Christoph Herzog, Josef Felix Müller, Guido Nussbaum, Max the red runner, Christoph Rütimann, Thomas Stalder, Peter Trachsel, Anna Winteler.

Ausstellungen von Schweizer Künstlern (Auswahl):

Amaretti/Josef Herzog/Guido Nussbaum/Christoph Gossweiler, (Aargauer Kunsthaus Aarau), John M. Armleder/Martin Disler/Helmut Federle (Centre d'art contemporain, Genf), **Luciano Castelli** (Centre d'art contemporain, Genf), **Silvie & Chérif Defraoui** (Centre d'art contemporain, Genf), **Martin Disler** (Württembergischer Kunstverein, Stuttgart), **Gottfried Honegger** (Ulmer Museum, Ulm), **Hans Josephsohn** (Aargauer Kunsthaus Aarau), **Verena Loewensberg** (Kunsthaus Zürich; Wilhelm-Hack-Museum, Ludwigshafen), **Urs Lüthi** (Kunstmuseum Bern; Kunstverein, St. Gallen), **Manon** (Kunsthaus Zürich), **Markus Raetz** (Aargauer Kunsthaus Aarau), **Roman Signer** (Kunsthaus Zürich), **Ben Vautier** (Musée d'art et d'industrie, Saint-Etienne), **Rolf Winnewisser** (Kunsthalle Winterthur), **Werner Witschi** (Kunstmuseum Bern), **Werner von Mutzenbecher** (Kunsthalle Bern)

Ausstellungen von internationalen Künstlern in der Schweiz (Auswahl):

Joseph Beuys (InK, Halle für internationale neue Kunst, Zürich), **Giulio Paolini** (Kunstmuseum Luzern), **Mario Merz** (Kunsthalle Basel), **Jonathan Borofsky** (Kunsthalle Basel), **Gibert & George** (Kunsthalle Bern), **Pierre Klossowski** (Kunsthalle Bern), **Barnett Newman** (Kunstmuseum Basel), **Mimmo Paladino** (Kunsthalle Basel), **Giulio Paolini** (Kunstmuseum Luzern), **A.R. Penck** (Kunsthalle Bern), **Salomé** (Centre d'art contemporain, Genf), **Julian Schnabel** (Kunsthalle Basel)

Literatur:

Martin Kunz: "CH '70–'80", in: *Schweizer Kunst '70–'80. Regionalismus/Inernationalismus. Bilanz einer neuen Haltung in der Schweizer Kunst der 70er Jahre am Beispiel von 30 Künstlern*, Ausst.-Kat., Kunstmuseum Luzern.

Lexion der zeitgenössischen Schweizer Künstler, Verlag Huber, Frauenfeld/Stuttgart.

Das Aargauer Kunsthaus Aarau kauft u. a. Werke von:

Anton Bruhin, Gianfredo Camesi, Franz Eggenschwiler, Friedrich Kuhn, Urs Lüthi, Max Matter, Dieter Roth, Hugo Schuhmacher, Peter Stein, Hugo Suter, Eva Wipf

Hannah Villiger (1951–1997)
Ohne Titel. 1980–1981
12-teilig, Fotografie ab Polaroidvorlage auf Aluminium aufgezogen, 355 x 475 cm
Kt. AG, Inv.-Nr. 4247 (1988)

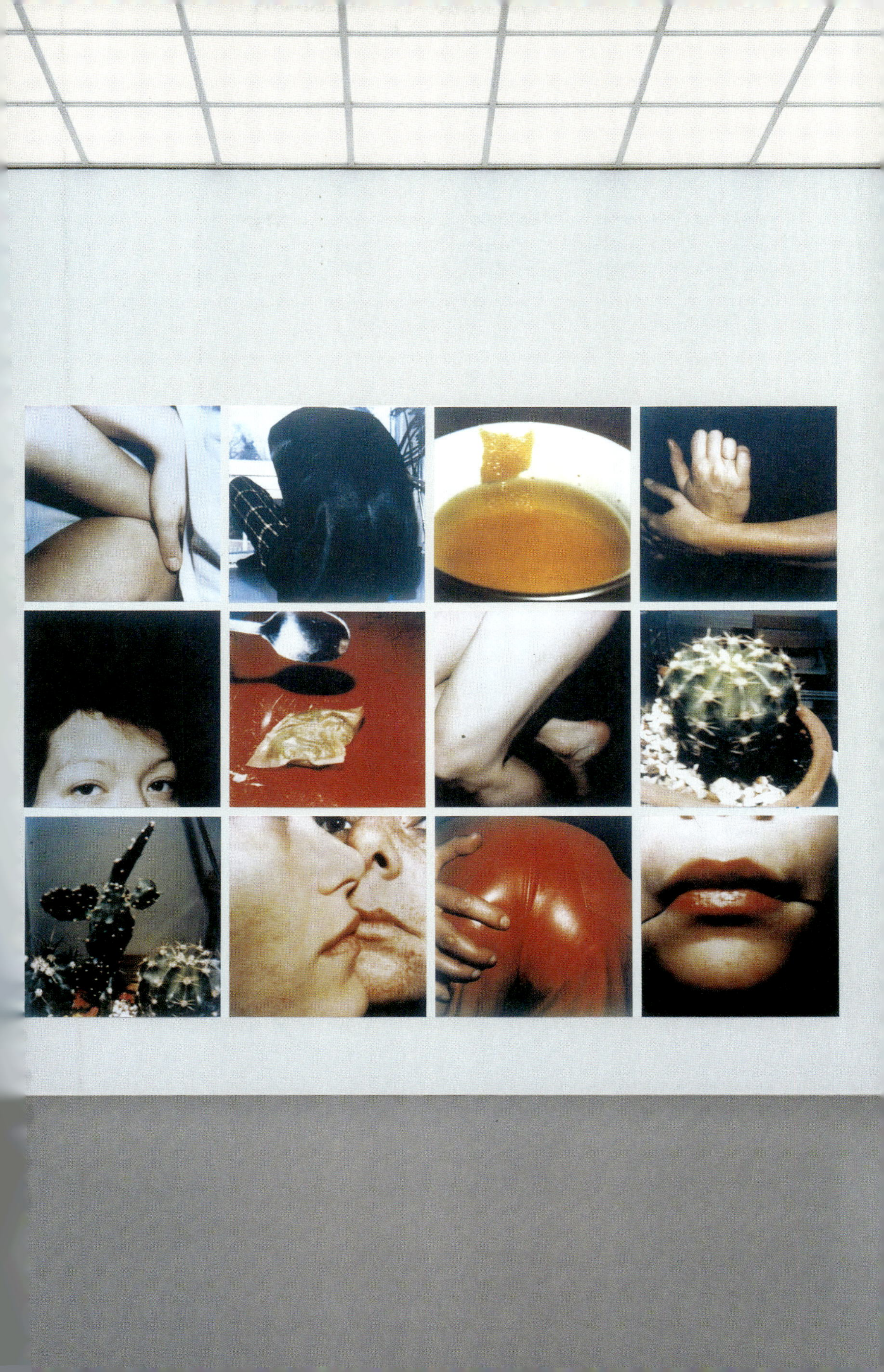

Markus Raetz (1941)
MIMI. 1981
Kiefernholz
1200 x 300 cm
Depositum Markus Raetz
Inv.-Nr. DS1945 (1981)

1981

Franz Eggenschwiler (1930–2000)
Windricht Objekt. 1981
Gusseisen, 46 x 25 x 21 cm
AKV, Inv.-Nr. S 3951 (1984)

Franz Eggenschwiler (1930–2000)
Henkelkopf. 1980/81
Grauguss und Eisen, 32 x 31 x 24 cm
AKV, Inv.-Nr. S 3952 (1984)

Josef Maria Odermatt (1934)
Das Leben. 1981
5-teilig, Eisen geschmiedet
Schenkung Josef Odermatt
Kt. AG, Inv.-Nr. S 3925 (1981)

Hans Schärer (1927–1997)
Ohne Titel. 1981
Tusche und Aquarell auf Papier
36 x 25 cm
Schenkung aus dem Nachlass
AKV, Inv.-Nr. 5267 (1999)

Hans Schärer (1927–1997)
Ohne Titel. 1981
Tusche und Aquarell auf Papier
36 x 25 cm
Schenkung aus dem Nachlass
AKV, Inv.-Nr. 5268 (1999)

Saus und Braus – Stadtkunst

"un po' artista un po' no" (Adriano Celentano)

Bice Curiger

Das vorliegende Buch ist in ungefähr vierzehn Tagen entstanden: Anlässlich der Vorbereitungen zur gleichnamigen Ausstellung. Ein schnelles Rundschreiben, einige Telefonate bildeten den Anfang, und schon ging's los. (...) In der Ausstellung zeigen achtzehn Künstler ihre Werke: Hannes R. Bossert, Anton Bruhin, Martin Disler, Lisa Enderli, Olivia Etter, Peter Fischli, Sergio Galli, Samy Gantner, Rosmarie Iten, Urs Lüthi, Dieter Meier, Stefan Sadkowski, Barbara Schneider, Klaudia Schifferle, François Viscontini, David Weiss, Max Wiederkehr, Sissi Zöbeli, Andreas Züst. Die Gruppe Yello hat für die Kaffee-Ecke ein Hörspiel ("Angst vor Schreck") für Kopfhörer produziert. Abendveranstaltungen mit "stilleren" (Anton Bruhin, Hannes R. Bossert, Martin Disler, Martin Frank, Alibi Klieber, Lupa, Stephan Wittwer u. a.) und "lauten" Programmen (Liliput, Mother's Ruin, Hertz, TNT u. a.) sind eingeplant. (...) Es ist die Aufgabe eines Ausstellungskataloges, jeweils das Ausstellungsgut zu dokumentieren, kommentieren, reflektieren. In diesem Sinn ist "Saus und Braus" (der Titel stammt von Klaudia Schifferle) ein Werkbuch geworden, zu dem noch viel mehr als die oben aufgeführten Ton-, Bild-, Schrift-, Bewegungs-Künstler Beiträge beigesteuert haben, während die Künstler dieser Ausstellung gerade für dieses Buch zum Teil ein anderes Medium wählten, geschrieben, gedichtet, photographiert haben.

Alles hat viel mit Zürich zu tun. Man wohnt hier, man kennt sich, ist mit irgendetwas verbunden, verwachsen. Es war von Anfang an die Absicht, in dieser Ausstellung ein Bezugsystem sichtbar zu machen, welches sonst durch die Fangarme der Kulturinstitutionen nicht an die Oberfläche gelangt. So soll der gewiefte Kunstbetrachter für einmal ihm Bekanntes in bisher unerkannten Zusammenhängen wieder finden.

"Un po' artists un po' no" heisst ein Lied von Adriano Celentano. Künstler sind auch Menschen. Oder anders herum: Es gibt Leute, die von sich nicht sagen, dass sie Künstler sind, obwohl sie viele von ihnen als Freunde haben. Man findet sich bei gleichen Vorlieben, bei gleichen Prägungen (Globi und Captain Beefheart), bei starker Kreativität, doch beim einen Teil bei oft gleichzeitiger totaler Uniformiertheit über das "allgemeine Kunstgeschehen" (man kennt den Typ, nicht seine Kunst, oder eben nur *seine* Kunst). Im übrigen stehen viele nachkriegsgeborene Künstler mit mindestens einem Bein in einem bestimmten Bereich voll drin, ohne dass man in biographischen Auflistungen je etwas darüber erfahren würde: In der Rock-Jugend-Punk-Sub-Zwischenkultur, wo sich im Laufe der Zeit bereits ein Veteranentum herausbildet, man ist auch älter geworden – jedoch: ohne sich vom grossen Moment des Pubertären abzuwenden, ganz im Gegenteil! Die Vorzüge dieses Zustandes grosser Empfindsamkeit und Klarheit sind zu deutlich geworden. Gerade die Pubertierenden sind es, welche die Wahrheiten unserer Zeit am schonungslosesten verkünden, weil sie dem Heute und Morgen ohne Schutz ausgeliefert sind. Das schafft Nähe zur Kunst.

Das Altersspektrum in diesem Buch reicht von 14 bis über 40 Jahren. Bei vielen der in der Ausstellung vertretenen Künstlern besteht mehr als nur eine symbolische Beziehung zur im Buch ebenfalls dokumentierten Musikszene: Klaudia Schifferle ist Bassistin der Gruppe "Liliput", Dieter Meier singt mit diversen Bands, Anton Bruhin war eine zeitlang Bassist der Kinderband "Saturn", Martin Frank schrieb mit seinem Roman "Tr Fögi ische Souhung" auch ein Stück Rock-Kulturgeschichte, Peter Fischli produzierte aufregende Konzertplakate und Plattenumschläge, Rosmarie Iten hat die Gruppe "Herz" gemalt, von den Treueverdiensten der Künstler als Rockpublikum ganz zu schweigen.

Aber es gibt in der Ausstellung wie im Buch noch ganz andere Querbezüge, Verbindungen, Connections, unterirdische Ströme, Funkkontakte etc. Eigentlich begann es in den 60er Jahren: Die Avantgarde vermählte sich mit der Subkultur (man denke an die frühen Warholfilme, die damals in Zürich im Filmprogramm der Platte 27 liefen, oder überhaupt ans Odeon und die hiesigen Spektakel). Was sich damals als Lebensstil herausbildete verdient mehr als die ausscherende Bezeichnung "Subkultur": Urbane Coolness, Misstrauen gegenüber der grossen Gebärde, mit spezifischem Witz auf "Kapütte" reagieren und ein ganz waches Verhältnis zur Normalität haben – all dies ist ein Stück Populärkultur geworden! Wer heute vom Monte Verità redet kommt deshalb um John Travolta nicht mehr herum!

Wieviele Künstler nehmen in ihren Werken viel direkter auf die Massenkultur Bezug als etwa auf die Kunstentwicklung selber! Schliesslich ist hier eine Generation am Werk, die ihre visuellen Fähigkeiten als Kunst im Unterscheiden von Automarken erlernt hat. Sergio Galli hat die "Hitparade" der klassischen Moderne gemalt, in Acryl auf Leinwand ab Diaprojektion (die "Demoiselles d'Avignon" sind ihm ohne spezielle Absicht seitenverkehrt gelungen). Haben Sie je "A Bigger Splash" von David Hockney im Original gesehen? Nein, aber wir haben den Film gesehen.

Eine subtile Abrechnung mit der Allmacht der Gegenstände, Produkte Markenartikel ist neuerdings in Gang, und sie unterscheidet sich wesentlich von der "Konsumkritik" der 60er und 70er Jahre. Sie ist physischer, ehrlicher, denn sie setzt bei der Perversität ein, dass die Beziehung zu den Gegenständen bestimmender und wichtiger sein könnte, als jene zu andern Menschen ... Den Schlachtruf "Nieder mit dem Packeis!" von Radio Grönland haben wir vernommen. Wie gemütsfreundlich ist eigentlich ein filziger Spannteppich, ein Eierkarton, Staub- und Haarbäuschchen? Immer noch "wärmer" und menschlicher als die damit vorgetäuschte Autobahnlandschaft? Eine Unfallsituation mit Autos als Cervelats und Menschen als Zigarettenstummel, das ist ein schöner Witz, weil er mit der Entfernung, dem Spiel der Tiefenschärfe unserer psychischen Optik Schindluder betreibt. In den grossartigen Fotobildern von Peter Fischli und David Weiss geschieht eine abrupte Annäherung an das eigentlich Erstickende unserer Situation gerade über die Ambivalenz.

Eine in ihren Konsequenzen noch viel zu wenig erforschte Tatsache ist wohl die radikal veränderte Beziehung zum Geld, welche sich nach dem Krieg zwischen Eltern- und Kindergeneration vollzogen hat. "Do you still handle money like a child?" las ich einmal in der Londoner U-Bahn als Reklame einer Bank. Sinnigerweise in der U-Bahn, wo man *immer* mit Kleingeld hantieren muss: im dunklen Tunnel ein Lockruf zur Sonnenseite.

"Ich will nicht/zwei Wochen/die gleichen Jeans tragen // Ich will nicht/Bier trinken/und/Besoffene bedienen // Ich will schöne Kleider/gutes Essen, höfliche Menschen,/teure Autos, Spannteppiche und Möbel" heisst es in einem Gedicht von Martin Frank aus dem Roman "Spannteppichjunge". "Saus und Braus" soll auch (noch mögliche Glücksmomente ausleuchten, so pervers sie einem erscheinen mögen. Banalität, Trivialität, banaltrivial: Künstler schrecken nicht mehr davor zurück weil sie wissen, dass man gerade da hindurch muss, um zu einer eigenen Sprache zu finden, einer, die nicht den eingebürgerten Machtmechanismen gehorcht. Man kann die Rockmusik als Labor für solche Bestrebungen sehen. Die Ausstellung und das Buch "Saus und Braus" Stadtkunst hat Leute mit völlig verschieden gelagertem "Künstler-Selbstverständnis" vereinigt. Für die Ausstellung stand sogar im Vordergrund, einigen ein Ansporn zu sein, aus der Privatheit auszubrechen, für einmal nicht fürs Briefcouvert und die Freunde zu produzieren, sondern für ein bisschen Öffentlichkeit.

Wiederabdruck aus: *Saus und Braus – Stadtkunst*, Ausstellungskatalog, Städtischen Galerie zum Strauhof, Zürich 1980

1982

Internationale Ausstellungen:

documenta 7, Kassel. Leitung: Rudi Fuchs. Teilnehmende Schweizer Künstler: Miriam Cahn, Martin Disler, Christian Lindow, Richard P. Lohse, Meret Oppenheim, Markus Raetz, Klaudia Schifferle, Jean-Frédéric Schnyder, Niele Toroni, Rémy Zaugg.

40. Biennale Venedig. Die Schweiz wird vertreten durch Dieter Roth.

Ausstellungen internationaler Kunst in der Schweiz:

Körperzeichen, Kunstmuseum Winterthur

Ausstellungen von Schweizer Kunst:

Zwitserse Avant-Garde, Galerie Nouvelles Images, Den Haag, mit Werken von Matthias Aeberli, Nina von Albertini, John M. Armleder, Vincenzo Baviera, Mario Botta, Verena Brunner, Luciano Castelli, Martin Disler, Matteo Emery, Peter Fischli, Pier Geering, Johanna Hess-Dahm, Thérèse Hilbert, Rut Himmelsbach, Pierre Keller, Otto Künzli, Urs Lüthi, Felix Müller, Guido Nussbaum, Peter Roesch, Claude Sandoz, Bernhard Schobinger, Marlise Staehelin, Jürg Stäuble, Vivian Suter, David Weiss, Rolf Winnewisser.

Prospect 82. Jeunes artistes suisses, Raum für aktuelle Schweizer Kunst, Luzern, mit Werken von Douglas Beer, Françoise Bridel, Carmen Perrin, Anne Sauser-Hall, Jean Stern, Philippe Deleglise, Etienne Descloux, Pierre André Ferrand, Luni Lampart, Patricia Plattner Tamas Staub.

art concret suisse. Mémoire et Progrès, Wanderausstellung der Pro Helvetia, mit Werken vonAndreas Christen, Camille Graeser, Marguerite Hersberger, Verena Loewensberg, Richard Paul Lohse, Nelly Rudin, Carlo Vivarelli.

Ausstellungen von Schweizer Künstlern (Auswahl):

John M. Armleder (Musée d'art et d'histoire, Fribourg), **Luciano Castelli** (Musée cantonal des Beaux-Arts, Lausanne), **Peter Fischli/ David Weiss**: Plötzlich diese Übersicht (Galerie Pablo Stähli, Zürich), **Bendicht Fivia**n (Kunsthalle Winterthur), **Alfred Hofkunst** (Musée cantonal des Beaux-Arts, Lausanne), **Christian Lindow** (Kunsthalle Bern), **Verena Loewensberg** (Modern Galerie, Bottrop), **Urs Lüthi** (Kunstverein, Frankfurt; Kunstmuseum Olten), **Otto Müller** (Museum zu Allerheiligen, Schaffhausen), **Robert Müller** (Cabinet des estampes, Genf), **Willy Müller-Brittnau** (Aargauer Kunsthaus Aarau), **Markus Raetz** (Kunsthalle Basel), **Dieter Roth** (Kunstmuseum Basel; Helmhaus Zürich), **Hans Schärer** (Aargauer Kunsthaus Aarau), **Jean-Frédéric Schnyder** (Kunstmuseum Winterthur), **Roman Signer** (Museum Hedendaagse Kunst, Utrecht), **Anselm Stalder** (Kunstmuseum Basel), **Paul Stöckli** (Kunsthaus, Zug), **Hugo Suter** (Aargauer Kunsthaus Aarau; Städtische Galerie zum Strauhof, Zürich), **André Thomkins** (Städtische Galerie zum Strauhof, Zürich; Kunstmuseum Olten), **Jean Tinguely** (Kunsthaus Zürich), **Oscar Wiggli** (Kunstmuseum Solothurn), **Werner Witschi** (Kunstmuseum Thun), **Remy Zaugg** (Aargauer Kunsthaus Aarau)

Ausstellungen von internationalen Künstlern in der Schweiz (Auswahl):

Marcel Broodthaers (Kunsthalle Bern), **Enzo Cucchi** (Kunsthaus Zürich), **Terry Fox** (Kunstmuseum Luzern), **Philip Guston** (Kunsthalle Basel), **Jürgen Klauke** (Kunstmuseum Luzern), **Ernesto Tatafiore** (Kunstmuseum Luzern)

Literatur:

Marcel Joray: Peintres suisses/*Schweizer Maler*, Editions du Griffon, Neuchâtel

Das Aargauer Kunsthaus Aarau kauft u. a. Werke von:

Stefan Gritsch, Josef Herzog, Leiko Ikemura, Lenz Klotz, Friedrich Kuhn, Guido Nussbaum, Heiner Richner, Peter Stämpfli.

Peter Fischli (1952), David Weiss (1946)

Charlie Parker, nachdem er Loverman gespielt hat und nackt in der Hotelhalle seine Kleider verbrennt, worauf ihn die andern nach Camarillo einliefern. 1982
12 x 43,5 x 28 cm

Bauplatz der Pyramiden. 1982
10 x 38 x 32 cm

Autobahn (Swiss free way). 1982
12 x 28 x 17 cm

Ton ungebrannt
Depositum Schweiz. Eidgenossenschaft
Inv.-Nr. DS1958, DS1957, DS1749 (1999)

1982

Dieter Roth (1930–1998)
(mit Björn Roth)
Bogen-Mann Schütze. 1982
Mischtechnik auf Glas und auf Papier, 73 x 102 cm
AKV, Inv.-Nr. 3932 (1983)

Miriam Cahn (1949)
Kleines weibliches Durcheinander. 1982
9-teilig. Kohle auf Seidenpapier, 200 x 200 cm
Kt. AG, Inv.-Nr. 4307 (1990)

1982

Martin Disler (1949-1996)
Ohne Titel. 1982
Acryl, Tusche, Spray auf Papier, 200 x 454 cm
Depositum Schweiz. Eidgenossenschaft
Inv.-Nr. D 1708 (1982)

1982

Urs Lüthi (1947)
My fairy tales. 1982
3-teilig, Acryl auf Leinwand, 200 x 450 cm
Depositum Schweiz. Eidgenossenschaft
Inv.-Nr. D 1706 (1983)

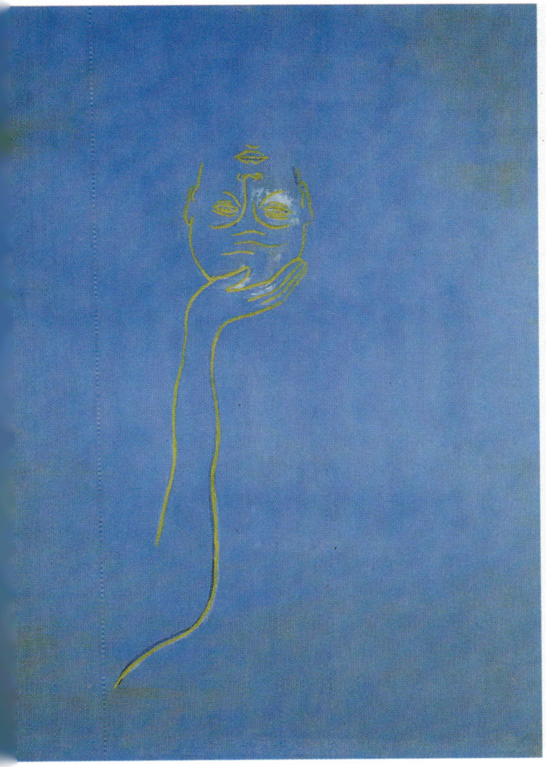

Schweizer Kunst? Kunst aus der Schweiz? Kunst von Schweizer Künstlern?

Heiny Widmer

Zu den vielen Traumata, an denen der Kleinstaat Schweiz leidet, gehört auch das: Man hat sich lange Zeit davor gefürchtet, für die Ohren von Ausländern von Schweizer Kunst zu reden, in der Angst, das stets latent spürbare Omen der grundsätzlichen Provinzialität und des Harmlosen an die Oberfläche zu beschwören.

In den letzten 30 Jahren hat sich nun, zumindest was Kunst und Künstler anbetrifft, ein merkliches Wachsen des Selbstbewusstseins eingestellt und damit verbunden eine Situation, die an Offenheit und Qualität nichts zu wünschen übrig lässt.

Der Schweizer Künstler lebt nicht mehr im Lande der Sonderfälle. Seit die Schweiz der Ort mit einer der höchsten Ausstellungsdichten, mit einem ausgedehnten internationalen Kunsthandel geworden ist, atmet der Maler und Plastiker, der bildende Künstler freier. Etwas vom Finanz- und Wirtschaftssegen hat sich auch über ihn ergossen.

Das will nun freilich nicht heissen, dass er, angeregt und einvernahmt durch gängige Internationalismen, eine spezifische, an das Helvetische gebundene Ausdrucksweise aufgegeben hätte zugunsten schöner Unverbindlichkeit. Im Gegenteil: Noch lebt er in selbstgewählter Zurückgezogenheit, und das Wort Paul Klees: "Uns trägt kein Volk" gilt insofern immer noch, als das Verhältnis des Schweizers zu all jenen Lebensbereichen, die der unmittelbaren wirtschaftlichen, fassbaren Lebensnotwendigkeit entzogen sind, ein sehr problematisches ist. Kunst ist ihm im Prinzip überflüssig. Der Durchschnitt begegnet ihr im Lande der totalen Demokratisierung sämtlicher, auch der kleinsten Entschlüsse, mit Misstrauen. Schafft sie doch laufend Unsicherheiten, wo Bestreben nach totaler Sicherheit besteht; nach einer Sicherheit, die durch Abschieben aller Entscheidungen auf die lange Bank des Volkes, durch den Mangel an politischem Wechsel, an Lebenstempo im allgemeinen, garantiert ist und dem Finanzplatz Schweiz seinen guten Ruf sichert.

Die Wurzellosigkeit des Künstlers im Volk und in der Gesellschaft haben ihn in die Privatheit getrieben. Alle bedeutenden Schweizer Maler und Plastiker, aber auch die Schriftsteller und Musiker haben ihr Werk im Abseits geschaffen. Sie haben nicht selten aus dieser Einsamkeit religiös-schwärmerische Züge entwickelt – man denke an Otto Meyer-Amden; sie haben philosophische Systeme, Überlebensideologien kreiert; sie haben in manieristischer Versenkung seit Urs Graf einen phantastischen Realismus gehuldigt, in dem sie die ihnen selber entfremdete Realität einschmolzen und sich dadurch als unangetastete Person retten konnten. Sie sind für kurze oder längere Zeit in die grossen Agglomerationen Frankreichs, Deutschlands, Englands und Amerikas geflüchtet, sind in der Anonymität, die es auch in der grössten Kleinstadt der Schweiz nicht geben kann, untergetaucht. Aber sie sind wieder nach Hause gekommen und haben in selbstquälerischer, masochistischer Art die Anforderungen an sich so hoch gestellt, dass sie nur selten mit ihrem harten Urteil ihre eigenen Werke akzeptieren konnten.

Die Kleinstaatbescheidenheit hat sie stets an grosser, ausholender Gestik gehindert. Ihr Misstrauen gegenüber grossen Worten und Gebärden hat wohltuend und entschlackend auf die Kunst gewirkt. Man denke nur einen Augenblick an Alberto Giacomettis Reduktionsprozess, jenen kathartischen

Vorgang der Reinigung, der einerseits calvinistischem Wesen, anderseits wachsender Einsicht in die Hinfälligkeit allen Daseins entsprang.

Verhaltene Gestik, Hang zu übertriebener Selbstqual und schlackenloser Ehrlichkeit, Mangel an Humor und gesalzener Ironie kennzeichnen unsere Kunst – auch bei den Jungen und Jüngsten.

Wenn auch die 68er Bewegung, die Zürcher Jugenddemos der mittsiebziger Jahre, Öffnungen geschlagen und die Brüchigkeit scheinbar intakter Oberflächen gezeigt haben, so hat auf der andern Seite der Schweizer Künstler im besonderen Ausmass von den Lebenserleichterungen, wie sie dauernder Wohlstand, gut ausgebaute Sozialleistungen und Stipendien, Stabilität der politischen Verhältnisse bieten, profitiert. Und dass in dieser Situation dem Lande einige tüchtige, intelligente junge Galeristen entstanden sind, bedeutet ein weiteres Stimulans.

Nun: Schweizer Kunst heute. In der mobilen, über alle Grenzen hinweg durchlässigen Welt fällt es schwer, über sozusagen "Nationalkunst" zu schreiben. Schweizer Kunst war lange Zeit ausgelöst worden durch die Quellpunkte Paris, Berlin, New York usw. Diese Fixsterne sind doch weitgehend erloschen. Innovation ist nicht länger mehr an Zentren gebunden und Schweizer Kunst nicht mehr nur ferner Widerhall grosser Ereignisse. Die gestreut in allen Regionen wirkenden Künstler entfachen – besonders in der Schweiz – ihre eigenen Steppenbrände. Das einzelne, geworfene und zur Bewusstheit gezwungene Individuum, dessen emanzipatorisches Drängen und gleichzeitig sein Rückzug in sich selber schafft sich überall sein eigenes Universum.

Wer unter den genannten Gesichtswinkeln die in den letzten Jahren entstandenen Arbeiten betrachtet, wird auf folgende Grundtendenzen stossen: in den 50er und 60er Jahren pflegte der Künstler sozusagen den animalisch-kerlhaften Maler, den kraftmeierischen Bildhauer in sich. Heute hat sich der Typus des reflektierenden, seine Innerlichkeit befragenden, über die Enge bloss formaler Probleme hinausdenkenden Künstlers entwickelt.

Inhaltlichkeit, Darstellung lesbarer "literarischer" Vorwürfe sind wichtig geworden. Historisch-eklektische Ansätze, ein Hang zu manieristischen Tendenzen, ein Weg von Farb- und Formunverbindlichkeit und ein Hin zu verbindlich-kontrollierbarer Thematik sind evident. Allerdings ist die soziologische und soziale Komponente, wie sie der Neue Realismus der 60er Jahre kannte, gänzlich verschwunden. Umwelt und Gesellschaft sind zwar immer noch Stimulantia, aber nur Anregungen im Range von blossen Katalysatoren geworden, die als Reaktion die schöpferische Anregung zwar auslösen können, aber im Resultat nicht mehr in Erscheinung treten.

So ist etwa Dislers "Öffnung des Massengrabes" nicht vorab kritische Stellungnahme, sondern vor allen Dingen ein rein malerisches Ereignis, das seine Kraft aus der totalen Ergriffenheit des Malers bezieht, der über sein Instrumentarium souverän verfügt, schlackenlos den thematischen Vorwurf einschmilzt.

Wir haben von einem Hang zum Manieristischen (im klassischen Sinne des Wortes) gesprochen. Damit meinen wir, dass der Künstler sich zwar auf die von der Realität ausgehende Anregung stützt, dass er sich aber vielmehr auf die in ihm präfigurierte Imagination, das Gedachte und innerlich Erschaute verlässt. Bei der Realisierung seiner Vision kommen ihm dabei die ganzen Erfahrungen unseres Jahrhunderts zu Hilfe: Der um die Jahrhundertwende geleistete Durchtritt durch die Schwelle des Sichtbaren, die Techniken des Surrealismus, der dialektische Einsatz von Spontaneität, unbewusster Kreativität und scharfer, reflektierender Analyse.

Wiederabdruck aus: *10 Künstler aus der Schweiz*, Ausstellungskatalog, Institut für Moderne Kunst, Nürnberg 1983 (leicht gekürzt)

1983

Ereignisse/Institutionen/Personelles

Eröffnung des Kunsthotels Furkart.

Gründung von Binz 39, Zürich.

Internationale Ausstellungen:

17. Biennale São Paulo. Die Schweiz wird vertreten durch Pierre Keller.

Ausstellungen internationaler Kunst in der Schweiz:

Der Hang zum Gesamtkunstwerk, Kunsthaus Zürich.

Konstruierte Orte, Kunsthalle Bern, mit Werken von Scott Burton, Ludger Gerdes, Thomas Huber, Harald Klingelhöller, Wolfgang Luy, Reinhard Mucha, Thomas Schütte.

Zeitprozesse '83, Kunstverein, St. Gallen, mit Werken von Cornelius Kolig, Wolfgang Mally, Roman Signer.

Back to the USA. Amerikanische Kunst der siebziger und achtziger Jahre, u. a. Kunstmuseum Luzern.

Ausstellungen von Schweizer Kunst:

Szene Schweiz, Kölnischer Kunstverein, Köln, mit Werken von Miriam Cahn, Urs Lüthi, Daniel Spoerri, Aldo Walker.

Über Gewissheit, Im Klappenhof, Köln, mit Werken von John M. Armleder, Heinz Brand, Helmut Federle, Jean-Frédéric Schnyder, Aldo Walker, Franz Wanner.

Künstler aus der Schweiz. 10 Situationen, Institut für Moderne Kunst, Nürnberg, mit Werken von Peter Emch, Rolf Hauenstein, Leiko Ikemura, Urs Lüthi, Markus Raetz, Hans Schärer, Philippe Schibig, Hugo Suter, Aldo Walker, Rolf Winnewisser.

Ausstellungen von Schweizer Künstlern (Auswahl):

John Armldeder (Kunstmuseum Solothurn), **Balthasar Burkhard** (Kunsthalle Basel), **Miriam Cahn** (Kunsthalle Basel), **Gianfredo Camesi** (Museum zu Allerheiligen, Schaffhausen), **Martin Disler** (Museum für Gegenwartskunst, Basel; Stedelijk Musem, Amsterdam; Groninger Museum, Groningen; Kunstverein, Mannheim; Kunsthalle, Düsseldorf; Musée cantonal des Beaux-Arts, Lausanne; Ulmer Museum, Ulm), **Peter Emch** (Kunsthaus Zürich), **Gunter Frentzel/Rudolf Matthes/Vaclav Pozarek/René Zäch** (Gesellschaft für aktuelle Kunst, Bremen), **Pierre Haubensack** (Bündner Kunstmuseum Chur), **Helmut Federle** (Musée cantonal des Beaux-Arts, Lausanne; Musée d'art et d'histoire, Fribourg), **Hans Josephsohn** (Kunsthalle Winterthur), **Heiner Kielholz** (Kunstmuseum Olten), **Richard Paul Lohse** (Gemeentemuseum, Den Haag), **Bernhard Luginbühl** (Städtische Galerie, Nordhorn), **Urs Lüthi** (Neue Galerie am Landesmuseum Joanneum, Graz; Wilhelm-Hack-Museum, Ludwigshafen), **Max Matter** (Aargauer Kunsthaus Aarau), **Josef Felix Müller** (Kunsthaus Zürich), **Meret Oppenheim** (Palazzo Bianco, Genua; Museo Diego Aragona Pignatelli, Neapel), **Jean Pfaff** (Kunstmuseum Solothurn), **Roman Signer** (Kunstmuseum Winterthur), **Matias Spescha** (Museum zu Allerheiligen, Schaffhausen), **Vivian Suter** (Kunstmuseum des Kantons Thurgau, Kartause Ittingen, Warth), **André Thomkins** (Kunstmuseum des Kantons Thurgau, Kartause Ittingen, Warth), **Jean Tinguely** (Musée Rath, Genf), **René Zäch** (Kunstmuseum Solothurn),

Ausstellungen von internationalen Künstlern in der Schweiz (Auswahl):

Joseph Beuys (Musée cantonal des Beaux-Arts, Lausanne; Kunstmuseum Winterthur), **Jonathan Borowsky** (Kunstmuseum Basel), **Daniel Buren** (Kunsthalle Bern), **Tony Cragg** (Kunsthalle Bern), **Dan Graham** (Kunsthalle Bern), **Jörg Immendorf** (Kunsthaus Zürich), **Imi Knoebel** (Kunstmuseum Winterthur), **Barbara Kruger** (Kunsthalle Basel), **Sol LeWitt** (Centre d'art contemporain, Genf), **Nicola De Maria** (Kunsthalle Basel), **Salvo** (Kunstmuseum Luzern), **Max Neuhaus** (Kunsthalle Basel), **Lawrence Weiner** (Kunsthalle Bern)

Literatur:

Hans Jörg Heusser/Hans A. Lüthi: *Kunst in der Schweiz 1890–1980*, Orell Füssli Verlag, Zürich.

"Situation Schweiz", *Kunstforum International, Band 63/64*, hrsg. von Annelie Pohlen; darin: Armin Wildermuth: "Sonderfall Schweiz und die Umgebung der Kunst"; Martin Kunz: "CH-Kunst", Christoph Schenker: "Ohne Titel, jan.'83'"; Annelie Pohlen: "Harald Szeemann auf dem Weg zum 'Museum der Obsessionen'"; Niklaus Oberholzer: "Kulturpolitik und Kunst in der Schweiz".

Armin Wildermuth: *Aspekt Schweiz*, Galerie & Edition Buchmann, St. Gallen.

Von Cuno Amiet bis heute, Werke des 20. Jahrhunderts, Sammlungskatalog, Aargauer Kunsthaus Aarau, hrsg. von Paul-André Jaccard und Beat Wismer, Aarau.

Das Aargauer Kunsthaus Aarau kauft u. a. Werke von:

Jürg Altherr, Martin Disler, Michael Grossert, Heiner Kielholz, Josef Odermatt, Dieter Roth, Klaudia Schifferle, Jürg Stäuble

Bernhard Luginbühl (1929)
Eisenstorch, 1983
Eisen geschmiedet, 153 x 60 x 125 cm
AKV, Inv.-Nr. S 3956 (1984)

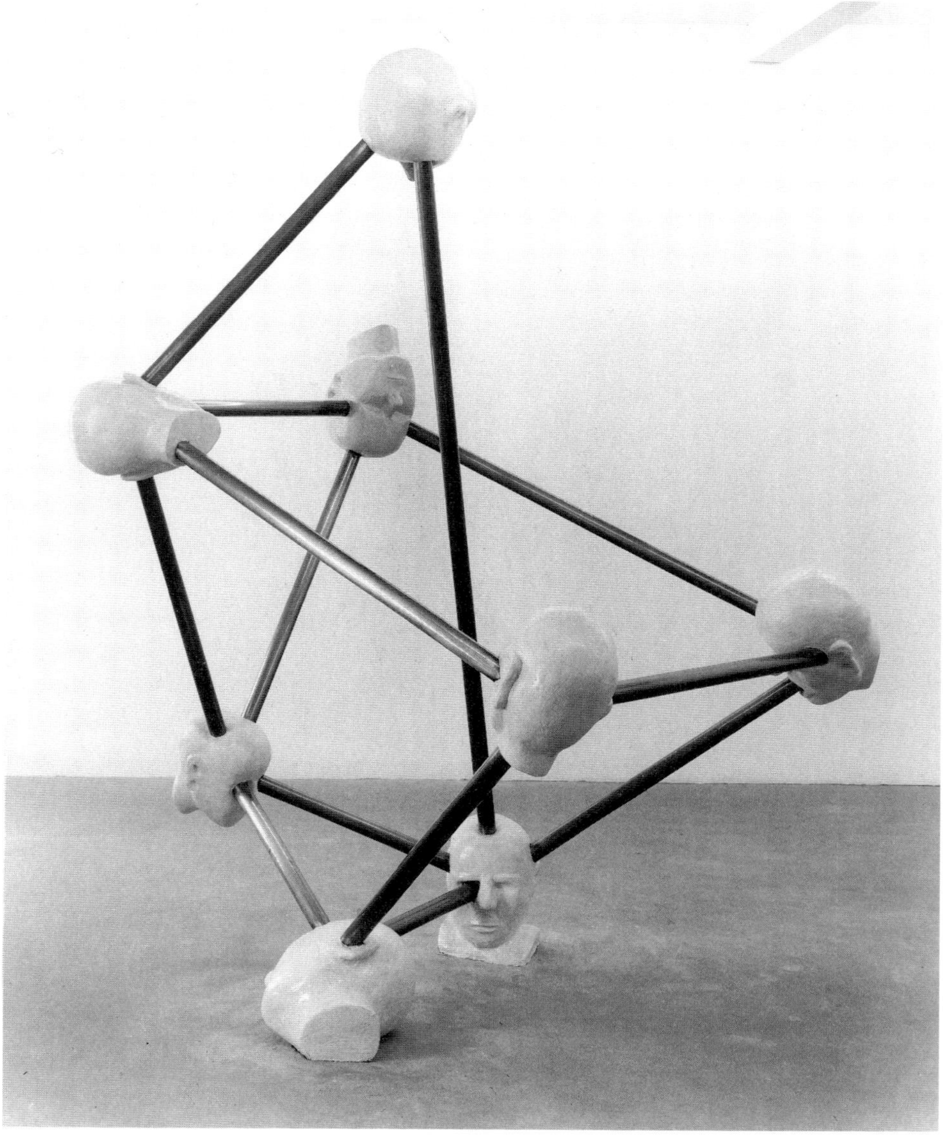

Anselm Stalder (1956)
Das Atom. 1982–1983
Stahlrohr, Styropor, Moltofill, Lack, 290 x 250 x 200 cm
Schenkung aus dem Nachlass Martin Disler
Kt. AG, Inv.-Nr. S 5112 (1998)

Anselm Stalder (1956)
Spiel der Könige. 1983
Acryl auf Baumwolle, 250 x 210 cm
Kt. AG, Inv.-Nr. 3938 (1984)

Anselm Stalder (1956)
Wachstumsgrenze, Selbstportrait als Mutter. 1983
Acryl auf Leinwand, 250 x 210 cm
Kt. AG, Inv.-Nr. 4568 (1993)

Martin Disler (1949–1996)
Fighting Birds. 1983
Acryl auf Leinwand, 190 x 195 cm
Kt. AG, Inv.-Nr. 3939 (1983)

Klaudia Schifferle (1955)
Miss April – In the Balance. 1983
Kunstharz auf Leinwand, 210 x 347 cm
Kt. AG, Inv.-Nr. 3921 (1983)

1983

Andreas Hofer (1956)
Ohne Titel. 1983
Acryl auf Papier, 219 x 248 cm
Schenkung Florent Droeven
Kt. AG, Inv.-Nr. 5310 (1998)

Andreas Hofer (1956)
Ohne Titel. 1983
Acryl auf Papier, 219 x 246 cm
Schenkung Toni Gerber
Kt. AG, Inv.-Nr. 4588 (1993)

1983

Jean Pfaff (1945)
Tafelbild "Rot 300". 1983
Acryl auf Baumwolle, 165 x 180 cm
Kt. AG, Inv.-Nr. 3954 (1984)

Franz Wanner (1956)
Balkenbild. 1983
2-teilig, Öl auf Leinwand, 190 x 280 cm
Schenkung Toni Gerber
Kt. AG, Inv.-Nr. 4591 (1993)

1984

Ereignisse/Institutionen/Personelles

Heiny Widmer † (seit 1971 Direktor des Aargauer Kunsthauses Aarau).

Gründung des Vereins Kunsthalle Zürich.

Eröffnung der Hallen für Neue Kunst, Schaffhausen.

Gründung der Vereinigung Unabhängiges Video Schweiz, die bestehende Aktivitäten koordiniert und zwischen 1985 und 1994 Video-Sammelbänder herausgibt.
Video-Wochen im Wenkenpark, Basel.

Unter der Leitung von André Itten entwickelt das Centre pour l'image contemporaine, Saint-Gervais/Genf, vielfältige Aktivitäten im Bereich elektronischer Medien.

Internationale Ausstellungen:

41. Biennale Venedig. Die Schweiz wird vertreten durch Miriam Cahn und Anselm Stalder.

Ausstellungen internationaler Kunst in der Schweiz:

Die Sprache der Geometrie, Kunstmuseum Bern.

Skulptur im 20. Jahrhundert, Merian Park, Basel.

Ausstellungen von Schweizer Kunst:

Blüten des Eigensinns. Acht Schweizer Künstler, Kunstverein, München, mit Werken von Marianne Eigenheer, Peter Emch, Urs Lüthi, Gaspare O. Melcher, Josef Felix Müller, Peter Roesch, Hugo Suter, Rolf Winnewisser.

Bewegungsräume. Schweizer Künstlerinnen zeigen Installationen, Video, Performance, Tanzperformance, Galerie Grita Insam, Wien, mit Werken von Agnes Barmettler, Christine Brodbeck, Silvie und Chérif Defraoui, Olivia Etter, Rut Himmelsbach, Rosina Kuhn, Muriel Olesen und Gérald Minkoff, Anna Winteler.

Ausstellungen von Schweizer Künstlern (Auswahl):

Max Bill (Helmhaus Zürich), **Balthasar Burkhard** und **Niele Toroni** (Musée Rath, Genf), **Miriam Cahn** (Musée des Beaux-Arts, La Chaux-de-Fonds), **Martin Disler** (Museum für Gegenwartskunst, Basel), **Helmut Federle** (The Living Art Museum, Reykjavik), **Florin Granwehr** (Städtische Galerie zum Strauhof, Zürich), **Gottfried Honegger** (Kunsthaus Zug), **Thomas Huber** (Bonner Kunstverein), **Leiko Ikemura** (Kloster St. Katharinen, St. Gallen), **Rolf Iseli** (Sprengelmuseum Hannover; Wilhelm-Hack-Museum Ludwigshafen; Neue Galerie der Stadt Linz), **Meret Oppenheim** (Kunsthalle Bern; Musée de la ville de Paris), **Flavio Paolucci** (Kunstmuseum Olten), **Bernhard Luginbühl** (Kunstmuseum Solothurn), **Urs Lüthi** (Wanderausstellung in Frankreich; Centre d'art contemporain, Genf), **Josef Felix** Müller (Musée d'art et d'histoire, Genf), **Dieter Roth** (Museum of Contemporary Art, Chicago), **Claude Sandoz** (Kunstmuseum Solothurn), **Adrian Schiess** (Kunsthalle Winterthur), **Klaudia Schifferle** (Kunstalle Winterthur), **Hugo Schumacher** (Kunsthaus Glarus), **Paul Stöckli** (Kunstmuseum Olten), **Beat Streuli** (Kulturhaus Palazzo, Liesthal), **Jean Tinguely** (Stedelijk Museum, Amsterdam), **Franz Wanner** (Kunsthalle Winterthur), **Hugo Weber** (Kunsthaus Zürich), **Rémy Zaugg** (Stedelijk van Abbemuseum, Eindhoven)

Ausstellungen von internationalen Künstlern in der Schweiz (Auswahl):

Georg Baselitz (Kunstmuseum und Kunsthalle Basel), **Christian Boltansky** (Kunsthaus Zürich), **Francesco Clemente** (Kunsthalle Basel), **Braco Dimitrijevic** (Kunsthalle Bern), **Jenny Holzer** (Kunsthalle Basel), **Astrid Klein** (Kunstmuseum Luzern), **General Idea** (Kunsthalle Basel), **Blinky Palermo** (Kunstmuseum Winterthur), **Sigmar Polke** (Kunsthaus Zürich), **Bertram Lavier** (Kunsthalle Bern), **Jeff Wall** (Kunsthalle Basel)

Literatur:

Es erscheint die erste Nummer der Zeitschrift *Parkett*.

Max Wechsler: "Die Idylle sprengt die Enge – Schweizer Kunst heute", in: *Blüten des Eigensinns*, Ausstellungskatalog, Kunstverein München, München 1984.

Das Aargauer Kunsthaus Aarau kauft u. a. Werke von:

Martin Disler, Franz Eggenschwiler, Peter Hächler, Friedrich Kuhn, Richard Paul Lohse, Bernhard Luginbühl, Meret Oppenheim, Jean Pfaff, Hans Schärer, Albert Siegenthaler, Ilse Weber

Josef Felix Müller (1955)
Figur mit Tier, 1984
Sandstein, besprayt, 193 x 73 x 65 cm
Depositum aus Privatbesitz
Inv.-Nr. DS 1684 (1988)

1984

Claude Sandoz (1946)
Mitternachtszirkus III. 1984
Acryl auf Baumwolle, 293 x 593 cm
Schenkung Toni Gerber
Kt. AG, Inv.-Nr. 5029 (1993)

Vaclav Pozarek (1940)
As mad as a hatter. 1984
Holz, gebeizt, 100 x 55 x 60 cm
Kt. AG, Inv.-Nr. S 4675 (1995)

Guido Nussbaum (1948)
Rücksicht. 1984
Öl auf Leinwand, 56 x 158 cm
Kt. AG, Inv.-Nr. 3977 (1985)

Helmut Federle (1944)
Zeichnung zum Bild "30. Sept. 1955". 1984
Dispersion, Bleistift auf Papier, 32 x 44 cm
Kt. AG, Inv.-Nr. 4529 (1992)

1984

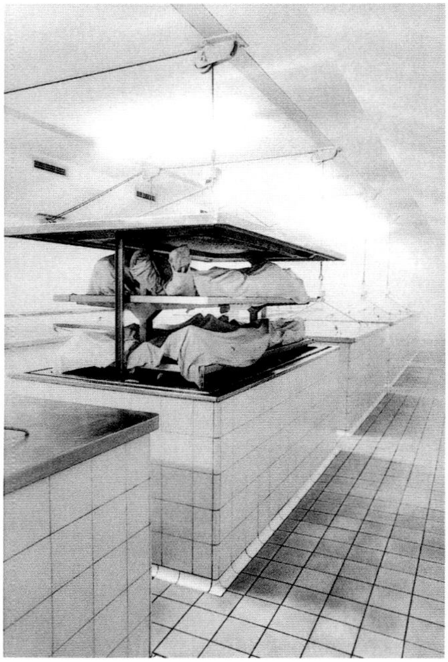

Hans Danuser (1953)
IN VIVO Medizin I (5 von 11 Fotografien, aufgenommen in Lehre und Forschung der Anatomie und Pathologie). 1984
Fotografie auf Bromsilberpapier, je 50 x 40 cm
Aargauische Stiftung für Fotografie, Film und Video
Inv.-Nr. D 1828 (1993)

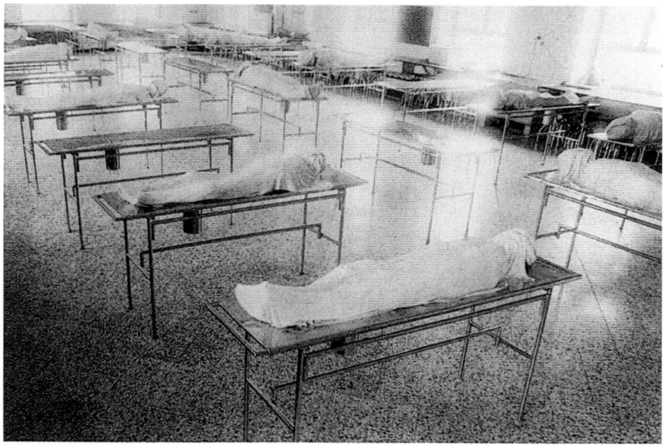

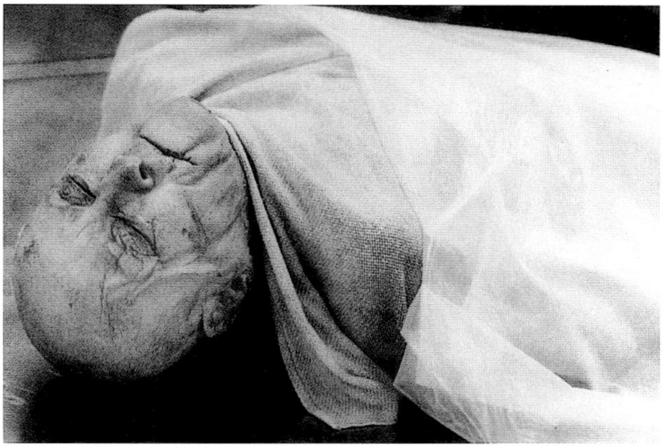

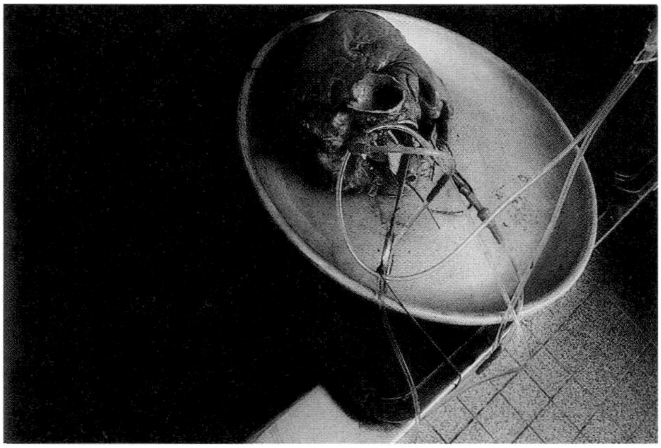

Die Idylle sprengt die Enge

Max Wechsler

> Gewiss: jeder denkende Kopf ist wichtig und jede Frage kostbar, aber es dürfte anständiger und für die Köpfe ehrender sein, zuerst Lebensfragen zu erledigen, bevor die zierlichen Kunstfragen erledigt werden. Nun sind aber allerdings Kunstfragen bisweilen auch Lebensfragen, aber Lebensfragen sind in noch weit höherem und edlerem Sinne Kunstfragen.
>
> Robert Walser

Über Robert Walser, dessen Zitat aus dem Roman Geschwister Tanner diesem Text programmatisch vorangeht, braucht hier nicht mehr viel gesagt zu werden. Sein dichterischer Rang hat sich hüben und drüben allmählich herumgesprochen; sein Werk liegt auf, es wird gelesen und geschätzt. Doch immer wieder wird es auch unterschätzt, denn nur allzuleicht lässt sich der Leser von dieser eleganten, und doch skurril-vertrackten Prosa in das zierliche Wunderland der Heiterkeit entführen – in die Idylle, die Walser wie ein gewandter Zauberkünstler immer wieder suggeriert, um sie allmählich verpuffen zu lassen. Diese Idylle verdeckt aber die Sicht auf eine andere Ebene des Textes, nämlich, die konsequent mitlaufende Reflexion der Textentstehung und der eigenen schriftstellerischen Existenz; die Reflexion darüber, mit seinen Worten, dass "Kunstfragen bisweilen auch Lebensfragen, aber Lebensfragen in noch weit höherem und edlerem Sinn Kunstfragen" sind. Solche Reflexionen sind für einen Dichter nicht nur nichts Ungewöhnliches, sie bilden eine Voraussetzung seiner Arbeit, aber im Falle von Walser scheint mir dabei etwas spezifisch Schweizerisches zum Vorschein zu kommen: das Problem mit dem *Diskurs in der Enge*, wie Paul Nizon seine 1970 erschienenen "Aufsätze zur Schweizer Kunst" überschrieb. Nizon untersucht hier an exemplarischen Fällen, wie über die Zeit immer wieder Schweizer Künstler an ihrer Heimat zerbrechen – verstummen (wie etwa Walser), vereinsamen oder ihr Denken und Arbeiten auf "abseitige" Gebiete entrücken. Natürlich ist der Grund nicht primär in der geographischen Enge zu suchen, sondern in einer zum Teil wohl davon beeinflussten, zeitlosen "Heimatidee". Diese "Heimatidee" ist eine gewaltige Fiktion, die sich auf Wahrheiten, Halbwahrheiten und Unwahrheiten stützt – kurz: auf Mythen. So weit so gut, paradox ist nur, dass die Bewahrer dieser Fiktion nicht besser mit den eigentlichen Spezialisten der Fiktion, den Künstlern und den Intellektuellen, zurechtkommen. Diese Tatsache lässt sich aber leicht damit erklären, dass die "Bewahrer" – gerade weil sie sich so wenige mit den Künsten beschäftigen – kein Bewusstsein vom Wesen der Fiktion haben und an deren Wirklichkeit glauben; mit einem starren Festhalten am "Szenario" glauben sie, den Riss vermeiden und andere Fiktionen von sich fernhalten zu können – und das ist wohl nicht nur eine schweizerische Eigenart.

Doch um auf die "Heimatidee" und damit auch auf Nizon zurückzukommen: die "Heimatidee" und die damit einhergehende, von Natur aus richtige und gültige "Schweizerart" basiert auf Ideologien: das heisst, auf Konzepten, die nicht diskutierbar und damit auch nicht veränderbar sind. Der Konflikt ist vorgegeben, dem, so Nizon, der "Intellektuelle, der Künstler unterscheidet sich von offiziellen, sagen wir: vom Berufssschweizer, dadurch, dass er vom ehrgeizigen Anspruch erfüllt ist, seiner Zeit und damit selbstredend den zukunftsträchtigen Energien der ‚Welt' zu leben.

Der WELT. Während die Gesellschaft, der er zugehört, geradezu besessen scheint, von der Idee, ihrem Gewordenen, also dem ‚Zeitlosen' oder auch ihrem ‚Besitz' zu leben – was die ‚Welt' notwendig ausschliesst. Kultur aber kann nie und nirgends sicherer Wert bedeuten; Kultur ist kein Besitz. Kultur entwirft und definiert sich fortwährend neu, und zwar an den Anforderungen und Herausforderungen der sich verändernden Zeit. Kultur ist kein Gegenstand der Wahrung und Erhaltung, sondern immerwährende Aufgabe. Sie ist nur im Zeichen der Erneuerung denkbar."[1] Die Schwierigkeit ist die, dass Konflikte aus den gegebenen Gründen in der Schweiz womöglich und wahrscheinlich noch weniger gut ausgetragen werden können als anderswo, denn die "Heimatidee" oder Fiktion der Schweiz wirkt wie eine Art von Richtschnur, welche die "echten" von den "falschen" Schweizern trennt: wer sich nicht in allen Punkten zur realen Fiktion bekennt, wird zum "Un-Schweizer", zum Anderen, und ist damit auch von der inner-schweizerischen "Diskussion" ausgeschlossen. Zu diesen Anderen gehören fast immer auch die Künstler und ihnen bleibt, wenn sie je ein Echo bekommen wollen, zumeist nur der Gang ins Ausland oder der Rückzug aufs Private, was weder der Qualität noch dem Ausmass des Echos dienlich ist. Doch ich rede hier im Präsens von einer im Grunde vergangenen Sache, zumindest was die bildenden Künstler betrifft. Nicht, dass die Engnis sich wesentlich aufgetan hätte: noch immer sind die Startbahnen für kühne Gedankenflüge zu kurz, noch immer ist der Konsens nicht das Ziel, sondern schon der Ausgangspunkt des Gesprächs, und der Druck der Normalität und der Durchschittlichkeit hat keineswegs nachgelassen. Doch die Künstler liessen sich seit den 60er Jahren durch die schweizerische Wirklichkeit mit ihrem rigorosen Lebensregel-System nicht mehr länger neurotisieren. Sie emanzipierten sich vom Schweizer-Sein und fanden eine neue Heimat in der Kunst selbst – in einer Kunst, ironischerweise, die lange Zeit ganz dem Privaten verhaftet war, die aus den Erfahrungen des Individuums mit seiner unmittelbaren Lebenspraxis schöpfte, im Kern also typisch schweizerisch war. Der Unterschied zu vorher bestand darin, dass sich die Künstler von den Spannungen zwischen Leben und Kunst nicht mehr aufreiben liessen, sondern diese im künstlerischen Prozess für sich selbst produktiv umsetzten; und das war möglich geworden, weil sich die Künstler nicht mehr ins Abseits treiben liessen, sondern das Abseits als ihren wahren Ort erkannten und akzeptierten, das Abseits sehr bewusst als ihre neue Heimat gleichsam besetzten und für sich beanspruchten. Man liess die Enge Enge sein, liess Längen und Breiten beiseite und entdeckte die Höhen und Tiefen – die Künstler präsentierten sich nicht mehr in der horizontalen Lage der Hingabe oder Darbietung, sie standen ganz plötzlich vertikal und wahrnehmbar selbständig in der Gegend, tauchten hier auf und dort – und aus der Enge erwuchs plötzlich die herrlichste Übersicht.

Plötzlich diese Übersicht ist der Titel einer Ausstellung, die im Dezember 1981 in der Zürcher Galerie Stähli zu sehen war und als geschlossene Arbeit von überzeugender Dichte und Konsequenz so etwas wie den Höhepunkt der, um es mal so zu nennen, zweiten schweizerischen Kunstemanzipation darstellte – von der ersten war eben die Rede und wird später noch einmal die Rede sein. Diese Ausstellung vereinigte 180 Kleinskulpturen oder Objekte aus ungebranntem Ton, in denen die im Team arbeitenden Künstler Peter Fischli und David Weiss nicht mehr und auch nicht weniger als, wie sie selber sagen, "in einer Art Überschwemmung mit enzyklopädischem Charakter, wichtige vergessene, entscheidende oder nebensächliche Szenen und Situationen aus der Geschichte und der Gegenwart der Erde und des Menschen"[2] darstellen wollten. In sorgfältig modellierten Arrangements fand sich hier das Hohe oder Erhabene neben dem Niedrigen oder Trivialen, und zwar aus einer gewissermassen kosmischen Weltsicht – aus der Übersicht halt – dargestellt, welche die Unterschiede aufhebt und jeder noch so "unbedeutenden" Sache oder Erscheinung ihre wahre Würde verleiht – sei dies "Al Capones Verhaftung" oder die "Schlacht bei Morgarten", "Goethe in Italien" oder "Der junge Bob Dylan bei seiner Ankunft in New York", sei es eine "moderne Siedlung" oder der "gestiefelte Kater", die "Frau in der Waschküche" oder der "Gottharddurchstich". Nichts und niemand erweist sich dieser Weltschau als unwürdig, sinnvoller Bestandteil der Welt zu sein; und eine vollständige Aufzählung aller realisierten Objekte wäre dazu angetan, jeden Systematiker oder Ordnungswissenschaftler durchdrehen zu lassen. Und das ist denn auch der Punkt, den dieses Werk, jenseits aller reichlich gegebenen Möglichkeiten, es kunstimmanent oder philosophisch zu interpretieren, auch anvisiert: Die schweizerische Ordnungssucht wird mit einem geradezu überschweizerischen Arbeitsfleiss ad absurdum geführt. Es ist ein Werk, das mit einer bis in die Bereiche des schwarzen Humors reichenden Ironie die schweizerische Realität überwindet und – gleichsam als Wissenschaft des Normalen auftretend – die Normalität mit virtuos gelegten Fallstricken in die Enge treibt. In einem gewissen Sinne "verwursten" sie – womit auf eine früher entstandene Arbeit angespielt ist, in der sie mit Aufschnitt, Cervelats (die schweizerischte aller Würste), Kartonschachteln, Zigarettenstummeln und anderen Dingen des täglichen Verbrauchs allerhand photographisch festgehaltene Lebenssituationen aufbauten: Fischli und Weiss "verwursten" die Wirklichkeit zu einem neuen Produkt, dessen ironische Ernsthaftigkeit den Betrachter in einem guten Sinne zum Hanswurst macht und ihm damit natürlich auch jede Freiheit gibt, die er sich nehmen zu wollen gewillt ist.

Der Exkurs über eine Ausstellung drängte sich insofern auf, als in dieser Arbeit von Fischli/Weiss etwas zum Ausdruck kommt, das einen ganz wesentlichen Aspekt der neueren Schweizer Kunst charakterisiert: und das ist der bodenlose Witz, den die Künstler mit der Nonchalance von Seiltänzern handhaben, mit dem sie sich und ihre Mitmenschen immer wieder in Frage stellen – doch dieser Witz nimmt zuzeiten Dimensionen an, die nicht nur vom gewachsenen Selbstvertrauen künden, sondern auch in bittere Ironie umschlagen, in eine – im Walser'schen Sinne – Anmut in der Verzweiflung. Dass hier von einer Art Galgenhumor, so nennt man das wohl, die Rede ist, mag angesichts des wachsenden Renommees der Schweizer Kunst erstaunen, vor allem aber auch angesichts der vielen Ausstellungen mit Schweizer Künstlern, die anfangs der 80er Jahre im In- und Ausland stattfanden und immer noch stattfinden. Doch diese Blüte, dieses für uns so wichtige Gefühl, endlich auch einmal ernst genommen zu werden, täuscht möglicherweise darüber hinweg, dass die künstlerischen und sonstigen Freiheiten allmählich in einem immer enger geschnürten Korsett zu ersticken drohen. Denn während die grenzüberschreitende 68er Bewegung immerhin einige, die viel beschworene Krise überdauernde, neue Denkansätze und -modelle hervorbrachte, blieb von der schweizerischen 80er Bewegung nicht viel mehr übrig als wachsende Repression – und Hoffnung auf der anderen Seite. Das hat damit zu tun, dass diese Ereignisse wohl beachtet – und wie, aber im wesentlichen als "Zürcher Unruhen", als Kravalle in Basel, Bern oder sonstwo vermarktet wurden. Als inner-schweizerisches Ereignis aber was die "Bewegung", trotz ihrer überzeugenden Forderungen, trotz ihres kreativen Potentials sehr bald auf verlorenem Posten – und dennoch: sie hatten keine Chance, aber sie nutzten sie, um es frei nach Achternbusch zu sagen. Doch, wie unglücklich sie auch immer endete, die "Bewegung" setzte Denkprozesse und Diskussionen in Gang, die nicht nur die offizielle und praktische Schweiz erhitzten und in Aufruhr brachten, sondern vor allem auch Intellektuelle und Künstler zu Solidaritätskundgebungen veranlassten. Es geht hier nicht um eine Analyse dieser Vorgänge, aber sie wollten skizziert sein, weil die schon erwähnte zweite schweizerische Kunstemanzipation ganz wesentlich mit der "Zürcher Bewegung" zu tun hat.

Im Sommer 1980 – im Sommer der "Unruhen" – zeigte die Städtische Galerie zum Streuhof in Zürich eine Ausstellung mit dem Titel *Saus und Braus – Stadtkunst*, die ganz und gar vom Geist der "Bewegung" durchströmt war. Bekannte und arrivierte Künstler fanden sich mit noch unbekannten und nie bekannt gewordenen Künstlern zu einer Schau oder Show zusammen, die in erster Linie nicht unbedingt Kunst zeigen oder feiern, sondern die Lust am Leben manifestieren wollte. Wie Bice Curiger im Katalogbuch schreibt, hatte alles "viel mit Zürich zu tun. Man wohnt hier, man kennt sich, ist mit irgend etwas verbunden, verwachsen. Es war von Anfang an die Absicht, in dieser Ausstellung ein Bezugssystem sichtbar zu machen, welches sonst durch die Fangarme der Kulturinstitutionen nicht an die Oberfläche gelangt."[3] *Saus und Braus* verstand sich nicht als klassische Kunstausstellung, sondern sie stellte den schöpferischen Menschen zur Diskussion, die sich selbstverwirklichende Person. Es ging darum, lockere Gruppierungen zusammenzuführen und Mentalitäten aufzuzeigen – zum Beispiel die Bezüge zur Subkultur, auf deren Hintergrund die beteiligten Künstlerinnen und Künstler ihre eigene Vision zu verwirklichen suchten. Die Ausstellung bewirkte ein neues Gruppengefühl, das durch die gleichzeitigen "Unruhen" noch verstärkt wurde: sie half mit, die einzelnen zu tragen und in ihrer Arbeit zu bestärken. Die eigentlichen künstlerischen Resultate dieser Feier kamen dann ein Jahr darauf in einer Ausstellung des Kunstmuseums Winterthur – *Bilder* – erstmals so richtig zur Geltung. Von den achtzehn bei *Saus und Braus* beteiligten bildenden Künstlern waren in Winterthur dabei: Anton Bruhin, Martin Disler, Olivia Etter, Peter Fischli, Urs Lüthi, Walter Pfeiffer, Klaudia Schifferle, François Viscontini und David Weiss, die unter Zuzug von Josef Felix Müller und Anselm Stalder ein neues Kunstklima repräsentierten. Alles war freier geworden, grosszügiger, flotter und burschikoser, und beim dominierenden Willen zum Ausdruck trat wohl die Reflexion des Mediums Kunst und der Bildproduktion – ein Thema, das in der neueren Schweizer Kunst sehr intensiv bearbeitet wird – etwas in den Hintergrund, wirklich augenfällig kam sie eigentlich nur bei Bruhin und Stalder zum Ausdruck.

Der Zufall wollte es, dass gerade in der Zeit, als sich die neue Schweizer Kunst feierte und festigte, auch eine Aufarbeitung der ersten Kunstemanzipation der späten 60er Jahre und ihr Weiterwirken durch die 70er Jahre in Form einer grossangelegten Ausstellung stattfand. *Schweizer Kunst ,70-'80 – Regionalismus/Internationalismus/Bilanz einer neuen Haltung in der Schweizer Kunst der 70er Jahre am Beispiel von 30 Künstlern*, so der programmatische Titel. Dieses ambitiöse Unternehmen, das Martin Kunz im Kunstmuseum Luzern realisierte, zeigte die bei der geographischen Kleinheit der Schweiz geradezu paradox anmutende Weite des zu betrachtenden Anschauungsmaterials und die aus eben dieser Kleinheit oder Enge erwachsende Komplexität der Verknüpfungen auf bildnerischer und der Beziehungen auf persönlicher Ebene. Doch das wesentliche Verdienst war es, die sich Ende der 60er Jahre herausbildende "neue Haltung" in der Schweizer Kunst vor- und darzustellen. Diese Haltung besteht darin, dass "der persönliche (psychisch/geistige) wie der regionale kulturelle Kontext des Künstlers als Quelle wie Bezugspunkt für seine Bildfindung in verstärktem Masse eingesetzt wird, ohne die in der nationalen universalen Kunstsprache der Zeit entwickelten

Möglichkeiten zu ignorieren"[4] – daher auch der von Kunz gewählte Begriff des "Regionalismus". Das entscheidende Neue an dieser Haltung ist, dass sich der Künstler nicht mehr epigonal an einem international gefestigten Kunststil oder gar an der schweizerischen Norm orientiert, wie dies in der Schweiz bis in die 60er Jahre bei diesen Künstlern der Fall war. Eine wesentliche Voraussetzung für einen "Regionalismus", der nicht zur provinziellen Lokalkunst verkommen soll, ist also die bewusste Auseinandersetzung mit überregionalen und internationalen Kunstströmungen, denen dann eine persönliche, also auch regional bedingte Vision entgegengestellt wird. Dieses dialektische Erarbeiten einer eigenen Sprache bedingt natürlich ein hohes Bewusstsein der eigenen Situation innerhalb der Kunst und die damit verbundene Reflexion des Einsatzes der bildnerischen Mittel. Das führte dazu, dass innerhalb dieser "neuen Haltung" stark intellektualisierte Strömungen auftraten – etwa die Gruppe um Hugo Suter, Rolf Winnewisser, Aldo Walker und den Kritiker/Künstler Theo Kneubühler im Raum Innerschweiz/Aargau oder etwa Markus Raetz im Raum Bern, worunter man sich nicht in erster Linie positivistische Denkzirkel vorstellen soll, sondern fröhliche Wissenschaftler, welche die Lösung ihrer Probleme auf zierlich gewundenen, paraphysikalischen Wegen und Abwegen suchten und fanden. Doch diese neue Unabhängigkeit, die der "Regionalismus" eröffnete, dieser Freiraum jenseits aller Stile und Vorschriften, bot auch Platz für Mystisches, für Intim-Persönliches für grosszügige spontane Gesten ebenso wie für kleinteilig vertrackte Figurationen. Denn diese "neue Haltung" war eben kein neuer Stil, sondern eine Arbeitsmentalität oder –methode, die erst in den 70er Jahren allmählich ein zwar vielfältiges und regional unterschiedliches, aber doch als solches lesbares Vokabular entwickelt hatte, das dann von Epigonen als "Stil" usurpiert werden konnte. Der "Regionalismus" brachte lockere Gruppierungen mit sich und stärkte das Selbstbewusstsein, doch er bot gerade auch Raum für jede Art des Einzelgängertums: Martin Disler konnte sich in dieser neuen Kunstsituation ganz unbelastet seiner idiosynkratischen Zeichungswut hingeben, konnte, ohne Rücksicht auf Kunstfragen, rückhaltlos ein Leben in Bilder umsetzen und die Basis für sein heutiges Malerdasein legen; Jean-Frédéric Schnyder konnte und kann aus dieser Haltung heraus noch immer seine grandios irrwitzigen Projekte verfolgen; bei Chasper Otto Melcher, der sich seit 1970 – leiblich wenigstens – nur selten in der Schweiz aufhält, äussert sich diese Haltung in der bewundernswerten Kraft, mit der er, allen Widerständen des Lebens und der Kunstwelt trotzend, seine Vision einer geschichtlich fundierten, politischen Kunst verfolgt; und Helmut Federle schliesslich war es möglich, in grandseigneuraler Manier und mit viel Durchhaltewillen höchst konsequent seine faszinierende Malerei der Spröde zu entwickeln. Die damalige Situation wirkte im besten Sinne integrierend, ohne zu nivellieren – es war eine Sache mit vielen Hüten und vielen Köpfen, nach allen Seiten hin offen. Das gab natürlich auch den Frauen die Möglichkeit, vermehrt und ernsthaft in den Diskurs einzugreifen, so zum Beispiel der damals etwa 60jährigen Ilse Weber, deren Werk in dieser Aufbruchszeit gleichsam neu entdeckt und wirklich geschätzt wurde, oder Marianne Eigenheer, deren feministisch widerspenstige, stets sich aufsässig wandelnden Beiträge immer wieder für Überraschungen sorgten.

Zu diesem, übrigens ganz unspektakulär sich vollziehenden Umbruch am Ende der 60er Jahre trugen sehr wesentlich auch einige äussere Bedingungen bei: einmal die Auflösung oder Vervielfältigung der Stile, wie sie anlässlich der Berner Ausstellung *When Attitudes become Form* sichtbar wurde, und mit der auch eine Verlagerung auf eine inhaltsbezogene Kunst einherging, dann aber auch die Informationsarbeit über neueste internationale Kunstströmungen, wie sie in hervorragender Weise von der Kunsthalle Bern – deren Leitung nach Harald Szeemann auf Carlo Huber und schliesslich bis 1982 an Johannes Gachnang überging – und vom Kunstmuseum Luzern (von 1969 bis 1977 unter der Leitung von Jean-Christophe Ammann) wahrgenommen wurde. Lud der Pluralismus der künstlerischen Möglichkeiten geradezu ein, sich einen neuen Weg zu suchen und einen eigenen Beitrag zu finden, so boten die Ausstellungen der internationalen Avantgarde Gewähr für eine lebendige und welthaltige Auseinandersetzung mit neuen Ideen und Konzepten. Diese Gegebenheiten sind denn wohl auch der Grund, dass die Anfänge dieser "neuen Haltung" sich besonders ausgeprägt im Dreieck Aarau-Bern-Luzern entwickelten. Und es wäre durchaus einmal eine – ganz unpolemische – Überlegung wert, ob das spätere Aufblühen der Zürcher Kunstszene nicht vielleicht etwas mit der seit 1978 von Urs Raussmüller in der *Halle für internationale neue Kunst* betriebenen Informationsarbeit zu tun hat, mit der in einem halböffentlichen Rahmen mit Kunsthallencharakter das zürcherische Informationsdefizit über neue und neueste Kunstströmungen aufgearbeitet wurde.

Doch wie auch immer: Die Parallelität der Ereignisse, das heisst, das Zusammentreffen einer "kunsthistorischen" Schau mit verschiedenen ganz und gar gegenwartsbezogenen Manifestationen von Schweizer Kunst am Anfang der 80er Jahre, macht deutlich, dass die wachsende Präsenz der Schweizer Kunst nicht mit jener einzelnen Schwalbe verglichen werden konnte, die bekanntlich noch keinen Sommer macht, sondern auf einer, wenn auch kurzen, doch intensiven Kontinuität eigenständigen Schaffens beruht. Und dieses Schaffen begann auf Nebengeleisen, begann an den Rändern zu wuchern; es widersetzte sich den starren Strukturen und gewann – immer haarscharf zwischen Kunst- und Lebensfragen sich durchzirkelnd und vom daraus erwachsenen Schwindel beflügelt – allmählich eine eigene künstlerische Identität. Und aus den Bedingungen ihrer Entstehung, das heisst, der positiven Verweigerung, die zu einer konzentrierten Selbstfindung führte: zu einem eigentlichen Neuanfang auf theoretischer und praktischer Ebene, entstand eine Kunst, welche die merkwürdigsten Blüten treibt – nicht um den Garten der Nation zu schmücken, sondern um vorerst sich selbst zu finden. In diesem Sinne bildet sie eine Gegenposition, die aus einer Vielzahl von individuellen Formulierungen des Anderen besteht – und so verstanden, kann man sie durchaus als "Lebenszeichen" lesen, als Botschaft des Lebens aus einer erstarrenden, zusehends versteinernden schweizerischen Wirklichkeit.

1 Paul Nizon: *Diskurs in der Enge. Aufsätze zur Schweizer Kunst*, Bern 1970, S. 122 f.
2 Zitiert nach Erika Billeter in: *aktuell '83. Kunst aus Mailand*, München, Wien und Zürich. Katalog Städtische Galerie im Lenbachhaus. München 1983, S. 96
3 Bice Curiger: un po'artista un po'no. In: *Saus und Braus – Stadtkunst*, Katalog Städtische Galerie zum Strauhof, Zürich 1980, S. 6 f.
4 Martin Kunz, zitiert nach Hans Jürg Kupper: "Die nicht gescheiterte Hoffnung", In: *Basler Zeitung* 9. Februar 1981

Wiederabdruck aus: *Blüten des Eigensinns. Acht Schweizer Künstler.* Ausstellungskatalog, Kunstverein München, 1984 (leicht gekürzt)

1985

Ereignisse/Institutionen/Personelles

Meret Oppenheim †
André Thomkins †

Beat Wismer wird Leiter des Aargauer Kunsthauses.

René Pulver wird Leiter der Weiterbildungsklasse Audiovisuelle Gestaltung an der Hochschule für Gestaltung Basel.

Erstmals finden in Saint-Gervais die Semaine Internationale de Video statt. Saint-Gervais baut in der Folge die wichtigste Schweizer Sammlung von Video-Kunst auf und widmet sich auch den komplexen konservatorischen Problemen der Video-Technik.

Internationale Ausstellungen:

18. Biennale São Paulo. Die Schweiz wird vertreten durch Martin Disler.

Ausstellungen internationaler Kunst in der Schweiz:

Alles und noch viel mehr. Das poetische ABC, Kunsthalle Bern/Kunstmuseum Bern.

Spuren, Skulpturen und Monumente ihrer präzisen Reise, Kunsthaus Zürich.

Ausstellungen von Schweizer Kunst:

Fri Art. Made in Switzerland, verschiedene Kunst-Institute, New York, mit Werken u. a. von Hanspeter Ammann, Jan Anüll, John M. Armleder, Daniel Berset, Heinz Brand, Christine Brodbeck, Marie José Burki, Erich Busslinger, Silvie & Chérif Defraoui, Pierre André Ferrand, Rut Himmelsbach, Monika Klingler, Eric Lanz, Christian Marclay, Josef Felix Müller, Jean Otth, Markus Raetz, Roman Signer, Alex Silber, Janos Urban, Aldo Walker, Cécile Wick, Anna Winteler.

Cross-Currents in Swiss-Art, Serpentine Gallery, London, mit Werken von Miriam Cahn, Martin Disler, Peter Fischli/David Weiss, Markus Raetz, Jean-Frédéric Schnyder.

Helmut Federle, Jean-Frédéric Schnyder, John M. Armleder, Martin Disler, Olivier Mosset, Peter Fischli/David Weiss, Living Art Museum, Reykjavik.

5. Biennale der Schweizer Kunst, Kunstmuseum und Stadthaus Olten.

Ausstellungen von Schweizer Künstlern (Auswahl):

Vincenzo Baviera (Kunstmuseum Winterthur), **Miriam Cahn** (Staatliche Kunsthalle, Baden-Baden; Städtisches Kunstmuseum Bonn), **Mario Comensoli** (Aargauer Kunsthaus Aarau), **Silvie & Chérif Defraoui** (Musée cantonal des Beaux-Arts, Lausanne), **Martin Disler** (Museum Folkwang, Essen; Musée d'art moderne de la ville de Paris), **Franz Eggenschwiler** (Kunstverein, Düsseldorf), **Marianne Eigenheer** (Museum zu Allerheiligen, Schaffhausen), **Gianfredo Camesi** (Musée Rath, Genf), **Helmut Federle** (Museum für Gegenwartskunst, Basel; Städtische Galerie, Regensburg; Haags Gemeentemuseum, Den Haag), **Marc-Antoine Fehr** (Kunstmuseum Winterthur), **Bendicht Fivian** (Kunstmuseum Olten), **Corsin Fontana** (Kunsthaus Zürich), **Peter Fischli/David Weiss** (Kunsthalle Basel; Centre Culturel Suisse, Paris), **Thomas Huber** (Museum van Hedendaagse Kunst, Gent), **Leiko Ikemura** (Kunsthalle, Winterhur), **Richard Paul Lohse** (Kunstmuseum Luzern; Kunstverein, Braunschweig), **Bernhard Luginbühl** (Kunstmuseum Thun; Hamburger Kunsthalle; Musée Rath, Genf), **Max Matter** (Kunstmuseum Olten), **Olivier Mosset** (Musée Sainte Croix, Poitiers; Centre d'art contemporain, Chateauroux; Musée des Beaux-arts, La Chaux-de-Fonds), **Josef Felix Müller** (Museum für Gegenwartskunst, Basel), **Meret Oppenheim** (Kunstverein, Frankfurt; Haus am Waldsee, Berlin), **Dieter Roth** (Herzog Anton Ulrich Museum, Braunschweig), **Klaudia Schifferle** (Halle Sud, Genf), **André Thomkins** (Kunstmuseum Winterthur; Kulturhaus, Graz), **Jean Tinguely** (Hypo Kulturstiftung, München), **Niele Toroni** (Musée d'art moderne de la ville de Paris), **Ben Vautier** (Städtische Galerie, Erlangen), **Hannah Villiger** (Kunsthalle Basel), **Franz Anatol Wyss** (Kunstmuseum Solothurn), **Muz Zeier** (Aargauer Kunsthaus Aarau)

Ausstellungen von internationalen Künstlern in der Schweiz (Auswahl):

Richard Artschwager (Kunsthalle Basel), **Tony Cragg** (Kunsthalle Winterthur), Dokoupil (Kunstmusem, Luzern), **Robert Filliou** (Kunsthalle Bern), **Eric Fischl** (Kunsthalle Basel), **Hans Haacke** (Kunsthalle Bern), **Ilya Kabakov** (Kunsthalle Bern), **Joseph Koshuth** (Musée des Beaux-Arts, La Chaux-de-Fonds), **Christopher Le Brun** (Kunsthalle Basel), **Mario Merz** (Kunsthaus Zürich; Musée d'art et d'histoire, Genf), **Terry Winters** (Kunstmuseum Luzern)

Literatur:

Fritz Billeter/Peter Killer/Willy Rotzler: *Moderne Kunst – unsere Gegenwart. Ein Brückenschlag zur Schweizer Kunst seit 1939*, Seedamm-Kulturzentrum, Pfäffikon

Martin Kunz: "Die eigentliche und die uneigentliche Schweizer Kunst", in: *Kunstforum International*, Nr. 80/1985

Das Aargauer Kunsthaus Aarau kauft u. a. Werke von:

Anton Egloff, Stefan Gritsch, Peter Hächler, Hans Josephson, Guido Nussbaum, Heiner Richner, Jürg Stäuble, Hugo Suter

Roman Signer (1938)
Film für einen Fluss. 1985
Metallständer mit Filmrolle und Holzbalken, Höhe: 166 cm
Kt. AG, Inv.-Nr. S 5374 (2000)

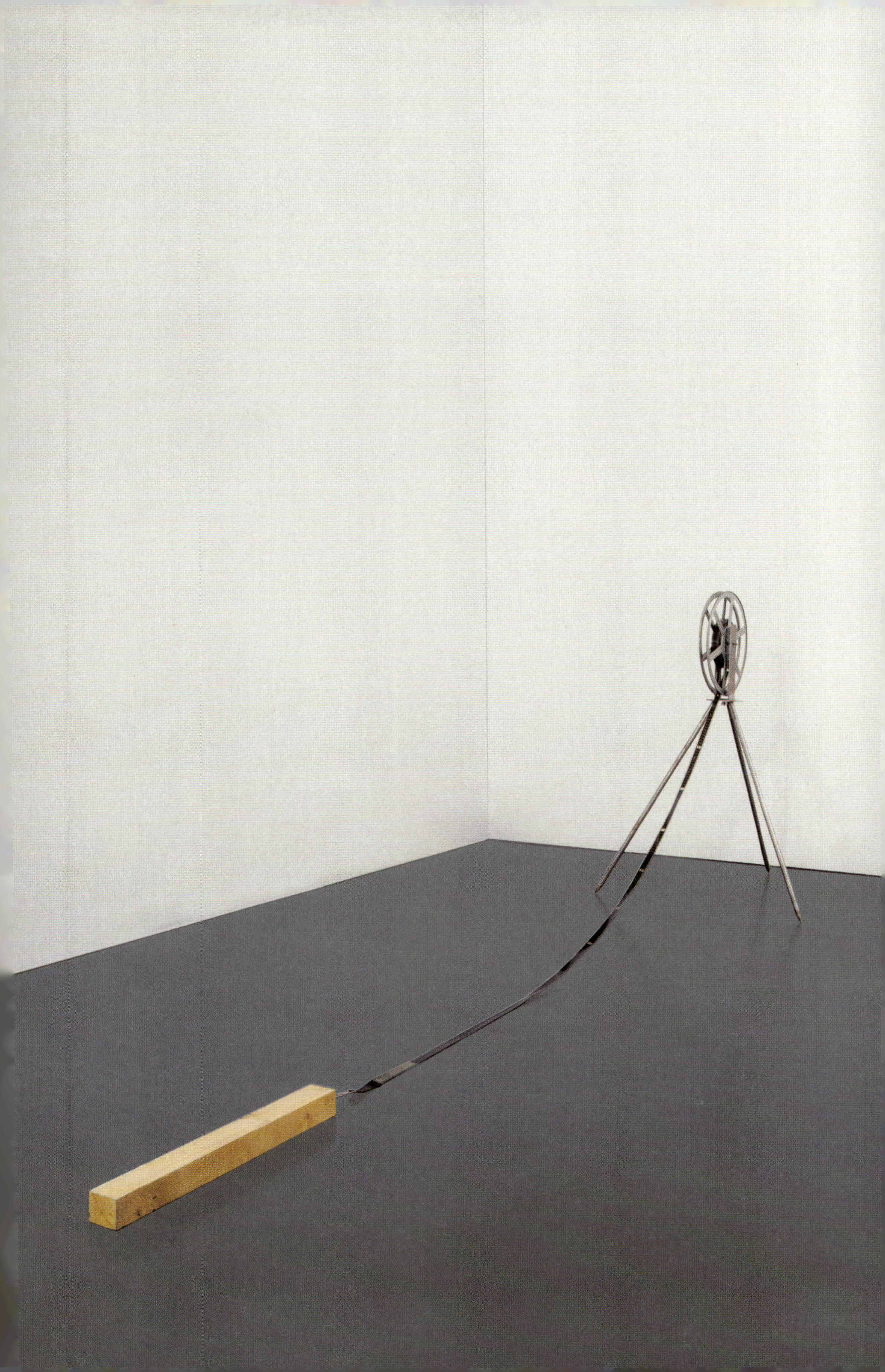

A do Walker (1938–2000)
Das Tätowierten-Ballett. 1985
5-teilig, Dispersion auf Baumwolle, 160 x 555 cm
Kt. AG, Inv.-Nr. 4140 (1986)

1985

Heiner Kielholz (1942)
Roter Stern Belgrad I. 1985
Tempera auf Sperrholz, 90 x 47 cm
Depositum Heiner Kielholz
Inv.-Nr. D 1714 (1996)

Guido Nussbaum (1948)
Bemalte Tafel VII (Die violette Tafel). 1985
Öl auf Holz, 45 x 43 cm
Depositum Schweiz. Eidgenossenschaft
Inv.-Nr. D 1710 (1987)

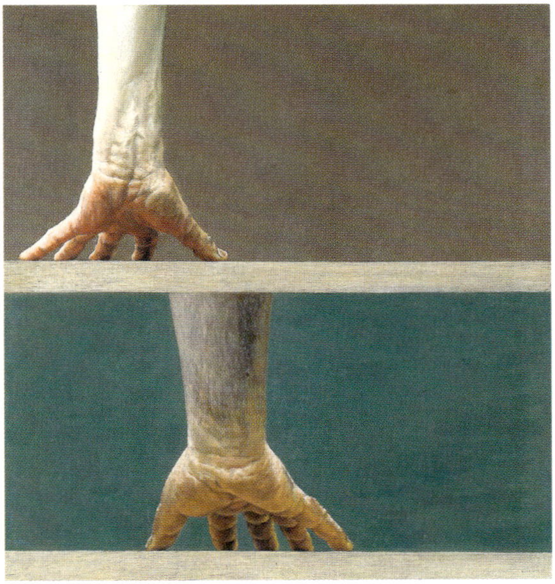

Guido Nussbaum (1948)
Bemalte Tafel VI (Roter und gelber Widerschein). 1985
Öl auf Holz, 45 x 43 cm
Depositum Schweiz. Eidgenossenschaft
Inv.-Nr. D 1709 (1987)

Klaudia Schifferle (1955)
Gehendes Schweigen. 1985
Graphit auf Papier, 41 x 31 cm
Kt. AG, Inv.-Nr. 4118 (1986)

Klaudia Schifferle (1955)
Ohne Titel. 1985
Pastellkreide auf Papier
43 x 35,5 cm
Kt. AG, Inv.-Nr. 4115 (1986)

Ernst Schurtenberger (1931)
Ohne Titel. 1985
Öl auf Leinwand, 160 x 180 cm
Kt. AG, Inv.-Nr. 4187 (1987)

Hans Schärer (1927–1997)
Ohne Titel. 1985
Gouache auf Halbkarton, 143 x 255 cm
Kt. AG, Inv.-Nr. 4454 (1991)

1986

Ereignisse/Institutionen/Personelles

Verena Loewensberg †

Video-Wochen, Wenkenpark, Basel.

Gründung des Kunsthauses Oerlikon (1986–1996).

Internationale Ausstellungen:

42. Biennale Venedig. Die Schweiz wird vertreten duch John M. Armleder und Aldo Walker.

Ausstellungen internationaler Kunst in der Schweiz:

1960 – Les Nouveaux Réalistes, u. a. Kunstmuseum Winterthur.

Ausstellungen von Schweizer Kunst:

Konstruktion und Geste. Schweizer Kunst der 50er Jahre, Städtische Galerie im Prinz Max Palais, Karlsruhe/Westfälisches Landesmuseum, Münster/Museum zu Allerheiligen, Schaffhausen.

8. Schweizer Plastikausstellung, Biel.

konkret schweiz heute, Wanderausstellung der Pro Helvetia.

Swiss Pralines, Forum Stadtpark, Graz, mit Werken von Sylvie & Chérif Defraoui, Olivia Etter, Peter Fischli, David Weiss, Andreas Hofer, Anne Sauser-Hall, Stefi Talmann, François Viscontini.

CH '86, Kunstmuseum Luzern, mit Werken von Thomas Müllenbach, Christina Lindow, Heinz Brand, Alexander Fischer, Herbert Kaufmann, Jürg Stäuble.

sparsam aber teuer, Forum Stadtpark, Graz, mit Ian Anüll, Luigi Archetti, Christoph Haerle, Peter Liechti, Roman Signer, Adrian Schiess, René Zäch.

Von Bildern. Des Images. Acht Künstler aus Genf, Kunsthalle Bern, mit Werken von Marie José Burki, Michel Huelin, Eric Lanz, Paul Marie, Jean Stern, Robert Suermondt, Mitja Tusek, Bernard Voïta.

Auf dem Rücken des Tigers, Shedhalle Zürich, mit Werken u. a. von Jan Anüll, John M. Armleder, Max Bühlmann, Bettina Cogliati, Philippe Deléglise, Peter Fischli/David Weiss, Stefan Forster, Urs Frei, Christoph Herzog, Claude Gaçon, André Gysi, Eric Hatten, Andreas Hofer, Michel Huelin, Peter Kamm, Alois Lichtsteiner, Guido Nussbaum, Christoph Rütimann, Carmen Perrin, Klaudia Schifferle, Adrian Schiess, Henri Spaeti, Jürg Stäuble, Hannah Villiger, Günther Wizemann, Daniel Zimmermann.

Ausstellungen von Schweizer Künstlern (Auswahl):

John M. Armleder (Musée d'art et d'histoire, Genf), **John M. Armleder/Helmut Federle/Olivier Mosset** (Kunsthalle Zürich), **John M. Armleder/Olivier Mosset** (Städtische Galerie, Regensburg), **Franz Gertsch** (Kunsthalle Bern; Kunsthalle Basel), **Anton Egloff** (Museum zu Allerheiligen, Schaffhausen), **Franz Eggenschwiler** (Musée cantonal des Beaux-Arts, Lausanne), **Peter Emch** (Kunstmuseum Solothurn), **Andreas Hofer** (Kunstmuseum Olten), **Gottfried Honegger** (Helmhaus Zürich), **Felix Stefan Huber/Beat Streuli** (Aargauer Kunsthaus Aarau), **Richard Paul Lohse** (Secession, Wien), **Bernhard Luginbühl** (Musée Rath, Genf; Kunstmuseum Solothurn), **Urs Lüthi** (Kunstmuseum Winterthur), **Gérald Minkoff/Muriel Olesen** (Musée d'art et d'histoire, Genf), **Olivier Mosset** (Aargauer Kunsthaus Aarau; Centre d'art contemporain, Genf), **Josef Felix Müller** (Museum für Gegenwartskunst, Basel; Städtische Galerie, Erlangen; Kunstverein, Ingoldstadt; Neue Galerie, Sammlung Ludwig, Aachen), **Carmen Perrin** (Andata Ritorno, Genf und Halle Sud, Genf; Musée d'art et d'histoire, Fribourg; Centre d'art Contemporain, Nevers; Musée cantonal, Sion), **Jean Pfaff** (Museum für Gegenwartskunst, Basel), **Walter Pfeiffer** (Kunsthalle Basel), **Dieter Roth** (Museum für Gegenwartskunst, Basel), **Hugo Schumacher** (Bündner Kunstmuseum Chur), **Markus Raetz** (Kunsthaus Zürich), **Klaudia Schifferle** (Kunstverein München; Bonner Kunstverein; Aargauer Kunsthaus Aarau), **Aldo Walker** (Aargauer Kunsthaus Aarau), **Rémy Zaugg** (Castello di Rivoli, Turin), **Beat Zoderer** (Kunstmuseum des Kantons Thurgau, Kartause Ittingen, Warth)

Ausstellungen von internationalen Künstlern in der Schweiz (Auswahl):

Joseph Beuys/Enzo Cuchi/Anselm Kiefer/Jannis Kounellis (Kunsthalle Basel), **Ernst Caramelle** (Kunsthalle Bern), **Felix Droese** (Kunstmuseum Luzern), **Rainer Fetting** (Kunsthalle Basel), **Günter Förg** (Kunsthalle Bern), **Suzan Frecon** (Kunsthalle Bern), **Gilbert & George** (Kunsthalle Basel), **Bruce Nauman** (Kunsthalle und Museum für Gegenwartskunst, Basel), **Arnulf Rainer/Louis Soutter** (Musée cantonal des Beaux-Arts, Lausanne), **Gerhard Richter** (Kunsthalle Bern), **Gilberto Zorio** (Centre d'art contemporain, Genf)

Literatur:

"Kunstszene Schweiz", in: *Das Kunstwerk*, Nr. 39, 4–5, September 1986, darin: Martin Kunz: "Schweizer Kunst der Gegenwart. Eine persönliche Bilanz der 70er und 80er Jahre"; Willy Rotzler: "25 Jahre Kunst in der Schweiz" sowie eine Dokumentation über 40 Schweizer Künstler

Das Aargauer Kunsthaus Aarau kauft u. a. Werke von:

Mario Comensoli, Heiner Kielholz, Olivier Mosset, Markus Raetz, Claude Sandoz, Klaudia Schifferle, Kurt Sigrist, Beat Streuli, Hugo Suter, Aldo Walker

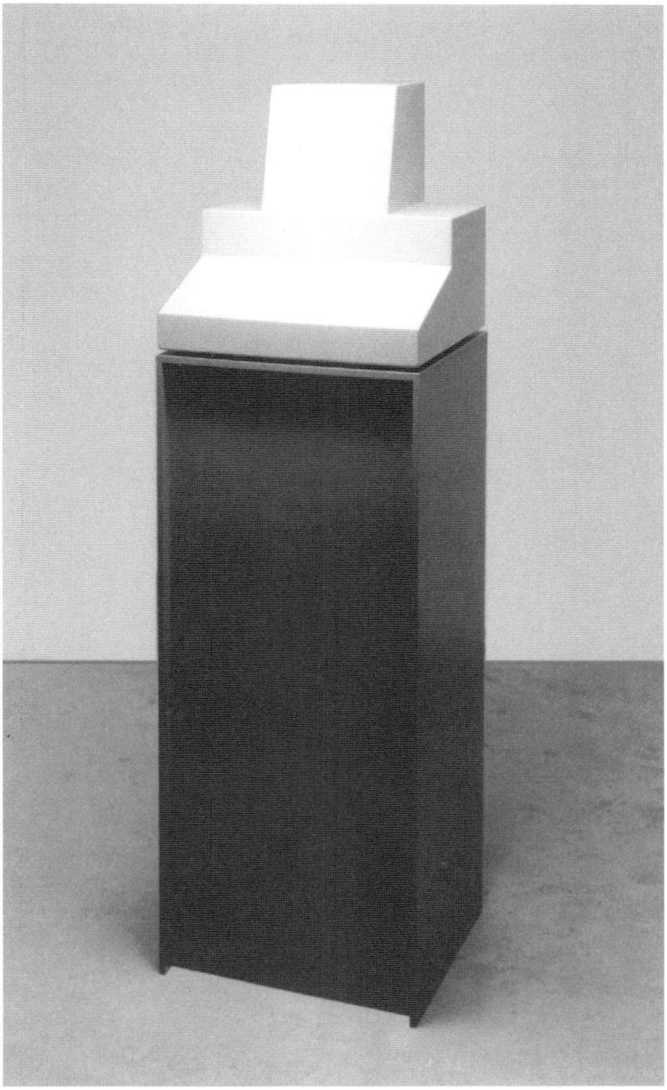

René Zäch (1946)
Ohne Titel. 1986–1987
Holz, 157,5 x 53 x 47 cm
Depositum Schweiz. Eidgenossenschaft
Inv.-Nr. DS 1758 (1989)

Roman Signer (1938)
Zwei Fahnen. 1986
Eisenkonstruktion, 2 Stofffahnen, Seil
Höhe: 133 cm, Durchmesser: max. 150 cm
Depositum Roman Signer, Inv.-Nr. DS 1967 (1999)

Beat Streuli (1957)
Ohne Titel. 1986
Fotografie, 187,5 x 250 cm
Kt. AG, Inv.-Nr. 4144 (1986)

Beat Streuli (1957)
Ohne Titel. 1986
Fotografie, 187,5 x 250 cm
Kt. AG, Inv.-Nr. 4143 (1986)

Balthasar Burkhard (1944)
Les Jambes. 1986
8-teilig, Fotografie aufgezogen auf MDF-Platte
je 305 x 102,5 cm
Kt. AG und Schweiz. Eidgenossenschaft
Inv.-Nr. D1808 (1992)

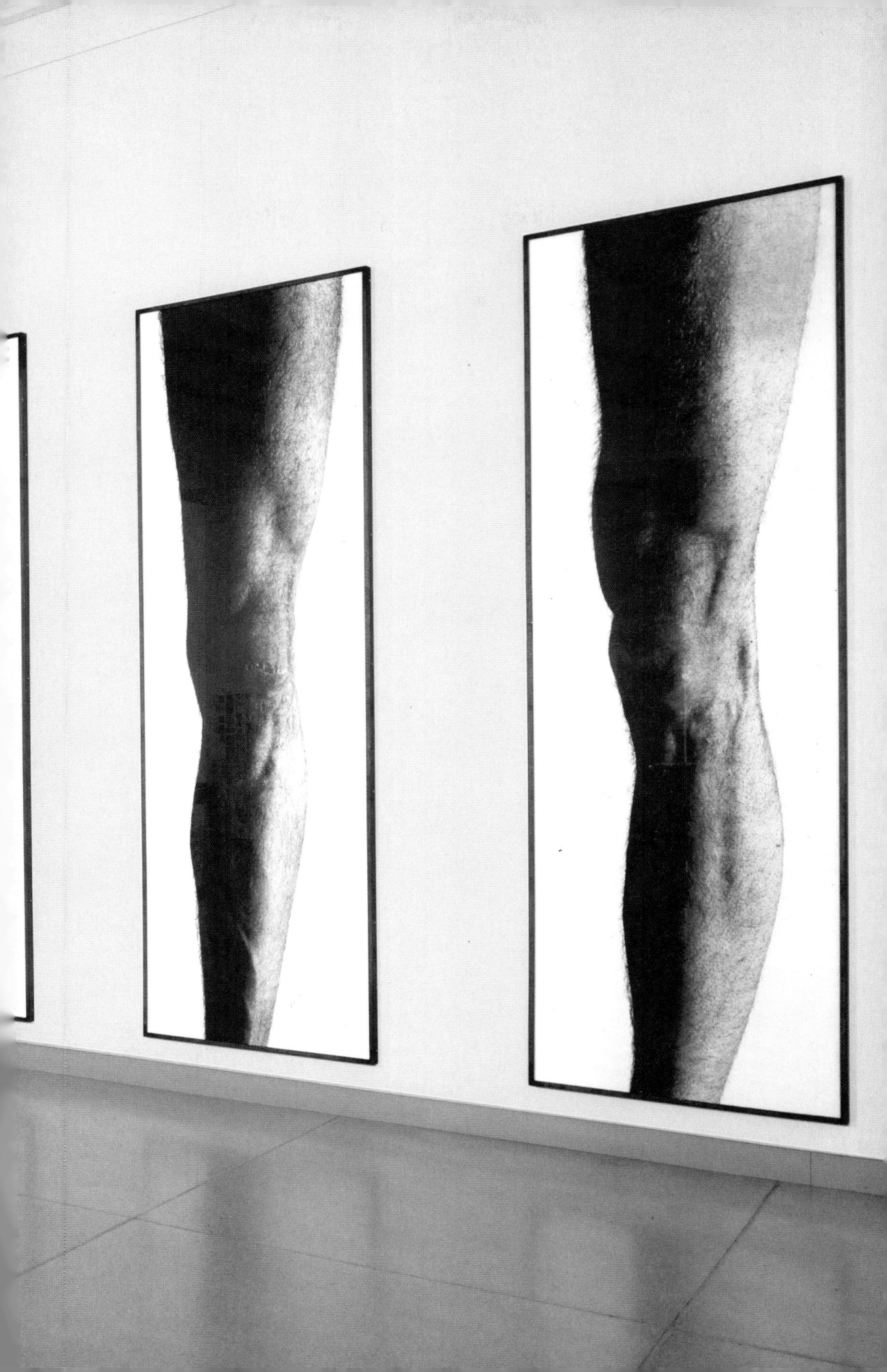

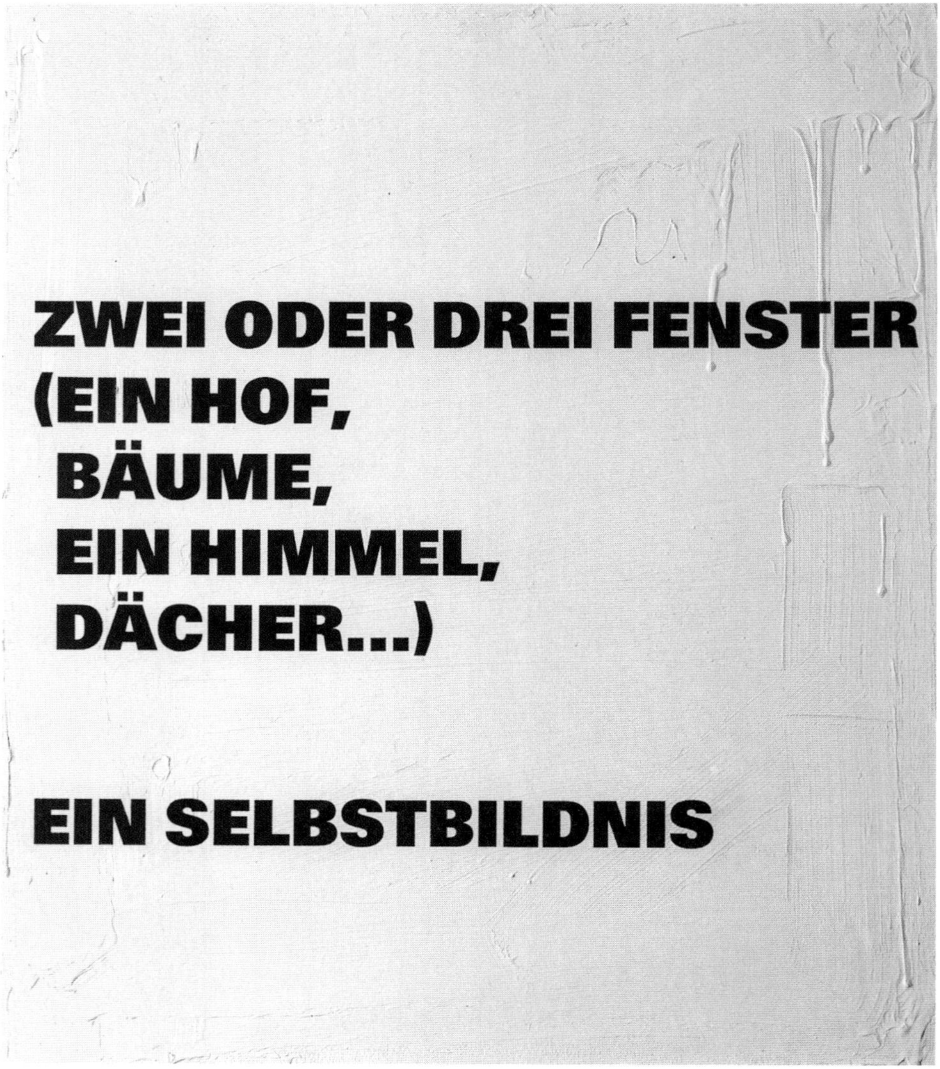

Rémy Zaugg (1943)
Zwei oder drei Fenster. 1986-1987
Acryl auf Leinwand, 200 x 175 cm
Depositum Schweiz. Eidgenossenschaft
Inv.-Nr. D 1756 (1989)

Silvia Bächli (1956)
Projektor. 1986
Gouache auf Papier, 195 x 129 cm
Kt. AG, Inv.-Nr. 4171 (1987)

Felix Stephan Huber (1957)
David brachte Blumen I. 1986
Fotografie auf Fotopapier, 130 x 130 cm
Aargauische Stiftung für Fotografie, Film und Video
Inv.-Nr. D1805 (1992)

Franz Gertsch (1930)
Natascha II. 1986
Farbholzschnitt auf Japanpapier, 105 x 90,5 cm
Depositum Schweiz. Eidgenossenschaft
Inv.-Nr. DG 1750 (1989)

1987

Ereignisse/Institutionen/Personelles

Eröffnung der Stiftung für konstruktive und konkrete Kunst, Zürich.

Eröffnung des Museo cantonale d'arte, Lugano.

Gründung von M/2, Vevey (1987–1997).

Peter Fischli und David Weiss erzielen auf der documenta 8 in Kassel einen grossen Erfolg mit ihrem Film "Der Lauf der Dinge".

Internationale Ausstellungen:

documenta 8, Kassel. Leitung: Manfred Schneckenburger. Teilnehmende Schweizer Künstler: John M. Armleder, Fischli/Weiss, Bruno Reichlin, Fabio Reinhart, Christine Brodbeck, Monica Klingler, Roman Signer.

19. Biennale São Paulo. Die Schweiz wird vertreten durch Matias Spescha.

Skulptur-Projekte, Münster. Teilnehmende Schweizer Künstler: Peter Fischli/David Weiss.

Ausstellungen internationaler Kunst in der Schweiz:

Die Gleichzeitigkeit des Anderen, Kunstmuseum Bern.

Blow up: Zeitgeschichte, u. a. Kunstmuseum Luzern.

Ausstellungen von Schweizer Kunst:

Stiller Nachmittag. Aspekte junger Schweizer Kunst, Kunsthaus Zürich, mit Werken u. a. von John M. Armleder, Miriam Cahn, Martin Disler, Peter Fischli/David Weiss, Andreas Hofer, Felix Stephan Huber, Leiko Ikemura, Josef Felix Müller, Carmen Perrin, Peter Roesch, Ilona Rüegg, Christoph Rütimann, Klaudia Schifferle, Anselm Stalder, Hannah Villiger, Franz Wanner, Anna Winteler.

Offenes Ende. Junge Schweizer Kunst, Institut für moderne Kunst, Kunsthaus, Albrecht-Dürer-Gesellschaft u. a. O., Nürnberg/Erlangen, mit Werken u. a. von John M. Armleder, Vincenzo Baviera, Michael Biberstein, Christine Brodbeck, Stéphane Brunner, Max Brühlmann, Hans Danuser, Monika Dillier, Martin Disler, Peter Emch, Walter Fähndrich, Fischli/ Weiss, Corsin Fontana, Alexander Hahn, Alex Hanimann, Rut Himmelsbach, Andreas Hofer, Felix Stephan Huber, Leiko Ikemura, Monica Klingler, Simon Lamunière, Eric Lanz, Alois Lichtsteiner, Yvonne Meier, Thomas Müllenbach, Josef Felix Müller, Muriel Olesen, Carmen Perrin, Walter Pfeiffer, Christoph Rütimann, Peter Schelling/Béatrice Jaccard, Roman Signer, Kurt Sigrist, Anselm Stalder, Beat Streuli, Hugo Suter, Hannah Villiger, Cécile Wick, Rolf Winnewisser, Anna Winteler, Daniel Zimmermann.

Ausstellungen von Schweizer Künstlern (Auswahl):

John M. Armleder (Kunstmuseum Winterthur; Musée de peinture, Grenoble), **Silvia Bächli** (Kunsthalle Basel), **Max Bill** (Schirn Kunsthalle, Frankfurt), **Stéphane Brunner** (Halle Sud, Genf), **Martin Disler** (Museum moderner Kunst, Wien; KunsthausZürich), **Franz Eggenschwiler** (Kunstmuseum Solothurn), **Gunter Frentzel** (Musée cantonal des Beaux-Arts, Sion), **Stefan Gritsch** (Museum zu Allerheiligen, Schaffhausen), **Alfred Hofkunst** (Kunsthalle Nürnberg), **Thomas Huber** (Museum für Gegenwartskunst, Basel; Städtisches Bodenseemuseum, Friedrichshafen; Westfälischer Kunstverein, Münster; Neuer Berliner Kunstverein, Berlin; Städtische Galerie, Regensburg; Museo Conteporanea, Sevilla), **Leiko Ikemura** (Museum für Gegenwartskunst, Basel; Musée cantonal des Beaux-Arts, Lausanne; Neue Galerie, Linz; Stadtgalerie, Saarbrücken), **Rolf Iseli** (Museum zu Allerheiligen, Schaffhausen), **Heiner Kielholz** (Aargauer Kunsthaus Aarau; Galerie am Landesmuseum Joanneum, Graz), **Urs Lüthi** (Kunstverein München; Gesellschaft für aktuelle Kunst, Bremerhaven), **Olivier Mosset** (Musée St. Pierre Art Contemporain, Lyon), **Josef Felix Müller** (Museum moderner Kunst, Wien), **Guido Nussbaum** (Kunsthalle Basel), **Carmen Perrin** (Musée cantonal des Beaux-Arts, Sion; Musée d'art et d'histoire, Fribourg), **Dieter Roth** (Centre régional d'art contemporain,Toulouse), **Jean-Frédéric Schnyder** (Kunsthalle Basel), **Ernst Schurtenberger** (Aargauer Kunsthaus Aarau), **Albert Siegenthaler** (Aargauer Kunsthaus Aarau), **Peter Stein** (Kunsthaus Zug), **Paul Talmann** (Kunstmuseum Solothurn), **Jean Tinguely** (Palazzo Grassi, Venedig), **Niele Toroni** (Villa Arson, Nizza; Gemeentemuseum, Den Haag), **Willy Weber** (Kunstmuseum Bern)

Ausstellungen von internationalen Künstlern in der Schweiz (Auswahl):

Siah Armajani (Kunsthalle Basel), **Lothar Baumgarten** (Kunsthalle Bern), **Joseph Beuys** (Kunstmuseum Basel), **Anna und Bernhard Blume** (Kunsthalle Basel), **René Daniels** (Kunsthalle Bern), **Leon Golub** (Kunstmuseum Luzern), **Richard Long** (Musée Rath, Genf), **Gordon Matt-Clark** (Kunsthalle Basel), **Reinhard Mucha** (Kunsthalle Basel und Kunsthalle Bern), **Thomas Struth** (Kunsthalle Bern), **Cy Twombly** (Kunsthaus Zürich), **James Turrell** (Kunsthalle Basel)

Literatur:

Urs Stahel: "Offenes Ende. Junge Schweizer Kunst", in: *Offenes Ende. Junge Schweizer Kunst*, Ausst.-Kat., Nürnberg/Erlangen.

"Schweiz", Sondernummer von: *Noema* Nr. 4/1987.

"Die vitale Szene der Schweiz", in: *Art*, Nr. 5/Mai 1987.

Eva Korazija Magnaguagno: *Der moderne Holzschnitt in der Schweiz*, Limmat Verlag, Zürich.

Das Aargauer Kunsthaus Aarau kauft u. a. Werke von:

Silvia Bächli, Stefan Gritsch, Felix Stephan Huber, Heiner Kielholz, Guido Nussbaum, Max Matter, Olivier Mosset, Guido Nussbaum, Ernst Schurtenberger, Albert Siegenthaler, Jürg Stäuble, Hugo Suter, Aldo Walker

Markus Raetz (1941)
Zeemansblik. 1987
Zinkblech 83 x 134 x 4,4 cm
Kt. AG, Inv.-Nr. S 5369 (2000)

Hugo Suter (1943)
Wolf malte da eine Gegend. 1987
Verschiedene Materialien, 227 x 315 x 34 cm
Kt. AG, Inv.-Nr. S 4168 (1988)

John Armleder (1948)
(mit Sylvie Fleury)
Ohne Titel. 1987
Acryl auf Textil, 100 x 100 cm
Kt. AG, Inv.-Nr. 4642 (1994)

John Armleder (1948)
Ohne Titel. 1987
Sessel: 75 x 62 x 62 cm
Bilder: je 43 x 24 cm
Depositum Schweiz. Eidgenossenschaft
Inv.-Nr. DS 1746 (1989)

Ilona Ruegg (1949)
Octave (Salto mortale 10). 1987
Öl auf Baumwolle
175 x 265 cm
Geschenk der Barcley SA, Genf
Kt. AG, Inv.-Nr. 4196 (1988)

Marc-Antoine Fehr (1953)
Der Schlaf. 1987
Öl auf Leinwand, 160 x 130 cm
AKV, Inv.-Nr. 4174 (1988)

Miriam Cahn (1949)
Lesen im Staub. 1987
Kohle auf Papier, 235 x 260 cm
Kt. AG, Inv.-Nr. 4308 (1990)

Markus Baldegger (1947)
Ohne Titel. 1987
Öl auf Leinwand, 200 x 190 cm
Kt. AG, Inv.-Nr. 4300 (1987)

Annelies Štrba (1947)
Sonja am Ofen. 1987
Fotografie auf Fotoleinwand, 133 x 105 cm
Kt. AG, Inv.-Nr. 5151 (1998)

1988

Ereignisse/Institutionen/Personelles

Richard Paul Lohse †

Video-Wochen, Wenkenpark, Basel.

Eröffnung der Shedhalle, Zürich.

Internationale Ausstellungen:

43. Biennale Venedig. Die Schweiz wird vertreten durch Markus Raetz und Felice Varini.

Ausstellungen internationaler Kunst in der Schweiz:

Rot Gelb Blau, u. a. Kunstmuseum St. Gallen.

Ich lebe, ich sehe. Künstler der achtziger Jahre in Moskau, Kunstmuseum Bern.

Wiener Aktionismus: von der Aktionsmalerei zum Aktionismus. Wien 1960–1965, Kunstmuseum Winterthur.

Ausstellungen von Schweizer Kunst:

Der Bund fördert, der Bund sammelt. 100 Jahre Kunstförderung durch den Bund, Aargauer Kunsthaus Aarau.

Skulptur. Material und Abstraktion. 2 x 5 Positionen (Künstler aus der Schweiz und aus USA), Aargauer Kunsthaus Aarau.

Schweizer Kunst der Gegenwart. Sammlung der Gotthard Bank, Kunstmuseum St. Gallen.

Bewegte Bilder. Schweizer Kunst in Film und Video, Helmhaus Zürich.

helvet'Art. 6. Biennale der Schweizer Kunst, St. Gallen.

Ausstellungen von Schweizer Künstlern (Auswahl):

René Bauermeister (Musée cantonal des Beaux-Arts, Lausanne), **Balthasar Burkhard** (Kunsthalle Bern), **Marie José Burki/Eric Lanz** (Centre d'art contemporain, Genf), **Miriam Cahn** (Haus am Waldsee, Berlin; Kunstverein Hannover; Musée Rath, Genf), **Martin Disler** (Kunsthaus Zürich), **Peter Fischli/David Weiss** (PS1 New York; ICA London; Musée de Grenoble; University Art Museum Berkley; Portikus, Frankfurt; Dallas Museum of Art, Dallas), **Bendicht Fivian** (Museum zu Allerheiligen, Schaffhausen), **Florin Granwehr** (Helmhaus Zürich), **Christian Lindow** (Kunsthalle Bern) **Luigi Lurati** (Aargauer Kunsthaus Aarau), **Flavio Paolucci** (Museo cantonale d'arte, Lugano), **Carmen Perrin** (Halle Sud, Genf), **Vaclav Pozarek** (Kunsthalle Bern), **Markus Raetz** (New Museum of Contemporary Art, New York), **Ricco** (Aargauer Kunsthaus Aarau), **Dieter Roth** (Kunstmuseum Solothurn), **Anselm Stalder** (Kunsthalle Basel; Museum für Gegenwartskunst, Basel), **Roman Signer** (Kunsthalle St. Gallen), **Hugo Suter** (Kunsthaus Zürich), **Niele Toroni** (Musée d'art et d'histoire, Genf; Portikus, Frankfurt; Kunsthalle Winterthur), **Mitja Tusek/Bernard Voïta** (Centre d'art contemporain, Genf), **Felice Varini** (Kunstmuseum Winterthur), **Ben Vautier** (Museum van Hedendaagse Kunst, Antwerpen), **Bernard Voïta** (Shedhalle Zürich), **Anna Winteler** (Kunsthalle Basel), **Rémy Zaugg** (Kunsthalle Basel; Musée d'art moderne de la ville de Paris)

Ausstellungen von internationalen Künstlern in der Schweiz (Auswahl):

Stephan Balkenhol (Kunsthalle Basel), **Richard Deacon** (Kunstmuseum Luzern), **Katharina Fritsch** (Kunsthalle Basel), **Isa Genzken** (Kunstmuseum Winterthur), **Dennis Hopper** (Kunsthalle Basel), **Harald Klingelhöller** (Kunsthalle Bern), **A.R. Penck** (Kunsthaus Zürich), **Richard Serra** (Kunsthalle Basel), **Rosmarie Trockel** (Kunsthalle Basel), **Franz West** (Kunsthalle Bern)

Literatur:

Der Bund fördert, der Bund sammelt. 100 Jahre Kunstförderung durch den Bund, Bundesamt für Kulturpflege, Bern.

Das Aargauer Kunsthaus Aarau kauft u. a. Werke von:

Silvia Bächli, Marc-Antoine Fehr, Walter Linck, Luigi Lurati, Max Matter, Robert Müller, Willy Müller-Brittnau, Ernst Schurtenberger, Matias Spescha, Hugo Suter, Hanna Villiger

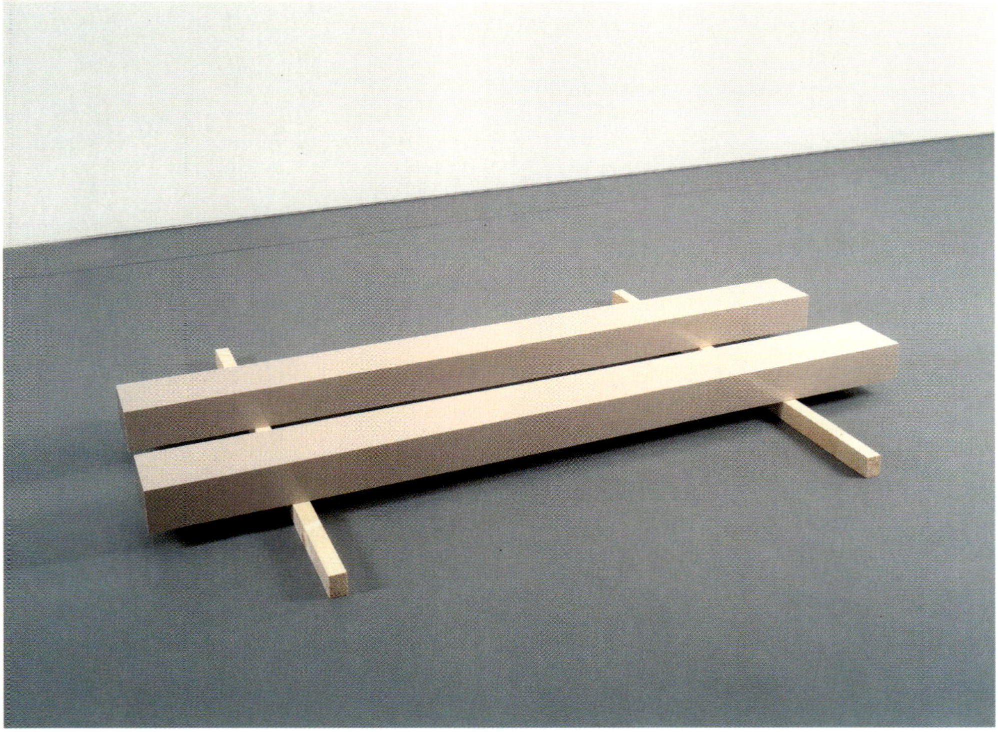

Adrian Schiess (1959)
Ohne Titel. 1988
2-teilig, Autolack auf Holz, je 15 x 280 x 25 cm
Kt. AG, Inv.-Nr. S 4626 (1994)

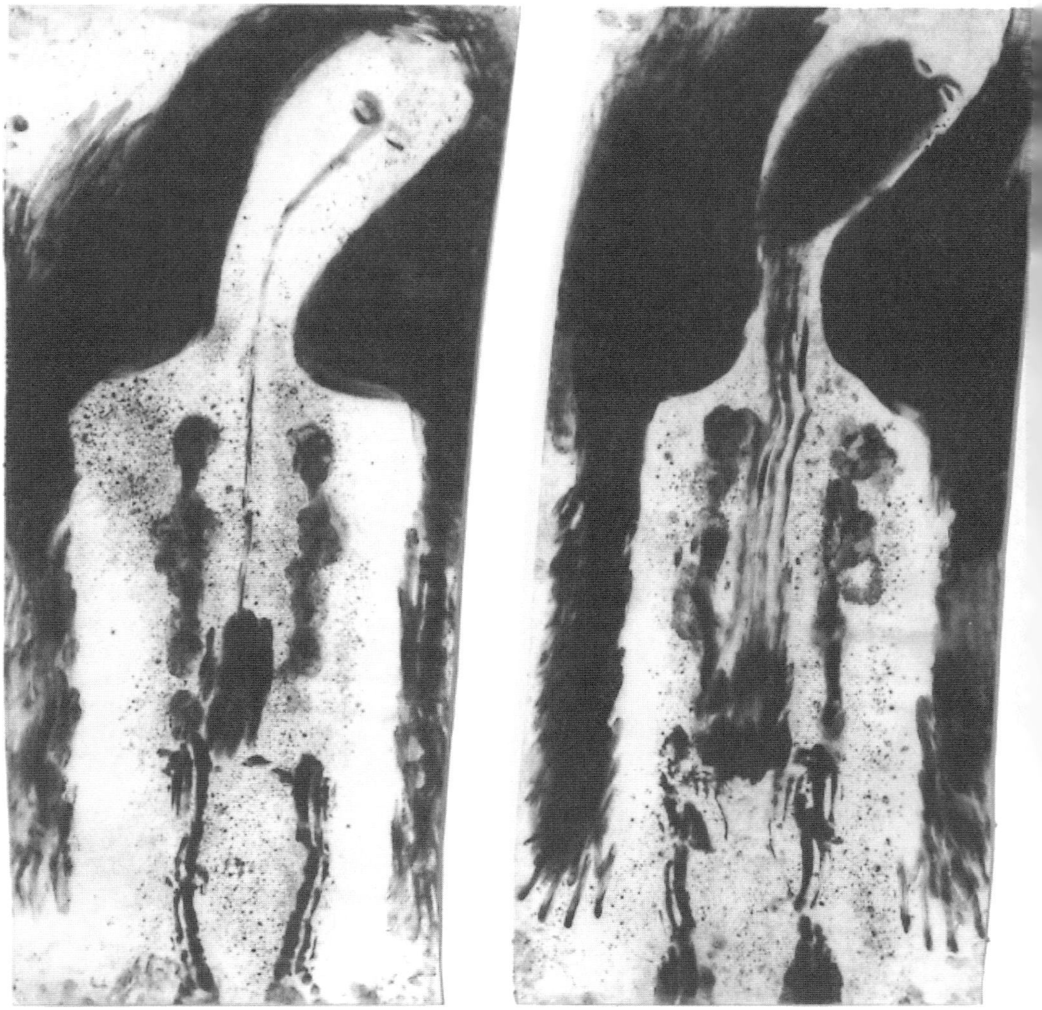

Miriam Cahn (1949)
Personen. 1988
4-teilig, Kohle auf Papier, 150 x 320 cm
Kt. AG, Inv.-Nr. 4309 (1990)

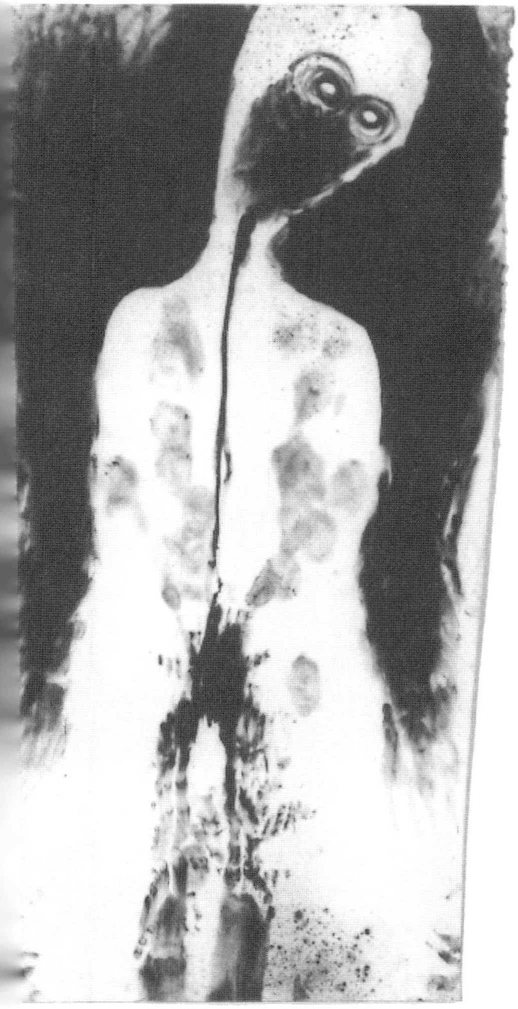

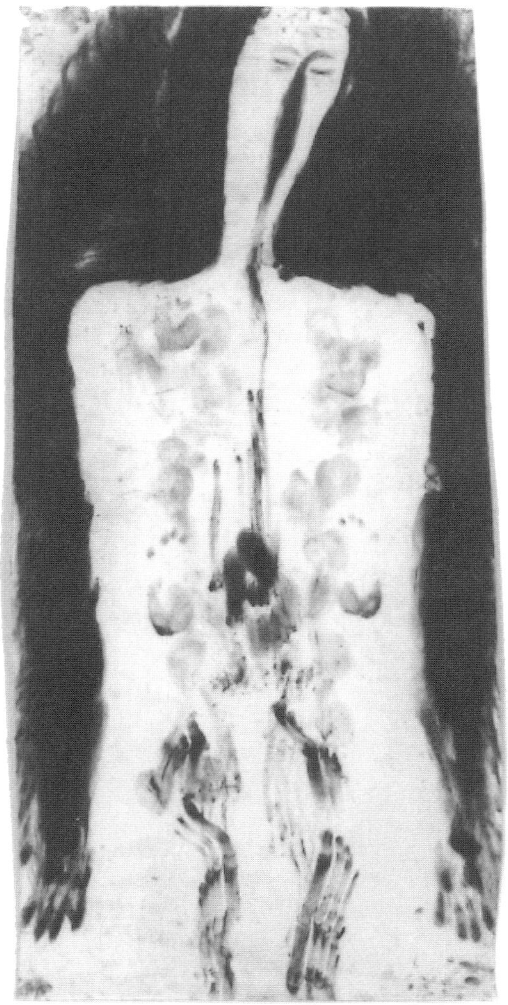

1988

Anna Winteler (1954)
Discours des Montagnes
à la mere. 1988
6-teilig, Fotografie und Text, 144 x 169 cm
Kt. AG, Inv.-Nr. 4457 (1991)

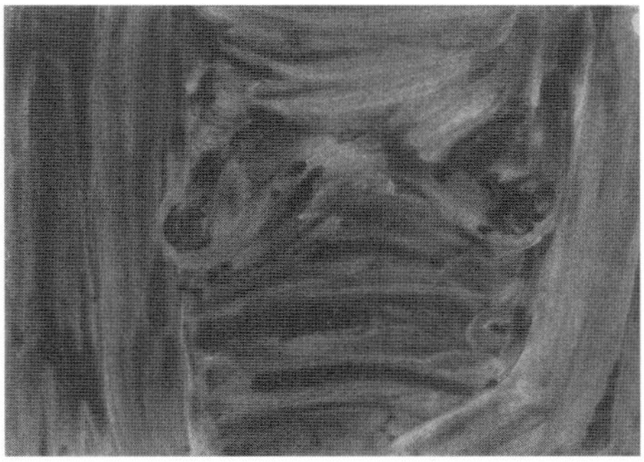
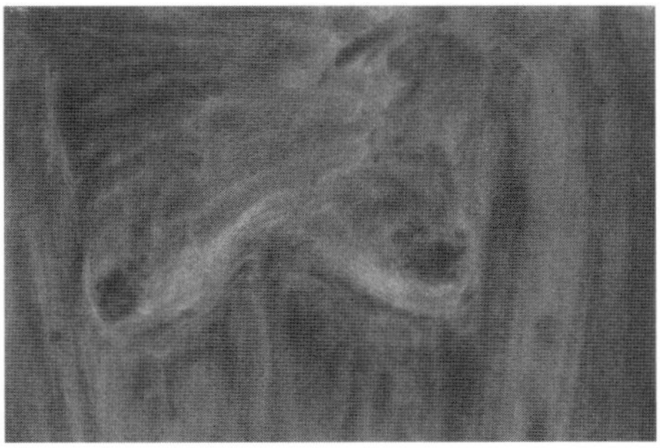
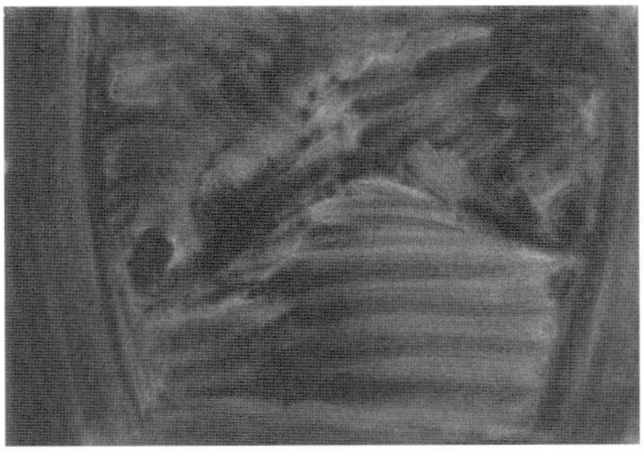
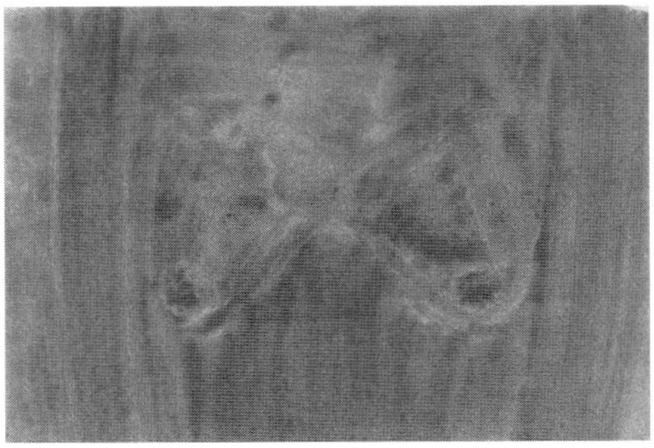

Silvia Bächli (1956)
Ohne Titel. 1988
Gouache auf Papier, je 21 x 29,5 cm
Kt. AG, Inv.-Nr. 4255/4256/4254/4646 (1988–1994)

1988

Peter Hächler (1922–1999)
Würfelobjekt. 1988
Chrom-Nickel-Stahl, 110 x 128 x 120 cm
Schenkung Walter Franke, Aarburg
Kt. AG, Inv.-Nr. S 4292 (1989)

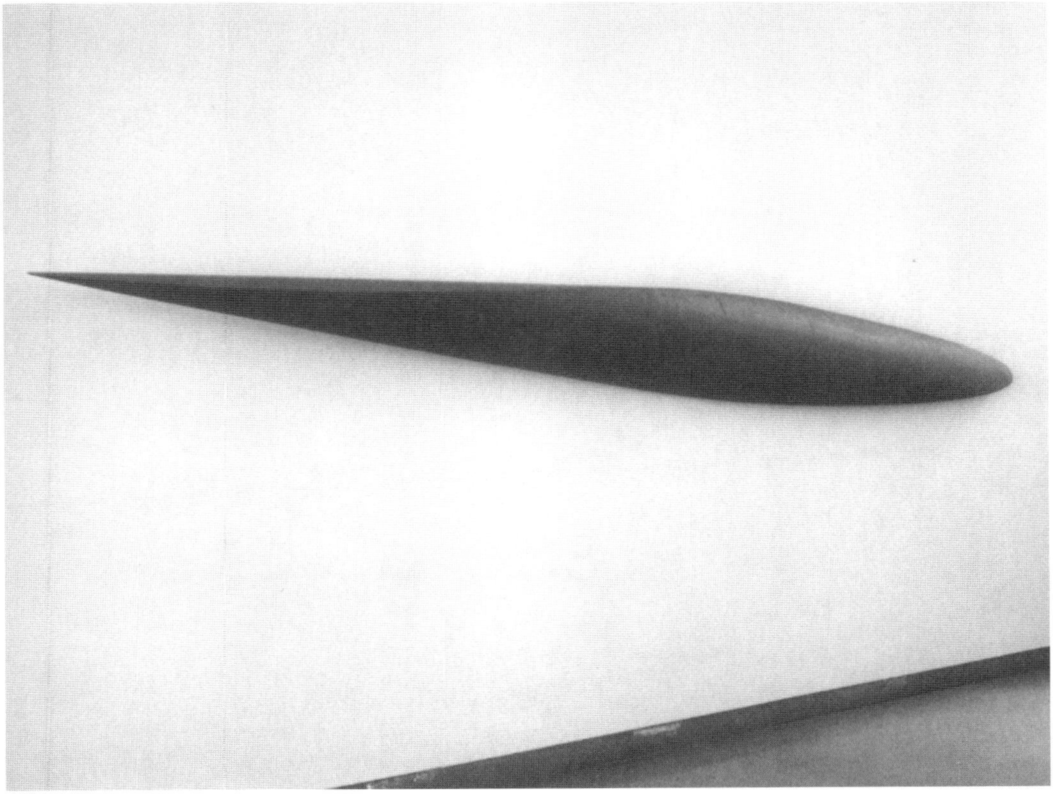

Jürg Stäuble (1948)
Ohne Titel. 1988
Kartonrohr, Graphit, 40 x 500 x 30 cm
Kt. AG, Inv.-Nr. S 4133 (1996)

1988

Max Matter (1941)
Rosettenfeld. 1988
Bleistift, Farbstift auf Leinwand, 160 x 160 cm
Kt. AG, Inv.-Nr. 4258 (1988)

Urs Lüthi (1947)
The End. Selbstportrait aus der Serie der reinen Hingabe. 1987–1988
Acryl auf Leinwand, 150 x 200 cm
Kt. AG, Inv.-Nr. 4617 (1994)

1989

Ereignisse/Institutionen/Personelles

Eröffnung der Kunsthalle Zürich.

Eröffnung der Kunsthalle Luzern.

Eröffnung des Ausstellungshalle Shed im Eisenwerk, Frauenfeld.

Internationale Ausstellungen:

20. Biennale São Paulo. Die Schweiz wird vertreten durch Peter Fischli/David Weiss.

Prospekt 89, Frankfurter Kunstverein.

Bilderstreit. Widerspruch, Einheit und Fragment in der Kunst seit 1960, Messehallen Köln; teilnehmende Schweizer Künstler: Helmut Federle, Alberto Giacometti, Meret Oppenheim, Niele Toroni, Hannah Villiger.

Ausstellungen internationaler Kunst in der Schweiz:

256 Farben & Basics on Form, Stiftung für konstruktive und konkrete Kunst, Zürich.

Video-Skulptur retrospektiv und aktuell 1963–1989, Kunsthaus Zürich.

Liberté et égalité: Freiheit und Gleichheit: Wiederholung und Abweichung in der neueren französischen Kunst, u. a. Kunstmuseum Winterthur.

Ausstellungen von Schweizer Kunst:

Eisen 89 – Perspektiven Schweizer Eisenplastik 1934–1989, Dietikon.

Unikat und Edition. Künstlerbücher in der Schweiz, Helmhaus Zürich.

Dimension petit. l'art suisse entre petite sculpture et objet d'Alberto Giacometti à nos jours, Musée cantonal des Beaux-Arts, Lausanne.

Ny kunst. 12 kunstnere fra Schweiz, Louisiana Museum, Dänemark, mit Werken von Jan Anüll, Rémi dall'Aglio, Martin Disler, Jürg Egli, Fischli/Weiss, Olivier Mosset, Josef Felix Müller, Carmen Perrin, Christoph Rütimann, Klaudia Schifferle, Anna Winterler.

igitur, Kunsthalle Winterthur, mit Werken von Ian Anüll, Max Bühlmann, Urs Frei, Ugo Rondinone, Christoph Rütimann, Adrian Schiess, Can Yasargil, Daniel Zimmermann.

Ausstellungen von Schweizer Künstlern (Auswahl):

Esther Altorfer (Kunstmuseum Bern), **Silvia Bächli** (Museum für Gegenwartskunst, Basel), **Balthasar Burkhard** (Musée Rath, Genf), **Luciano Castelli** (Musée des Beaux-Arts, Lausanne), **Hans Danuser** (Aargauer Kunsthaus Aarau), **Walter Fähndrich** (Aargauer Kunsthaus Aarau), **Helmut Federle** (Museum Haus Lange Krefeld; Kunsthalle Bielefeld; Kunstverein Hamburg; Musée de peinture et de sculpture, Grenoble), **Pierre André Ferrand** (Kunsthalle Winterthur), **Franz Gertsch** (Cabinet des estampes und Musée Rath, Genf), **Josef Herzog** (Aargauer Kunsthaus Aarau), **Schang Hutter** (Kunstmuseum Solothurn), **Bernhard Luginbühl** (Kunstmuseum und Reithalle, Bern), **Urs Lüthi** (Lenbachhaus, München), **Christian Marclay** (Shedhalle, Zürich), **Gaspare O. Melcher** (Aargauer Kunsthaus Aarau), **Robert Müller** (Kunstmuseum Solothurn), **Carmen Perrin** (Kunstmuseum des Kantons Thurgau, Kartause Ittingen, Warth), **Markus Raetz** (Museum für Gegenwartskunst, Basel), **Peter Roesch** (Musée des Beaux-Arts, La Chaux-de-Fonds), **Roman Signer** (Museum zu Allerheiligen, Schaffhausen), **Klaudia Schifferle** (Kunsthaus Zürich), **Albrecht Schnider** (Shedhalle Zürich), **Hannah Villiger** (Museum für Gegenwartskunst, Basel), **Aldo Walker** (Kunstmuseum Luzern), **Franz Wanner** (Kunstmuseum Luzern), **Rémy Zaugg** (Le Consortium, Dijon; Museum Folkwang, Essen)

Ausstellungen von internationalen Künstlern in der Schweiz (Auswahl):

Daniel Buren (Musée Rath, Genf), **Jean-Marc Bustamante** (Kunsthalle Bern), **Marlene Dumas** (Kunsthalle Bern), **Isa Gentzken** (Kunstmuseum Winterthur), **Per Kirkeby** (Kunstmuseum Winterthur), **Maria Lassning** (Kunstmuseum Luzern), **Sol LeWitt** (Kunsthalle Bern), **Richard Long** (Kunstmuseum St. Gallen), **Gerhard Merz** (Kunsthalle Zürich), **Michelangelo Pistoletto** (Kunsthalle Bern), **Max Neuhaus** (Kunsthalle Bern), **Jan Vercruysse** (Kunsthalle Bern), **Thomas Virnich** (Kunstmuseum St. Gallen), **Franz Erhard Walther** (Kunsthalle Winterthur)

Literatur:

Marcel Joray: *Schweizer Plastik der Gegenwart*, Band 4: 1966–1988

Das Aargauer Kunsthaus Aarau kauft u. a. Werke von:

Markus Baldegger, Josef Herzog, Heiner Kielholz, Max Matter, Gaspare O. Melcher, Beat Zoderer

Bernard Voïta (1960)
Ohne Titel. 1989
Fotografie, 140 x 140 cm
Depositum Stiftung Kunst Heute, Bern
Inv.-Nr. D 1836 (1995)

Carmen Perrin (1953)
Ohne Titel. 1989
Stahl, Schiefer, Gummi, 50 x 240 x 145 cm
Kt. AG, Inv.-Nr. S 5021 (1997)

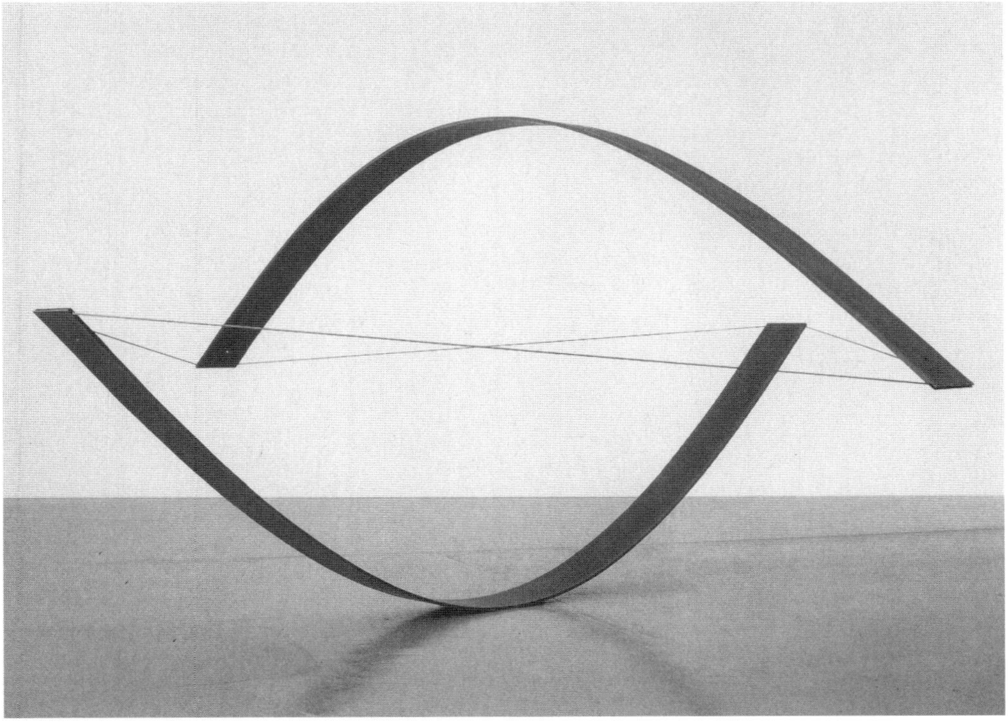

Christoph Haerle (1958)
"O, zittre nicht mein lieber Sohn". 1989
Stahl, Stahlseil, 260 x 260 x 170 cm
Depositum Schweiz. Eidgenossenschaft
Inv.-Nr. DS 1827 (1993)

Heiner Richner (1944)
Ohne Titel. 1989
8-teilig Serpentin, verschiedene Masse
Gesamtmass variabel
Kt. AG, Inv.-Nr. S 4456 (1991)

1989

Alfred Wirz (1952)
Ohne Titel. 1989
Öl auf Holz, 33,5 x 90 cm
Kt. AG, Inv.-Nr. 4316 (1989)

Alfred Wirz (1952)
Ohne Titel. 1989
Öl auf Pavatex, 16,5 x 30,5 cm
Kt. AG, Inv.-Nr. 4315 (1990)

Arnold Helbling (1961)
El sueño de la razon. 1989
Dammarharz, Wachs, Pigmente, Goldbronze,
Eisenglimmer auf Leinwand, 210 x 160 cm
Kt. AG, Inv.-Nr. 4301 (1989)

1990

Ereignisse/Institutionen/Personelles

Eröffnung des Kunsthauses Zug.

Eröffnung des Pasqu'Art, Biel.

Eröffnung des Fri-Art, Fribourg.

Internationale Ausstellungen:

44. Biennale Venedig. Die Schweiz wird vertreten durch Olivier Mosset und Adrian Schiess.

Ausstellung internationaler Kunst in der Schweiz:

Radikal auf Papier, Aargauer Kunsthaus Aarau.

Ausstellungen von Schweizer Kunst:

Wichtige Bilder. Fotografie in der Schweiz, Museum für Gestaltung, Zürich

Schweizer Kunst 1900–1990, Kunsthaus Zug

Zeichnungen, Helmhaus Zürich, mit Peter Emch, Stefan Gritsch, Alex Hanimann, Peter Kamm, Marianne Kuhn, Peter Roesch, Leo Walz, Anna B. Wiesendanger, Irène Wydler

Ausstellungen von Schweizer Künstlern (Auswahl):

John M. Armleder (Musée Rath, Genf), **Ian Anüll** (Kunsthalle Zürich), **Samuel Buri** (Kunstmuseum Thun), **Herbert Distel** (Kunstmuseum Bern), **Peter Fischli/David Weiss** (IVAM Centre Julio González, Valencia; Kunstraum München), **Gunter Frentzel** (Kunstmuseum Solothurn), **Pierre Haubensack/Matias Spescha** (Kunstmuseum Winterthur), **Thomas Huber** (Kunstraum München), **Stefan Gritsch** (Aargauer Kunsthaus Aarau), **Urs Lüthi** (Helmhaus Zürich), **Manon** (Kunstmuseum St. Gallen), **Christian Marclay** (Hirschhorn Museum & Sculpture Garden, Washington), **Ilona Ruegg** (Kunsthaus Zürich; Westfälischer Kunstverein, Düsseldorf; Kunstmuseum St. Gallen), **Adrian Schiess** (Aargauer Kunsthaus Aarau), **Daniel Spoerri** (Centre Georges Pompidou, Paris; Musée Picasso, Antibes; Museum moderner Kunst, Wien, Lenbachhaus, München; Musée Rath, Genf; Kunstmuseum Solothurn), **Annelies Strba** (Kunsthalle Zürich), **André Thomkins** (Kunstmuseum Luzern), Not Vital (Musée Rath, Genf), **Rolf Winnewisser** (Kunstmuseum Luzern)

Ausstellungen von internationalen Künstlern in der Schweiz (Auswahl):

Georg Baselitz (Kunsthaus Zürich), **Hanne Darboven** (Kunsthalle Basel), **Jan Hamilton Finlay** (Kunsthalle Basel), **Robert Gober** (Kunsthalle Bern), **Richard Hamilton** (Kunstmuseum Winterthur), **Jasper Johns** (Kunstmuseum Basel), **Donald Judd** (Kunstmuseum St. Gallen), **Wolfgang Laib** (Kunstmuseum Winterthur), **Mario Merz** (Museo comunale d'arte moderna, Ascona), **Bruce Naumann** (Museum für Gegenwartskunst, Basel), **Royden Rabinowitsch** (Kunstmuseum Bern), **Thomas Schütte** (Kunsthalle Bern), **Richard Serra** (Kunsthaus Zürich), Mark Tansey (Kunsthalle Basel), **Andy Warhol** (Kunstmuseum Bern), **Jerry Zeniuk** (Kunstmuseum Winterthur)

Literatur:

Wichtige Bilder. Fotografie in der Schweiz, Ausst.-Kat., Museum für Gestaltung, Zürich, hrsg. Urs Stahel und Martin Heller, Scalo-Verlag, Zürich.

Schweizer Kunst 1900–1990, Ausst.-Kat., Kunsthaus Zug, mit Texten von Matthias Haldenmann, François Jaunin, Jean-Christophe Ammann sowie Wiederabdruck von Texten von Gotthard Jedlicka, Paul Nizon, Max Wechsler, Heiny Widmer, Armin Wildermuth.

Künstlerverzeichnis der Schweiz 1980–1990, hrsg. vom Schweiz. Institut für Kunstwissenschaft, Zürich/Lausanne, Verlag Huber, Frauenfeld.

Das Aargauer Kunsthaus Aarau kauft u. a. Werke von:

Miriam Cahn, Stefan Gritsch, Josef Herzog, Luigi Lurati, Claudio Moser, Willy Müller-Brittnau

Franz Gertsch (1930)
Schwarzwasser. 1990–1991
Farbholzschnitt auf Japanpapier, 275 x 217 cm
Schenkung Franz Gertsch
Kt. AG, Inv.-Nr. G 3444 (1994)

Jean-Frédéric Schnyder (1945)
Pension Alpenblick. 1990
Öl auf Leinwand, 21 x 30 cm
Kt. AG, Inv.-Nr. 4515 (1992)

Jean-Frédéric Schnyder (1945)
Robidog. 1990
Öl auf Leinwand, 21 x 30 cm
Kt. AG, Inv.-Nr. 4514 (1992)

1990

Peter Roesch (1950)
Gleichgewicht. 1990
Acryl, Tempera auf Baumwolle, 180 x 200 cm
Kt. AG, Inv.-Nr. 4435 (1990)

Peter Roesch (1950)
Tänzer. 1990
Tempera auf Leinwand, 205 x 225 cm
Schenkung Peter Roesch
AKV, Inv.-Nr. 4415 (1990)

1990

Jan Hubertus (1920-1995)
Farbraum. 1990
Eitempera auf Papier, 75 x 58 cm
Kt. AG, Inv.-Nr. 4453 (1991)

Jan Hubertus (1920-1995)
Farbraum. 1990
Eitempera auf Papier, 75 x 58 cm
Kt. AG, Inv.-Nr. 4381 (1991)

Jean Pfaff (1945)
Ohne Titel, C 06/90. 1990
Kunstharzfarbe auf Lafranca-Papier,
122 x 272,5 cm
Kt. AG, Inv.-Nr. 4479 (1991)

1991

Ereignisse/Institutionen/Personelles

Jean Tinguely †

STILLSTAND switches, Ausstellung, Symposium, Performances mit 60 Künstlerinnen und Künstlern aus Europa und den Vereinigten Staaten, Shedhalle Zürich.

Internationale Ausstellungen:

21. Biennale São Paulo. Die Schweiz wird vertreten durch Ian Anüll.

Architektur Biennale Venedig mit Herzog & de Meuron, Balthasar Burkhard, Margherita Krischanitz, Thomas Ruff und Hannah Villiger.

Kunst, Europa. 63 deutsche Kunstvereine zeigen Kunst aus 20 Ländern.

Ausstellungen internationaler Kunst in der Schweiz:

in nebel aufgelöste Wasser des Stromes – Hommage à Caspar Wolf, Aargauer Kunsthaus Aarau, mit Werken von Michael Biberstein, Gloria Friedmann, Per Kirkeby, Richard Long, Hugo Suter, Anna Winteler

Ausstellungen von Schweizer Kunst:

Extra Muros. Zeitgenössische Schweizer Kunst, Musée des Beaux-Arts, La Chaux-de-Fonds; Musée cantonal des Beaux-Arts, Lausanne; Musée d'Art et d'Histoire, Neuchâtel, mit Werken von John Armleder, Marie José Burki, Andreas Christen, Helmut Federle, Pierre André Ferrand, Christian Floquet, Urs Frei, Thomas Huber, Christian Lindow, Jean-Luc Manz, Paul Marie, Olivier Mosset, Grégoire Müller, Vaclav Pozarek, Christoph Rütimann, Adrian Schiess, Rémy Zaugg.

Visionäre Schweiz, Kunsthaus Zürich; Kunsthalle und Kunstverein Düsseldorf; Museo Nacional Reina Sofia, Madrid

swissart, Palmer Museum of Art, University Park, PA.

Tabula rasa (Schweizer Plastikausstellung), Biel.

Ausstellungen von Schweizer Künstlern (Auswahl):

Silvia Bächli/Bruno Jakob/Eva Schlegel (Aargauer Kunsthaus Aarau; Museum moderner Kunst, Palais Lichtenstein, Wien), Biefer/Zgraggen (Centre d'art contemporain, Genf), **Hans Danuser** (Lenbachhaus, München), **Silvie & Chérif Defraoui** (Kunstmuseum St. Gallen), **Martin Disler** (Kunstmuseum Solothurn; Museum für Gegenwartskunst und Kunsthalle Basel; Whitechapel Gallery, London; Lenbachhaus, München; Wilhelm-Lehmbruck-Museum, Duisburg), **Markus Dulk** (Kunstmuseum des Kantons Thurgau, Kartause Ittingen, Warth), **Anton Egloff** (Kunstmuseum Luzern), **Helmut Federle** (Secession, Wien), **Peter Fischli/ David Weiss** (Kunstverein Düsseldorf), **Alexander Hahn** (Kunstmuseum St. Gallen), Ruth Himmelsbach (Museum für Gegenwartskunst, Basel), **Felix Stephan Huber** (Kunsthalle Zürich), **Thomas Huber** (Stedelijk van Abbemuseum, Eindhoven), **Schang Hutter** (Helmhaus Zürich), **Peter Kamm** (Kunstmuseum St. Gallen), **Marianne Kuhn** (Aargauer Kunsthaus Aarau), **Ingeborg Lüscher** (Gemeentemuseum, Den Haag), **Urs Lüthi** (Kunsthaus Glarus; Cabinet des estampes, Genf), **Jürg Moser** (Centre culturel Suisse Paris), **Josef Felix Müller** (Kunsthalle Bielefeld; Kunstverein Ludwigshafen), **Carmen Perrin** (Neue Galerie am Landesmuseum Joanneum, Graz), **Markus Raetz** (Kunstmuseum Bern), **Heiner Richner** (Aargauer Kunsthaus Aarau), **Peter Roesch** (Aargauer Kunsthaus Aarau), **Ugo Rondinone** (Kunstmuseum Luzern), **Ilona Ruegg** (Kunstmuseum St. Gallen), **Christioph Rütimann** (Kunstmuseum Luzern; Kunstverein Freiburg), **Dieter Roth** (Kunsthaus Zug), **Adrian Schiess** (Renaissance Society, Chicago; **Villa Arson**, Nizza), **Roman Signer** (Dortmunder Kunstverein), **Gaudenz Signorell** (Bündner Kunstmuseum Chur), **Daniel Spoerri** (Kunstmusem Solothurn), **Anselm Stalder** (Centre Culturel suisse, Paris), **Niele Toroni** (Württembergischer Kunstverein, Stuttgart; Museo d'arte moderna, Ascona), **Hannah Villiger** (Kunsthaus Zug), **Not Vital** (Bündner Kunstmuseum Chur), **Rolf Winnewisser** (Helmhaus Zürich), **Andrea Wolfensberger** (Dortmunder Kunstverein; Museum zu Allerheiligen, Schaffhausen), **Rémy Zaugg** (Kunstmuseum Luzern)

Ausstellungen von internationalen Künstlern in der Schweiz (Auswahl):

Joachim Bandau (Aargauer Kunsthaus Aarau), **Louise Bourgeois** (Kunstmuseum Bern), **Herbert Brandl** (Kunsthalle Bern), **John Cage** (Kunsthaus Zürich), **Francesco Clemente** (Kunsthalle Basel), **Felix Droese** (Kunsthaus Zürich), **Luciano Fabro** (Kunstmuseum Luzern), **Robert Filliou** (Kunsthalle Basel), **Edward Hopper** (Musée Rath, Genf), **Raoul de Keyser** (Kunsthalle Bern), **Anselm Kiefer** (Kunsthaus Zürich), **Janis Kounellis** (Kunstmuseum Winterthur), **Ken Lum** (Kunstmuseum Luzern), **Bruce Nauman** (Musée cantonal des Beaux-Arts, Lausanne), Julian Opie (Kunsthalle Bern), **Nam June Paik** (Kunsthaus Zürich und Kunsthalle Basel), **Gerwald Rockenschaub** (Kunstmuseum Luzern), **Ulrich Rückriem** (Kunstmuseum Winterthur), **Joël Shapiro** (Kunsthalle Zürich), **Rosmarie Trockel** (Museum für Gegenwartkunst, Basel; Kunstmuseum St. Gallen), **James Turrel** (Kunstmuseum Bern), **Christopher Wool** (Kunsthalle Bern)

Literatur:

Chronologie Schweizer Kunst 1960–1990, in: *Extra Muros. Zeitgenössische Schweizer Kunst*, Ausst.-Kat., La Chaux-de-Fonds/Lausanne/Neuchâtel.

"Jetzt. Junge Kunst aus der Schweiz, Europa und Amerika", *Du*, Heft 6 /1991.

Das Aargauer Kunsthaus Aarau kauft u. a. Werke von:

Michael Biberstein, Helmut Federle, Stefan Gritsch, Jan Hubertus, Marianne Kuhn, Max Matter, Ursula Mumenthaler, Jean Pfaff, Peter Roesch, Hans Schärer, Anna Winteler

Annelies Štrba (1947)
Sonja mit Wasserglas. 1991
Fotografie hinter Glas aufgezogen,
100 x 150 cm
Kt. AG, Inv.-Nr. 5150 (1998)

Jean-Frédéric Schnyder (1945)
Landschaft I–XXXV. 1990–1991
35-teilig, Öl auf Leinwand, je 21 x 30 cm
Kt. AG und Schweiz. Eidgenossenschaft
Inv.-Nr. D 1973 (1993)

Ursula Mumenthaler (1955)
Garage Juillet. 1991
Cibachrome auf Aluminium, 158 x 122,5 cm
Kt. AG, Inv.-Nr. 4489 (1991)

Dieter Wymann (1961)
Sessel. 1961
TV. 1991
Lampe. 1991
78 x 94,5 x 86 cm, 45,5 x 68 x 43,5 cm, 161,5 x 50 x 50 cm
Holz, Flugzeugsperrholz
Depositum der Möbel-Pfister-Stiftung
Inv.-Nr. DS 1969/1970/1971 (1999)

1992

Internationale Ausstellungen:

documenta IX, Kassel. Leitung: Jan Hoet. Teilnehmende Schweizer Künstler: Michael Biberstein, Ingeborg Lüscher, Adrian Schiess, Niele Toroni, Silvie und Chérif Defraoui, Marie José Burki.

45. Biennale Venedig. Die Schweiz wird vertreten durch Jean-Frédéric Schnyder und Christoph Rütimann.

Ausstellungen internationaler Kunst in der Schweiz:

Transform. Bild Objekt Skulptur im 20. Jahrhundert, Kunstmuseum und Kunsthalle Basel.

Post human, u. a. Musée d'art contemporain, Fondation Asher Edelman, Pully.

Der Augen Blick. Videokunst, Videoclips, Computeranimation, Kunstmuseum Bern.

Gegendarstellung: Ethik und Ästhetik im Zeitalter von Aids, Kunstmuseum Luzern.

8 x 2 Künstlerinnen und Künstler aus Ost- und Westeuropa, u. a. Aargauer Kunsthaus Aarau.

Ausstellungen von Schweizer Kunst:

frammenti, interface, intervalli – paradigmi della frammentazione nell'arte svizzera, Genua.

Aspekte zum Thema Mass und Gesetz in der Schweizer Zeitkunst, Kunstmuseum Olten.

Ausstellungen von Schweizer Künstlern (Auswahl):

Michael Biberstein (Kunstmuseum Solothurn), Heinz Brand (PS1, New York), **Chiarenza & Hauser** (Kunsthalle Basel), **Alex Hanimann** (Kunstmuseum St. Gallen), **Peter Emch** (Bündner Kunstmuseum Chur), **Helmut Federle** (Kunsthalle Zürich; Moderna Museet, Stockholm), **Pia Fries** (Kunstmuseum Luzern; Kunstverein Bonn), **Johannes Gachnang** (Kunstmuseum Bern), **Karl Gerstner** (Von der Heydt-Museum, Wupperthal), **Franz Gertsch** (Centro Arte Reina Sofia, Madrid), **Thomas Huber** (Kestner Gesellschaft, Hannover), **Verena Loewensberg** (Aargauer Kunsthaus Aarau), **Ulrich Meister** (Kunstverein Arnsberg), **Christian Philippe Müller** (Palais des Beaux-Arts, Brüssel; Kunstverein München), **Josef Felix Müller** (Kunstmuseum St. Gallen), **Carmen Perrin** (Musée Rath, Genf), **Dieter Roth** (Neues Museum Weserburg, Bremen; Museum moderner Kunst, Passau), **Christian Rothacher** (Kunstmuseum Olten), **Ilona Ruegg** (Swiss Institute, New York), **Clara Saner** (Kunsthalle Basel), **Klaudia Schifferle** (Museum zu Allerheiligen, Schaffhausen), **Jean-Frédéric Schnyder** (Aargauer Kunsthaus Aarau; Kunstmuseum Bern), **Roman Signer** (Kunstmuseum Thun; Helmhaus Zürich), **Anselm Stalder** (Kunsthaus Zürich), **Varlin** (Villa Malpensata, Lugano), **Ilse Weber** (Kunsthaus Zürich), **Andrea Wolfensberger** (Museum zu Allerheiligen, Schaffhausen), **Rémy Zaugg** (Musée Rath, Genf; Secession, Wien), **Beat Zoderer** (Helmhaus Zürich)

Ausstellungen von internationalen Künstlern in der Schweiz (Auswahl):

Michael Asher (Kunsthalle Bern), **Gilbert & George** (Kunsthalle Zürich), **Andreas Gursky** (Kunsthalle Zürich), **Mike Kelly** (Kunsthalle Basel), **Agnes Martin** (Kunstmuseum Winterthur), **Walter de Maria** (Kunsthaus Zürich), **Maria Nordmann** (Kunstmuseum Luzern), **Giulio Paolini** (Kunstmuseum Winterthur), **Robert Ryman** (Hallen für neue Kunst, Schaffhausen), **Clifford Still** (Kunsthalle Basel), **Richard Tuttle** (Kunstmuseum Winterthur), **Luc Tuymans** (Kunsthalle Bern), **Michel Verjux** (Musée cantonal des Beaux-Arts, Lausanne), **Franz Erhard Walter** (Kunstmuseum Luzern)

Literatur:

Beat Wyss mit Urs Stahel, Annemarie Hürlimann, Ueli Fischer: *Kunstszene heute*, in der Reihe: Ars helvetica, Band XII, Pro Helvetia und Disertina Verlag, Dessentis.

Junge Schweizer Kunst 1960–1990, Sammlungskatalog der Gotthard Bank, hrsg. vom Schweizerischen Institut für Kunstwissenschaft, Zürich.

Matthias Frehner: *Die Geschichte der Schweizer Eisenplastik*, Diss. Universität Zürich.

Das Aargauer Kunsthaus Aarau kauft u. a. Werke von:

Balthasar Burkhard, Helmut Federle, Felix Stephan Huber, Claudio Moser, Jean-Frédéric Schnyder

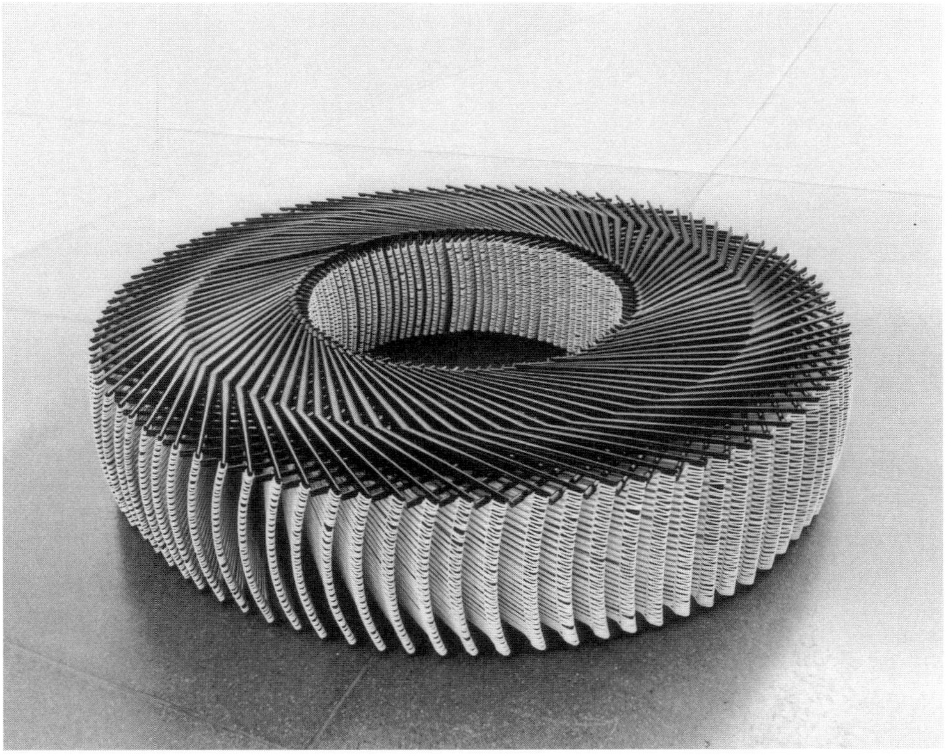

Theres Waekerlin (1965)
Agatha Zobrist (1966)
Kreis. 1992
Stühle aus dem Fundus des Aargauer Kunsthauses
46 x 250 x 250 cm
Kt. AG, Inv.-Nr. S 5323 (1999)

Jürg Stäuble (1948)
Ohne Titel. 1992
Flugzeugsperrholz und Spachtelmasse
2-teilig, je 66,5 x 82 x 126 cm
Kt. AG, Inv.-Nr. S 4548 (1993)

René Zäch (1946)
Relais, 1992
Holz, Eisenschutzfarbe
220 x 110 x 85 cm
Kt. AG, Inv.-Nr. S 5324 (1999)

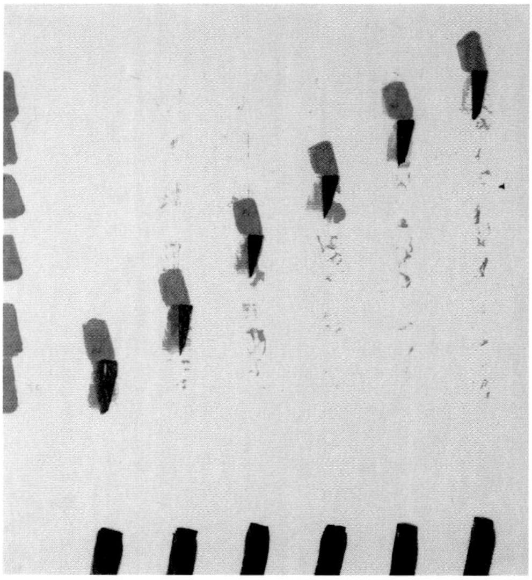

Barbara Müller (1956)
Ohne Titel. 1992
Graphit, Binder auf Papier, 96 x 90 cm
Kt. AG, Inv.-Nr. 4570 (1993)

Claudio Moser (1959)
Ohne Titel. 1992
Fotografie auf Aluminium, 120 x 186 cm
Kt. AG, Inv.-Nr. 4531 (1992)

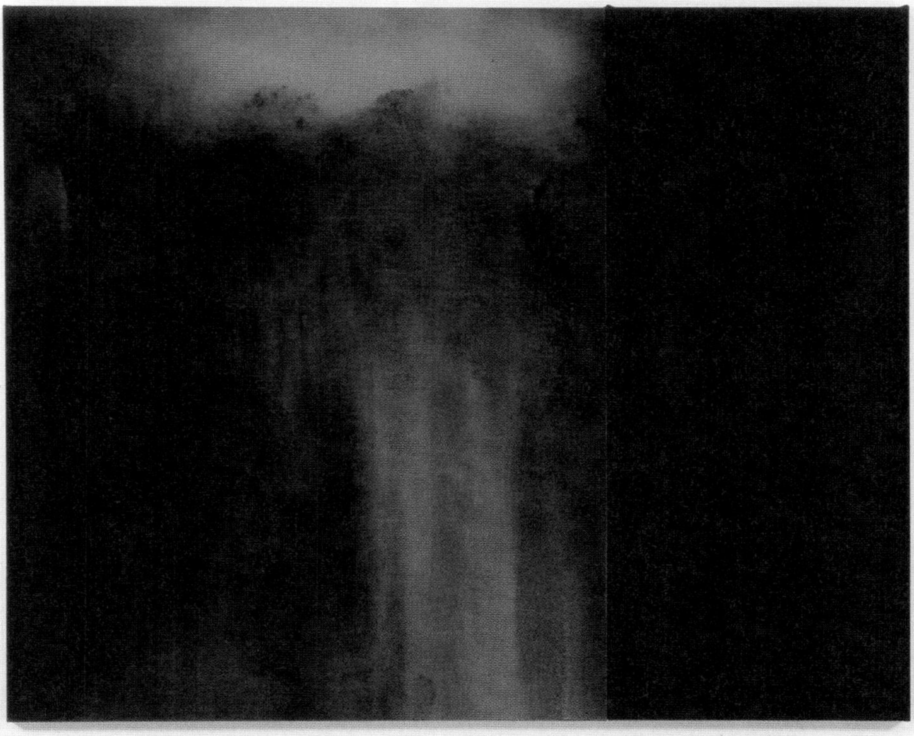

Michael Biberstein (1948)
Ohne Titel. 1992
2-teilig, Acryl auf Leinwand, 165 x 210 cm
Kt. AG, Inv.-Nr. 4546 (1993)

1993

Ereignisse/Institutionen/Personelles

Eröffnung des Fotomuseums Winterthur.

Eröffnung der Konsumbäckerei, Solothurn.

Internationale Ausstellungen:

Prospekt 93, Kunstverein und Schirn Kunsthalle, Frankfurt.

Ausstellungen internationaler Kunst in der Schweiz:

Equilibre. Gleichgewicht, Äquivalenz und Harmonie in der Kunst des 20. Jahrhunderts, Aargauer Kunsthaus Aarau.

Das 21. Jahrhundert, Kunsthalle Basel.

Ausstellungen von Schweizer Kunst:

Dimension Schweiz 1915–1993. Von der frühen Moderne zur Kunst der Gegenwart, Museum für Moderne Kunst, Bozen 1993.

The Swiss Paradigm, Winnipeg Art Gallery, mit Werken von Ian Anüll, Marie José Burki, Chiarenza & Hauser, Alex Hanimann, Clara Saner, Adrian Schiess, George Steinmann.

Junge Schweizer Kunst, Kunsthaus Glarus.

Schweizer Künstlergraphik von Alberto Giacometti bis Urs Lüthi, Galerie im Taxispalais, Innsbruck.

Echo. Sechs Schweizer Künstler, Boras Konstmuseum; Lunds Konsthall, mit Werken von Silvia Bächli, Stefan Gritsch, Eric Hattan, Stephan Landry, Claudio Moser, Dieter Wymann.

Transit. New art from Switzerland, Museet for samtidskunst Oslo.

Ausstellungen von Schweizer Künstlern (Auswahl):

Eva Aeppli (Moderna Museet, Stockholm), **Jürg Altherr** (Helmhaus Zürich), **Jan Anüll** (ETH Graphische Sammlung, Zürich), **Ueli Berger** (Musée d'art et d'histoire, Neuenburg; Pasqu'Art, Biel), **Miriam Cahn** (Kunsthaus Zürich), **Chiarenza&Hauser** (Kunstverein Arnsberg), **Hans Danuser** (Bündner Kunstmuseum Chur), **Silvie & Chérif Defraoui** (Magasin, Grenoble), **Helmut Federle** (Museum Folkwang, Essen), **Peter Fischli/ David Weiss** (Kunsthalle Zürich), **Sylvie Fleuri** (Neue Galerie am Landesmuseum Joanneum, Graz), **Karl Gerstner** (Kunstmuseum Solothurn; Kunstsammlungen zu Weimar), **Franz Gertsch** (Städel, Frankfurt), **Alex Hanimann** (Albrecht Dürer Gesellschaft, Nürnberg), **Thomas Huber** (Kunsthaus Zürich), **Friedrich Kuhn** (Kunsthaus Zug), **Ingeborg Lüscher** (Museum Wiesbaden), **Urs Lüthi** (Bonner Kunstverein), **Ulrich Meister** (Kunsthalle Kiel; Städtische Kunstsammlung Chemnitz), **Wilfrid Moser** (Kunsthaus Zürich), **Josef Felix Müller** (Kunstverein Frankfurt; Cabinet des estampes, Genf), **Carmen Perrin** (Swiss Institute, New York), **Markus Raetz** (IVAM Centre Julio González, Valencia), **Hans Schärer** (Aargauer Kunsthaus Aarau), **Roman Signer** (Kunstmuseum St. Gallen), **Matias Spescha** (Bündner Kunstmuseum Chur), **Jean-Frédéric Schnyder** (Portikus Frankfurt), **Beat Streuli** (Kunstmuseum Luzern), **Rémy Zaugg** (Westfälisches Landesmuseum, Münster), **Daniel Zimmermann** (Musée d'art vivant, Reykjavik)

Ausstellungen von internationalen Künstlern in der Schweiz (Auswahl):

Balthus (Musée cantonal des Beaux-Arts, Lausanne), **Joseph Beuys** (Kunsthaus Zürich), **James Bishop** (Kunstmuseum Winterthur), **Alighiero e Boetti** (Kunstmuseum Luzern), **Christian Boltanski** (Musée cantonal des Beaux-Arts, Lausanne), **Antonio Calderara** (Kunsthaus Zug), **Imi Giese** (Kunsthalle Zürich), Fonds Haagmans (Kunsthalle Bern), **Candida Höfer** (Kunsthalle Bern), **Roni Horn** (Kunstmuseum Winterthur), **Tadashi Kawamata** (Helmhaus Zürich), **Sol LeWitt** (Kunstmuseum Winterthur), **Robert Mangold** (Hallen für neue Kunst, Schaffhausen), **Brice Marden** (Museum für Gegenwartskunst, Basel; Kunsthalle Bern), **Tatsua Miyajima** (Kunsthalle Zürich), **Matt Mullican** (Kunstmuseum Luzern), **Maria Nordmann** (Kunstmuseum Luzern), **Richard Serra** (Bündner Kunstmuseum Chur), **Keith Sonnier** (Kunstmuseum St. Gallen), **Bill Viola** (Musée cantonal des Beaux-Arts, Lausanne), **Jeff Wall** (Kunstmuseum Luzern), **Andy Warhol** (Kunstmuseum Luzern)

Literatur:

Dimension Schweiz 1915–1993. Von der frühen Moderne zur Kunst der Gegenwart, Ausst.-Kat., Museum für Moderne Kunst, Bozen 1993, mit Texten von Markus Klammer, Bernhard Fibicher.

Das Aargauer Kunsthaus Aarau kauft u. a. Werke von:

Michael Biberstein, Roman Clemens, Hans Danuser, Helmut Federle, Guido Nussbaum, Jean-Frédéric Schnyder, Anselm Stalder, Jürg Stäuble

Stefan Gritsch (1951)
Ohne Titel. 1993–1994
Acryl, 12,3 x 22 x 16 cm
Kt. AG, Inv.-Nr. S 4677 (1995)

Christoph Gredinger (1954)
Verpackungskarton Brieger Nr. 565. 1993–1994
Gouache auf Holz, 28,5 x 55 cm
Kt. AG, Inv.-Nr. 4659 (1995)

Stefan Gritsch (1951)
Ohne Titel. 1993
Ölwachsfarbe auf Leinwand, 100 x 100 cm
Schenkung Stefan Gritsch
AKV, Inv.-Nr. 4679 (1995)

Mireille Gros (1954)
Umsteigen in Abobo Doumé. 1993
Öl auf Flachsleinen, 220 x 170 cm
Kt. AG, Inv.-Nr. 4607 (1994)

Balthasar Burkhard (1944)
Ohne Titel. 1993
2-teilig, Fotografie auf Baryt-Papier, 168 x 260 cm
Schenkung Balthasar Burkhard
Kt. AG, Inv.-Nr. 4632 (1994)

1993

Hugo Suter (1943)
Sonntag in Seon (Nasse Farbe). 1993
4-teilig, Dispersion auf Pappelholz, 54,5 x 289 cm
Kt. AG, Inv.-Nr. 5044 (1997)

1994

Ereignisse/Institutionen/Personelles

Max Bill †

Eröffnung des Musée d'art moderne et contemporain (mamco), Genf.

Eröffnung des Centro d'arte contemporanea, Chiasso (heute in Bellinzona).

Eröffnung des Kaskadenkondensators, Basel.

Internationale Ausstellungen:

22. Biennale São Paulo. Die Schweiz wird vertreten durch Pipilotti Rist, Hannah Villiger und dem Architekturbüro Herzog & de Meuron.

Ausstellungen internationaler Kunst in der Schweiz:

Endstation Sehnsucht, Kunsthaus Zürich, mit Werken u. a. von Sophie Calle, Sylvie Fleurie, Gabriel Orozco, Raymond Pettibon, Ugo Rondinone.

Backstage. Topologie zeitgenössischer Kunst, u.a Kunstmuseum Luzern.

Zufall und konkrete Kunst, Stiftung für konstruktive und konkrete Kunst, Zürich.

Fluxus, Kunsthalle Basel.

Welt-Moral. Moralvorstellungen in der Kunst heute, Kunsthalle Basel.

Ausstellungen von Schweizer Kunst:

Video-Szene Schweiz, Kunsthaus Langenthal

Körper, Fragment, Wirklichkeit: Beispiele aus der Schweizer Kunst des 20. Jahrhunderts, Kunstmuseum Solothurn

Ausstellungen von Schweizer Künstlern (Auswahl):

Eva Aeppli (Kunstmuseum Solothurn; Bundeskunsthalle, Bonn), **Silvia Bächli** (Centre d'art contemporain, Genf), **Daniele Buetti** (Helmhaus Zürich), **Balthasar Burkhard** (Kunsthaus Zug), **Gianfredo Camesi** (Kunstmuseum Bern und Musée d'art et d'histoire, Neuchâtel), **Chiarenza & Hauser** (Kunsthaus Glarus und Kunstmuseum des Kantons Thurgau, Kartause Ittingen, Warth), **Andreas Christen** (Kunstmuseum Winterthur), **Friedrich Dürrenmatt** (Kunsthaus Zürich), **Walter Fähndrich** (Helmhaus Zürich), **Marc-Antoine Fehr** (Aargauer Kunsthaus Aarau), **Sylvie Fleury** (Le consortium, Dijon), **Robert Frank** (National Gallery of Art, Washington), **Urs Frei** (Kunsthalle Zürich), **Franz Gertsch** (Kunstmuseum Bern), **Stefan Gritsch** (Aargauer Kunsthaus Aarau), **Josef Herzog** (Kunsthaus Zug), **Ruth Himmelsbach** (Kunsthaus Zug), **Thomas Huber** (Kunstverein Braunschweig), **Urs Lüthi** (Aargauer Kunsthaus Aarau, Kunstverein Freiburg), **Jean Mauboulès** (Kunstmuseum Solothurn), **Ulrich Meister** (Secession, Wien), **Claudia und Julia Müller** (Museum für Gegenwartskunst, Basel), **Markus Raetz** (Centre Culturell Suisse, Paris; Musée Rath, Genf), **Pipilotti Rist** (Kunstmuseum St. Gallen), **Dieter Roth** (Kunstverein Friedrichshafen), **Christoph Rütimann** (Museum zu Allerheiligen, Schaffhausen), **Claude Sandoz** (Bündner Kunstmuseum Chur), **Adrian Schiess** (Kunsthalle Zürich), **Albrecht Schnider** (Kunstmuseum Luzern), **Peter Stämpfli** (Musée des Beaux-Arts, Dole), **Jürg Stäuble** (Aargauer Kunsthaus Aarau), **Christoph Storz** (Aargauer Kunsthaus Aarau)

Ausstellungen von internationalen Künstlern in der Schweiz (Auswahl):

Giovanni Anselmo (Centre d'art contemporain, Genf), **Balthus** (Kunstmuseum Bern), **Joseph Beuys** (Kunsthaus Zürich), **Jean M. Bustamante** (Kunsthalle Bern), **Sophie Calle** (Musée cantonal des Beaux-Arts, Lausanne), **Toni Cragg** (Kunstmuseum St. Gallen), **Peter Greenaway** (Musée d'art et d'histoire, Genf), **Garry Hill** (Museum für Gegenwartskunst, Basel), **Aurelie Nemours** (Stiftung für konstruktive und konkrete Kunst, Zürich), **Charles Ray** (Kunsthalle Bern), **Keith Sonnier** (Kunstmuseum St. Gallen), **Rosmarie Trockel** (Centre d'art contemporain, Genf), **Michel Verjux** (Kunstmuseum St. Gallen), **Didier Vermeiren** (Kunsthalle Zürich), **Rachel Whiteread** (Kunsthalle Basel), **Otto Zitko** (Kunsthalle Bern), **Heimo Zoberning** (Kunsthalle Bern)

Das Aargauer Kunsthaus Aarau kauft u. a. Werke von:

John Armleder, Silvia Bächli, Balthasar Burkhart, Chiarenza & Hauser, Franz Gertsch, Chiarenza-Hauser, Helmut Federle, Marc-Antoine Fehr, Rolf Iseli, Urs Lüthi, Vaclav Pozarek, Adrian Schiess, Jürg Stäuble

Hervé Graumann (1963)
Raoul Pictor cherche son style. 1993–1998
Printscreens aus der gleichnamigen Computerinstallation
Kt. AG, Inv.-Nr. S 5313 (1998)

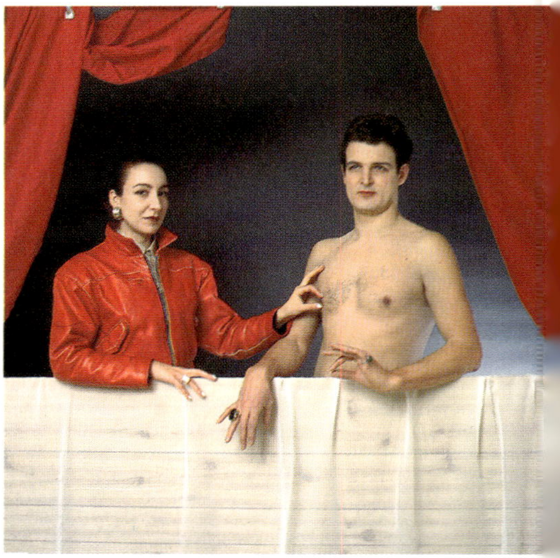

Marie-Antoinette Chiarenza (1957)
Daniel Hauser (1959)
du bist was du siehst, wir sind was du willst. 1991–1994
3-teilig, Fotografie auf Aluminium
je 100 x 100 cm
Kt. AG, Inv.-Nr. 4618 (1994)

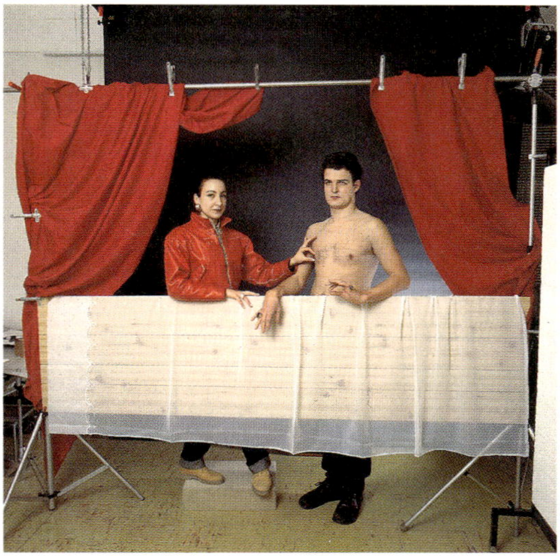

Marc-Antoine Fehr (1953)
Eté à Pressy. 1993–1994
Öl auf Leinwand, 230 x 305 cm
Kt. AG, Inv.-Nr. 4624 (1994)

Stefan Gritsch (1951)
Ohne Titel. 1994
Ölwachsfarbe auf Leinwand, 100 x 100 cm
Kt. AG, Inv.-Nr. 4676 (1995)

Valentin Ph. Hauri (1954)
Victoria Park I. 1994
Öl auf Leinwand, 61 x 46 cm
Kt. AG, Inv.-Nr. 4629 (1994)

Valentin Ph. Hauri (1954)
Victoria Park II. 1994
Öl auf Leinwand, 61 x 46 cm
Kt. AG, Inv.-Nr. 4630 (1994)

Peter Küng (1951)
Ohne Titel. 1994
Kasein, Öl, Tempera auf Leinwand, 50 x 61 cm
Kt. AG, Inv.-Nr. 4651 (1995)

Otto Grimm (1955)
Aufsicht. 1994
Aquarell auf Baumwolle, 150 x 180 cm
Kt. AG, Inv.-Nr. 4650 (1995)

Marianne Kuhn (1949)
Ohne Titel. 1994
Graphit auf Papier, 150 x 240 cm
Kt. AG, Inv.-Nr. 4649 (1995)

Irène Wydler (1943)
Grosser Plan. 1994
Bleistift auf Papier, 79,5 x 139,5 cm
Kt. AG, Inv.-Nr. 4658 (1995)

Carmen Perrin (1953)
Ohne Titel. 1994
5-teilig, Gummi, Eisendraht, 183 x 230 x 45 cm
Kt AG, Inv.-Nr. S 5019 (1997)

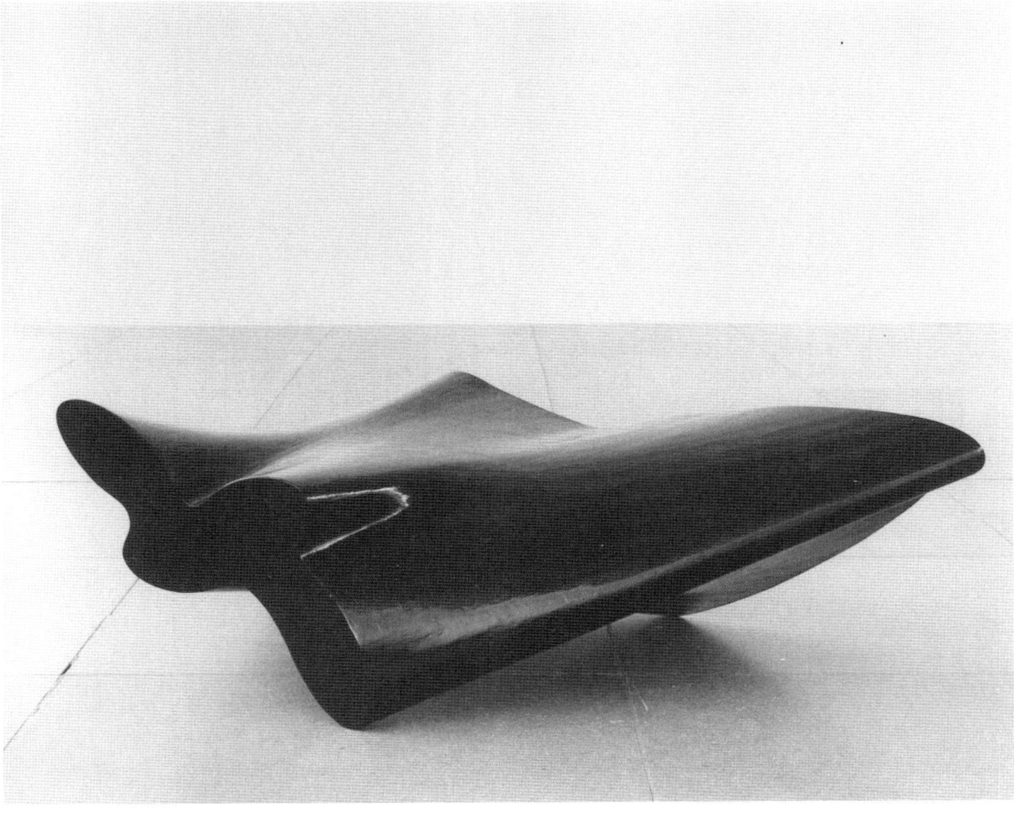

Jürg Stäuble (1948)
Ohne Titel. 1994
Sperrholz, Spachtelmasse, Asphaltlack, 90 x 265 x 150 cm
Kt. AG, Inv.-Nr. S 4639 (1995)

1995

Ereignisse/Institutionen/Personelles

Erweiterung des Kunstmuseums Winterthur.

Eröffnung des Centre d'Art Neuchâtel (CAN), Neuchâtel.

Internationale Ausstellungen:

46. Biennale Venedig. Die Schweiz wird vertreten durch Peter Fischli/David Weiss und Christian Marclay.

Ausstellungen internationaler Kunst in der Schweiz:

Zeichen und Wunder. Niko Pirosmani und die aktuelle Westkunst, u. a. Kunsthaus Zürich.

100 Jahre Kino, u. a. Kunsthaus Zürich

Karo Dame. Konstruktive, konkrete und radikale Kunst von Frauen von 1914 bis heute, Aargauer Kunsthaus Aarau.

Jedes Haus ein Kunsthaus, Museum für Gestaltung, Zürich.

Ausstellungen von Schweizer Kunst:

Beyond Switzerland, Hong Kong Museum of Art, mit Jean-Luc Manz, Martin Disler, Mirjam Beerli, Balthasar Burkhard, Mario Merz, Ursula Mumenthaler, Miriam Cahn, Stéphane Brunner, Ben Vautier, John M. Armleder, Sylvie Fleury, Pedro Peschiera, Daniel Berset, Carmen Perrin, Michel Huelin.

Ohne Titel. Die Sammlung zeitgenössischer Schweizer Kunst der Stiftung Kunst heute, Aargauer Kunsthaus Aarau.

Ausstellungen von Schweizer Künstlern (Auswahl):

John Armleder (Cabinet des estampes, Genf), **Marie José Burki** (Kunsthalle Basel), **Martin Disler** (Kunstmuseum Solothurn; Kunsthalle Emden), **Ariane Epars** (Centre d'art contemporain, Genf), **Helmut Federle** (Kunstmuseum Bonn), **Robert Frank** (Kunsthaus Zürich; Stedelijk Museum Amsterdam; Whitney Museum, New York), **Franz Gertsch** (Kunsthalle Baden-Baden), **Stefan Gritsch** (Museum am Abteilberg, Mönchengladbach), **Thomas Hirschhorn** (Fri Art, Fribourg), **Christoph Lindow** (Kunstmuseum Winterthur), **Urs Lüthi** (Museum Wiesbaden), **Jean-Luc Manz** (Fri Art, Fribourg), **Muda Mathis** (Kunstmuseum des Kantons Thurgau, Kartause Ittingen, Warth), **Max Matter** (Aargauer Kunsthaus Aarau), **Gaspare O. Melcher** (Bündner Kunstmuseum Chur), **Claudio Moser** (Kunsthalle St. Gallen), **Claudia und Julia Müller** (Kunsthalle St. Gallen), **Josef Felix Müller** (Zeppelinmuseum, Friedrichshafen; Museum zu Allerheiligen, Schaffhausen), **Vaclav Pozarek** (Aargauer Kunsthaus Aarau), **Pipilotti Rist** (Musée d'art et d'histoire, Genf; Neue Galerie am Landesmuseum Joanneum, Graz; Kunstverein Hamburg), **Ugo Rondinone** (Musée d'art moderne de la ville de Paris), **Dieter Roth** (Secession, Wien), **Ilona Ruegg** (Helmhaus Zürich), **Christoph Rütimann** (Kunstverein Münster), **Jean-Frédéric Schnyder** (Akron Museum, Akron OH), **Roman Signer** (de Appel, Amsterdam), **Kurt Sigrist** (Helmhaus Zürich), **Jürg Stäuble** (Museum am Abteiberg, Mönchengladbach), **Beat Streuli** (l'usine Dijon; Württembergischer Kunstverein, Stuttgart), **Monica Studer/Christoph van den Berg** (Centre d'art contemporain, Genf), **Annelies Štrba/Bernhard Schobinger** (Kunsthaus Glarus), **Hannah Villiger** (Kunstmuseum St. Gallen) **Käthe Walser** (Museum im Bellpark, Kriens), **Eva Wipf** (Kunsthaus Zug), **Thomas Zindel** (Bündner Kunstmuseum Chur), **Beat Zoderer** (Galerie Museum Bozen; Aargauer Kunsthaus Aarau)

Ausstellungen von internationalen Künstlern in der Schweiz (Auswahl):

Marina Abramovic (Kunstmuseum des Kantons Thurgau, Kartause Ittingen, Warth), **Siah Armajani** (Mamco, Genf), **Helen Chadwick** (Kunsthaus Glarus), **Robert Gober** (Museum für Gegenwartskunst, Basel), **Raimond Girke** (Kunsthaus Zug), **Nan Goldin** (Centre d'art contemporain, Genf), **Marcia Hafif** (Stiftung für konstkruktive und konkrete Kunst, Zürich), **Roni Horn** (Kunsthalle und Museum für Gegenwartskunst, Basel), **Garry Hume** (Kunsthalle Bern), **Ilya Kabakov** (Kunstmuseum und Museum für Gegenwartskunst, Basel), **Astrid Klein** (Fotomuseum Winterthur), **Udo Koch** (Kunsthalle Bern), **Maria Lassning** (Kunstmuseum Bern), **John Mc Cracken** (Kunsthalle Basel), **Marisa Merz** (Kunstmuseum Winterthur), **Bruce Nauman** (Kunsthaus Zürich), **Tony Oursler** (Centre d'art centemporain, Genf), **Blinky Palermo** (Museum für Gegenwartskunst, Basel), **François Perrodin** (Stiftung für konstruktive und konkrete Kunst, Zürich), **Raymond Pettibon** (Kunsthalle Bern), Cindy Shermann (Kunstmuseum Luzern), **Hiroshi Sugimoto** (Kunsthalle Basel), **Wolfgang Tillmanns** (Kunsthalle Zürich), **Andy Warhol** (Kunstmuseum Luzern), **Lawrence Weiner** (Kunstmuseum St. Gallen), **Erwin Wurm** (Kunstmuseum St. Gallen)

Literatur:

Die Sammlung Schweizer Photographie der Gotthard Bank, Sammlungskatalog, Hrsg. Schweizer Institut für Kunstwissenschaft, Zürich.

Das Aargauer Kunsthaus Aarau kauft u. a. Werke von:

Franz Gertsch, Stefan Gritsch, Vaclav Pozarek, Urs Lüthi, Jürg Stäuble, Beat Zoderer

Guido Nussbaum (1948)
Schweizer Welt 1. 1995
Fotografie. Unikat, 60 x 50 cm
Kt. AG, Inv.-Nr. 4695 (1996)

1995

Vaclav Pozarek (1940)
Siena umbra. 1995-1996
Gouache auf Papier, 78,5 x 107,5 cm
Depositum Vaclav Pozarek
Inv.-Nr. D 1972 (1999)

Beat Zoderer (1955)
Konsolidierter Sockel. 1995
Museumssockel, Zement, 83 x 118 x 44 cm
Kt. AG, Inv.-Nr. S 4689 (1996)

Beat Zoderer (1955)
Blech auf Leinwand Nr. 3. 1995
Stahlblech, bemalt, auf Leinwand
190x 180 cm
Kt. AG, Inv. Nr. 4690 (1995)

Pia Fries (1955)
Iumnes. 1995–1996
Öl auf Holz, 110 x 170 cm
Kt. AG, Inv.-Nr. 5040 (1997)

Christoph Gossweiler (1950)
Malerei. 1995
Acryl auf Novopan, Durchmesser 110 cm
Kt. AG, Inv.-Nr. 4693 (1996)

Barbara Müller (1956)
Ohne Titel. 1995
Öl auf Gips, Leim, Bandagen, 50,5 x 52,5 cm
Kt. AG, Inv.-Nr. 5148 (1998)

Hannah Villiger (1951–1997)
Skulptural. 1995–1996
Fotografie ab Polaroidvorlage auf Aluminium aufgezogen
124,5 x 121 cm
Kt. AG, Inv.-Nr. 5015 (1997)

Ingeborg Lüscher (1936)
Ohne Titel. 1995
Ilfochrome, 71,5 x 104,5 cm
Schenkung Ingeborg Lüscher
AKV, Inv.-Nr. 5025 (1997)

Ingeborg Lüscher (1936)
Ohne Titel. 1995
Ilfochrome, 71,5 x 104,5 cm
Schenkung Ingeborg Lüscher
AKV, Inv.-Nr. 5026 (1997)

1996

Ereignisse/Institutionen/Personelles

Martin Disler †

Gründung der Liste. Young Art Fair, Basel.

Gründung der Messe ch-edition für Druckgrafik, Solothurn.

Eröffnung des Tinguely-Museums, Basel.

Eröffnung des Museums für Gegenwartskunst (Migros-Museum), Zürich.

Wiedereröffnung des erweiterten Musée Jurassien des Arts, Moutier.

Gründung von attitudes, Genf.

Internationale Ausstellungen:

23. Biennale São Paulo. Die Schweiz wird vertreten durch Ugo Rondinone.

Prospekt 96, Kunstverein und Schirn Kunsthalle Frankfurt.

Ausstellungen internationaler Kunst in der Schweiz:

fremdkörper, Museum für Gegenwartskunst Basel.

Im Kunstlicht. Fotografie im 20. Jahrhundert, u a Kunsthaus Zürich.

Wunderkammer Österreich, u. a. Kunsthaus Zürich.

Hello World. Global Paces – Private Spaces, Museum für Gestaltung, Zürich.

Colour and paint, Kunstmuseum St. Gallen.

Ausstellungen von Schweizer Kunst:

helvetia sounds, Villa Merkel, Esslingen, mit Werken von Christian Marclay, Pipilotti Rist, Roman Signer, Jean Tinguely.

Bilderzauber. Ein seriöses Spiel, Fotomuseum Winterthur.

Video-Biennale – Szene Schweiz, Kunsthaus Langenthal.

Ausstellungen von Schweizer Künstlern (Auswahl):

Stefan Altenburger (Mamco Genf), **Silvia Bächli** (Kunsthalle Bern), **Miriam Cahn** (Kunstverein Bonn), **Hans Danuser** (Kunsthaus Zürich), **Monika Dillier** (Kunsthaus Glarus), **Peter Fischli/David Weiss** (Walker Art Center, Minneapolis; Serpentine Gallery, London; Kunsthaus Zürich; Institute of contemporary Art, Philadelphia), **Sylvie Fleury** (Musée d'art moderne et contemporain, Genf), **Robert Frank** (Centre Culturel Suisse, Paris), **Marcus Geiger** (Kunstmuseum St. Gallen), **Florin Granwehr** (Stiftung für konstruktive und konkrete Kunst, Zürich), **Stefan Gritsch** (Helmhaus Zürich), **Pierre Haubensack** (Helmhaus Zürich), **Thomas Hirschhorn** (Kunstmuseum Luzern), **Thomas Huber** (Musée cantonal des Beaux-Arts, Lausanne), **Beat Klein** (Kunsthalle Basel), **Christian Lindow** (Lindenau Museum, Altenburg), **Bernhard Luginbühl** (ETH Grafiksammlung, Zürich), **Ingeborg Lüscher** (Aargauer Kunsthaus Aarau), **Christian Marclay** (Musée d'art et d'histoire, Genf), **Rémy Markowitsch** (Kunstmuseum Luzern; Städtisches Museum, Zwickau), **Muda Mathis/Sus Zwick/Fränzi Madörin** (CAN, Neuchâtel), **Ulrich Meister** (Institut für moderne Kunst, Nürnberg), **Norbert Möslang/Andy Guhl** (Swiss Insitute, New York), Olivier Mosset (CAN, Neuchâtel), **Josef Felix Müller** (Kunsthalle Giessen), **Robert Müller** (Aargauer Kunsthaus Aarau), **Carmen Perrin** (Aargauer Kunsthaus Aarau), **Pipilotti Rist** (Centre d'art contemporain, Genf; Chrisenhale Gallery, London; Museum of contemporary Art, Chicago; mit Samir: Kunsthalle Baden-Baden), **Ugo Rondinone** (Centre d'art contemporain, Genf; Institute of contemporary Art, Philadelphia), **Adrian Schiess** (Kunsthalle New York; Musée d'art et d'histoire, Genf), **Klara Schilliger/Valerian Maly** (Museum im Bellpark, Kriens), **Jean-Frédéric Schnyder** (Kunstverein Salzburg), **Sonja Sekula** (Kunstmuseum Winterthur), **Anselm Stalder** (Museum zu Allerheiligen, Schaffhausen), **Beat Streuli** (Kunsthalle New York), Ben Vautier (Kunstmuseum Solothurn), **Peter Wüthrich** (Suermont Ludwig Museum, Aachen)

Ausstellungen von internationalen Künstlern in der Schweiz (Auswahl):

Nobuyoshi Araki (Kunsthalle Basel), Art & Language (Kunsthalle St. Gallen), **Matthew Barney** (Kunsthalle Bern), **Vanessa Beecroft** (Fri Art, Fribourg), **Dadamaino** (Stiftung für konstruktive und konkrete Kunst, Zürich), **Willie Doherty** (Kunsthalle Bern), **Douglas Gordon** (Museum für Gegenwartskunst, Zürich), Dan Graham (Kunsthalle Basel), **Günther Förg** (Kunstmuseum Luzern), **Jenny Holzer** (Kunstmuseum des Kantons Thurgau, Kartause Ittingen, Warth), **Tadashi Kawamata** (Kunsthaus Zug), **Imi Knoebel** (Kunstmuseum St. Gallen), **Ines van Lamswerde** (Kunsthaus Zürich), **Joseph Marioni** (Kunstmuseum St. Gallen), **Michel Majerus** (Kunsthalle Basel), **Boris Michajlov** (Kunsthalle Zürich), **Matt Mullican** (Kunsthalle St. Gallen), **Shirin Neshat** (Fri Art, Fribourg), **Dennis Oppenheim** (Mamco, Genf), **Gabriel Orozco** (Kunsthalle Zürich), **Jason Rhoades** (Kunsthalle Basel), **Karin Sander** (Kunstmuseum St. Gallen), **Gregor Schneider** (Kunsthalle Bern) **Jan Schoonhoven** (Aargauer Kunsthaus Aarau), **Diana Thater** (Kunsthalle Basel), **Paul Thek** (Kunsthalle und Museum für Gegenwartskunst Zürich), **Rirkit Tiravaija** (Kunsthalle St. Gallen), **Richard Tuttle** (Kunsthaus Zug), **Michael Venezia** (Kunstmuseum Winterthur), **Franz West** (Kunsthalle Basel), **Andrea Zittel** (Kunsthalle Basel)

Das Aargauer Kunsthaus Aarau kauft u. a. Werke von:

Helmut Federle, Robert Müller, Guido Nussbaum, Jürg Stäuble, André Thomkins, Beat Zoderer

Pia Fries (1955)
dadens. 1995–1996
Öl auf Holz, 88 x 108 cm
Kt. AG, Inv.-Nr. 5041 (1997)

Annelies Štrba (1947)
Shades of Time. 1996
Fotografie hinter Glas aufgezogen
100 x 150 cm
Kt AG, Inv.-Nr. 5154 (1998)

Rudolf de Crignis (1948)
Painting Nr. 17. 1996
Öl auf Leinwand, 152,4 x 152,4 cm
Kt. AG, Inv.-Nr. 5057 (1997)

Bruno Jakob (1954)
4 Bilder aus der Serie Brain: America: Race to the image/
invisible painting. 1996
farbige Grundierung auf Baumwolle, 38–87 x 45,7–89 cm
Kt. AG, Inv.-Nr. 5156–5163 (1997)

Urs Aeschbach (1956)
Ohne Titel (abgeholzter Wald). 1996
Öl auf Jute, 220,5 x 320 cm
Kt. AG, Inv.-Nr. 5011 (1997)

1997

Ereignisse/Institutionen/Personelles

Hans Schärer †

Hannah Villiger †

Wilfrid Moser †

Pipilotti Rist wird zur künstlerischen Direktorin der geplanten Landesausstellung Expo 2001 gewählt.

Ben Vautiers Tafel La Suisse n'existe pas an der Weltausstellung Sevilla löst in der Schweiz heftige Diskussionen aus.

Eröffnung des Kunsthauses Baselland, Muttenz.

Internationale Ausstellungen:

documenta X, Kassel: Leitung: Catherine David. Teilnehmende Schweizer Künstler: Peter Fischli/David Weiss, Hervé Graumann, Christoph Philipp Müller, Erik Steinbrecher.

47. Biennale Venedig. Die Schweiz wird vertreten durch Helmut Federle, Urs Frei und Pipilotti Rist.

Skulptur-Projekte 1997, Münster. Teilnehmende Schweizer Künstler: Peter Fischli/ David Weiss, Roman Signer, Thomas Hirschhorn.

Ausstellungen internationaler Kunst in der Schweiz:

lost in space, Kunstmuseum Luzern.

birth of the cool, Kunsthaus Zürich.

check in, Museum für Gegenwartskunst, Basel

overdub. Fanzines der 80er und 90er Jahre, Kunsthaus Glarus.

Voglio vedere le mie montagne. Die Schwerkraft der Berge 1774–1997, u. a. Aargauer Kunsthaus Aarau.

Ausstellungen von Schweizer Kunst:

Regel und Abweichung. Schweiz konstruktiv 1960 bis 1997, Haus für konstruktive und konkrete Kunst, Zürich.

nonchalance, Centre PasquArt, Biel, mit Stefan Altenburger, Stefan Banz, Biefer/ Zgraggen, Daniele Buetti, Sylvie Fleury & Sidney Stucki, Hervé Graumann, Fabrice Gygi, Thomas Hirschhorn, Teresa Hubbard und Alexander Birchler, Lang/ Baumann, Eric Lanz, Heinrich Lüber, Christian Marclay, Pipilotti Rist & Andreas Guggisberg, Christian Robert-Tissot, Ugo Rondinone, Erik Steinbrecher, Taxi val Mentek, Pascale Wiedemann.

Ecart 1969–1982, Mamco, Genf.

you know my name, Opera Paese, Rom, mit Stefan Altenburger, Dogan Firuzbay, Lang/Baumann, Claudia und Julia Müller.

Ausstellungen von Schweizer Künstlern (Auswahl):

Anna Amadio (Museum zu Allerheiligen, Schaffhausen), **Sabina Baumann** (Swiss Institute, New York), **Michael Biberstein** (Institut für moderne Kunst, Nürnberg), **Biefer/ Zgraggen** (Palais Thurn & Taxis, Bregenz), **Baltahsar Burkhard** (Musée Rath, Genf), **Marie José Burki** (Kunstverein Salzburg), **Martin Disler** (Kunstmuseum Basel), **Walter Fähndrich** (Kunsthaus Zug), **Pierre André Ferrand** (Palazzo, Liesthal), **Peter Fischli/David Weiss** (Wexner Center for the Arts Columbus, OH; Museum of Modern Art, San Francisco; Institute of Contemporary Art, Boston), **Bendicht Fivian** (Kunstmuseum Winterthur), **Robert Frank** (Louisiana Museum Humlebaek), **Pia Fries** (Kunstverein Freiburg; Kunstverein Arnsberg; Museum Kurhaus Kleve; Kunstverein Ulm, Aargauer Kunsthaus Aarau), **Franz Gertsch** (Hamburger Bahnhof Berlin), **Alexander Hahn** (Kunstmuseum Bern), **Theresa Hubbard/Alexander Birchler** (Museum für Gegenwartskunst Basel), **Hans Josephsohn** (Helmhaus Zürich), **Heiner Kielholz** (Helmhaus Zürich), **Renée Levi** (Swiss Institute, New York; Aargauer Kunsthaus Aarau), **Christian Marclay** (Kunsthaus Zürich), **Rémy Markowitsch** (Städtisches Museum Zwickau; Stadtgalerie Erlangen), **Christian Megert** (Kunstmuseum Bern), **Ulrich Meister** (Kunstverein Bochum), **Claudia und Julia Müller** (Kunsthalle Basel), **Karim Noureldin** (Swiss Institute, New York), **Guido Nussbaum** (Aargauer Kunsthaus Aarau), **Pipilotti Rist/Samir** (Kunstmuseum Solothurn; Villa Stuck München), **Adrian Schiess** (Kunsthalle Giessen), **Roman Signer** (Swiss Institute New York; Neuer Aachener Kunstverein), **Annelies Štrba** (Aargauer Kunsthaus Aarau), **Beat Streuli** (Tate Gallery London), **Hugo Suter** (Aargauer Kunsthaus Aarau), **Bernard Tagwerker** (Kunstmuseum St. Gallen), **Jean Tinguely** (Centre Georges Pompidou, Paris), **Felice Varini** (Swiss Institute, New York), **Not Vital** (Kunsthalle Bielefeld), **Bernard Voïta** (Kunsthalle Zürich; Musée d'art et d'histoire, Genf), **Uwe Wittwer** (Museum Morsbroich, Leverkusen), **Rémy Zaugg** (Kunsthalle Nürnberg)

Ausstellungen von internationalen Künstlern in der Schweiz (Auswahl):

Absalon (Kunsthalle Zürich), **Vija Celmins** (Kunstmuseum Winterthur), **Michael Clegg/Martin Guttmann** (Kunsthalle Basel), **Felix Droese** (Museum zu Allerheiligen, Schaffhausen), **Olafur Eliasson** (Kunsthalle Basel), **Günther Förg** (Stiftung für konstruktive und konkrete Kunst, Zürich), **Katharina Fritsch** (Museum für Gegenwartskunst, Basel), **Nan Goldin** (Fotomuseum Winterthur), **Felix Gonzalez-Torres** (Kunstmuseum St. Gallen), **Mary Heilmann** (Stiftung für konstruktive und konkrete Kunst, Zürich) **Roni Horn** (Fotomuseum Winterthur), **Axel Hütte** (Fotomuseum Winterthur), **On Kawara** (Kunstmuseum St. Gallen), **Karen Kilimnik** (Kunsthalle Zürich), **Martin Kippenberger** (Mamco, Genf), **Imi Knoebel** (Kunstmuseum Luzern), **Maria Lassnig** (Kunsthalle Bern), **Zoe Leonhard** (Kunsthaus Glarus; Kunsthalle Basel), **Eugène Leroy** (Kunsthalle Basel), **Brice Marden** (Kunstmuseum Winterthur), **Juan Munoz** (Museum für Gegenwartskunst, Zürich), **Albert Oehlen** (Kunsthalle Basel), **Jörg Sasse** (Kunsthalle Zürich), Wiebke Siem (Kunsthalle Bern), **Sam Tayler-Wood** (Kunsthalle Zürich), **Luc Tuymans** (Kunstmuseum Bern), **Christopher Williams** (Kunsthalle Basel), **Sue Williams** (Centre d'art contemporain, Genf)

Das Aargauer Kunsthaus Aarau kauft u. a. Werke von:

Sabina Baumann, Rudolf de Crignis, Helmut Federle, Pia Fries, Renée Levi, Ingeborg Lüscher, Josef Felix Müller, Guido Nussbaum, Carmen Perrin, André Thomkins, Anselm Stalder, Hugo Suter, Hannah Villiger

Christoph Rütimann (1955)
Waagenskulptur. 1988–1997
7-teilig, Küchenwaagen,
242 x 32 x 37 cm
Depositum Christoph Rütimann
Inv.-Nr. DS 1968 (1999)

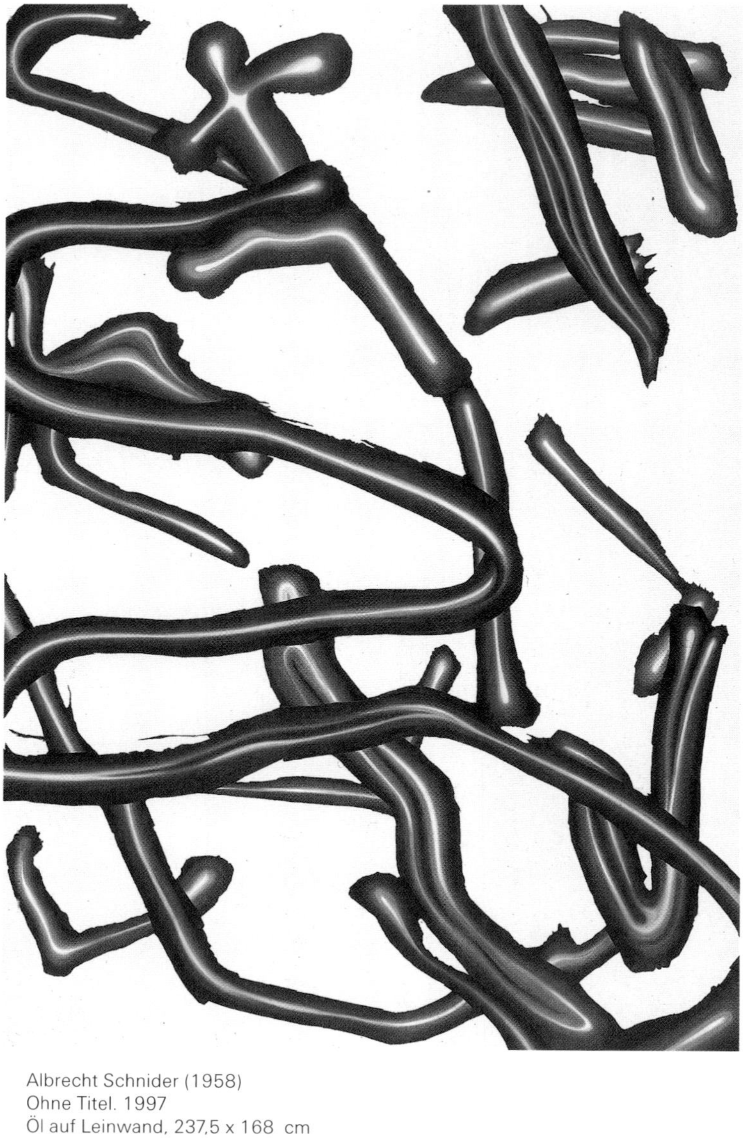

Albrecht Schnider (1958)
Ohne Titel. 1997
Öl auf Leinwand, 237,5 x 168 cm
Kt. AG, Inv.-Nr. 5322 (1999)

Renée Levi (1960)
Stehende. 1997
Acryl auf Dachpappe, Höhe je 183 cm
Kt. AG, Inv.-Nr. S 5311 (1997)

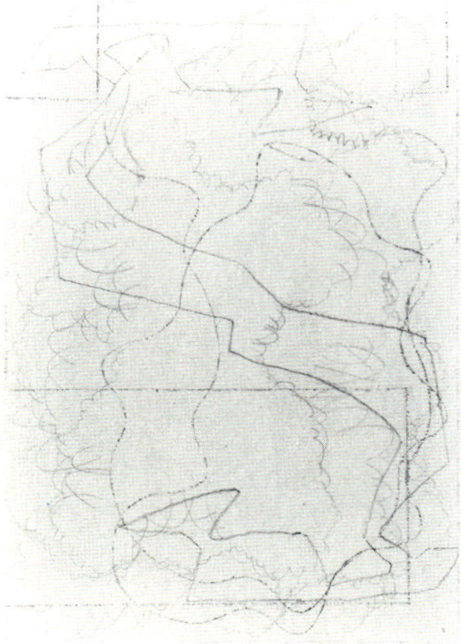

Christoph Storz (1952)
Ohne Titel. 1997
Bleistift auf Papier, 29,7 x 21 cm
Kt. AG, Inv.-Nr. 5114 (1998)

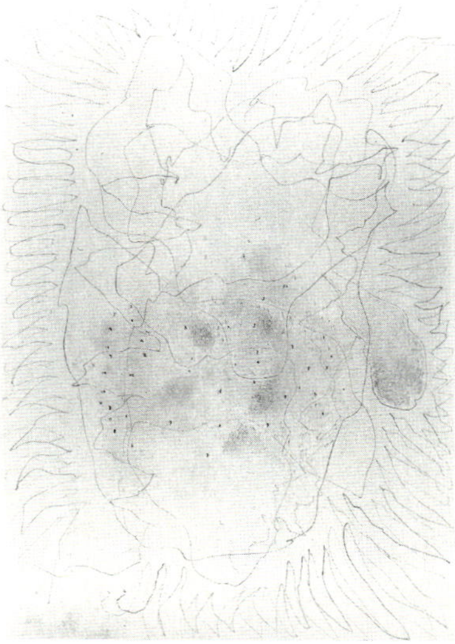

Christoph Storz (1952)
Ohne Titel. 1997
Bleistift auf Papier, 29,7 x 21 cm
Kt. AG, Inv.-Nr. 5113 (1998)

Jurek Zaba (1957)
Fensterschatten I. 1997
Öl auf Leinwand, 45 x 50 cm
Kt. AG, Inv.-Nr. 5132 (1998)

Jurek Zaba (1957)
Fensterschatten II. 1997
Öl auf Leinwand, 45 x 50 cm
Kt. AG, Inv.-Nr. 5133 (1998)

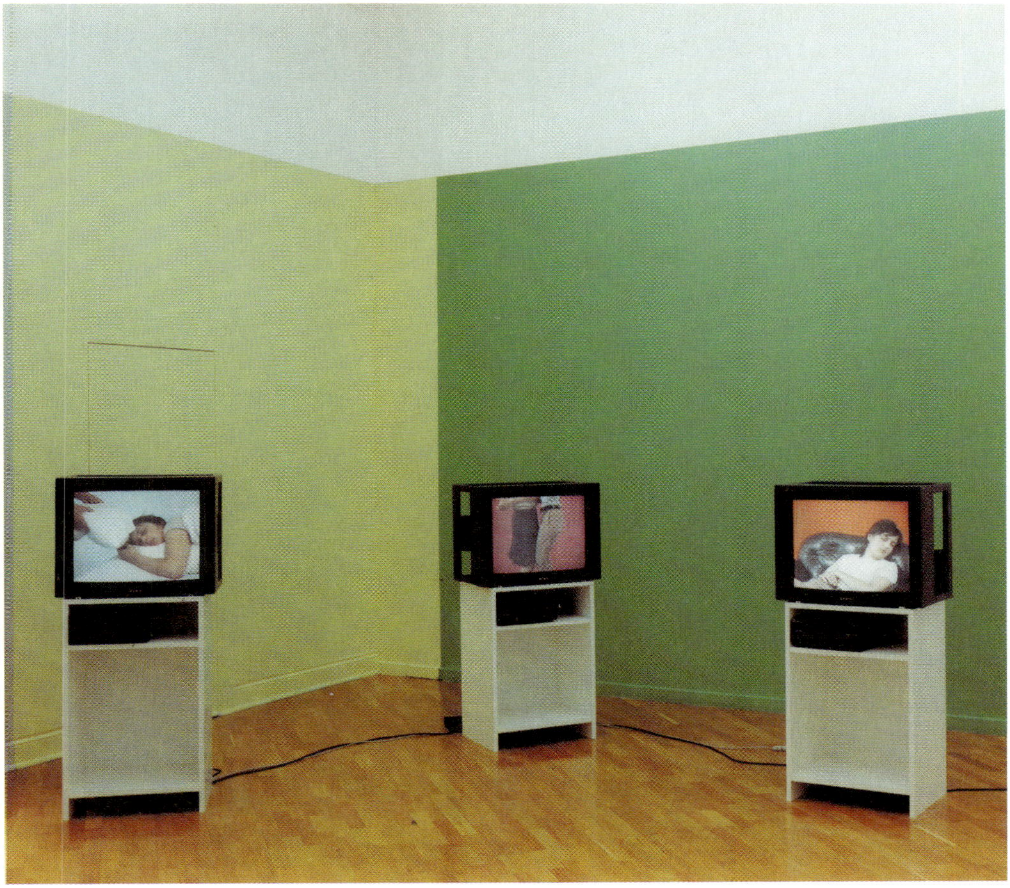

Claudia Müller (1964)
Julia Müller (1965)
Überstrapaziert vor farbigem Hintergrund
(Don't believe the hype). 1997
Rauminstallation, 240 x 400 x 400 cm
Kt. AG, Inv.-Nr. V 5321 (1999)

1998

Ereignisse/Institutionen/Personelles

Dieter Roth †
Josef Herzog †

Eröffnung des Espace d'art contemporain (les halles), Porrentruy.

Internationale Ausstellungen:

24. Biennale São Paulo. Die Schweiz wird vertreten durch Sylvie Fleury.

Ausstellungen internationaler Kunst in der Schweiz:

Les mondes du sida, entre résignation et espoir. Centre d'art contemporain, Genf.

White noise, Kunsthalle Bern.

Zeichnen ist eine andere Art Sprache. Neue Amerikanische Zeichnungen, Kunstmuseum Winterthur.

Ausstellungen von Schweizer Kunst:

Freie Sicht aufs Mittelmeer. Junge Schweizer Kunst, Kunsthaus Zürich; Schirn Kunsthalle, Frankfurt.

13 Räume für die Zeichnung, Kunstverein, Frankfurt/Ruppertinum Salzburg

Swiss Contemporary Art Ehibition, Sungok Art Museum, Seoul, mit John Armleder, Daniel Berset, Daniele Buetti, Balthasar Burkhard, Maurice Ducret, Sylvie Fleurie, Christian Floquet, Arnold Helbling

Im Reich der Zeichnung. Aargauer Kunsthaus Aarau/Bündner Kunstmuseum Chur/Musée Jenisch, Vevey; Villa dei Cedri, Bellinzona

nonchalance revisted, Adademie der Künste Berlin

Ausstellungen von Schweizer Künstlern (Auswahl):

John Armleder (Kunsthalle Baden-Baden), **Sabina Baumann** (Aargauer Kunsthaus Aarau), **Olaf Breuning** (Kunsthaus Glarus; Kunsthalle St. Gallen), **Marie José Burki** (Kunsthalle Bern; Kunstverein Bonn), **Martin Disler** (Kunsthalle Hamburg), **Walter Fähndrich** (Kunsthalle Krems), **Helmut Federle** (Aargauer Kunsthaus Aarau), **Peter Fischli/David Weiss** (Kunstmuseum Wolfsburg), **Sylvie Fleurie** (Museum für Gegenwartskunst, Zürich), **Thomas Hirschhorn** (Kunsthalle Bern; Museum Ludwig, Köln; Portikus, Frankfurt), **Lenz Klotz** (Bündner Kunstmuseum Chur), **Verena Loewensberg** (Stiftung für konstruktive, konkrete und konzeptuelle Kunst, Zürich), **Muda Mathis/Sus Zwick** (Kunsthalle Baden-Baden), **Ulrich Meister** (Lenbachhaus, München), **Harald Naegeli** (Sprengelmuseum, Hannover), **Meret Oppenheim** (Rupertinum, Salzburg), **Pipilotti Rist** (Hamburger Bahnhof, Berlin; Kunsthalle Wien), **Patrick Rohner** (Kunstmuseum St. Gallen), **Dieter Roth** (Grafische Sammlung Albertina, Wien), **Adrian Schiess** (Kunsthaus Bregenz), **Albrecht Schnider** (Kunstmuseum Solothurn), **Jean-Frédéric Schnyder** (Kunsthalle, Zürich), **Eric Schumacher/Andrea Clavadetscher** (Swiss Institute, New York), **Daniel Spoerri** (Centre Culturel Suisse und Swiss Institute, New York), **Gerda Steiner** (Kunsthalle Basel), **Beat Streuli** (Museu d'art contemporani, Barcelona), **Ben Vautier** (Neues Museum Weserburg, Bremen), **Cécilie Wick** (Museum zu Allerheiligen, Schaffhausen), **Uwe Wittwer** (Helmhaus Zürich), **Peter Wüthrich** (Kunstverein Friedrichshafen)

Ausstellungen von internationalen Künstlern in der Schweiz (Auswahl):

Marina Abramovic (Kunstmuseum Bern), **Eija Liisa Ahtila** (Kunsthaus Glarus), **Matthew Barney** (Museum für Gegenwartskunst, Basel), **Cécile Barth** (Aargauer Kunsthaus Aarau), *Klaus von Bruch* (Kunstmuseum Luzern), **Christo** (Beyler Museum, Riehen), **Thomas Demand** (Kunsthalle Zürich), **Mona Hatoum** (Kunsthalle Basel), **Jochen Gerz** (Kunstmuseum des Kantons Thurgau, Kartause Ittingen, Warth), **Andreas Gursky** (Fotomuseum Winterthur), **Eberhard Havekost** (Kunstmuseum Luzern), **Fabrice Hybert** (Kunsthaus Glarus), **Carsten Höller** (Museum für Gegenwartskunst, Basel), **Joseph Kosuth** (Kunsthaus Glarus), **Martin Kippenberger** (Kunsthalle Basel; Kunsthaus Zürich), *Jonathan Lasker* (Kunstmuseum St. Gallen), **Matthew McCaslin** (Kunstmuseum St. Gallen), Inspection Medical Hermeneutics – Pavel Peperstein (Kunsthaus Zug), **Gerhard Merz** (Helmhaus Zürich), **Dan Peterman** (Kunsthalle Basel), **Elisabeth Peyton** (Museum für Gegenwartskunst, Basel), **Tobias Rehberger** (Kunsthalle Basel), **Andreas Slominsky** (Kunsthalle Zürich), **Thomas Struth** (Kunstmuseum Luzern), **Rirkrit Tiravanija** (Museum für Gegenwartskunst, Zürich), **Elisabeth Vary** (Aargauer Kunsthaus Aarau), **James Welling** (Kunstmuseum Luzern)

Literatur:

Biografisches Lexikon der Schweizer Kunst, 2 Bde., Verlag NZZ, Zürich

"Kunstszene Schweiz" Sondernummer des Kunstmagazins *Art* anlässlich des Jubliäums 30 Jahre ART Basel

Im Reich der Zeichnung. Zeichnungen und Arbeiten auf Papier aus der Sammlung des Aargauer Kunsthauses Aarau, hrsz. von Stephan Kunz und Beat Wismer, Aarau.

Freie Sicht aufs Mittelmeer. Junge Schweizer Kunst, Ausst.-Kat., Kunsthaus Zürich/Schirn Kunsthalle, Franfurt, Scalo-Verlag, Zürich/Berlin/New York.

Das Aargauer Kunsthaus Aarau kauft u. a. Werke von:

Urs Aeschbach, Sabina Baumann, Ruedi de Crignis, Helmut Federle, Hervé Graumann, Bruno Jakob, Claudio Moser, Josef Felix Müller, Anselm Stalder, Christoph Storz, Dieter Roth, Annelies Štrba

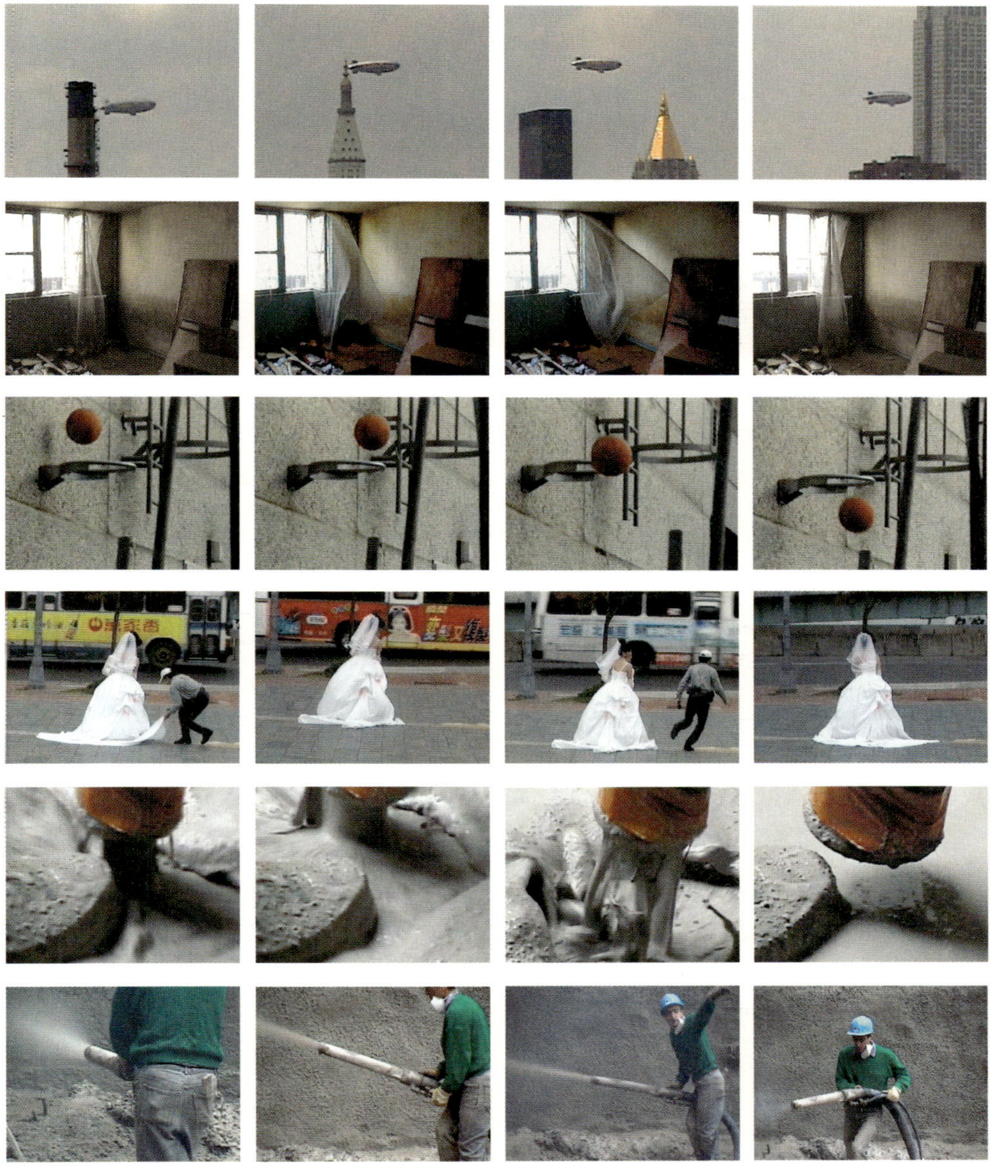

Eric Hattan (1955)
Courant d'air. 1998–19999
Videostills aus der gleichnamigen Installation
Kt. AG, Inv.-Nr. V 5663 (2000)

1998

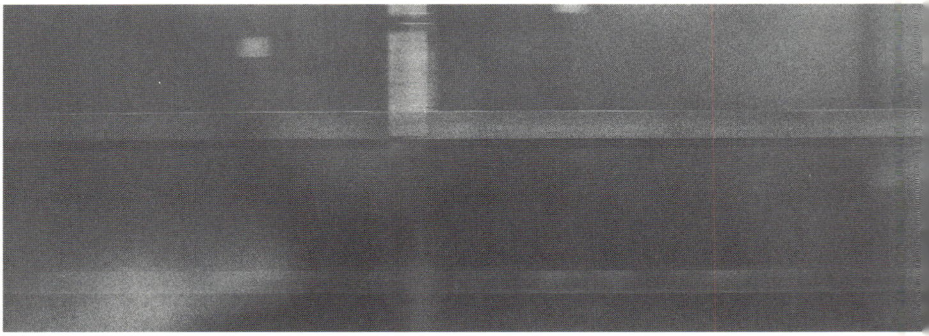

Claudio Moser (1959)
6 Werke aus der Serie: Dedicated to the Warmest Flugelhorn Tone. 1997–1998
Fotografie hinter Glas aufgezogen, je 49 x 132 cm
Kt AG, Inv.-Nr. 5318 (1998)

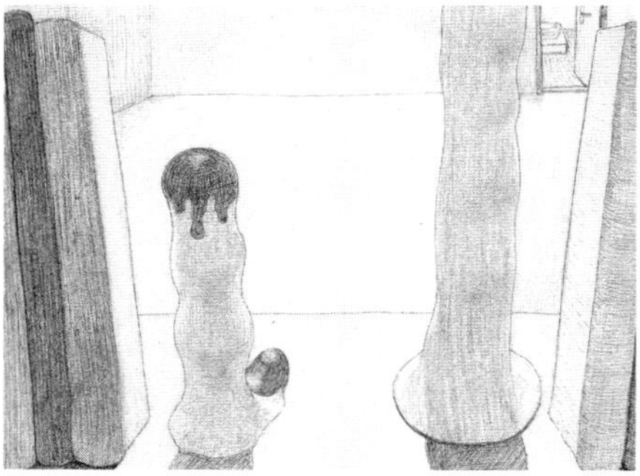

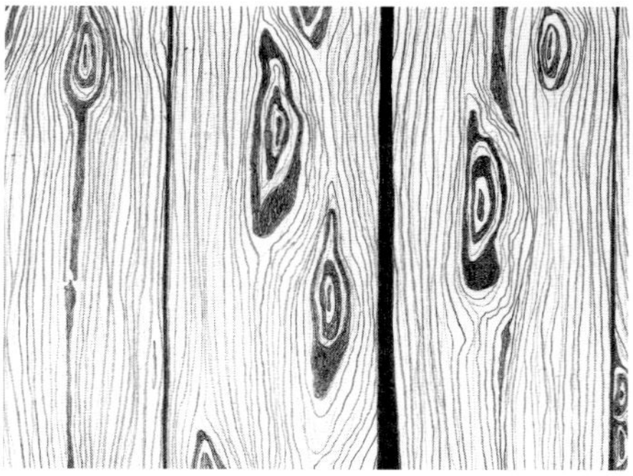

Sabina Baumann (1962)
Ohne Titel. 1997
Bleistift auf Papier, 23 x 31 cm
Kt. AG, Inv.-Nr. 5256 (1998)

Sabina Baumann (1962)
Ohne Titel. 1997
Bleistift auf Papier, 25 x 34 cm
Kt. AG, Inv.-Nr. 5249 (1998)

Sabina Baumann (1962)
Ohne Titel. 1997
Bleistift auf Papier, 23 x 31 cm
Kt. AG, Inv.-Nr. 5258 (1998)

Sabina Baumann (1962)
Ohne Titel. 1997
Bleistift auf Papier, 23 x 29 cm
Kt. AG, Inv.-Nr. 5260 (1998)

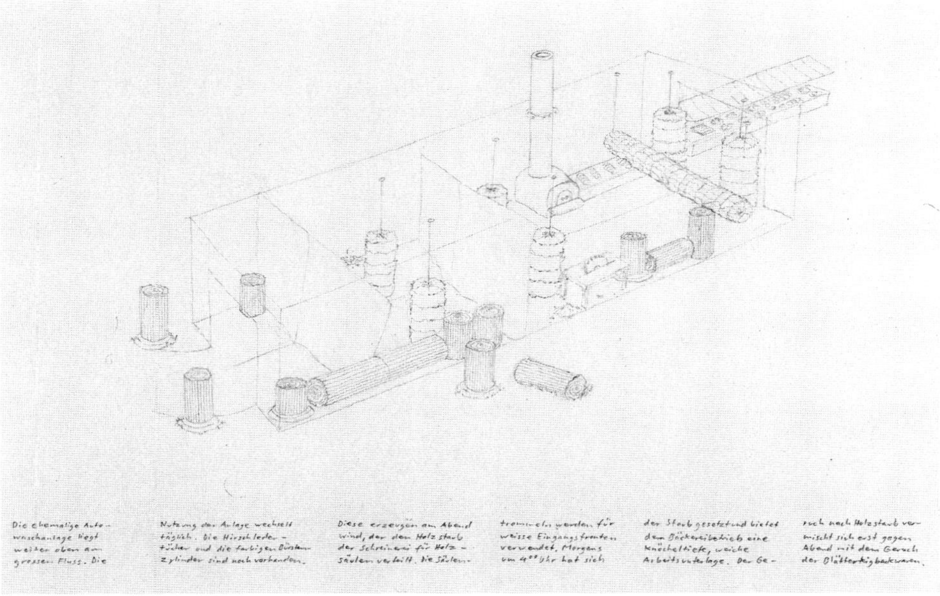

Mario Sala (1965)
Projekt. 1998
Bleistift auf Papier, 21 x 29,7 cm
Kt. AG, Inv.-Nr. 5386 (2000)

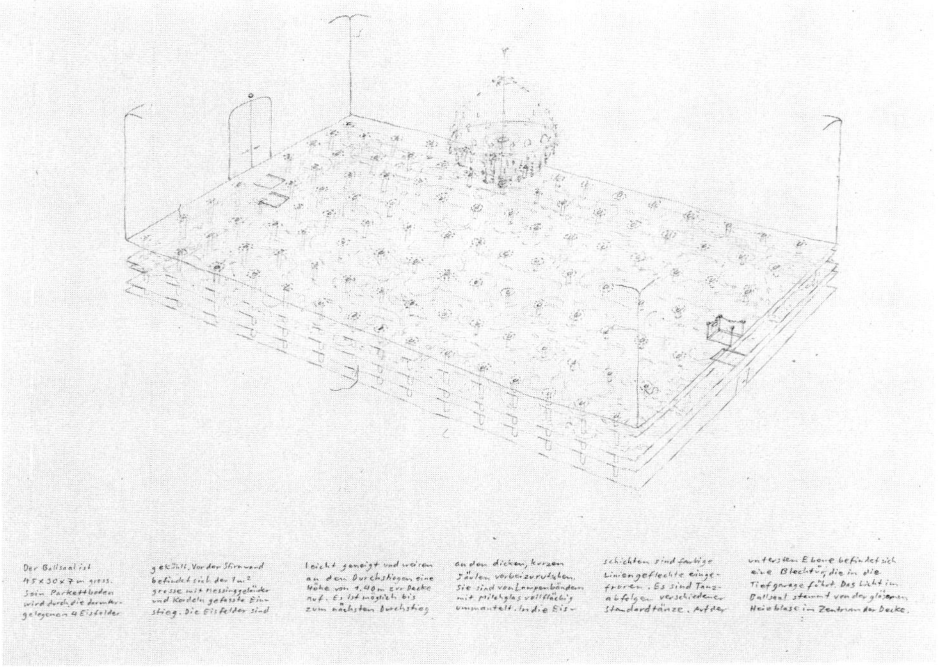

Mario Sala (1965)
Projekt. 1998
Bleistift auf Papier, 21 x 29,7 cm
Kt. AG, Inv.-Nr. 5384 (2000)

1999

Ereignisse/Institutionen/Personelles

Peter Kneubühler, Drucker †

Internationale Ausstellungen:

48. Biennale Venedig. Die Schweiz wird vertreten durch Roman Signer.

Ausstellungen internationaler Kunst in der Schweiz:

White Fire – Flying Man. Amerikanische Kunst der 2. Jahrhundert-Hälfte, Museum für Gegenwartskunst, Basel.

Weltuntergang und Prinzip Hoffnung, Kunsthaus Zürich.

Missing Linck – Menschen-Bilder in der Fotografie, Kunstmuseum Bern.

Endgames, Kunstmuseum St. Gallen.

Nach-Bilder. Zeitgenössische Malerei, Kunsthalle Basel.

Ausstellungen von Schweizer Kunst:

Young. Neue Fotografie in der Schweizer Kunst, Fotomuseum Winterthur.

Zeitgenössische Schweizer Kunst, Museum Ludwig, Budapest, mit Werken von Stefan Altenburger, Stefan Banz, Nicolas Faure, Peter Fischli/David Weiss, Sylvie Fleury, Daniela Grüninger, L&B, Christian Philipp Müller, Claudia & Julia Müller, Guido Nussbaum, Pipilotti Rist, Adrian Schiess, Jean-Frédéric Schnyder, Erik Steinbrecher, Beat Streuli.

'99 retrospektive'59. Rücksicht auf 40 Jahre Kunst in der Schweiz, Aargauer Kunsthaus Aarau.

Ausstellungen von Schweizer Künstlern (Auswahl):

Olaf Breuning (Centre d'art contemporain, Genf), **Balthasar Burkhard** (Palais des Beaux-Arts, Charleroi; Musée de Grenoble), **Marie José Burki** (Württembergischer Kunstverein, Stuttgart), **Ariane Epars** (Museum zu Allerheiligen, Schaffhausen), **Helmut Federle** (Kunsthaus Bregenz), **Pierre André Ferrand** (Musée des Beaux-Arts, La Chaux-de-Fonds), **Peter Fischli/David Weiss** (Musée d'art Moderne de la Ville de Paris), **Sylvie Fleury** (Villa Merkel, Esslingen), **Pia Fries** (Kunstverein Göppingen), **Alex Hanimann** (Centro d'arte contemporanea, Bellinzona), **Niklaus Hasenböhler** (Kunsthaus Baselland, Muttenz), **Thomas Hirschhorn** (Musée d'Art moderne, St. Etienne), **Felix Stephan Huber** (Kunstmuseum Solothurn; Kunstverein Heilbronn), **Michel Huelin** (Centre culturel Suisse Paris), **Britta Huttenlocher** (Kunstmuseum Winterthur), **Peter Kamm** (Kunstmuseum Solothurn), **Renée Levi** (Kunsthalle Basel), **Luigi Lurati** (Stiftung für konstruktive, konkrete und konzeptuelle Kunst, Zürich), **Jean-Luc Manz** (Musée Jenisch, Vevey), **Muda Matthis/Sus Zwick** (Palazzo Liesthal), Ulrich Meister (Kunstmuseum Thun), **Charles Moser** (Kunstmuseum Luzern), **Olivier Mosset/Cady Noland** (Museum für Gegenwartskunst, Zürich), **Yves Netzhammer** (Museum zu Allerheiligen, Schaffhausen), **Guido Nussbaum** (Kunstverein Ludwigsburg), **Pipilotti Rist** (Kunsthalle Zürich; Musée d'art Moderne de la Ville de Paris), **Ugo Rondinone** (Kunsthaus Glarus), **Christoph Rütimann** (Kunsthalle Bern), **Roman Signer** (Secession, Wien), **Peter Stämpfli** (Musée d'art et d'Histoire, Fribourg), **Beat Streuli** (Sprengel Museum, Hannover; Kunsthalle Zürich), **Hugo Suter/Aldo Walker/Rolf Winnewisser** (Helmhaus Zürich), **André Thomkins** (Kunstmuseum Bern; Bayrische Akademie der schönen Künste, München), **Hugo Weber** (Aargauer Kunsthaus Aarau), **René Zäch** (Aargauer Kunsthaus Aarau), **Beat Zoderer** (Kunstverein Freiburg; Stiftung für konstruktive, konkrete und konzeptuelle Kunst, Zürich; Overbeck Gesellschaft, Lübeck; Institut für moderne Kunst, Nürnberg), **Franziska Zumbach** (Kunsthaus Zug), **Christoph Rütimann** (Museum im Bellpark, Kriens)

Ausstellungen von internationalen Künstlern in der Schweiz (Auswahl):

Georg Baselitz (Musée Rath, Genf), **Herbert Brandl** (Kunsthalle Basel), *René Daniels* (Kunsthalle Basel), **Hanne Darboven** (Hallen für neue Kunst, Schaffhausen), **Peter Doig** (Kunsthaus Glarus), **Bernard Frize** (Kunstmuseum St. Gallen), **Liam Gillick** (Kunsthaus Glarus), **Georg Herold** (Kunsthalle Zürich), **Leni Hofmann** (Kunstmuseum St. Gallen), **Bethan Huws** (Kunstmuseum Bern), **Raoul de Keyser** (Kunstmuseum Luzern), **Atelier van Lieshout** (Museum für Gegenwartskunst, Zürich), **Robert Mangold** (Kunstmuseum St. Gallen), **Paul Mc Carthy** (Sammlung Hauser & Wirth, St. Gallen), **Steve Mc Queen** (Kunsthalle Zürich), **Gerhard Richter** (Kunstmuseum Winterthur), **Qui Shi Hua** (Kunsthalle Basel), **Al Taylor** (Kunstmuseum Luzern), **Uri Tzaig** (Museum für Gegenwartskunst, Zürich), **Jeff Wall** (Museum für Gegenwartskunst, Basel), **Christopher Wool** (Kunsthalle Basel), **Erwin Wurm** (CAN, Neuchâtel), **Jerry Zeniuk** (Kunstmuseum Winterthur), **Peter Land** (Kunsthaus Glarus; Fri Art, Fribourg)

Literatur:

Über Preise lässt sich reden. 100 Jahre Eidgenössischer Wettbewerb für freie Kunst 1899–1999, hrsg. vom Bundesamt für Kultur, Orell Füssli Verlag, Zürich.

Das Aargauer Kunsthaus Aarau kauft u. a. Werke von:

Mireille Gros, Heiner Kielholz, Barbara Mühlefluh, Claudia & Julia Müller, Meret Oppenheim, Hans Schärer, Agatha Zobrist/Therese Waeckerlin

Teresa Hubbard (1965)
Alexander Birchler (1962)
Gregor's Room III. 1999
C-Print, 220 x 180 cm
Kt. AG, Inv. Nr. 5662 (2000)

Dominique Lämmli (1964)
Ohne Titel. 1999
Lamdachrom auf Aludibond, 120 x 135,5 cm
Kt. AG, Inv.-Nr. 5617 (2000)

Daniel Schibli (1963)
Stiller Sommer. 1999
Fotografie, 118,5 x 154 cm
Kt. AG, Inv.-Nr. 5616 (2000)

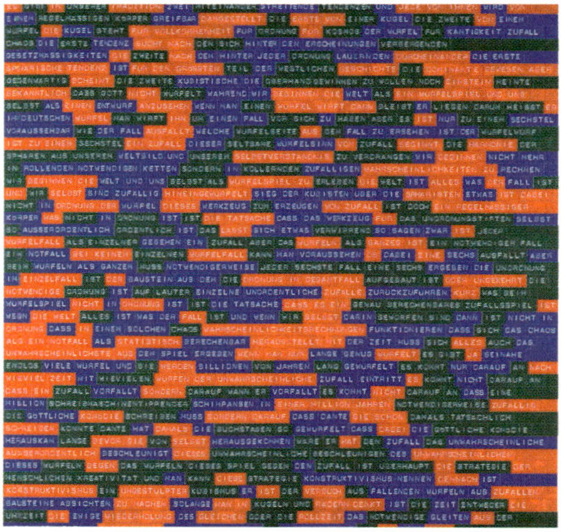

Theres Waeckerlin (1965)
Agatha Zobrist (1966)
Ohne Titel. 1999
(nach einem Text von Vilem Flusser)
3-teilig, Prägeband auf Aluminium
je 55 x 56 cm, Kt. AG, Inv.-Nr. 5375 (2000)

Albrecht Schnider (1958)
Ohne Titel. 1999
Öl auf Leinwand, 237,5 x 168 cm
anonyme Schenkung
AKV, Inv.-Nr. 5629 (1999)

Arnold Helbling (1961)
Ohne Titel, 1999
Acryl auf Papier, 170 x 193 cm
Kt. AG, Inv.-Nr. 5394 (1999)

Patrick Rohner (1959)
Ohne Titel. 1999
Öl auf Holzfaserhartplatte, 205 x 262 cm
Kt. AG, Inv.-Nr. 5376 (2000)

Denise Kobler (1963)
Search for fingerprints or the virtual reality of sex. 1998–1999
Ölkreide, Pastell, Mohnoel und Bleistift auf Papier, 26 x 80 cm
Kt. AG, Inv.-Nr. 5327 (1999)

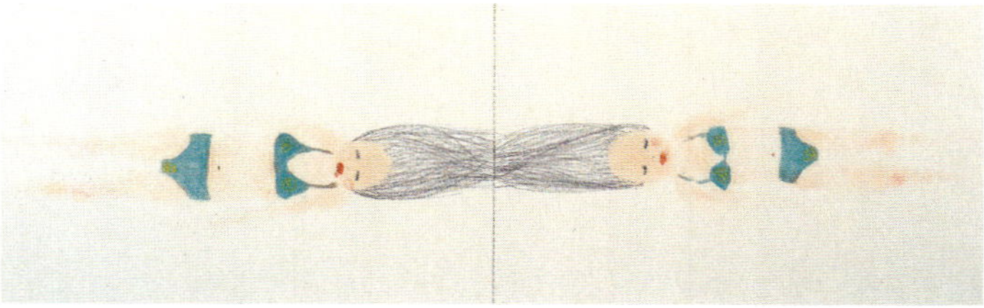

Denise Kobler (1963)
Search for fingerprints or the virtual reality of sex. 1998–1999
Ölkreide, Pastell, Mohnoel und Bleistift auf Papier, 26 x 80 cm
Kt. AG, Inv.-Nr. 5329 (1999)

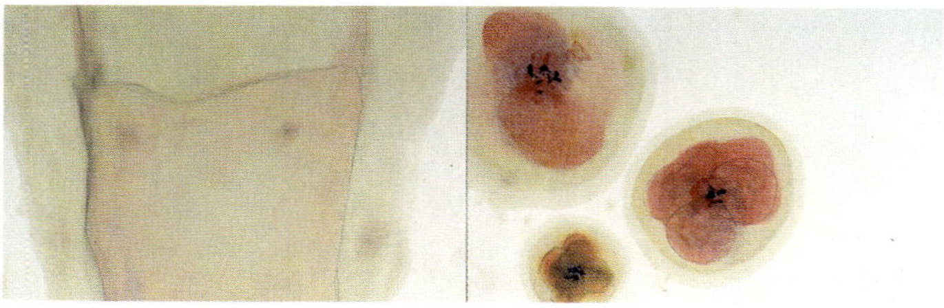

Denise Kobler (1963)
Search for fingerprints or the virtual reality of sex. 1998–1999
Ölkreide, Pastell, Mohnoel und Bleistift auf Papier, 26 x 80 cm
Kt. AG, Inv.-Nr. 5328 (1999)

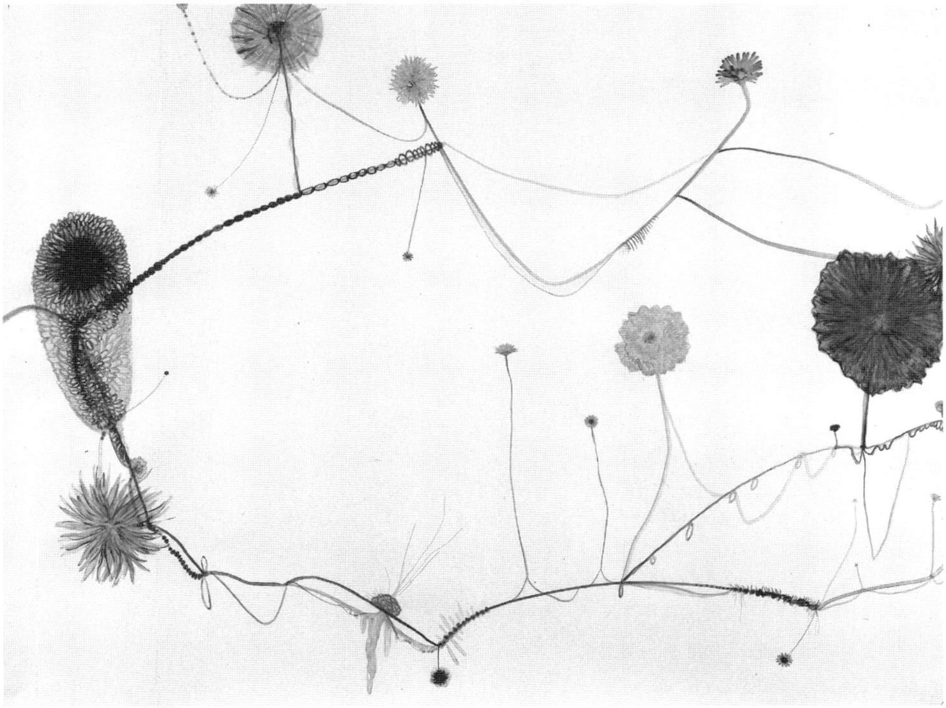

Silvia Bächli (1956)
Floréal Nr. 9. 1999
Gouache auf Papier, 150 x 200 cm
Depositum Silvia Bächli
Inv.-Nr. D 1956 (1999)

1999

Aldo Walker (1938–2000)
Morphosyntaktisches Objekt. 1999
6-teilig, Acrylfarbe auf grundierter MDF-Platte, je 200 x 140 cm
Kt. AG und Schweiz. Eidgenossenschaft, Inv.-Nr. D 1974 (2000)

Daniel Robert Hunziker (1965)
Flavor. 1999
Prismenwender, Vertikaljalousien, Aluminiumprofil, Glas, 235 x 320 x 160 cm
Installation anlässlich der Ausstellung "'99 respektive '59"
Aargauer Kunsthaus Aarau 1999

Ausstellungen im Aragauer Kunsthaus Aarau 1959 – 2000

Zusammengestellt von Stephan Kunz

1959

Eröffnung des Aargauer Kunsthauses
12.–14.6.
Werke aus der Aargauischen Kunstsammlung
Originalgrafik

XXVI Ausstellung der GSMBA
Westschweizer und Tessiner Künstler
11. 10. – 22. 11.
Katalog (Texte: Daniel Vonga, Guido Fischer)

Jahresausstellung der Aargauer Künstlerinnen und Künstler
29.11.59 – 2.1.60

1960

Karl Ballmer
Erwin Rehmann
7. 5.– 4. 6.
Katalog (Text: Guido Fischer)

Walter Gessner
Gemälde, Zeichnungen
Felix Hoffman
Theaterskizzen
19. 6. – 17. 7.
Katalog (Texte: zu Walter Gessner: Guido Fischer; Felix Hoffmann)

Aargauer Künstler 19. und 20. Jahrhundert
20. 7. – 28. 8.

Karl Hügin
10. 9.– 9. 10.
Katalog (Text: Guido Fischer)

Aus aargauischem Privatbesitz. 1. Teil
Von den Impressionisten bis zur Gegenwart.
Ausstellung zum Jubiläum des Aargauischen Kunstvereins
16. 10. – 20. 11.
Katalog (Text zur Geschichte des Aargauischen Kunstvereins: Alfred Bolliger)

Jahresausstellung der Aargauer Künstlerinnen und Künstler
27. 11. 60 – 8. 1.61
Katalog

1961

Aus aargauischem Privatbesitz. 2. Teil
Europäische Kunstwerke aus sechs Jahrhunderten.
Ausstellung zum Jubiläum des Aargauischen Kunstvereins
7. 5.– 18. 6.
Katalog (Text: Guido Fischer)

Louis Soutter
25. 6. – 6. 8.
Katalog (Text: Adolf Vogt)

Jahresausstellung der Aargauer Künstlerinnen und Künstler
(Gedenkausstellung: Eugen Maurer, Gast: Eduard Spörri)
1. 10. – 22. 10.

1962

Heinrich Müller
13. 5.– 9. 6.
Katalog (Text: Guido Fischer)

Die Entdeckung der Alpen in der Malerei und Grafik vom 18. Jahrhundert bis zur Gegenwart
23. 6. – 19. 8.
Katalog (Text: Walter Hugelshofer)

Jahresausstellung der Aargauer Künstlerinnen und Künstler
9. 9.– 7. 10.

24. Ausstellung der Gesellschaft schweizerischer Malerinnen, Bildhauerinnen und Kunstgewerblerinnen GSMBK
20. 10. – 7. 10.
Katalog (Text: Trudy Engender)

Otto Wyler
1.12.62 – 6. 1.63
Katalog (Text: Guido Fischer)

1963

Wilhelm Schmid
2. 3. – 7. 4.
Katalog (Text: Guido Fischer)

Handzeichnungen und Aquarelle aus den Museen Frankreichs
11. 4. – 12. 5.
Katalog (Text: J. Bouchot-Saupique)

Preisträger des Eidgenössischen Bundesstipendiums seit 1950
23. 6. – 25. 8.
Katalog (Text: Anna Maria Zeerleder)

Jahresausstellung der Aargauer Künstlerinnen und Künstler
(Gedächtnisausstellung: Arthur Dätwyler)
9. 11. – 15. 12.
Katalog (Text zu Arthur Dättwyler: Guido Fischer)

1964

Der Schweizer Holzschnitt
(Xylon)
22. 2. – 22. 3.
Katalog (Text: Traugott Vogel)

Adolf Hölzel
25. 4.– 24. 5.
Katalog (Text: Wolfgang Venzmer)
Wanderausstellung: Kunstverein Braunschweig; Kunsthalle Bremen; Badischer Kunstverein Karlsruhe; Aargauer Kunsthaus Aarau; Heidelberger Kunstverein, Museum des 20. Jahrhunderts, Wien

Willi Baumeister, Hans Brühlmann, Johannes Itten, Ida Kerkovius, Otto Meyer-Amden, Alfred Heinrich Pelegrini, Oskar Schlemmer, Hermann Stenner
7. 6. – 12. 7.
Katalog (Text: Guido Fischer)

Ernst Morgenthaler
12. 9.– 11. 10.
Katalog (Text: Guido Fischer, Ernst Morgenthaler)

Jahresausstellung der Aargauer Künstlerinnen und Künstler
(Geburtstagsausstellungen für Otto Ernst, Paul Eichenberger, Gerold Hunziker, Werner Hunziker)
31. 10. – 6. 12.
Katalog

1965

Künstler, Sammler
(Werner und Nelly Bär; Serge Brignoni; Emile Chambon; Carl Roesch)
22. 5.– 4. 7.
Katalog (Texte der Künstler, Sammler)

Jahresausstellung der Aargauer Künstlerinnen und Künstler
21. 11. – 26. 12.
Katalog

1966

Hap Grieshaber
10. 1. – 11. 2.
Katalog (Text: Alfred Hentzen)
Übernahme von der Galerie Walcheturm, Zürich

Fritz Pauli
Radierungen
7. 4.– 30. 5.
Katalog (Text: Hanspeter Landolt)

Hans Purrmann
14. 5.– 12. 6.
Katalog (Wiederabdruck eines Textes von Gotthard Jedlicka)

Handzeichnungen Schweizer Maler, Bildhauer und Architekten
3. 9.– 2. 10.
Katalog (Text: Guido Fischer)

Otto Abt
Otto Staiger
3. 9.– 2. 10.
Katalog (Text: Guido Fischer)
weitere Station: Bündner Kunstmuseum Chur

René Auberjonois
15. 10. – 20. 11.
Katalog (Texte: Guido Fischer, Otto Riggenbach)

Jahresausstellung der Aargauer Künstlerinnen und Künstler
10. 12. 66 – 8. 1.67
Katalog
weitere Station: Helmhaus Zürich

1967

Zürcher Künstler
14. 1. – 12. 2.
Katalog (Texte: S. Widmer, Hans Fischli)

Ballet und Bühnenbild
25. 2. – 26. 3.
Faltblatt

Roland Guignard
Ilse Weber
4. 3. – 2. 4.
Katalog (Text: Guido Fischer)

Wandteppiche nach Entwürfen französischer Künstler
9. 9.– 24. 9.

Ben Nicholson
7. 10. – 12. 11.
Katalog (Text: Wieland Schmied)
Wanderausstellung: Kestner Gesellschaft, Hannover; Overbeck Gesellschaft Lübeck; Galerie Wolfgang Ketterer, München; Kunstamt Wedding, Berlin; Aargauer Kunsthaus Aarau)

Jahresausstellung der Aargauer Künstlerinnen und Künstler
(Gäste: Otto Ernst, Samuel Wülser, Gotthard Schuh)
25. 11. – 31. 12.
Katalog

1968

Jules Bissier
Gedächtnisausstellung
20. 1. – 25. 2.
Katalog (Text: Manuel Gasser)
Übernahme vom Kunstmuseum Winterthur

Maler und Bildhauer beider Basel
30. 3. – 28. 4.
Katalog

Hans Eric Fischer
Heinz Schwarz
18. 5.– 16. 6.
Katalog

XXIX Ausstellung der GSMBA
21. 9.– 20. 10.
Katalog (Text: Guido Fischer)

Jahresausstellung der Aargauer Künstlerinnen und Künstler
30. 11. 68 – 5. 1. 69
Katalog

1969

Carl Roesch
Jakob Probst
Franz Fischer
Albert Siegenthaler
22. 2. – 16. 3.
Katalog (Text: Guido Fischer)

Paul Flora
Willy Müller-Brittnau
20. 3. – 20. 4.
Katalog (Text: Friedrich Dürrenmatt zu Paul Flora)

Emil Anner
Josef Reber
4. 5.– 26. 5.
Katalog (Wiederabdruck eines Textes von Arthur Lory zu Emil Anner; Text zu Josef Reber: Willi Raeber)

Ursula Fischer-Klemm
Fritz Strebel
21. 6. – 20. 7.
Katalog (Text: Guido Fischer)

Alfred Hrdlicka
20. 9.– 19. 10.
Katalog (Text: Walter Koschatzky)

Jahresausstellung der Aargauer Künstlerinnen und Künstler
30. 11. 69 – 4. 1.70
Katalog

1970

Meiserwerke aus der Sammlung aus Anlass des 25-Jahr-Jubiläums der Freunde der Aargauischen Kunstsammlung
17. 1. – 22. 2.
Festschrift (Text: Alfred Bolliger)

Expressionisten
28. 2. – 31. 3.

form schweiz aargau international: Konfrontation 1
Schweizer Bildhauer der älteren und neueren Generation
30. 10. – 22. 11.
Katalog (Texte: Heiny Widmer, Hans Boesch)

Jahresausstellung der Aargauer Künstlerinnen und Künstler
4. 12. 70 – 10. 1. 71
Katalog (Text: Heiny Widmer)

1971

form schweiz aargau international: Konfrontation 2
Surrealismus und mathematisch konkrete Kunst
23. 1. – 14. 2.
Katalog (Texte: Heiny Widmer, Hans Curjel)

Werner Holenstein
Franz Pabst
30. 1. – 28. 2.
Katalog (Texte: zu Franz Pabst: Ernst Peter Müller; zu Werner Holenstein: Heiny Widmer)

Les Suisse de Paris
13. 3. – 10. 4.
Katalog (Texte: Heiny Widmer, Paul Nizon)

Hommage à Senefelder
17. 4.– 23. 5.
Katalog (Texte: Heiny Widmer, Felix H. Man)

form schweiz aargau international: Karl Prantl
Antonio Calderara
18. 6. – 11. 7.
Katalog (Texte: zu Antonio Calderara: Heinz Gappmayr, Marie-Louise Lienhard; zu Karl Prantl: Peter Weiermair)

Felix Hoffmann
Theaterskizzen
24. 8. – 12. 9.

Eduard Spörri
Adolf Herbst
27. 8. – 26. 9.
Katalog (Texte: Heiny Widmer, zu Eduard Spörri: Pierre Walter Müller, Arthur Frey; zu Adolf Herbst: Hedy Hahnloser-Bühler, Felix Baumann)

Farbe – Material – Objekt
Die Malklasse von Franz Fedier
29. 10. – 28. 11.
Katalog (Texte: Heiny Widmer, Franz Fedier)

Jahresausstellung der Aargauer Künstlerinnen und Künstler
(Gäste: Peter Hächler, Otto Kälin)
11. 12. 71– 16. 1.72
Katalog (Text: Heiny Widmer)

Les Suisse de Paris (1971)

1972

Hans Falk
12. 2. – 12. 3.
Katalog (Text: Fritz Billeter)

Arnold Ammann
17. 3. – 9. 4.
Foyer

form schweiz aargau international: Konfrontation 3
Eugène Dodeigne
Erich Hauser
15. 4.– 29. 5.
Katalog (Text: Heiny Widmer)

Illusion
Die Grenzen der Wahrnehmung
3. 6. – 9. 7.
Katalog (Hrsg. Edi und Ruth Lanners)
Wanderausstellung

Hans Anliker
Bruno Landis
3. 6. – 9. 7.
Foyer
Faltblatt (Text: Heiny Widmer)

Barockplastik des Aargaus
3. 9.– 15. 10.
Katalog (Text: Peter Felder)

Erwin Rehmann
Retrospektive 1948 – 1972
4. 11. – 3. 12.
Katalog (Texte: Heiny Widmer, Arnold Kohler, Roy Oppenheim)

Jahresausstellung der Aargauer Künstlerinnen und Künstler
(Gäste: Fritz von Alten, Emil Bertschi, Paul Meier)
16.12. 72 – 14. 1. 73
Katalog

1973

form schweiz aargau international: Amerikanische Grafik
26. 1. – 25. 2.
Katalog (Texte: Hans Hartmann, Dieter Koepplin)
Wanderausstellung: Bündner Kunstmuseum Chur, Kunstverein Solothurn; Musée d'Art et d'Histoire, Genf; Aargauer Kunsthaus Aarau; Kunstmuseum Basel

Nicolas Schöffer
26. 1. – 25. 2.
Katalog

Heinrich Gisler
26. 1. – 25. 2.
Foyer
Faltblatt (Text: Hans Neuburg)

Theodor Bally
9. 3. – 14. 4.
Katalog (Texte: Marcel Joray, Heiny Widmer)

Jürg Kreienbühl
18. 5.– 24. 7.
Katalog (Text: Heiny Widmer)

form schweiz aargau international: Konfrontation 4
Formen des Realismus
8. 6. – 15. 7.
Katalog (Text: Heiny Widmer)

Zürcher Künstler ZH 1973
8. 9.– 7. 10.
Katalog (Text: Paul Nizon)

Felsendom – Kaaba
Islamische Volksmalerei in der Altstadt von Jerusalem
Fotografien von Leonardo Bezzola
19. 10. – 18. 11.
Wanderausstellung: Kunsthalle Bern; Museum der Stadt Solothurn; Aargauer Kunsthaus Aarau
Katalog

Peter Hächler
Italo Valenti
26. 10. – 25. 11.
Katalog (Texte: Heiny Widmer; zu Peter Hächler: Margit Staber, zu Italo Valenti: Manuel Gasser)

Emma Kunz
30. 11. 73 – 27. 1. 74
Katalog (Text: Heiny Widmer)

Jahresausstellung der Aargauer Künstlerinnen und Künstler
14. 12. 73 – 13. 1.74
Katalog

1974

Schweiz im Bild – Bild der Schweiz
9. 2. – 24. 3.
Katalog (Texte: Hans Christoph von Tavel, Bernhard Wiebel, Peter Röllin, Kathrin Steffen, Marianne Matta; Urs Hobi, Bice Curiger, Leni Jakob, Christine Kyburz, Irma Noseda, Guido Magnaguagno, Christine Bühlmann, Tina Grütter, Richard Heer, Felix Aeppli)
Wanderausstellung: Aargauer Kunsthaus Aarau, Musée des Arts décorativs de la ville de Lausanne; Villa Ciani, Lugano; Helmhaus Zürich

Haben und nicht Haben
Schweizer Kunst. Versuch eines Musée ideal
19. 5.– 14. 7.
Katalog

Ernst Suter
21. 9.– 18.10.

Adolf Weber
21. 9.– 18. 10.
Katalog (Texte: Heiny Widmer, Rudolf Frauenfelder)

Aargauer Textilkünstlerinnen
19. 10. – 10. 11.

Aargauer Kunst seit 1900
16. 11. 74 – 26. 1. 75
Aargauer Kunst der Gegenwart 1. Teil
16. 11. – 10. 12.
Aargauer Kunst der Gegenwart 2. Teil
15. 12. 74 – 26. 1. 75
Katalog (Aargauer Almanach)

1975

Tomi Ungerer
14. 2. – 23. 3.

form schweiz aargau international: 4 Obwaldner Künstler
Beat Odermatt, Kurt Sigrist, Franz Bucher, Hans Peter von Ah
11. 4.– 18. 5.
Katalog (Texte: Heiny Widmer, Zita Wirz, Marianne Eigenheer, Willy Rotzler sowie Wiederabdruck eines Textes von Karl Bühlmann)

form schweiz aargau international: Italienische Kleinplastiken seit 1900
9. 5.– 15. 6.
Katalog (Text: Fortunato Bellonzi)

Schweiz im Bild – Bild der Schweiz (1974)

Haben und nicht Haben (1974)

Charles Gleyre ou les illusions perdues. 1806–1874
13. 6. – 20. 7.
Katalog (Texte: Rudolf Koella, Alfred Boime, Remi Berger, Jacques-Edonard Berger, Michel Thévoz, Franz Zelger, Brigit Steiger-Gayler)
Wanderausstellung: Kunstmuseum Winterthur; Musée Cantini, Marseille; Städtische Galerlie im Lenbachhaus, München; Kunsthalle Kiel; Aargauer Kunsthaus Aarau; Musée cantonal des Beaux-Arts, Lausanne)

Michael Grossert
Skulpturen 1954 – 1954
12. 9.– 26. 10.
Katalog (Texte: Wolfgang Sancé, José Pierre, Heiny Widmer) weitere Station: Galerie L'Enseigne du Cerceau, Paris

Josef Schulz
Tapisserien
13. 9.– 26. 10.

form schweiz aargau international: Weltanschauung als Bildidee – gemalte Weltschau
10. 10. – 16. 11.
Katalog (Texte: Heiny Widmer, Gualterio Schönenberger)
Weitere Station: Museum Bochum

Jahresausstellung der Aargauer Künstlerinnen und Künstler
11. 12. 75– 11. 1. 76

1976

Holzschnitte aus Frühdrucken (1470–1530) aus der Sammlung E.
30. 1. – 29. 2.
Katalog (Texte des Sammlers und von Heiny Widmer)

Der Mensch auf seiner Erde
Flugaufnahmen von Georg Gerster
19. 3. – 2. 5.

Jan Janczak
30. 4.– 7. 6.
Katalog (Texte: Heiny Widmer, Peter Killer)

Johann Robert Schürch
11. 6. – 11. 7.
Katalog (Text: Heiny Widmer, Wiederbabdruck von Texten von Kurt Sponagel und Walter Kern)

Helen Sager
27. 8. – 26. 9.
Foyer

Aargauer Kunst seit 1900
3. 9.– 3. 10.

Outside
Karl Ballmer, Walter Arnold Steffen, Hans Trudel, Fritz Weigner
22. 10. – 28. 11.
Katalog (Texte: Heiny Widmer, Ernst Halter, Fritz Billeter, Karl Huober, Roman Inauen, Theo Kneubühler)

Jean Pfaff
29. 10. – 28. 11.
Foyer

Jahresausstellung der Aargauer Künstlerinnen und Künstler
(Sonderpräsentationen: Rudolf Urech-Seon; Kunstbesitz der Stadt Aarau; Werner Erne: Schilten)
11. 12. 76 – 11. 1. 77

1977

GSMBA Basel, Bern, Neuenburg, Waadt
20. 2. – 20. 3.

Dieter Roth – Richard Hamilton
15. 4.– 22. 5.
Katalog Edition Hansjörg Mayer (Text: Dieter Roth/Richard Hamilton)
Wanderausstellung

Aargauer Strohdachhäuser
Fotodokumentation von Willy Dättwyler
4. 5.– 12. 6.
Foyer

Segantini – Segantini
13. 5.– 12. 6.
Katalog (Hrsg. Irma Noseda, Bernhard Wiebel/SIK Zürich)

Von Hodler zu Noland
les secrets du canton. 3 Aargauer Privatsammlungen
4. 6. – 17. 7.
Katalog

Otto Wyler
Zeichnungen
12. 8. – 11. 9.
Foyer

Felix Hoffmann
26. 8. – 2. 10.
Katalog

Walter Kuhn
15. 10. – 13. 11.
Katalog (Texte: Fritz Stäuble, Heiny Widmer)

Ursula Fischer-Klemm
Hans Eric Fischer
4. 11. – 4. 12.
Katalog (Text: Heiny Widmer)

Jahresausstellung der Aargauer Künstlerinnen und Künstler
16. 12. 77 – 14. 1. 78
Katalog (Text: Peter Killer)

1978

Robert Müller
Bruno Müller
17. 2. – 26. 3.
Katalog (Texte: Fritz Billeter, Florens Deuchler, Helen Stocker, Heiny Widmer, Paul Nizon)

Weltanschauung als Bildidee (1975)

Outside (1976)

Dieter Roth – Richard Hamilton (1977)

Varlin
Retrospektive
14. 4.– 28. 5.
Katalog (Text: Manuel Gasser)

Gustave Buchet
Retrospektive
3. 6. – 16. 7.
Katalog (Texte: René Berger, Heiny Widmer, Paul-André Jaccard, Gérard Buchet, Robert-L. Füglister, Wiederabdruck eines Textes von Gustave Buchet)
Wanderausstellung: Musée cantonal des Beaux-Arts, Lausanne, Aargauer Kunsthaus Aarau; Fondation Le Corbusier, Paris

Maria Auxiliadora
1935–1974 Eine naive Malerin aus Brasilien
1. 9. – 1. 10.
Buchpublikation, hrsg. Pietro Maria Bardi, Edition Bolaffi, Turin

Fotografien von Hans Weber
19. 8. – 16. 9.

Meister der rumänischen neuzeitlichen und gleichzeitigen Kunst
22. 9.– 29. 10.
Katalog

Walter Burkart
10. 11. – 10. 12.
Foyer

Jahresausstellung der Aargauer Künstlerinnen und Künstler
15. 12. 78 – 14. 1. 79
Katalog (Text: Guido Magnaguagno, Heiny Widmer)

1979

Les Battisseurs de l'imaginaire
10. 2. – 11. 3.
Katalog (Text: Claude und Clovis Prévost)
Übernahme vom Musée des Beaux Arts, Chartres

Urs Lüthi
24. 3. – 22. 4.
Katalog (Typoskript, Text: Heiny Widmer)
Buchpublikation zur Wanderausstellung: Edition Stähli, Zürich; Museum Folkwang Essen; Galerie Isy Brachot, Paris; Galerie Stadler, Paris; Galerie Stähli, Zürich,

Richard Seewald
19. 5.– 16. 6.
Katalog (Text: Heiny Widmer)

GSMBA Sektion Aargau
23. 6. – 15. 7.
Katalog

Hermann Huber
18. 8. – 16. 9.
Katalog (Texte: Heiny Widmer, Peter Kienast, Eveline Huber; Briefwechsel; Hermann Huber – Otto Meyer-Amden)

Von Liotard bis Vallotton
20 Jahre Aargauer Kunsthaus
29. 9.– 28. 10.

Heidi Widmer
6. 10. – 25. 11.
Foyer

Herbert Boeckl
1894 – 1966
Gemälde
3. 11. – 16. 12.
Katalog (Text: Wilfried Skreiner)
Wanderausstellung: Künstlerhaus Graz; Wilhelm-Haak Museum Ludwigshafen; Aargauer Kunsthaus Aarau

Jahresausstellung der Aargauer Künstlerinnen und Künstler
(Gäste: Ernst Leu, Hugo Suter)
15. 12. 79 – 13. 1. 80

1980

Bon à tirer. Edition Lafranca
9. 2. – 23. 3.
Katalog (Text: Heiny Widmer)

Theodor Bally
23. 2. – 30. 3.
Katalog (Text: Heiny Widmer)

Werner Sommer
Willi Schoder
19. 3. – 20. 4.
Foyer

Alfred Hofkunst
Nikolaus Lang
20. 4.– 27. 5.
Katalog Alfred Hofkunst (Text: Heiny Widmer, Hans Baumann)
Katalog Niklaus Lang (Text: Armin Zweite)

Ueli Michel
25.6. – 20.7.
Foyer

Lisette Küpfer
21.8. – 14.9.
Foyer

Ernst Morgenthaler
27. 9.– 26. 10.
Katalog (Texte: Heiny Widmer, Briefwechsel Ernst Morgenthaler – Hermann Hesse)

Roland Guignard
Paul Suter
24. 10. – 23. 11.
Katalog (Texte: Heiny Widmer, Uli Däster, Willy Rotzler)

Hans Erhardt
27.10. – 25.11.
Foyer

4.1.
Jürg Stäuble, Heiner Richner, Hannah Villiger, Jean Pfaff
14. 11. – 14. 12.
Katalog (Texte: Heiny Widmer, Jean-Christophe Ammann, Alex Silber)

Jahresausstellung der Aargauer Künstlerinnen und Künstler
(Gäste: Willy Kaufmann, Beat Zoderer)
13. 12. 80 – 11. 1.81
Katalog (Text: Heiny Widmer)

1981

Alois Wey
16. 1. – 22. 2.
Typoskript (Text: Guy Filippa)

Outside II
22. 1. – 22. 2.
Buchpublikation: Hrsg. Fritz Billeter, ABC-Verlag, Zürich

Jakob Dösegger
5.2. – 8.3.
Foyer

Markus Raetz
13. 2. – 15. 3.
Katalog (Text: Ad Petersen)
Künstlerbuch: MIMI
Übernahme vom Stedelijk Museum Amsterdam
weitere Stationen: Galerie Krinzinger, Innsbruck; Galerie nächst St. Stephan, Wien

Hans Josephsohn
13. 3. – 15. 4.
Buchpublikation ABC-Verlag, Zürich (Text: Hans Heinz Holz)

Jakob Strasser
Retrospektive
15. 4.– 17. 5.
Katalog (Text: Heiny Widmer)

Karl F. Schobinger – Bernhard Schobinger – Martin Bruggmann
15. 4.– 17. 5.
Katalog

4. 1. (1980)

Künstlergruppen in der Schweiz 1910–1936
15. 5.– 14. 8.
Katalog (Texte: Heiny Widmer, Beat Stutzer, Yvonne Höfliger, Viviane Ehrli, Paul-André Jaccard, Martin Heller/Lutz Windhöfel, Beatrice Holderegger/Suzanne Lüthi, Johannes Stückelberger, Martin Pauli, Eva Korazija)

4.2.
Amaretti, Josef Herzog, Guido Nussbaum, Christoph Gossweiler
14. 8. – 20. 9.
Katalog

Ueli Sager
2. 9. – 20.9.
Foyer

1936 – eine Konfrontation
Im Rahmen der Ausstellungsreihe Dreissiger Jahre Schweiz: Kunsthaus Zürich, Kunstmuseum Winterthur, Aargauer Kunsthaus Aarau
13. 9.– 25. 10.
Katalog (Texte: Heiny Widmer, Werner Möckli, Irene Meier, Yvonne Höfliger-Grieser, Brigitte Blass, Georges Peillex, Beat Stutzer, Max Bill; sowie Erinnerungen von Emile Chambon, Tonio Ciolina, Hans Erni, Hans Fischli, Richard Paul Lohse, Aldo Patocchi, Alfred Roth, Vladimir Rosenbaum, Hans Seiler, Ernst Suter, Walter Sautter, Aline Valengin, Georges Peillex, La Sarraz)

Eduard Spörri
30. 10. – 6. 12.
Katalog (Texte: Heiny Widmer, Hans Neuburg, Hans Frei, Marc Leroy)

Projekte zur Erweiterung des Gebäudekomplexes Staatsarchiv/ Kantonsbibliothek/ Kunsthaus
31. 10. – 29. 11.
Foyer

Jahresausstellung der Aargauer Künstlerinnen und Künstler (unjuriert)
18. 12. 81 – 17. 1. 82

1982

Jakob Greuter
Der Zweite Weltkrieg
4. 2. – 7. 3.
Katalog (Text: Heiny Widmer)

Die Metamorphose des Herrn Lindi
12. 2. – 14. 3.
Katalog (Texte: Heiny Widmer, Josef Mäder)

Peter Stämpfli
19. 3. – 30. 4.
Katalog (Texte: Heiny Widmer, Bernard Ceysson)

Rémy Zaugg
Le singe peintre
22. 4.– 30. 4.
Katalog (Texte: Johannes Gachnang, Heiny Widmer sowie ein Gespräch Heiny Widmer – Rémy Zaugg)

Philippe Visson
11. 6. – 18. 7.
Katalog (Texte: Michel Thévoz, Philippe Visson)

Hugo Suter
28. 8. – 3. 10.
Katalog (Gespräch Theo Kneubühler – Hugo Suter)

Martin Hürlimann:
Begegnung mit China
21. 8. – 19. 9.
Katalog (Text: Martin Hürlimann)

Claude Loewer
23. 9.– 31. 10.
Buchpublikation ABC-Verlag, Zürich (Hrsg./Text: Heiny Widmer)

Hans Schärer
25. 9.– 1. 11.
Katalog (Texte: Niklaus Oberholzer, Willy Obrist)

6 Künstler aus Delft
5. 11. – 5. 12.
Katalog (Text: Reind-Arend Leeuw)

Willi Müller-Brittnau
22. 10. – 21. 11.
Faltblatt (Text: Heiny Widmer)

Jahresausstellung der Aargauer Künstlerinnen und Künstler
10. 12. 82 – 9. 1. 83
Katalog

1983

Aus der Sammlung der Stiftung für Fotografie
27. 1. – 18. 2.

Franz Huemer
19. 2. – 20. 3.
Katalog (Text: Heiny Widmer)

Christian Ludwig Attersee
18. 3. – 8. 5.
Katalog (Texte: Dieter Ronte, Jean-Christophe Ammann, Christian Ludwig Attersee, Peter Gorsen, Hein Ohff, Peter Weiermair)
Wanderausstellung: Museum des 20. Jahrhunderts, Wien; Frankfurter Kunstverein; Aargauer Kunsthaus Aarau; Neue Galerie, Sammlung Ludwig, Aachen; Kunsthalle der Stadt Wilhelmshaven; Kulturhaus der Stadt Graz

Übersicht: Diese Kunst fördert der Kanton Aargau
28. 5.– 3. 7.
Katalog (Texte: Rudolf Schmid; Heiny Widmer, Hugo Suter, Max Matter)

Aarau einst – Die Stadt in alten und neueren Fotografien
(700 Jahre Stadt Aarau)
18. 6. – 3. 7.

Max Matter
12. 8. – 25. 9.
Künstlerbuch: Matterialien

Schweizer Zeichnung 1970–1980
26. 8. – 25. 9.
Katalog (Text: Charles Goerg)
Wanderausstellung der Pro Helvetia: Musée Rath, Genf; Tel Aviv Museum, Tel Aviv; Pinakothek, Athen; Ulmer Museum, Ulm; Palais des Beaux-Arts, Brüssel; Musée de la ville de Toulon; Bündner Kunstmuseum Chur, Aargauer Kunsthaus Aarau; Centre Culturel Suisse, Paris

Legat Dr. Othmar und Valerie Häuptli
28. 8. – 25. 9.

Hans Schärer (1982)

Übersicht: Diese Kunst fördert der Kanton Aargau (1983)

Schweizerkunst seit Cuno Amiet
Hauptzüge der Entwicklung
Werke aus der aargauischen Kunstsammlung
9. 10. – 20. 11.
Sammlungskatalog, Band 2 (Texte: Heiny Widmer, Beat Wismer, Paul-André Jacard)

Schweizerkunst seit Cuno Amiet
Landschaften/Interieurs/Stilleben/ figurale Plastik/Kunst der Idylle/ Schweizer Kunst – Helvetische Kunst?
Werke aus der aargauischen Kunstsammlung
4. 12. 83 – 8. 1. 84
Sammlungskatalog, Band 2

Ernst Suter
9. 12. 83 – 8. 1. 84

Hans-Eric Fischer
Gedenkausstellung
9. 12. 83 – 8. 1. 84

Ruth Kruysse
Flugversuche
15. 12. 83 – 8. 1. 84
Foyer

1984

Schweizerkunst seit Cuno Amiet
Entwicklung zur Gegenwart/ Gegenwart
Werke aus der aargauischen Kunstsammlung
29. 1. – 9. 3.
Sammlungskatalog, Band 2

Kreativität, Schule und Gesellschaft
9. 3. – 8. 4.
Katalog (Texte: Heiny Widmer, Matthias Bruppacher, Lucius Burckhardt, Michel Thévoz, Leo Navratil, Peter F. Althaus, Dietart Kerbs, Karl Peter Sprinkhart, Gunter Otto, Rolf Deopeler)

Paul Gugelmann
Maschines miraculeuses
17. 3. – 8. 4.

Walter Arnold Steffen
8. 4.– 6. 5.
Katalog (Texte: Konrad Wittmer, Willi Stingel, Hansjörg Braunschweig, Fritz Billeter, Willy Hans Roesch, Heinz Dieter Pfäffli, Clemens Mettler)

Leo Leuppi
Collagen aus dem Spätwerk
5. 5.– 3. 6.

Eidgenössisches Kunststipendium
6. 7. – 29. 7.
Katalog

Betram Schoch
19. 8. – 15. 9.
Katalog (Texte: Konrad Wittmer, Michel Thévoz)

Vision und Utopie
GSMBA Sektion Aargau
26. 8. – 30. 9.
Katalog (Texte: Peter Brunner-Brugg, Beat Wismer, Urs Berner, Urs Faes, Klaus Merz, Claudia Storz)

Rite Rock Rêve
Junge Malerei aus Frankreich
19. 10. – 25. 11.
Katalog (Text: Erika Billeter)
Wanderausstellung: Musée cantonal des Beaux-Arts, Lausanne; Heidelberger Kunstverein; Aargauer Kunsthaus Aarau; Sonja Henies og Niels Onstads Stiftelser, Oslo; Nordiyllands Kunstmuseum Aalberg DK

Lawrence Lee
Das Bambuslied
27. 10. – 25. 11.
Faltblatt (Text: Konrad Wittmer)

Jahresausstellung der Aargauer Künstlerinnen und Künstler
15. 12. 84 – 13. 1. 85
Katalog (Texte: Konrad Wittmer, Hansjörg Schertenleib)

1985

Paolo
16. 1. – 17. 2.

Internationale Kunst nach 1945
Sammlungsaustausch mit dem Ulmer Museum
2. 2. – 10. 3.

Die 50er und 60er Jahre im Spiegel der Sammlung Kurt Fried aus dem Ulmer Museum
2. 2. – 10. 3.

Die Künstler aus Gugging
22. 2. – 31. 3.
Katalog (Texte: Dieter Ronte, Otto Breicha, Peter Hopf, Peter Baum, Hans Gercke, Alois Marksteiner, Leo Navratil)
Wanderausstellung: Museum des 20. Jahrhunderts, Wien; Salzburger Landessammlungen Rupertinum, Salzburg; Kunstamt Wedding, Berlin; Heidelberger Kunstverein; Neue Galerie, Wolfgang-Gurlitt-Museum, Linz; Aargauer Kunsthaus Aarau

Charles Rollier
30. 3. – 5. 5.
Katalog (Texte: Erika Billeter, Erberto Lo Bue, Rainer Michael Mason)
Übernahme vom Musée des Beaux-Arts, Lausanne

Ausgang Text
20. 4.– 19. 5.
Katalog (Texte: Uli Däster, Jörg Knecht, Hans Anliker, Ruth Berger, Wilfried Bolliger, Rudolf Buchli, Klaus Merz, Ueli Sager)

Muz Zeier
18. 5.– 23. 6.
Katalog (Texte: Beat Wismer, Patricia Nussbaum, Guido Würth, Lotti Zürrer)

Mario Comensoli
Malerei 1945 – 1985
1. 6. – 17. 7.
Katalog (Texte: Guido Magnaguagno, Wolfgang Bortlik)

Alice Bailly
16. 8. – 15. 9.
Katalog (Texte: Rosmarie Schwarzwälder, Beat Wismer, Paul André Jaccard)
Wanderausstellung: Galerie nächst St. Stepah, Wien; Galerie Krinzinger, Innsbruck; Aargauer Kunsthaus Aarau

Aargauisches Kuratorium
Werk- und Förderungsbeiträge Bildende Kunst
6. 9.– 26. 9.

125 Jahre Aargauischer Kunstverein
1. 10. – 17. 11.

Ausstellung Olivier Mosset (1986)

Jürg Kreienbühl
12. 10. – 17. 11.
Katalog, 2 Bände (Texte: Beat Wismer, Bernhard Lehner, Konrad Wittmer, Jürg Kreienbühl)

Jahresausstellung der Aargauer Künstlerinnen und Künstler
(Gast: Hansjörg Däster)
14. 12. 85 – 12. 1. 86
Katalog (Texte: Beat Wismer, Robert Schiess, Peter Brunner-Brugg)

1986

Louis Rivier und die religiöse Malerei in der Westschweiz
26. 1. – 2. 3.
Buchpublikation, Hrsg. Dario Gamboni, Payot, Lausanne, (Texte von: Dario Gamboni, Florens Deuchler, Antoine Baudin, Claire Huguenin)

Olivier Mosset
8. 2. – 16. 3.
Katalog (Texte: Maurice Besset, Beat Wismer)

Wilhelm Jaeger
22. 3. – 27. 4.
Katalog (Texte: Beat Wismer, Willy Rotzler, Urs Troller, Wilhelm Jaeger)
Weitere Stationen: Kunsthalle Mannheim; Museum Bochum; Museum Gelsenkirchen

Christoph Storz
Zeichnung und ■
22. 3. – 27. 4.
Katalog

Thema: Landschaft
Werke aus der Sammlung
22. 3. – 8. 6.
weitere Station: Bündner Kunstmuseum, Chur

Klaudia Schifferle
Bilder und Zeichnungen
9. 5.– 15. 6.
Katalog (Texte von Annelie Pohlen, Beat Wismer)
Wanderausstellung Kunstverein München; Bonner Kunstverein; Aargauer Kunsthaus Aarau

Felix Stefan Huber
Beat Streuli
Photographie
10. 5.– 8. 6.
Katalog (Texte: Beat Wismer, Jacqueline Burckhardt, Angela Thomas Jankowski)

Aldo Solari
21. 6. – 27. 8.
Katalog (Texte: Beat Wismer, Martin Heller)

Erich Busslinger
Iris – ein Klangbild
21. 6. – 27. 8.
Katalog

Rudolf Härdi
Eine Skulptur
21. 6. – 27. 8.
Katalog (Text: Beat Wismer)

Eidg. Bundesstipendium
15. 8. – 14. 9.
Katalog

Aldo Walker
Arbeiten seit 1964
4. 10. – 16. 11.
Katalog (Text: Beat Wismer, Wiederabdruck von Texten verschiedener Autoren)

Alfred Portmann
Bilder und Zeichnungen 1956 – 1976
12. 10. – 16. 11.
Katalog (Text: Beat Wismer)

Jahresausstellung der Aargauer Künstlerinnen und Künstler
(Gast: Peter Küng)
13. 12. 86– 11. 1. 87
Katalog (Texte: Beat Wismer, Klaus Merz)

1987

Heiner Kielholz
Bilder und Zeichnungen seit 1968
31. 1. – 15. 3.
Katalog
weitere Station: Neue Galerie am Landesmuseum Joanneum, Graz

Otto Kälin
Wandmalerei
31. 1. – 15. 3.
Katalog (Text und Gespräch mit dem Künstler: Beat Wismer)

Riva
Alois Mosbacher: Bilder
Erwin Wurm: Skulpturen
28. 3. – 3. 5.
Katalog (Text Wilfried Skreiner)
Wanderausstellung: Gesellschaft für Aktuelle Kunst, Bremen; Neue Galerie am Landesmuseum Joanneum, Graz; Aargauer Kunsthaus Aarau; Halle Sud, Genf; Niederösterreich-Gesellschaft für Kunst und Kultur, Frauenbad, Baden bei Wien

Ernst Schurtenberger
25. 4.– 6. 6.
Katalog (Texte: Beat Wismer, Peter F. Althaus)

Atelier und Bauplatz – eine Ausstellung des SIA
19. 6. – 2. 8.

Albert Siegenthaler
1938–1984
23. 8. – 4. 10.
Katalog (Texte: Peter F. Althaus, Uli Däster, Hermann Siegenthaler, Beat Wismer)

Christoph Gredinger
Otto Grimm
Marc-Antoine Fehr
17. 10. – 15. 11.
Katalog Christoph Gredinger (Text: Beat Wismer)
Katalog Otto Grimm (Text: Beat Wismer)
Katalog Marc-Antoine Fehr (Texte: Beat Wismer, Rudolf Koella)

Jahresausstellung der Aargauer Künstlerinnen und Künstler
(Gast: Peter Hauri)
12. 12. 87– 10. 1. 88
Katalog (Text: Beat Wismer)

1988

Henri Presset
Retrospektive
26. 3. – 1. 5.
Katalog, 2 Bände (Skulpturen 1959–1988: Texte: John Berger; Reinhold Hohl, André Corboz, Rainer Michael Mason, Edmond Charrière; Druckgrafik 1968–1987: Text: Rainer Michael Mason)
Wanderausstellung: Musée des Beaux-Arts, La Chaux-de-Fonds; Aargauer Kunsthaus Aarau; Musée Rath, Genf)

Jahresausstellung (1986)

Skulptur (1988)

Luigi Lurati
1936–1967
23. 4.– 5. 6.
Katalog (Texte: Beat Wismer, Peter Suter, Alain Schaer)

August Walla
30. 4.– 5. 6.
Buchpublikation Delphi Verlag, verlegt bei Greno, Nördlingen (Hrsg. Leo Navratil)
Wanderausstellung

Ricco
1915–1972
15. 5.– 26. 6.
Katalog (Hrsg. Beat Wismer, Texte: Beat Wismer, Willy Weber, Harald Szeemann, Lilly Keller, Max Altorfer, Michael Stettler)

Skulptur
Material und Abstraktion.
2 x 5 Positionen
18. 6. – 31. 7.
Katalog (Texte: Beat Wismer, Corinne Disserens, Steven Henry Madoff)
weitere Stationene: Musée cantonal des Beaux-Arts, Lausanne; City Gallery, Departement of cultural Affairs New York und Swiss Institute New York

Bogendruck. Edition Howeg
18. 6. – 31. 7.
Foyer

Aargauer Kuratorium
Werk- und Förderungsbeiträge Bildende Kunst
19. 8. – 4. 9.

Der Bund fördert, der Bund sammelt
100 Jahre Sammlung des Bundes
1. 10. – 31. 11.
Katalog (Hrsg. Jörg Huber, Texte von Hans Ulrich Jost, Lisbeth Marfurt-Elmiger, Oskar Bätschmann, Marguerite und Cäsar Menz-Vonder Mühll, Hans A. Lüthy, Myriam Poiatti, Matthias Vogel, Jörg Huber, Maddalena Disch, Willy Rothler, Isabelle Aeby, Johannes Gfeller, Hans Ulrich Reck, Urs Staub, Beat Wismer)

Jahresausstellung der Aargauer Künstlerinnen und Künstler
(Gast: Heinrich Gisler)
17. 12. 88 – 15. 1. 89
Katalog (Text: Stephan Kunz)
Katalog Heinrich Gisler (Text: Beat Wismer)

1989

Gaspare O. Melcher
Werke 1971 – 1988
11. 2. – 19. 3.
Katalog (Text: Beat Wismer)
weitere Stationen: Palazzo Guasco di Bisio, Alessandria; Museum Bochum

Walter Fähndrich
10. 2. – 19. 3.
Katalog (Texte: Klaus-Ernst Behne; Thomas Meyer)
Musikkassetten

Sophie Taeuber-Arp
9. 4.– 15. 5.
Katalog (Texte: Beat Wismer, Greta Stroeh, Erica Kessler, Gabriele Mahn, Anne de Bardzki-Granon, Monica de Cardenas)
weitere Stationen: Museo cantonale d'arte, Lugano; Ulmer Museum, Ulm; Museum Bochum

Russische und osteuropäische Avantgarde
9. 4. – 15. 5.
Katalog (Hrsg. Peter Spielmann, Texte verschiedener Autoren)
Übernahme vom Museum Bochum

Hans Danuser
IN VIVO
27. 5.– 9. 7.
Katalog (Texte: Beat Wismer, Urs Stahel)

Anita Niesz
Fotografien 1949 – 1974
27. 5.– 9. 7.
Buchpublikation Benteli Verlag, Bern (Texte: Walter Binder, Beat Wismer, Pierre Zoelly)

Heraus aus Dreck, Lärm und Gestank
Alltag und Arbeiterbewegung in der Schweiz
(Bildarchiv zur Geschichte der Arbeiterbewegung)
3. 6. – 9. 7.
Wanderausstellung

Dialoge – Künstler sehen eine Sammlung.
(Eine Ausstellung der GSMBA Aargau)
13. 8. – 9. 9.

Katalog (Texte: Beat Wismer, Stephan Kunz, Anna Felder, Klaus Merz, Claudia Storz, Arthur Hächler, Hansjörg Schertenleib)

René Myrha
Projection d'images
13. 8. – 9. 9.
Foyer
Katalog (Text: Beat Wismer)

Höhe x Breite x Farbe
Markus Baldegger, Marius Brühlmeier, Maurice Ducret, Mireille Gros, Valentin Ph. Hauri, Arnold Helbling, Peter Küng, Ueli Michel
30. 9.– 12. 11.
Katalog (Texte: Beat Wismer, Stephan Kunz)

Josef Herzog
7. 10. – 12. 11.
Katalog (Texte: Beat Wismer, Stephan Kunz, Theres Herzog, Johanna Gnos-Illi

Jahresausstellung der Aargauer Künstlerinnen und Künstler
(Gast: Alfred Wirz)
9. 12. 89 – 14. 1. 90
Katalog (Text: Brigitte Morach)
Leporello Alfred Wirz (Text: Stephan Kunz)

1990

Radikal auf Papier
10. 2. – 25. 3.
Katalog (Text: Beat Wismer)

Adrian Schiess
10. 2. – 25. 3.
Katalog (Text: Beat Wismer)

Gertrud Debrunner
7. 4.– 13. 5.
Katalog (Texte: Stephan Kunz, Ruth Ghisler)

Ausstellung Adrian Schiess (1990)

Adolf Wölfli
Zeichnungen 1904–1906
7. 4.– 10. 6.
Katalog hrsg. von Adolf-Wöfli-Stiftung, Kunstmuseum Bern
Wanderausstellung

Stefan Gritsch
(Manor-Kunstpreis)
5. 5.– 17. 6.
Katalog (Texte: Beat Wismer, Markus Brüderlin)

Karl Ballmer
27. 5.– 12. 8.
Katalog (Hrsg. Beat Wismer, Texte: Beat Wismer, Christoph Widmer, Karl Ballmer, Max Sauerlandt)
weitere Stationen: Richard-Haizmann-Museum, Niebüll; Kunstmuseum des Kantons Thurgau, Kartause Ittingen

Heidi Widmer
Zeichnungen zu Matthias Dieterle: Ausgesprochen Tödlich. Gedichte, Edition Howeg, Zürich
7. 5.– 20. 5.
Foyer

Werke aus der Sammlung der Gottfried Keller-Stiftung
30. 6. – 12. 8.

Pablo Picasso
Druckgrafik
30. 6. – 12. 8.

Jürg Brodmann
30. 6. – 12. 8.
Foyer

Jahresausstellung der Aargauer Künstlerinnen und Künstler
(Gast: Marianne Geiger)
1. 12. 90 – 6. 1. 91
Katalog (Text: Stephan Kunz)
Katalog Marianne Geiger (Text: Beat Wismer)

1991

Peter Roesch
26. 1. – 3. 3.
Katalog (Texte: Beat Wismer, Peter Igor von Moos, Max Wechsler, Bruno Steiger, François Grundbacher, Rolf Winnewisser)

***in Nebel aufgelöste Wasser des Stromes*. Hommage à Caspar Wolf**
(Caspar Wolf, Michael Biberstein, Gloria Friedmann, Per Kirkeby, Richard Long, Hugo Suger, Theo Kneubühler, Anna Winteler)
17. 2. – 7. 4.
Katalog in der Reihe: Schriften zur Aargauischen Kunstsammlung, Band 1 (Texte: Beat Wismer, Theo Kneubühler; Wiederabdruck eines Textes von Per Kirkeby)
weitere Stationen: Museum Morsbroich, Leverkusen; Alte Pinakothek, München

Joachim Bandau
Skulpturen 1976–1990
23. 3. – 5. 5.
Katalog (Texte: Beat Wismer, Jan Foncé, Renate Puvogel, Joachim Bandau, Ulrich Bischoff)
Wanderausstellung: Museum voor Hedendaagse Kunst, Antwerpen; Kunsthalle zu Kiel; Aargauer Kunsthaus Aarau; Städtische Kunsthalle, Mannheim

Cuno Amiet: Die Hoffnung.
Eine Ausstellung für ein Bild
28. 4.– 16. 6.
Katalog in der Reihe: Schriften zur Aargauischen Kunstsammlung, Band 2 (Texte: Beat Wismer, George Mauner)

Heiner Richner
26. 5.– 21. 7.
Katalog (Texte: Beat Wismer, Stephan Kunz, Martin Hinz)

Heiner Richner (1991)

Marianne Kuhn
17. 8. – 22. 9.
Katalog (Texte: Beat Wismer, Marianne Kuhn)

Rudolf Urech-Seon
11. 8. – 15. 9.
Katalog (Texte: Beat Wismer, Stephan Kunz)

Silvia Bächli
(Manor-Kunstpreis)
Bruno Jakob
Eva Schlegel
28. 9.– 10. 11.
Katalog Silvia Bächli (Texte: Beat Wismer, Roman Kurzmeyer)
Katalog Bruno Jakob (Texte: Beat Wismer, Tom Kalin, Christian Franz Bünter)
Katalog Eva Schlegel (Texte: Lorand Hegyi, Markus Brüderlin, Beat Wismer, Daniela Hölzl)
weitere Station: Museum Moderner Kunst, Stiftung Ludwig, Wien

Tamás Soós
28. 9.– 10. 11.
Katalog (Texte: Lorand Hegyi, Beat Wismer)

Eduard Spörri und seine Künstlerfreunde
29. 10. – 10. 11.
Katalog (Texte: Beat Wismer, Josef Rennhard, Erwin Rehmann, Marc Leroy, Yvette Leroy, Ruth und Werner Wälchli)

Jahresausstellung der Aargauer Künstlerinnen und Künstler
(Gast: Bruno Landis)
7. 12. 91 – 21. 1. 92
Katalog (Text: Stephan Kunz)
Katalog Bruno Landis (Text: Stephan Kunz)

1992

8 x 2. Künstlerinnen und Künstler aus Osteuropa
1. 2. – 15. 3.
Katalog, 2 Bände (Texte: Wilfried Skreiner, Michael Haerdther, Amnon Barzel, Jiri Sevcik, Korand Hegyi, Zoran Gavric, Beat Wismer)
Wanderausstellung: Neue Galerie am Landesmuseum Joanneum, Graz; Museo d'arte Contemporanea, Prato; Muzeij Savremene umetnosti, Belgrad; Aargauer Kunsthaus Aarau; Galerie hlavniho mesta Prag; Mucsarnok, Budapest; Künstlerhaus Bethanien, Berlin; Messehaus Leipzig

Jean-Frédéric Schnyder
8. 2. – 29. 3.
Katalog (Text: Beat Wismer)

Suzanne Baumann
11. 4.– 31. 5.
Katalog (Texte: Beat Wismer, Annelise Zwez, Conradin Wolf, Elisabeth Grossmann, Andrea Tippel sowie ein Gespräch zwischen Suzanne Baumann und Stephan Kunz)

Tanzende Maler – malende Tänzer.
20 Jahre Aarg. Ballett-Vereinigung
22. 5.– 31. 5.

Eidgenössisches Bundesstipendium
27. 6. – 2. 8.
Katalog

Hans Fischli
16. 8. – 15. 11.
Buchpublikation, Hrsg. Karl Jost, gta-Verlag, Zürich

Verena Loewensberg
16. 8. – 4. 10.
Katalog (Texte: Beat Wismer, Annemarie Bucher, Hella Nocke)

Alis Guggenheim
18. 10. – 22. 11.
Buchpublikation, Hrsg. Susanne Gisel Pfannkuch, Verlag Lars Müller, Baden (Texte: Hans Heinz Holz, Susanne Gisel-Pfankuch, Urs Hobi, Beat Wismer)

Jahresausstellung der Aargauer Künstlerinnen und Künstler
(Gast: Daniel Furter)
12. 12. 92 – 10. 1. 93
Katalog (Text: Stephan Kunz)
Katalog Daniel Furter (Text: Stephan Kunz)

1993

Willi Schoder
30. 1. – 14. 3.
Katalog (Texte: Beat Wismer, Willi Ingold, Stephan Kunz, Hugo Suter, sowie ein Gespräch zwischen Willi Schoder, Beat Wismer und Stephan Kunz)

Hans Schärer
Terra capricciosa.
Arbeiten auf Papier und Druckgrafiken
13. 2. – 28. 3.
Katalog/Werkverzeichnis der Druckgrafiken (Katalog: Stephan Kunz, Texte: Beat Wismer, Dusan Brozman)

Zeitgenössische Kunst aus Schweden
27. 3. – 16. 5.
Katalog (Texte: Claude Richard/Beat Wismer, Bo Nilson)
weitere Station: Musée Rath, Genf

Equilibre.
Gleichgewicht, Äquivalenz und Harmonie in der Kunst des 20. Jahrhunderts
26. 9.– 14. 11.
Buchpublikation, Hrsg. Tobia Bezzola, Alois Martin Müller, Lars Müller, Beat Wismer, Verlag Lars Müller, Baden (Texte: Lars Müller, Tobia Bezzola, Willi Oelmüller, Hubertus Gassner, Peter Ulrich Hein, Marco Malteni, Beat Wismer, Richard Saage, Konrad Wünsche, Alois Martin Müller, Bernhard Auer)

Jahresausstellung der Aargauer Künstlerinnen und Künstler
(Gast: Jurek Zaba)
15. 12. 93 – 9. 1. 94
Katalog (Text: Stephan Kunz)
Katalog Jurek Zaba

1994

Marc-Antoine Fehr
Bilder 1985 – 1994
29. 1. – 13. 3.
Katalog (Text: Beat Wismer)

Christoph Storz
Etliches, öfters (Manor-Kunstpreis)
29. 1. – 13. 3.
Katalog mit eingelegtem Textblatt (Text: Stephan Kunz)

Peter Hächler
Retrospektive
27. 3. – 8. 5.
Katalog (Text: Beat Wismer, Peter Killer)

Claude Loewer
27. 3. – 8. 5.
Buchpublikation Acatos, Lausanne (Texte: Charlotte Hug, Walter Tschopp, Marc-Olivier Wahler)

Katalanische Skulptur im 20. Jahrhundert
29. 5.– 31. 7.
Katalog (Texte: Maria Lluisa Borràs, Francesc Miralles, Renate Heidt Heller, Teresa Blanch, Pilar Parcerisas)
Wanderausstellung: Wilhelm Lehmbruck Museum Duisburg; Städtische Museen Heilbronn; Aargauer Kunsthaus Aarau

Jürg Stäuble
Werke 1971 – 1994
13. 8. – 25. 9.
Katalog (Texte: Beat Wismer, Frank G. Kurzhals, Gespräch zwischen Jürg Stäuble, Hannah Villiger, Eric Hattan, Claudia und Julia Müller)
weitere Station: Städtisches Museum Abteiberg, Mönchengladbach

Stefan Gritsch
8. 10. – 20. 11.
Katalog (Texte: Beat Wismer, Renate Puvogel)

Urs Lüthi
Die Editionen 1970 – 1994
8. 10. – 20. 11.
Katalog (Hrsg. Rainer Michael Mason)
Übernahme vom Cabinet des estampes, Genf

Jahresausstellung der Aargauer Künstlerinnen und Künstler
(Gast: Corinne Sauder)
10. 12. 94 – 8. 1. 95
Katalog (Text: Stephan Kunz)
Katalog Corinne Sauder

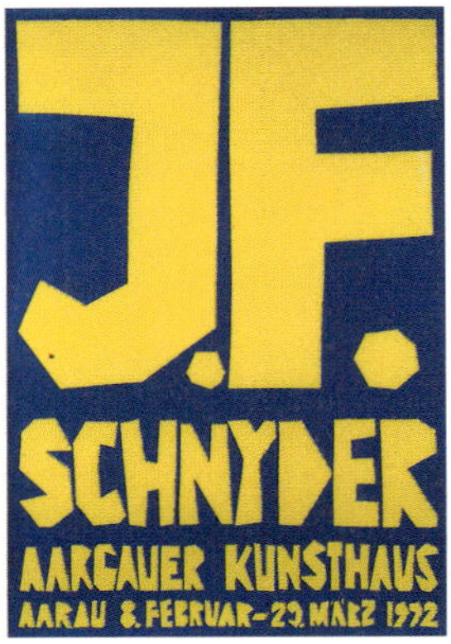

Jean Frédéric Schnyder (1992)

Urs Lüthi (1994)

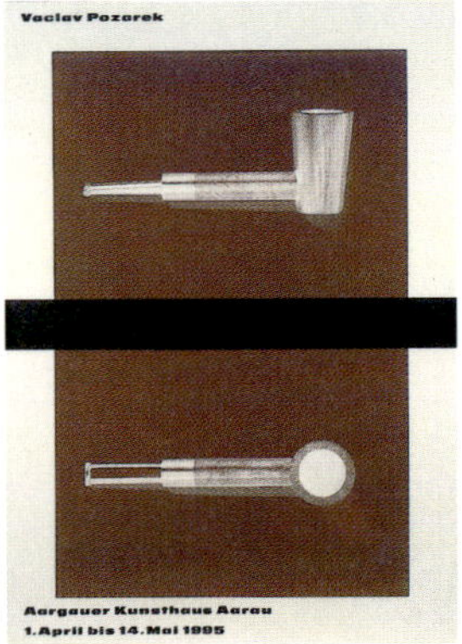

Vaclav Pozarek (1995)

1995

Ohne Titel – Stiftung Kunst heute
E ne Sammlung zeitgenössischer Schweizer Kunst
28. 1. – 19. 3.
Sammlungskatalog, Verlag Lars Müller, Baden (Texte verschiedener Autoren)

Vaclav Pozarek
1. 4.– 14. 5.
Katalog (Texte: Beat Wismer, Max Wechsler, Stephan Kunz)

Karo Dame
Konstruktive, Konkrete und Radikale Kunst von Frauen von 1914 – heute
28. 5. – 30. 7.
Buchpublikation, Hrsg. Beat Wismer, Verlag Lars Müller, Baden (Texte: Beat Wismer, Hella Nocke-Schrepper, Annemarie Bucher)

Max Matter
10. 9.– 19. 11.
Katalog (Texte: Beat Wismer, Stephan Kunz, Max Matter)

Bruno Bertozzi
Versuche zu einer fiktiven Architektur 1984 – 1995
10. 9.– 19. 11.
Katalog (Texte: Beat Wismer, Bruno Bertozzi, Dorothee Huber)

Beat Zoderer
Lagerware IX.95
23. 9.– 19. 11.
Katalog (Texte: Beat Wismer, Elisabeth Grossmann, Harald Welzer, Stephan Kunz, J. C. Bürgel)

Jahresausstellung der Aargauer Künstlerinnen und Künstler
(Gast: Gabi Fuhrimann)
9. 12. 95 – 7. 1. 96
Katalog (Text: Stephan Kunz)
Katalog Gabi Fuhrimann (Text: Stephan Kunz)

Susret – Begegnung
Handgeknüpfte Teppiche von Flüchtlingsfrauen
9. 12. 95 – 7. 1. 96
Foyer

1996

Von El Greco bis Mondrian
Bilder aus einer Schweizer Privatsammlung (Sammlung Weinberg)
28. 1. – 17. 3.
Sammlungskatalog, Wienand Verlag Köln (Texte verschiedener Autoren)
weitere Stationen: Von der Heydt-Museum, Wuppertal; Staatliche Kunstsammlungen Dresden; Kunstforum Wien; Fondation de l'Hermitage, Lausanne

"Oh cet écho" – Otto Meyer-Amden/ André Thomkins
28. 1. – 17. 3.
Faltblatt (Text: Stephan Kunz)

Ingeborg Lüscher
30. 3. – 19. 5.
Katalog (Texte: Beat Wismer, Paolo Colombo, Adolf Muschg, sowie ein Gespräch zwischen Ingeborg Lüscher und Yvonne Resseler)
weitere Station: Centre d'Art contemporain, Genf

Jan Hubertus
14. 4.– 9. 6.
Katalog (Hrsg. Stephan Kunz, Texte: Beat Wismer, Stephan Kunz, Uli Däster, Erwin Leiser, Thomas Wessel, Lawrence Lee, Matthias Dieterle)

Jan Schoonhoven
2. 6. – 11. 8.
Katalog (Texte: Gerhard Finckh, Michael Bockemühl, Max Imdahl, Beat Wismer)
Wanderausstellung: Museum Folkwang, Essen; Bonnefantenmuseum, Mastricht; Aargauer Kunsthaus Aarau

Robert Müller
Skulpturen, Zeichnungen und Druckgrafik
23. 6. – 8. 9.
Buchpublikation, Benteli Verlag, Bern (Texte: Beat Wismer, Stephan Kunz, Ursula Pia Jauch, Roman Kurzmeyer, Rainer Michael Mason sowie Wiederabdruck von Texten von René de Solier, Manuel Gasser, André Pieyre de Mandiargues, Carola Giedion-Welcker, Harald Szeemann, Peter F. Althaus, Werner Hofmann, Paul Nizon, Dorothea Christ, Heiny Widmer, Dieter Bachmann)

Carmen Perrin
28. 9.– 17. 11.
Buchpublikation Verlag Lars Müller, Baden (Text: Hervé Gauville)

Jahresausstellung der Aargauer Künstlerinnen und Künstler
(Gast: Peter Fischer)
8. 12. 96 – 12. 1. 97
Katalog (Text: Stephan Kunz)
Katalog Peter Fischer (Text: Stephan Kunz)

RaumfürKunst
Museumspädagogik 1996
8. 12. 96 – 12. 1. 97
Foyer

1997

Hugo Suter
Das Eine im Andren
2. 2. – 6. 4.
Katalog (Hrsg. Beat Wismer, Texte: Beat Wismer, Max Wechsler, Theo Kneubühler)

Hugo Suter (1997)

Sol LeWitt
100 cubes
2. 2. – 6. 4.
Katalog
Wanderausstellung

Renée Levi
(Manor-Kunstpreis)
Kiki Lamers
Pia Fries
20. 4.– 1. 6.
Katalog Renée Levi (Texte: Beat Wismer, Roman Hollenstein)
Katalog Kiki Lamers (Texte: Beat Wismer, Sven Lütticken)
Katalog Pia Fries (Stephan Berg, Beat Wismer, Guido de Werd)
Stationen der Ausstellung von Pia Fries: Kunstverein Freiburg, Aargauer Kunsthaus Aarau, Museum Kurhaus Kleve, Kunstverein Göttingen

Dirk Reinartz
Totenstill
20. 4.– 1. 6.
Katalog (Christian Graf von Krockow)
Wanderausstellung

Voglio vedere le mie montagne.
Die Schwerkraft der Berge
1774–1997
15. 6. – 24. 8.
Katalog (Hrsg. Stephan Kunz, Beat Wismer, Wolfgang Denk, mit Texten von Beat Wismer/Stephan Kunz, Andreas Bürgi, Stephan Oettermann, Beat Gugger, Michael Jakob, J. Christoph Bürkle, Rudolf Hanhart, Christoph Kübler, Martin Schaub, Zsuzsanna Gahse, Johannes Gachnang, Jörg Huber, Hartmut Böhme, Aurel Schmidt, sowie Wiederabdruck von Texten von Friedrich Nietzsche, Robert Walser, S. Corinna Bille, Helmut Federle, Per Kirkeby, Beat Wismer, Paul Celan, Fabio Pusterla, Anna Maria Bacher, Leo Tuor)
weitere Station der Ausstellung: Kunsthalle Krems

Guido Nussbaum
14. 9.– 9. 11.
Katalog (Hrsg. Stephan Kunz, Texte: Stephan Kunz, Beat Wismer, Eric Hattan Christoph Gossweiler, Max Matter, Josef Felix Müller, Hugo Suter, Peter Suter, sowie ein Gespräch zwischen Guido Nussbaum und Martin Heller, Wiederabdruck von Texten von Jean-Christophe Ammann, Konrad Bitterli, Werner Mutzenbecher, Martin Schwander)

Annelies Štrba
14. 9.– 9. 11.
Katalog (Texte: Beat Wismer, Rolf Bartholomäus)

Jahresausstellung der Aargauer Künstlerinnen und Künstler
(Gast: Barbara Müller)
29. 11. 97 – 4. 1. 98
Katalog (Text: Stephan Kunz)
Katalog Barbara Müller (Text: Beat Wismer)

1998

Meisterwerke aus 200 Jahren
Im Reich der Zeichnung
17. 1. – 22. 3.
Sammlungkatalog (Hrsg. Beat Wismer und Stephan Kunz, Texte: Beat Wismer, Stephan Kunz)

Elisabeth Vary
4. 4.– 24. 5.
Katalog (Texte: Erich Franz, Beat Wismer, Karen van den Berg, Barbara Köhler)
weitere Stationen: Kunstverein Friedrichshafen; Von der Heydt Museum, Wuppertal; Galerie am Fischmarkt, Kunstverein Erfurt

Cécile Bart
Tanzen
4. 4.– 24. 5.
Katalog (Texte: Éric de Chassey, Beat Wismer)

Sabina Baumann
Dicke Hände
4. 4.– 24. 5.
Katalog, Hrsg. Pro Helvetia, Collections cahiers d'artistes (Texte: Stephan Kunz, Carin Kuoni)

Ferdinand Hodler – Piet Mondrian: eine Begegnung
14. 6. – 6. 9.
Katalog (Hrsg. Beat Wismer, Texte: Beat Wismer, Hans Janssen und Anne Tabak, Marty Bax, Bernhard von Waldkirch, Oskar Bätschmann, sowie ein Gespräch zwischen Beat Wismer und Helmut Federle; Wiederabdruck von Texten von Ferdinand Hodler und Piet Mondrian)

Helmut Federle
Black Series I + II und Nachbarschaft der Farben
14. 6. – 6. 9.
Katalog (Texte: Beat Wismer, Justus Jonas-Edel, Johannes Gachnang)
weitere Stationen: Staatliche Kunsthalle, Karlsruhe; Kunstverein Braunschweig

Adolf Weber
27. 9.– 15. 11.
Katalog (Texte: Beat Wismer, Stephan Kunz, Rudolf Frauenfelder, Claudius Weber, und Wiederabdruck eines Textes von Martin R. Dean)

Ursula Fischer-Klemm
27. 9.– 15. 11.
Katalog (Texte: Beat Wismer, Uli Däster sowie ein Gespräch zwischen Ursula Fischer-Klemm und Stephan Kunz)

Jürg Kreienbühl
26. 9.– 15. 11.
Buchpublikation: Friedrich Reinhardt Verlag, Basel
(Texte: Karl Gans, Leonard Ginsburg, Rolf Hochhuth, Albert Hofmann, Aurel Schmidt, Christoph Stutz, Heiny Widmer)

Jahresausstellung der Aargauer Künstlerinnen und Künstler
(Gäste: Theres Waeckerlin/Agatha Zobrist)
5. 12. – 3. 1.
Katalog (Text: Stephan Kunz/Beat Wismer)
Katalog Waeckerlin/Zobrist Hrsg. Pro Helvetia, Collections cahiers d'artistes (Texte: Britta Polzer, Claudia Müller)

1999

John Berger
Zeichnungen
24. 1. – 7. 3.
Katalog (Texte: Beat Wismer, Hans Jürgen Balmes, und Wiederabdruck eines Textes von John Berger)

Guido Nussbaum (1997)

Meisterwerke aus 200 Jahren (1998)

Robert Müller
Dieter Roth
Hans Schärer
Josef Herzog
23. 1. – 7. 3.
Faltblatt (Text: Stephan Kunz)

Salon 99
Eine Ausstellung der GSMBA Aargau
27. 3. – 16. 5.
Katalog (Hrsg. Rayelle Niemann, Texte: Rayelle Niemann, Nesa Gschwend, Sieglinde Hirn, Ueli Rüegg, Peter Schneemann, Silvia Siegenthaler, Germaine Frey, Monica Cantieni, Claudius Weber und Adi Blum, Bernhard A. Giger und Félix Stampfli, Petra Bischof, Jörg Nierberger, Michel Mettler, M. Vänçi Stirnemann, Klara Wallner, Christoph Doswald, Tilman Baumgärtel, Annelise Zwez, Beate Engel, Andy Athanassoglou, Ueli Sager, Bruno Landis und einem Salon – Gespräch zwischen Andy Athanassoglou, Bruno Landis, Max Matter, Sadhyo Niederberger, Rayelle Niemann, Agatha Zobrist)

Louise Bourgeois – Meret Oppenheim – Ilse Weber
Zeichnungen und Arbeiten auf Papier
28. 3. – 16. 5.
Katalog (Texte: Beat Wismer/Annette Schindler, Stephan Kunz, Christiane Meyer–Thoss)
weitere Stationen: Swiss Institute New York; Galerie Starmach, Krakau; Museum Kiscelli, Budapest

René Zäch
4. 6. – 22. 8.
Katalog (Texte: Stephan Kunz, Max Wechsler, Daniel Kurjakovic)

Hugo Weber
4. 6. – 22. 8.
Buchpublikation, Hrsg. Iris Bruderer-Oswald, Benteli Verlag, Bern

Louise Bourgeois – Meret Oppenheim – Ilse Weber (1999)

'99 respektive '59
Rücksicht auf 40 Jahre Kunst in der Schweiz
18. 9.– 14. 11.
Sammlungskatalog, Hrsg. Beat Wismer, Stephan Kunz (Texte: Beat Wismer, Stephan Kunz

Jahresausstellung der Aargauer Künstlerinnen und Künstler
(Gast Daniel Schibli)
11. 12. 1999 – 9. 1. 2000
Katalog (Text: Stephan Kunz)
Katalog Daniel Schibli (Texte: Stephan Kunz, Kathleen Bühler)

2000

Matias Spescha
30. 1. – 12. 3.
Buchpublikation Benteli Verlag, Bern(Texte: Matthias Frehner, Flurin spescha, Beat Stutzer, Beat Wismer)

Dominique Lämmli
ein kleiner Schneeball ertränkt in seiner Unschuld
(Manor-Kunstpreis)
28. 1. – 12. 3.
Katalog (Texte: Beat Wismer, Stephan Kunz)

Zobrist/Waeckerlin
koorder
Claudia & Julia Müller
8. 4. – 7.5.
Katalog (Text: Stephan Kunz)

Aargauer Kuratorium
Kunstkredit 2000
8. 4. – 7.5.

Varlin
Retrospektive
28. 5. – 6. 8.
Buchpublikation Verlag Scheidegger und Spiess, Zürich (Hrsg. Paola Tedeschi-Pellanda und Patrizia Guggenheim, Texte: Paola Tedeschi-Pellanda, Patrizia Guggenheim, Beat Wismer)

Eric Hattan
Beton liquide
3. 6. – 6. 8.
Katalog Verlag Lars Müller, Baden (Texte: Stephan Kunz/Beat Wismer, Kathrin Becker)

Das Gedächtnis der Malerei
27. 8. – 19. 11.
Katalog Verlag Walther König, Köln (Hrsg. Beat Wismer und Sibylle Omlin, Texte verschiedener Autoren)

Jahresausstellung der Aargauer Künstlerinnen und Künstler
(Gast: Sonja Feldmeier)
16. 12. 00 – 14. 1. 01

Biographien/Bibliographien

Zusammengestellt von Sabine Arlitt

Urs Aeschbach
Aarau 1956, lebt in Basel.
- *I Never Promised you a Rosegarden*, Ausstellungskatalog, Kunsthalle Bern 1999.
- Urs Aeschbach, *La construction, c'est pour faire tenir; l'architecture, pour émouvoir*, Istituto Svizzero Roma 1992.

Hans Aeschbacher
Zürich 1906–1980 Uster.
- Barbara Anne Miesch-Müller, *Hans Aeschbacher (1906–1980). Eine Studie zum Gesamtwerk eines aussergewöhnlichen Schweizer Plastikers*, Zürich 1990.
- *Hans Aeschbacher 1906–1980*, Zürich 1986.
- *Hans Aeschbacher. Sculture-disegni. VI Biennale*, Ausstellungskatalog Museo d'arte Mendrisio 1986.
- *Hans Aeschbacher*, Ausstellungskatalog, Kunsthaus Zürich 1985.

John M (Michael) Armleder
Genf 1948, lebt in Genf und New York.
- *John M Armleder. At any speed – rewind & fast forward show*, Ausstellungskatalog, Staatliche Kunsthalle Baden-Baden/ Holderbank (Aargau) 1999, Ostfildern 1999.
- *John M Armleder*, Ausstellungskatalog, Fréjus, Le Capitou, Centre d'art contemporain, Fréjus 1994.
- *John M Armleder*, Ausstellungskatalog, Wiener Secession, Wien 1993.
- *John M Armleder. Furniture Sculpture. 1980–1990*, Ausstellungskatalog, Genève, Musée Rath, Genf 1990.
- *John M Armleder*. Ausstellungskatalog, Kunstmuseum Winterthur, 1987/ ... / Nationalgalerie Berlin, 1987, Winterthur 1987.

Hans Arp Strassburg 1886–1966 Basel.
- Uwe Schramm, *Der Raumbegriff bei Hans Arp*, Münster 1995.
- *Hans Arp*, Ausstellungskatalog, Kunsthalle Nürnberg 1994.
- *Hans Arp. Die Metamorphose der Figur*, Ausstellungskatalog, Museum Ludwig Köln 1991.
- *Sophie Taeuber – Hans Arp. Künstlerpaare – Künstlerfreunde*, Ausstellungskatalog Bern u. a., Bern 1988.
- *Arp 1886–1966*, Ausstellungskatalog, Stuttgart, Württembergischer Kunstverein, 1986/1987 San Francisco Museum of Modern Art, 1987–88, Stuttgart 1986.

Silvia Bächli
Wettingen 1956, lebt in Basel und Paris.
- *Silvia Bächli*, Ausstellungskatalog, Kunsthalle Bern 1996.
- Stefanie Hauer, *Silvia Bächli* (Schriften zur Sammlung des Museums für moderne Kunst Frankfurt am Main), Ostfildern 1995.
- *Silvia Bächli*, Ausstellungskatalog, Centre d'art contemporain Genève/ Instituto Moreira Salles Poços de Caldas, 1994–1995, Genf 1994.
- *Silvia Bächli. Eric Hattan. Vier Augen sehen mehr als zwei*, Ausstellungskatalog, Museum für Gegenwartskunst Basel 1992.
- *Silvia Bächli*, Ausstellungskatalog, Aargauer Kunsthaus Aarau 1991.
- *Silvia Bächli*, Ausstellungskatalog, Kunsthalle Basel 1987.

Markus Baldegger
Altstätten 1947, lebt in Köln.
- *Markus Baldegger. Malerei*, Ausstellungskatalog, Daniel Pöppelmann Haus Herford, Bielefeld 1999.
- *Licht & Zeit*, Hrsg.: Stefan Majetschak, Illustrationen von Markus Baldegger, Düsseldorf 1997.
- *Markus Baldegger*, Ausstellungskatalog, Neuer Aachener Kunstverein, Aachen 1993.
- *Höhe x Breite x Farbe*, Ausstellungskatalog, Aargauer Kunsthaus Aarau 1989.

Theodor Bally
Säckingen (D) 1896–1975 Bürgenstock.
- *Theodor Bally (1896–1975). Aus seinem Nachlass*, Ausstellungskatalog, Aargauer Kunsthaus Aarau 1980.
- *Theodor Bally. Retrospektive*, Ausstellungskatalog, Aargauer Kunsthaus Aarau 1973.
- *Theodor Bally. Schwarz-Weiss, Photos, Collagen, Zeichnungen*, Ausstellungskatalog, Kunstmuseum Basel 1972.
- Willy Rotzler, *Théodore Bally II, Mécaniques*, Hrsg.: Marcel Joray, Neuchâtel 1968.
- Marcel Joray, *Théodore Bally. Intuition und Forschung im Werk Théodore Ballys*, Neuchâtel 1964.

Urs Bänninger
Zürich 1950, lebt in Zürich.
- *Urs Bänninger*, Ausstelungskatalog, Kunstmuseum Thun 1989.
- *Kunstmacher 80*, Ausstellungskatalog, Museum zu Allerheiligen, Schaffhausen 1980.
- *Ambiente 74*, Ausstellungskatalog, Kunstmuseum Winterthur 1974 (Wanderausstellung).
- *Junge Schweizer Kunst*, Ausstellungskatalog, Stadthaus, Olten 1972.

Sabina Baumann
Zug 1962, lebt in Zürich.
- *Sabina Baumann. Dicke Hände*, Hrsg.: Schweizer Kulturstiftung Pro Helvetia (Collection Cahiers d'artistes)/ Ausstellungskatalog, Aargauer Kunsthaus Aarau 1998, Baden 1998.
- *In Transit 3: Sabina Baumann, Karim Noureldin, Felice Varini*, Ausstellungsbroschüre, The Swiss Institute New York 1997.
- *Sabina Baumann, Renée Levi, ... , Klaus Tinkel*, Ausstellungskatalog, Kunsthalle Winterthur, 1991, Zürich 1991.

Suzanne Baumann
Zürich 1942, lebt in Mühleberg.
- *Suzanne Baumann. Werke, Sammlung*, Ausstellungskatalog, Aargauer Kunsthaus Aarau, 1992/ Warth, Kunstmuseum des Kantons Thurgau, 1992–1993, Zürich 1992.
- *Fingerlebenszeitvergrösserer. Suzanne Baumann im Dialog mit Esther Altorfer*, Bern 1990.

Michael Biberstein
Solothurn 1948, lebt in Sintra (Portugal).
- *Michael Biberstein. Der erste Farbsatz und die sieben Grossformate. Arbeiten von 94/95*, Ausstellungskatalog, Kunsthalle Winterthur 1995.
- *Michael Biberstein. A dificil Travessia dos Alpes*, Ausstellungskatalog, Lissabon Fundação Calouste Gulbenkian, Lissabon 1995.
- *Michael Biberstein*, Ausstellungskatalog, Kunstverein Heilbronn/ Kunstverein Freiburg, 1995, Bonn 1995.
- *Michael Biberstein. Das grosse Anziehende und die unendliche Weite. The great attractor and the big wide*, Ausstellungskatalog, Salzburger Kunstverein, 1991/ Kunstmuseum Solothurn, 1992, Salzburg 1991.
- *Michael Biberstein. On Vernet, Landscape, the Sublime and the Beautiful, and what Relevance*

they might still have to Contemporary Art, Ausstellungskatalog, Museu Nacional de Arte Antiga Lissabon 1991.
– *In Nebel aufgelöste Wasser des Stromes. Hommage à Caspar Wolf*, Ausstellungskatalog, Aargauer Kunsthaus Aarau (Schriften zur Aargauischen Kunstsammlung 1), Aarau/ Baden 1991.
– *Michael Biberstein. Über die Apotheose des menschlichen Geistes im Sehen der Landschaft. Bilder*, Ausstellungskatalog, Kunstverein für die Rheinlande und Westfalen Düsseldorf 1989.

Max Bill
Winterthur 1908–1994 Berlin.
– *Minimal tradition: Max Bill und die "einfache" Architektur 1942–1996.*
– *Max Bill et l'architecture "simple" 1942–1996. XIX Triennale di Milano*, Hrsg.: Bundesamt für Kultur, Baden 1996.
– *Max Bill. Die grafischen Reihen*, Ausstellungskatalog, Landratsamt Esslingen, 1995, Stuttgart 1995.
- Angela Thomas, *Max Bill*, Ausstellungskatalog, Studen, Fondation Saner, Studen 1993.
- Valentina Anker, *Max Bill ou la recherche d'un art logique: Essai d'une analyse structurale de l'œuvre d'art*. Thèse de doctorat, Université de Genève, 1976, Lausanne 1979.
- Eduard Hüttinger, *Max Bill*, Zürich 1977. Neuausgabe: Ausstellungskatalog, Frankfurt a. M., Schirn Kunsthalle, 1987.
- Margit Staber, Max Bill, St. Gallen: Erker, 1971 (Künstler unserer Zeit 16).

Julius (Jules) Bissier
Freiburg im Breisgau 1893–1965 Ascona.
– *Julius Bissier. Vom Anfang der Bilder 1915– 1939*, Ausstellungskatalog, Städtische Museen Freiburg, Museum für Neue Kunst, 1994, Waldkirch 1994.
– *Julius Bissier*, Ausstellungskatalog, Kunstsammlung Nordrhein-Westfalen Düsseldorf 1993–1994.
- Gerlinde Schmidt, *Reichtum des Wenigen. Studien zu den Tuschen von Julius Bissier*, Bern 1993.
- Werner Schmalenbach, *Julius Bissier*, Köln 1974.
– *Gedächtnisausstellung. Julius Bissier*, Kunstmuseum Winterthur 1967, Aargauer Kunsthaus Aarau 1968.

Anton Bruhin
Lachen 1949, lebt in Zürich.
– *Anton Bruhin, Ländlermusikanten*, Zürich 1999.
– *Anton Bruhin, Schematoid*, Zürich 1997.
– *Anton Bruhin, Kurt Sigrist, Hannes Vogel*, Ausstellungskatalog, Stadthaus Olten 1982.
– *Bilder*, Ausstellungskatalog, Kunstmuseum Winterthur 1981.
– *Mentalität: Zeichnung*, Ausstellungskatalog, Kunstmuseum Luzern 1976.

Balthasar Burkhard
Bern 1944, lebt in Bern.
– *Balthasar Burkhard. Eloge de l'ombre*, Ausstellungskatalog, Genève, Musée Rath, Genf 1997. (Deutsche Ausgabe: Baden 1997).
– *Balthasar Burkhard*, Ausstellungskatalog, Kunsthaus Zug/Hornu (Belgien), Grand-Hornu, 1994–1995, Zug 1994.
– *Balthasar Burkhard*, Ausstellungskatalog, Kunsthalle Bern/Kunsthalle St. Gallen, 1989, St. Gallen 1988.
– *Balthasar Burkhard*, Ausstellungskatalog, Kunsthalle Bern 1988.
– *Balthasar Burkhard*, Ausstellungskatalog, Kunsthalle Basel 1983.

Miriam Cahn
Basel 1949, lebt in Basel.
– *Miriam Cahn. Käthe-Kollwitz-Preis 1998*. Ausstellungskatalog, Akademie der Künste Berlin 1998.
– *Miriam Cahn. Umgebung. Was mich anschaut*, Ausstellungskatalog, Bonner Kunstverein/ Stadtgalerie Saarbrücken/ Heidelberger Kunstverein 1996–1997, Darmstadt 1996, 3 Bde.
- Edith Jud, *Miriam Cahn*, Verein Künstler-Videodokumentationen Zürich 1993.
– *Miriam Cahn. Lesen in Staub – weibliche Monate. Arbeiten von 1976–1988*, Ausstellungskatalog, Berlin, Haus am Waldsee/ Kunstverein Hannover, 1988–1989, Berlin 1988, 2Bde.
– *Miriam Cahn. Arbeiten 1979–1983*, Ausstellungskatalog, Kunsthalle Basel 1983.

Gianfredo Camesi
Cevio 1940, lebt in Menzonio.
– *Camesi. IV Biennale SPSAS d'arte all'aperto Cureglia*, Ausstellungskatalog, Cureglia 1997.
– *Gianfredo Camesi*, Ausstellungskatalog, Neuchâtel, Musée d'art et d'histoire, 1994/ Kunstmuseum Bern, 1994, Bern 1994.
– *Camesi. "LAMBDA" Espace Psycho-Biochromatique*, Ausstellungskatalog, Paris, Centre culturel suisse, 1988, Hrsg.: Schweizer Kulturstiftung Pro Helvetia, Zürich 1988 (Künstlerheft).
– *Gianfredo Camesi. Cosmogonie 0 – 1 – 0. Théâtre des Signes*, Ausstellungskatalog, Genève, Musée Rath, 1985/ Kunsthalle Mannheim, 1986, Genf 1985.
– *Die Fotografie im Werk von Gianfredo Camesi*, Ausstellungskatalog, Baden, Galerie im Trudelhaus, Baden 1977.

Chiarenza & Hauser
Marie-Antoinette Chiarenza
Tunis 1957, lebt in Biel.
Daniel Hauser
Bern 1959, lebt in Biel.
– *Es muss Frühling sein – Es wird wieder laut. Dokumentation zu zwei Installationen*, Ausstellungskatalog, Stadtgalerie Saarbrücken 1995.
– *Chiarenza & Hauser. Allein denken ist kriminell. Penser seule est criminel. Thinking alone is criminal*, Ausstellungskatalog, Kunsthaus Glarus/ Warth, Kunstmuseum des Kantons Thurgau, 1995, Sulgen 1995 (Werkverzeichnis).
– *Das Haar in der Suppe. The Hair in the Soup*, Ausstellungskatalog Kunsthalle Basel 1992.
– *Trigon. 8 x 2 aus 7*, Ausstellungskatalog, Graz, Neue Galerie am Landesmuseum Joanneum, Graz 1991, 2 Bde.
– *Chiarenza & Hauser. We won't party alone. St. Gallen, Sierre, Biel/ Bienne, La Chaux-de-Fonds, Bern*, Ausstellungskatalog, Kunstverein St. Gallen, 1991– 1992, Burgdorf 1991.
– *Die Kräfte des Schicksals. The Forces of Destiny. Les forces du Destin. Chiarenza-Hauser-Installation*, Ausstellungskatalog, Zürich, Shedhalle, Rote Fabrik, Zürich 1990.

Roman Clemens
Dessau (D) 1910–1992 Zürich.
– *Das Kino "Studio 4". Eine Dokumentation über eine Raumgestaltung von Roman Clemens*, Hrsg.: Fredi Ehrat, Heinrich Helfenstein, Zürich 1993
- Marianne Herold, *Roman Clemens*, Zürich 1991.
– *bauhaus utopien. Arbeiten auf Papier*, Ausstellungskatalog, Kölnischer Kunstverein, Ostfildern 1988.
– *Bühne und Raum. Roman Clemens. Bühnenbildner, Architekt, Gestalter*, Ausstellungskatalog, Helmhaus Zürich 1972.

Mario Comensoli
Viganello 1922–1993 Zürich.
- Aurel Schmidt, Christine Seiler, *Mario Comensoli. Begegnungen und Erinnerungen. Incontri e ricordi*, Zürich 1998.
– *Mario Comensoli*, Ausstellungskatalog, Lugano, Villa Malpensata,

Galleria civica, Lugano 1998.
- *Mario Comensoli. Skizzen. 1988–1991. Drawings*, Bern 1991.
- *Mario Comensoli*, Ausstellungskatalog, Kunsthaus Zürich, 1989, Bern 1989.
- *Comensoli. Malerei 1945–1985*, Ausstellungskatalog, Aargauer Kunsthaus Aarau 1985.

Helen Dahm
Egelshofen (D) 1878–1968 Männedorf.
- *Helen Dahm*, Zürich 1984 (2. Auflage 1994).
- *Helen Dahm (1878– 1968)*, Ausstellungskatalog, Warth, Kunstmuseum des Kantons Thurgau, Warth 1983.
- *Helen Dahm. Buch der Freunde*, Zürich 1964.
- *Helen Dahm*, Ausstellungskatalog, Kunsthaus Zürich 1963.
- Walter Tappolet, *Helen Dahm. Eine Monographie*, Zürich 1956.

Hans Danuser
Chur 1953, lebt in Zürich.
- *Hans Danuser. AT.* Ausstellungskatalog, Stans, Nidwaldner Museum, Stans 1997.
- *Hans Danuser. Delta*. Ausstellungskatalog, Kunsthaus Zürich, 1996, Baden 1996.
- *Hans Danuser. Wildwechsel*, Ausstellungskatalog. Bündner Kunstmuseum Chur, 1993, Baden 1993.
- *Hans Danuser. In Vivo. 93 Fotografien*, Ausstellungskatalog, Aargauer Kunsthaus Aarau 1989.
- *Hans Danuser, In vivo. 93 Photographs in seven series*, Baden 1989.
- *Hans Danuser. Drei Fotoserien*, Ausstellungskatalog, Bündner Kunstmuseum Chur, 1985–1986, Chur 1985.

Martin Disler
Seewen 1949–1996 Les Planchettes.
- *Die letzten Aquarelle von Martin Disler*, Ausstellungskatalog, Kunstmuseum Basel u. a., Basel 1997.
- Demosthenes Davvetas, *Martin Disler*, Bern 1996.
- *Martin Disler, Häutung und Tanz – The shedding of skin and dance*, Aussellungskatalog, Whitechapel Art Gallery London/Kunsthalle Basel/Kunstforum der Städtischen Galerie im Lenbachhaus München, 1991–1992, Ostfildern 1991.
- *Martin Disler. Dossier. Arbeiten der 70er Jahre + Bildzyklus "Februar '91"*, Ausstellungskatalog, Kunstmuseum Solothurn 1991.

Franz Eggenschwiler
Solothurn 1930–2000 Bern.
- *Franz Eggenschwiler. Bilder, Skulpturen, Objekte, Multiples*, Ausstellungskatalog, Bern, Galerie Kornfeld, Bern 1998, 2 Bde. (Œuvrekatalog).
- *Franz Eggenschwiler. Werkverzeichnis der Holzdrucke*, Ausstellungskatalog, Spendhaus Reutlingen, Städtisches Kunstmuseum Reutlingen 1986.
- *Franz Eggenschwiler. Werke 1950 bis 1985*. Ausstellungskatalog, Düsseldorf, Kunstverein für die Rheinlande und Westfalen/ (...)/ Lausanne, Musée cantonal des Beaux-Arts, 1985–87, Düsseldorf 1985 (Werkverzeichnis).
- *Arbeitsgemeinschaft Franz Eggenschwiler, Peter Meier, Konrad Vetter, Robert Wälti*, Ausstellungskatalog, Kunstmuseum Basel 1971.

Kurt Fahrner
Basel 1932–1977 Basel.
- *Kurt Fahrner. Das gesamte Werk*, Hrsg.: Diana Fahrner, Markus Wildi, Basel 1998.
- *Kurt Fahrner. Bilder*, Ausstellungskatalog, Basel, Galerie Littmann, 1988–89, Basel 1988.
- *Der Fahrner-Prozess. Ein Beispiel für die Problematik von Kunst und Justiz*, Hrsg.: Martin Schubarth, Basel 1983.
- *Kurt Fahrner 1932–1977*, Ausstellungskatalog, Kunsthalle Basel 1979.

Helmut Federle
Solothurn 1944, lebt in Wien.
- *Helmut Federle*, Ausstellungskatalog, Valencia, IVAM Centre Julio Gonzàlez, Valencia 1998.
- *Helmut Federle. Black Series I + II und Nachbarschaft der Farben*, Ausstellungskatalog, Aargauer Kunsthaus Aarau/..., 1998– 1999, Baden 1998.
- *Helmut Federle*, Ausstellungskatalog, Biennale Venedig 1997, Baden 1997.
- *Helmut Federle*, Ausstellungskatalog, Kunstmuseum Bonn, 1995–1996, Bonn 1995.
- *Helmut Federle*, Ausstellungskatalog, Galerie nationale du Jeu de Paume Paris 1995.
- *Helmut Federle*, Ausstellungskatalog, Kunsthalle Zürich/ Moderna Museet Stockholm/ Museum Fridericianum Kassel, 1992–1993, Zürich 1992.
- *Helmut Federle*. Bilder. Zeichnungen, Ausstellungskatalog, Museum für Gegenwartskunst Basel 1985.

Franz Fedier
Erstfeld 1922, lebt in Bern.
- *Franz Fedier*. Bilder 1944–1994: eine Ausstellungsreihe auf dem Weg zu einem Kunsthaus Uri. 1. Zwischenhalt: Ausstellung in der alten Armeeapotheke Flüelen, Ausstellungsbroschüre, Altdorf 1994.
- Tadeus Pfeifer, *Franz Fedier. Bilder 1944–1989*, Bern 1990.
- *Konstruktionen. Franz Fedier, Josef Staub*, Ausstellungskatalog, Kunsthaus Zug 1981.
- *Farbe – Material – Objekt. Ausstellung der Fachklasse für Gestaltung der Allgemeinen Gewerbeschule Basel. Leitung Franz Fedier*, Ausstellungskatalog, Aargauer Kunsthaus Aarau 1971.

Marc-Antoine Fehr
Zürich 1953, lebt in Pressy (F)
- Caroline Kesser, *Marc-Antoine Fehr*. In: Du, 1996, 2, S. 56–69.
- *Marc-Antoine Fehr. Bilder 1985–1994*, Ausstellungskatalog, Aargauer Kunsthaus Aarau 1994.
- *Marc-Antoine Fehr*, Hrsg.: Schweizer Kulturstiftung Pro Helvetia, (Künstlerheft), Zürich 1992.
- *Drei Generationen einer Malerfamilie. Charles Clément. Marie-Helène Clément. Marc-Antoine Fehr*, Ausstellungskatalog, Stadthaus Olten 1990.
- *Marc-Antoine Fehr*, Ausstellungskatalog, Aargauer Kunsthaus Aarau 1987.
- *Marc-Antoine Fehr*, Ausstellungskatalog, Kunstmuseum Winterthur 1985.

Peter Fischer
Brugg 1968, lebt in Birrwil.
- *Peter Fischer. Projektionsmaschinen 1994–1996*, Ausstellungskatalog, Aargauer Kunsthaus Aarau 1996.

Fischli/Weiss
Peter Fischli
Zürich 1952, lebt in Zürich.
David Weiss
Zürich 1946, lebt in Zürich.
- *Peter Fischli and David Weiss: In a restless world*, Minneapolis 1996. Deutscher Titel: *Arbeiten im Dunkeln*, Ausstellungskatalog, Minneapolis, Walker Art Center/.../ Wolfsburg, Kunstmuseum/..., 1996–1998, Ostfildern 1997.
- *Peter Fischli. David Weiss*, Ausstellungskatalog, Biennale Venedig 1995, Baden 1995.
- *Peter Fischli/David Weiss. Siedlungen, Agglomeration*, Ausstellungskatalog, Kunsthalle Zürich 1993.
- *Peter Fischli. David Weiss*, Ausstellungskatalog, Paris, Centre national d'art et de culture Georges Pompidou, 1992–1993, Paris 1992.
- *Peter Fischli – David Weiss. Bilder, Ansichten. Die sichtbare Welt*, Ausstellungskatalog, Wiener Secession, 1991, Zürich 1991.

- *Das Geheimnis der Arbeit. Texte zum Werk von Peter Fischli & David Weiss,* Ausstellungskatalog, München, Kunstverein, 1990, München und Düsseldorf 1990.
- *Peter Fischli, David Weiss,* Ausstellungskatalog, Frankfurt am Main, Portikus, 1988, Frankfurt am Main 1988.
- *Peter Fischli, David Weiss,* Ausstellungskatalog, Kunsthalle Basel 1985, 2 Bde.
- Peter Fischli, David Weiss, *Plötzlich diese Übersicht,* Zürich 1982.

Pia Fries
Beromünster 1955, lebt in Düsseldorf.
- *Pia Fries,* Ausstellungskatalog, Freiburg im Breisgau, Kunstverein Freiburg, 1997/ Aargauer Kunsthaus Aarau, 1997/ ... / Kunstverein Göttingen, 1998, Freiburg i.Br. 1997.
- *Pia Fries,* Ausstellungskatalog, Kunstmuseum Luzern/Bonner Kunstverein, 1992, Luzern 1992.

Gabi Fuhrimann
Zürich 1958, lebt in Birrwil.
- *Gabi Fuhrimann,* Ausstellungskatalog, Aargauer Kunsthaus Aarau 1995.

Johannes Gachnang
Zürich 1939, lebt in Bern.
- *Johannes Gachnang. "Musée antiégoiste". Reisen mit der Kunst,* Hrsg.: Christiane Meyer-Thoss, Wien 1998.
- *Werkverzeichnis der Druckgraphik 1960– 1973 von Johannes Gachnang,* Hrsg.: Rudi Fuchs, Neuchâtel 1992.
- Johannes Gachnang, *Die neue historische Architektur des Johannes Gachnang. Das dritte Buch. Katalog der Radierungen und Skizzenblätter 1970– 1972,* Zürich 1972.
- *Johannes Gachnang. Radierungen,* Ausstellungskatalog, Amsterdam, Prentenkabinet Stedelijk Museum, Amsterdam 1971.
- Johannes Gachnang, *Die neue historische Architektur des Johannes Gachnang. Das byzantinische Buch,* Zürich 1970.
- Stanislaus von Moos, *In den Gärten des Johannes Gachnang.* In: Du, Heft 352, Zürich 1970.
- Johannes Gachnang, *Die neue historische Architektur des Johannes Gachnang. In Erinnerung an Johann Bernhard Fischers von Erlachen,* Zürich 1966.

Franz Gertsch
Mörigen 1930, lebt in Rüschegg.
- Norberto Gramaccini, *Franz Gertsch. Silvia. Chronik eines Bildes,* Baden 1999.
- *Franz Gertsch. Landschaften und Porträts 1986–1995,* Ausstellungskatalog, Hamburger Bahnhof/Museum für Gegenwart Berlin, 1997– 1998, Berlin 1997.
- *Franz Gertsch. Die Holzschnitte: die Kunst liegt in der Natur, wer sie herausreissen kann, der hat sie,* Ausstellungskatalog, Kunstmuseum Bern/..., 1994–1995, Baden 1994.
- *Franz Gertsch. Landschaften,* Ausstellungskatalog, Grafische Sammlung der ETH-Zürich/Städtische Galerie im Städelschen Kunstinstitut Frankfurt a. M., 1993, Ostfildern 1993.
- Rainer Michael Mason, Dieter Ronte, *Franz Gertsch. Bois gravés monumentaux. Grossformatige Holzschnitte. Large-scale woodcuts,* Ausstellungskatalog (Catalogue raisonné), Genève, Cabinet des estampes, Musée d'art et d'histoire, Genf 1989 (3. erweiterte Auflage: *Franz Gertsch. Holzschnitte.* Städtische Galerie im Lenbachhaus, München 1991).
- Dieter Ronte, *Franz Gertsch,* Bern 1986.
- *Franz Gertsch,* Ausstellungskatalog, Kunsthaus Zürich 1980.

Heinrich Gisler
Basel 1918, lebt in Oftringen.
- *Heinrich Gisler,* Ausstellungskatalog, Galerie zum roten Leuen, Klingnau 1998.
- *Heinrich Gisler,* Ausstellungskatalog, Aargauer Kunsthaus Aarau, 1988– 1989, Aarau 1988.

Fritz Glarner
Zürich 1899–1972 Locarno.
- *Fritz Glarner,* Ausstellungskatalog, Museo cantonale d'arte Lugano, 1993/ Haus für konstruktive und konkrete Kunst Zürich, 1994, Lugano 1993.
- Laura Arici, *Der Tondo im Werk von Fritz Glarner. Eine Deutung.* Zürich 1987.
- *Fritz Glarner, Peintures, dessins 1940–1969,* Ausstellungskatalog, Genève, Cabinet des estampes, Musée d'art et d'histoire, Genf 1979.
- Margit Staber, *Fritz Glarner,* Zürich 1976.

Christoph Gossweiler
Hüttlingen 1950, lebt in Strengelbach.
- *"4.2.". Amaretti, Christoph Gossweiler, Josef Herzog, Guido Nussbaum,* Ausstellungskatalog, Aargauer Kunsthaus Aarau 1981.

Camille Graeser
Carouge bei Genf 1892–1980 Zürich.
- Rudolf Koella, *Camille Graeser. Bilder, Reliefs und Plastiken.* (Werkverzeichnis Bd. 3; Œuvrekataloge Schweizer Künstler 15), Zürich 1995.
- *Camille Graeser. 1892–1980,* Ausstellungskatalog, Kunstmuseum Winterthur, 1992/Galerie der Stadt Stuttgart, 1993/Kunsthalle zu Kiel, 1993, (Hrsg.: Camille Graeser-Stiftung Zürich), Zürich 1992.
- Stefan Paradowski, *Camille Graeser. Druckgraphik und Multiples.* (Werkverzeichnis Bd. 2), Zürich 1990.
- Dieter Schwarz, *Camille Graeser. Zeichnungen.* (Werkverzeichnis Bd. 1), Zürich 1986.
- Willy Rotzler, *Camille Graeser. Lebensweg und Lebenswerk eines konstruktiven Malers,* Zürich 1979.

Hervé Graumann
Genf 1963, lebt in Genf.
- *Hervé Graumann,* Ausstellungskatalog, Genève, Palais de l'Athénée (Les Cahiers de la Classe des Beaux-Arts 86), Genf 1992.
- *Art-Transit. Anne Frei, Hervé Graumann, Gilles Porret,* Ausstellungskatalog, Marseille, Ateliers Municipaux d'Artistes, Marseille 1991.
- *Neue Tendenzen 90,* Ausstellungskatalog, Liestal, Hallen für Kulturprojekte, Liestal 1990.

Christoph Gredinger
Chur 1954, lebt in Soglio und auf der Insel Stromboli.
- *Christoph Gredinger,* Ausstellungskatalog, Aargauer Kunsthaus Aarau 1987.

Otto Grimm
Suhr 1955, lebt in Möriken.
- *Otto Grimm,* Ausstellungskatalog, Aargauer Kunsthaus Aarau 1987.

Stefan Gritsch
Bern 1951, lebt in Lenzburg.
- Max Wechsler, *Stefan Gritsch. Acrylfarbe – Just Paint,* Luzern 1998.
- *Stefan Gritsch. Grüne Erde gebrannt – Burnt green earth – Terre verte brûlée – Tierra verde tostada,* Ausstellungskatalog, Helmhaus Zürich 1996.
- *Stefan Gritsch,* Ausstellungskatalog, Mönchengladbach, Städtisches Museum Abteiberg, 1995–1996, Mönchengladbach 1995.
- *Stefan Gritsch. Werke 1992–1994,* Ausstellungskatalog, Aargauer Kunsthaus Aarau 1994.
- *Stefan Gritsch,* Ausstellungskatalog, Centre PasquArt Biel 1992.
- *Stefan Gritsch,* Ausstellungskatalog, Aargauer Kunsthaus Aarau 1990.
- *Stefan Gritsch. Bilder 1983–1987,*

Ausstellungskatalog, Schaffhausen, Museum zu Allerheiligen, Schaffhausen 1987.

Mireille Gros
Aarau 1954, lebt in Basel und Paris.
- *Projekt Schweiz II. Natur – Kultur*, Ausstellungskatalog, Kunsthalle Basel 1994. *Höhe x Breite x Farbe*, Ausstellungskatalog, Aargauer Kunsthaus Aarau 1989.
- *Mireille Gros*, Ausstellungskatalog, Basel, Galerie Fabian Walter, Basel 1988.

Peter Hächler
Lenzburg 1922–1999 Lenzburg.
- *Peter Hächler. Retrospektive*, Ausstellungskatalog, Aargauer Kunsthaus Aarau, 1994, Weiningen-Zürich 1994.
- Annelise Zwez: "Vom Einfachen zum Komplexen. Dem Lenzburger Bildhauer Peter Hächler zum 70. Geburtstag". In: *Lenzburger Neujahrsblätter*, 1993, S. 71–83.
- Uli Däster: "Peter Hächler. Versuch einer Übersicht über sein bisheriges Schaffen". In: *Lenzburger Neujahrsblätter*, 1980.
- *Peter Hächler. Italo Valenti*, Ausstellungskatalog, Aargauer Kunsthaus Aarau 1973.

Alex Hanimann
Mörschwil 1955, lebt in St. Gallen.
- *Alex Hanimann. Atom in Pakistan*, Ausstellungskatalog, Kunstmuseum Solothurn, Nürnberg 2000.
- *Alex Hanimann. Nutzen und Lasten*, Ausstellungskatalog, Kunstmuseum St. Gallen 1992.
- *Alex Hanimann. Ein Löffel Tee in einem Glas voll Honig*, Ausstellungskatalog, Kunstverein St. Gallen.

Eric Hattan
Wettingen 1955, lebt in Basel und Paris.
- *Eric Hattan. Beton liquide. Video*, Ausstellungskatalog, Aargauer Kunsthaus Arau, 2000, Baden 2000.
- *Eric Hattan, Claudio Moser. NB: New York/Berlin. Die Ateliers der Eidgenossenschaft 1995–1996*, Aussstellungskatalog, Neuchâtel, CAN Centre d'Art, 1997, Bern 1997.
- *Eric Hattan*, Berlin 1996

Christoph Haerle
Zürich 1958, lebt in Zürich.
- *Ausgewählte Europäerinnen. Ausgewählte Europäer. 10 Jahre Kunstförderung der Stiftung Vordemberge-Gildewart*, Ausstellungskatalog, Museum Wiesbaden/ Pfäffikon (SZ), Seedamm-Kulturzentrum, 1994, Wiesbaden 1994.
- *Espace libéré*, Ausstellungskatalog, Mouans-Sartoux, Espace de l'art concret, Mouans-Sartoux 1993 (Espace de l'art concret 8).
- Matthias Frehner, *Geschichte der Schweizer Eisenplastik*, Zürich 1992.
- *Christoph Haerle*, Zürich, Galerie Mark Müller, Zürich 1991.

Valentin Ph. Hauri
Baden 1954, lebt in Zürich.
- *Wasserfarben. Valentin Hauri*, Zürich 1999.
- *Valentin Hauri. London. Sammlung*, Ausstellungskatalog, Centre PasquArt Biel 1995.
- *Höhe x Breite x Farbe*, Ausstellungskatalog, Aargauer Kunsthaus Aarau 1989.

Arnold Helbling
Brugg 1961, lebt in New York.
- *Arnold Helbling, Leta Peer, Harry Jo Weilenmann*, Ausstellungskatalog, Kleines Helmhaus Zürich 1994.
- *Arnold Helbling. Stoffwechsel*, Ausstellungskatalog, Basel, Galerie Fabian Walter, Basel 1993.
- *Höhe x Breite x Farbe*, Ausstellungskatalog, Aargauer Kunsthaus Aarau 1989.

Josef Herzog
Zug 1939–1998 Zug.
- *Josef Herzog*, Ausstellungskatalog, Kunsthaus Zug 1994.
- *Josef Herzog*, Ausstellungskatalog, Aargauer Kunsthaus Aarau 1989.

Werner Holenstein
Buchs AG 1932–1985 Buchs AG.
- *Werner Holenstein. Venedig*, Aarau/ Frankfurt/Salzburg 1987.
- *Werner Holenstein, Franz Pabst*, Ausstellungskatalog, Aargauer Kunsthaus Aarau 1971.

Andreas Hofer
Trimbach 1956, lebt in Bergdietikon.
- *Zart. Urs Frei, Edu Haubensak, Andreas Hofer, Daniel Zimmermann, Beat Zoderer*, Ausstellungskatalog, Graz, Forum Stadtpark, Graz 1988.
- *Stiller Nachmittag. Aspekte Junger Schweizer Kunst*, Ausstellungskatalog, Kunsthaus Zürich 1987.
- *Andreas Hofer*, Ausstellungskatalog, Kunstmuseum Olten 1986.

Gottfried Honegger
Zürich 1917, lebt in Cannes.
- *Gottfried Honegger. Vom Bild zum Raum*, Ausstellungskatalog, Mainz, Galerie Dorothea van der Koelen, Mainz 1997.
- *Gottfried Honegger. Art et architecture-Kunst als Architektur-art as architecture*, Weiningen-Zürich 1993.
- *Gottfried Honegger. Cercle et Carré*, Ausstellungskatalog, Reutlingen, Stiftung für konkrete Kunst, Reutlingen 1992.
- Peter Münger, *Gottfried Honegger*, Verein Künstler-Videodokumentationen Zürich 1992.
- Serge Lemoine, *Gottfried Honegger. Catalogue des sculptures 1953–1983. Annexe: Architecture*, Zürich 1986.
- *Gottfried Honegger. Tableaux-Reliefs, Skulpturen, Zeichnungen*, Ausstellungskatalog, Helmhaus Zürich 1986.
- Serge Lemoine u. a., *Gottfried Honegger. Tableaux-Reliefs, Skulpturen 1970–1983*, Zürich und Stuttgart 1983.

Teresa Hubbard/Alexander Birchler
Teresa Hubbard
Dublin 1965, lebt in Basel.
Alexander Birchler
Baden 1962, lebt in Basel.
- *Teresa Hubbard and Alexander Birchler. Scene*, Zürich 1998.
- *Teresa Hubbard and Alexander Birchler. Stripping*, Ausstellungskatalog, Nationalgalerie, Center for Modern and contemporary Art, Prag/ Museum Vojecha Löfflera, Kosice 1998.
- Teresa Hubbard and Alexander Birchler. Slow Place, Ausstellungskatalog, Museum für Gegenwartskunst, Basel 1997.

Felix Stephan Huber
Zürich 1957, lebt in Berlin.
- *Felix Stephan Huber. 1999*, Ausstellungskatalog, Kunstmuseum Solothurn/Kunstverein Heilbronn, 1999, Nürnberg 1999.
- *Felix Stephan Huber. Fotoprojektionen 1989–1991*, Ausstellungskatalog, Kunsthalle Zürich 1991.
- *Felix Stephan Huber. Fotoprojektionen 1988–89*, Ausstellungskatalog, Mönchengladbach, Städtisches Museum Abteiberg, 1989–90, Mönchengladbach 1989.
- *Felix Stephan Huber. Beat Streuli. Photographie*, Ausstellungskatalog, Aargauer Kunsthaus Aarau 1986.

Jan Hubertus
Java (Indonesien) 1920–1995 Baden.
- *Jan Hubertus, 1920– 1995*, Ausstellungskatalog, (Hrsg.: Stephan Kunz), Aargauer Kunsthaus Aarau 1996.

Daniel Robert Hunziker
1965, lebt in Zürich
- *Daniel Robert Hunziker*, Hrsg. Schweizer Kulturstiftung Pro Helvetia (Collection Cahiers d'artistes), Baden 1999

Leiko Ikemura
Tsu Mie (Japan) 1951, lebt in Köln.
- *Leiko Ikemura. Im Gespräch mit Friedemann Malsch*, (Kunst heute 20), Köln 1998.
- *Leiko Ikemura. Lichtgestalten*, Ausstellungskatalog, Neuss, Kulturforum Alte Post, Neuss 1997.
- Alexander Pühringer, *Leiko Ikemura*, Ostfildern 1995.
- *Gesichte*, Ausstellungskatalog, Schaffhausen, Museum zu Allerheiligen, 1993/Bündner Kunstmuseum Chur, 1993–1994, Bern 1993.
- *Leiko Ikemura. Gemälde, Zeichnungen 1980–1987*, Ausstellungskatalog, Museum für Gegenwartskunst Basel, 1987/..., Basel 1987.
- *Leiko Ikemura*, Ausstellungskatalog, Bonner Kunstverein, Bonn 1983.

Rolf Iseli
Bern 1934, lebt in Bern und St-Romain (Burgund).
- *Rolf Iseli*, Ausstellungskatalog, Pinacoteca comunale Casa Rusca Locarno 1993.
- *Rolf Iseli*, Ausstellungskatalog, Lausanne, Musée des Beaux-Arts, Lausanne 1990.

Bruno Jakob
Aarburg 1954, lebt in New York.
- *Bruno Jakob. Invisible Paintings and Drawings*, Ausstellungskatalog, Aargauer Kunsthaus Aarau 1991.

Hans Josephsohn
Königsberg 1920, lebt in Zürich.
- *Hans Josephsohn*, Ausstellungskatalog, Helmhaus Zürich 1997.
- Peter Münger, *Hans Josephsohn*, Verein Künstler-Videodokumentationen Zürich 1997.
- *La Congiunta. Haus für Reliefs und Halbfiguren von Hans Josephsohn. Casa per bassorilievi e mezze figure di Hans Josephsohn*, Zürich 1996.
- *Stiftung La Congiunta. Peter Märkli – Haus für Reliefs und Halbfiguren des Bildhauers Hans Josephsohn*, Hrsg.: Kunsthaus Bregenz, Stuttgart 1994.
- Hans Heinz Holz, *Hans Josephsohn*, Zürich 1981.
- *Hans Josephsohn*, Ausstellungskatalog, Schaffhausen, Museum zu Allerheiligen, Schaffhausen 1975.

Zoltan Kemeny
Barcia (ehemals Ungarn, heute Rumänien) 1907–1965 Zürich.
- Dieter Schwarz, *Zoltan Kemeny. Die Werke im Kunstmuseum Winterthur* (Schriften zur Sammlung 1), Ausstellungskatalog, Kunstmuseum Winterthur 1993.
- Hans-Jörg Heusser, *Zoltan Kemeny. Das Frühwerk 1943–1953* (Katalog der Peintures, Sculptures und Reliefs-Collages), Basel 1993.
- *Zoltan Kemeny*, Ausstellungskatalog, Kunstmuseum Bern 1982.
- Gaéton Picon, Ewald Rathke, *Kemeny. Reliefs en métal*, Paris 1973.
- Carola Giedion-Welcker, *Zoltan Kemeny*, St. Gallen 1968.

Heiner Kielholz
Rheinfelden 1942, lebt in Poschiavo.
- *Heiner Kielholz*, Ausstellungskatalog, Helmhaus Zürich 1997.
- *Heiner Kielholz. Bilder 1972–1986*, Ausstellungskatalog, Aargauer Kunsthaus Aarau, 1987/ ..., Aarau 1987.

Lenz Klotz
Chur 1925, lebt in Basel.
- *Lenz Klotz. Die Druckgraphik 1954 bis 1997*, Ausstellungskatalog, Chur, Bündner Kunstmuseum/ Vevey, Musée Jenisch, Cabinet des estampes, 1998–1999, Chur 1998. (Werkkatalog)
- *Lenz Klotz. Malerei und Zeichnung 1952–1962*, Ausstellungskatalog, Kunstmuseum Basel 1995.
- *Lenz Klotz. Werke seit 1963*, Ausstellungskatalog, Kunsthalle Basel 1995.
- *Lenz Klotz. La linea come elemento di espressione*, Ausstellungskatalog, Pinacoteca comunale Casa Rusca Locarno 1990.
- *Maler und Bildhauer beider Basel*, Ausstellungskatalog, Aargauer Kunsthaus Aarau 1968.

Denise Kobler
Muri/AG 1963, lebt in Zürich

Jürg Kreienbühl
Basel 1932, lebt in Basel und Paris.
- *Jürg Kreienbühl. Malerei der Leidenschaft – Peinture de la passion*, Basel 1998.
- *Jürg Kreienbühl. Catalogue raisonné de l'œuvre gravé et lithographié 1952–1997*, Musée de Gravelines, 1997.
- Aurel Schmidt, *Die Natur und ihr Museum. Ein Kapitel Geistesgeschichte vor Jürg Kreienbühls Bildern aus dem Jardin des Plantes*, Ausstellungskatalog, Basel, Naturhistorisches Museum, Basel 1992.
- *Jürg Kreienbühl. Zeichnungen. Pastelle. Grafik 1951–1984*, Ausstellungskatalog, Aargauer Kunsthaus Aarau 1985.

Peter Küng
Rheinfelden 1951, lebt in Schafisheim.
- *Höhe x Breite x Farbe*, Ausstellungskatalog, Aargauer Kunsthaus Aarau 1989.

Friedrich Kuhn
Gretzenbach 1926–1972 Zürich.
- *Friedrich Kuhn (1926–1972)*, Ausstellungskatalog, Kunsthaus Zug 1993.
- Fritz Billeter, *Outside. Streiflichter auf die moderne Schweizer Kunst*, Ausstellungskatalog, Aargauer Kunsthaus Aarau, 1981, Zürich 1980.
- *Friedrich Kuhn*, Ausstellungskatalog, Helmhaus Zürich 1973.
- Paul Nizon, *Friedrich Kuhn*, Zürich, 1970.

Marianne Kuhn
Wohlen 1949, lebt in Aarau.
- *Marianne Kuhn*, Ausstellungskatalog, Aargauer Kunsthaus Aarau 1991.
- *Zeichnungen*, Ausstellungskatalog, Helmhaus Zürich 1990.

Dominique Lämmli
Zofingen 1964, lebt in Berlin.
- *Dominique Lämmli. Ein kleiner Schneefall ertränkt in seiner Unschuld*, Ausstellungskatalog, Aargauer Kunsthaus Aarau 2000.
- *Dominique Lämmli, Zermantschte Augen – octopus is calling*, Stuttgart 2000

Walter Linck
Bern 1903–1975 Reichenbach.
- *Walter Linck. Das plastische Werk*. (Werkkatalog), Hrsg.: Regula Linck und Schweizerisches Institut für Kunstwissenschaft, Bern 1994.
- *Margrit Linck – Walter Linck. Künstlerpaare – Künstlerfreunde*, Ausstellungskatalog, Kunstmuseum Bern 1994.
- *Walter Linck. 1903–1975*, Ausstellungskatalog, Kunsthaus Zürich 1990.
- *forum schweiz aargau international. Konfrontation 1: Schweizer Bildhauer der älteren und neueren Generation*, Ausstellungskatalog, Aargauer Kunsthaus Aarau 1970.

Verena Loewensberg
Zürich 1912–1986 Zürich.
- *Verena Loewensberg. Retrospektive*, Ausstellungskatalog, Zürich, Haus für konstruktive und konkrete Kunst, 1998–1999/ Städtische Kunstsammlungen Chemnitz, 2000, Zürich 1998 (Schriften 30).
- *Verena Loewensberg, 1912–1986*, Ausstellungskatalog, Aargauer Kunsthaus Aarau 1992.
- *Verena Loewensberg*, Ausstellungskatalog, Kunsthaus Zürich/ Wilhelm Hack-Museum Ludwigshafen, 1981, Zürich 1981.
- Susanne Kappeler, *Verena Loewensberg. Betrachtungen zum*

Werk einer konstruktiven Malerin, Zürich 1980 (2. Auflage Zürich 1989).

Richard Paul Lohse
Zürich 1902–1988 Zürich.
– *Richard Paul Lohse. Konstruktive Gebrauchsgraphik* (Werkkatalog, Bd. 1), Hrsg.: Richard Paul Lohse – Stiftung, Ausstellungskatalog, Zürich, Museum für Gestaltung, 1999–2000 Ostfildern 1999.
Richard Paul Lohse. Die Konstruktion ist das Bild. La construction est le tableau, Ausstellungskatalog, Studen, Fondation Saner, Studen 1995.
– Karl Jost, Peter Münger, *Richard Paul Lohse*, Verein Künstler – Videodokumentationen Zürich 1988.
– Hans-Peter Riese, Friedrich W. Heckmanns, *Richard Paul Lohse. Zeichnungen. Dessins. 1935–1985*, Baden 1986.
– *Richard Paul Lohse. Modulare und serielle Ordnungen 1943–1984*, Zürich 1984.
– Eugen Gomringer (et al.), *Richard Paul Lohse. Modulare und serielle Ordnungen*, Köln 1973.

Urs Lüthi
Luzern 1947, lebt in München.
– *Urs Lüthi. Run for your Life (Placebos&Surrogates)* Ausstellungskatalog, München, Lenbachhaus, Ostfildern 2000.
– *Urs Lüthi. Placebos & Surrogates*, Ausstellungskatalog, Poschiavo/Luzern, Galleria Edizioni Periferia, Luzern 1999.
– *Urs Lüthi*, Ausstellungskatalog, Bonner Kunstverein, 1993/.../Kunstverein Freiburg, 1995, Klagenfurt 1993.
– *Urs Lüthi. Ein Raum für Glarus, aus der Serie der universellen Ordnung 1990–1991*, Ausstellungskatalog, Kunsthaus Glarus, 1991, Zürich 1991.
– Rainer Michael Mason, *Urs Lüthi. L'œuvre multiplié, 1970–1991*, (Catalogue raisonné), Genève, Cabinet des Estampes, Genf 1991 (deutsche Ausgabe anlässlich der Ausstellung im Aargauer Kunsthaus Aarau 1994).
– *Urs Lüthi 1990*, Helmhaus Zürich 1990.

Bernhard Luginbühl
Bern 1929, lebt in Mötschwil.
– *Bernhard Luginbühl. Die Druckgraphik 1945–1996*, (Werkverzeichnis), Hrsg.: Graphische Sammlung der ETH Zürich 1996.
– *Bernhard Luginbühl. Figuren. 1947–1989*, Ausstellungskatalog, Kunstmuseum Bern 1989.
– *Bernhard Luginbühl. Zeichnungen 1946–1984*, Ausstellungskatalog, Kunstmuseum Solothurn, 1984–1985/.../Genève, Musée Rath, 1986, Solothurn 1984.
– *Bernhard Luginbühl. Plastiken*, Ausstellungskatalog, Kunsthaus Zürich/Nationalgalerie Berlin, Zürich u. Berlin 1972.

Luigi Lurati
Basel 1936–1967 Paris.
– *Luigi Lurati – The sixties inside*, Ausstellungskatalog, Zürich, Haus für konstruktive und konkrete Kunst, Zürich 1999 (Schriften 31).
– *Luigi Lurati. 1936–1967*, Ausstellungskatalog, Aargauer Kunsthaus Aarau 1988.

Max Matter
Aarau 1941, lebt in Unterentfelden.
– *Max Matter. Matterialien*, Aarau 1995, (2 Bände, Band 1 als Reprint).
– *Max Matter*, Ausstellungskatalog, Aargauer Kunsthaus Aarau 1995.
– *Max Matter. Abwicklungen*, Ausstellungskatalog, Kunstmuseum Olten 1985.
– *Matterialien*, Ausstellungskatalog, Aargauer Kunsthaus Aarau 1983.

Gaspare O. Melcher
Chur 1945, lebt in Vada/Livorno.
– *Gaspare O. Melcher. The Roswell Symbols*, Chur 1998.
– *Gaspare O. Melcher. La forza dell'elevazione*, Ausstellungskatalog, Chur, Bündner Kunstmuseum/Vevey, Musée Jenisch, Chur 1995.
– *Gaspare O. Melcher. Spudogelion, "spudogeloion"*, Ausstellungskatalog, Genève, Galerie Anton Meier, Genf 1993.
– *Gaspare O. Melcher. Werke – opere 1971–1988*, Ausstellungskatalog, Aargauer Kunsthaus Aarau, 1989/..., Aarau 1989.
– *Gaspare O. Melcher. Temperablätter, Temperagemälde, Sepien*, Ausstellungskatalog, Schaffhausen, Museum zu Allerheiligen, Schaffhausen 1987.

Max von Moos
Luzern 1903–1979 Luzern.
– Max von Moos. Zum Gesamtwerk/Zeichnungen und Gebrauchsgrafik, Ausstellungskatalog (2 Bände), Kunstmuseum Luzern 1984.
– Häns-Jörg Heusser, *Max von Moos. Eine tiefenpsychologische Werkinterpretation. Mit einem kritischen Katalog der Gemälde*, Oeuvre Katalog Schweizer Künstler 10, Luzern 1982.

Claudio Moser
Aarau 1959, lebt in Basel.
– *Claudio Moser*, Ausstellungskatalog, Museum zu Allerheiligen, Schaffhausen 2000.
– *Claudio Moser/Markéta Othova* Ausstellungsskatalog, Kunsthalle Basel 2000.
– *Eric Hattan, Claudio Moser. NB: New York/ Berlin. Die Ateliers der Eidgenossenschaft 1995–96*, Ausstellungskatalog, Neuchâtel, CAN Centre d'Art, 1997, Bern 1997.
– *Echo. Silvia Bächli, Stefan Gritsch, Claudio Moser, Stephan Landry, Dieter Wymann, Eric Hattan*, Ausstellungskatalog, Borås Konstmuseum, 1993/ Lunds Konsthall, 1994, Borås (Schweden) 1993.
– *Autrement dit: les artistes utilisent la photographie. Mit anderen Worten: Künstler verwenden die Fotografie*, Ausstellungskatalog, Fribourg, Ancienne Caserne de la Planche, 1991, Bern 1991.

Wilfrid Moser
Zürich 1914–1997 Zürich.
– *Pont Alexandre oder Die Altersheiterkeit des Wilfrid Moser. Pastelle 1993–1997*, Ausstellungskatalog, Kunsthaus Zürich, 1997–1998, Zürich 1997.
– *Wilfrid Moser. Ein Schweizer Beitrag zur europäischen Nachkriegskunst*, Ausstellungskatalog, Kunsthaus Zürich 1993, Bern 1993.
– Peter Münger, *Wilfrid Moser*, Verein Künstler-Videodokumentationen Zürich 1993.
– Felix Baumann, *Wilfrid Moser*, Frauenfeld 1979.

Olivier Mosset
Bern 1944, lebt in Tucson (Arizona).
– *MONO (Mosset, Noland)*, Hrsg.: Robert Nickas, Ausstellungskatalog, Zürich, Migros-Museum für Gegenwartskunst, Zürich 1999 (angekündigt).
– *Olivier Mosset*, Ausstellungskatalog, Sion, Musée cantonal des beaux-arts, Sion 1994.
– *Olivier Mosset*, Baden 1990.
– *Olivier Mosset*, Ausstellungskatalog, Biennale Venedig 1990, Baden 1990.
– *Olivier Mosset 65–85*, Ausstellungskatalog, Aargauer Kunsthaus Aarau, 1986, Aarau 1985.

Max von Mühlenen
Bern 1903–1971 Bern.
– *Max von Mühlenen. 1903–1971. Retrospektive des malerischen Werkes*, Ausstellungskatalog, Kunsthalle Bern 1974.

Barbara Müller
Aarau 1956, lebt in Lenzburg.
– *Barbara Müller*, Ausstellungskatalog, Aargauer Kunsthaus Aarau 1997.

Bruno Müller
Basel 1929–1989 Paris.
- *Expressiv. Schweizer Kunst des 20. Jahrhunderts aus der Sammlung Anliker*, Ausstellungskatalog, Kunstmuseum Luzern 1992, S. 167–172.
- *Bruno Müller, Robert Müller. Skulpturen, Zeichnungen, Malerei, Graphik*, Ausstellungskatalog, Aargauer Kunsthaus Aarau 1978.
- *Bruno Müller*, Ausstellungskatalog, Kunstmuseum Luzern, 1968, Paris 1968.

Claudia & Julia Müller
Claudia Müller, Rümlingen 1964, lebt in Basel
Julia Müller, Rümlingen 1965, lebt in Basel.
- *Zobrist/Waeckerlin, Koorder, Claudia & Julia Müller*, Ausstellungskatalog, Aargauer Kunsthaus Aarau, 2000.
- *Claudia & Julia Müller*, Ausstellungskatalog, Kunsthalle Basel 1997.
- *Enzyklopädie der Freundschaft: Claudia + Julia Müller*, Ausstellungskatalog, Museum für Gegenwartskunst Basel 1994.
- *Flora & Fauna*, Ausstellungskatalog, Filiale Basel 1993.

Josef Felix Müller
Eggersriet 1955, lebt in St. Gallen.
- *Josef Felix Müller. Frühe Bilder, neue Skulpturen*, Ausstellungskatalog, Kunsthalle Giessen, 1996/Kunstverein Göttingen, 1996- 1997, Köln 1996.
- *Josef Felix Müller*, Ausstellungskatalog, Schaffhausen, Museum zu Allerheiligen, 1995, St. Gallen 1995.
- *Josef Felix Müller. Werkverzeichnis der Druckgraphik 1976–1992*, Ausstellungskatalog, Kunstmuseum St. Gallen/ Frankfurter Kunstverein/ Genève, Cabinet des estampes, 1992–1993, München/ Stuttgart 1992.
- *Josef Felix Müller. Schnitt*, Ausstellungskatalog, Kunsthalle Bielefeld/Kunstverein Ludwigsburg/daad galerie Berlin, 1991–1992, Berlin 1991.

Markus Müller
Suhr 1943, lebt in Boniswil.
- *Kunst – Natur*, Ausstellungskatalog, Galerie in Lenzburg 1982.
- Theo Kneubühler, *Markus Müller*. In: Aargauer Almanach auf das Jahr 1975, Aarau 1974, Bd. II, S. 500- 503.
- *10 Aargauer Künstler*, Ausstellungskatalog, Zürich, Städtische Kunstkammer zum Strauhof, Zürich 1972.

Robert Müller
Zürich 1920, lebt in Villiers-le-bel/ Paris.
- *Robert Müller. L'Oeuvre imprimé. Des débuts à 1996* (Werkkatalog), Ausstellungskatalog, Genève, Cabinet des estampes, Musée d'art et d'histoire, 1996–1997, Genf 1997.
- *Robert Müller. Skulpturen, Zeichnungen und Druckgrafik*, Ausstellungskatalog, Aargauer Kunsthaus Aarau 1996.
- *Robert Müller. Kreta – Zeichnungen 1978–1987*, Ausstellungskatalog, Kunstmuseum Solothurn 1990.
- *Robert Müller. Dessins 1937–1978*, Ausstellungskatalog, Genève, Musée Rath, Genf 1979.
- *Bruno Müller, Robert Müller. Skulpturen, Zeichnungen, Malerei, Graphik*, Ausstellungskatalog, Aargauer Kunsthaus Aarau 1978.
- *Les Suisses de Paris*, Ausstellungskatalog, Aargauer Kunsthaus Aarau 1971.
- Pierre Descargues, *Robert Müller* (Werkverzeichnis der Skulpturen bis 1971), Brüssel 1971.

Willy Müller-Brittnau
Winterthur 1938, lebt in Zofingen.
- Katherina Vatsella, *Willy Müller-Brittnau. Werke von 1960–1976. Works from 1960–1976*, Buchs/Zürich 1984.
- Heiny Widmer. In: Faltblatt zur Ausstellung *Müller-Brittnau. Neue Bilder*, Aargauer Kunsthaus Aarau 1982.
- *Paul Flora. Willy Müller-Brittnau*, Ausstellungskatalog, Aargauer Kunsthaus Aarau 1969.

Ursula Mumenthaler
Staffelbach 1955, lebt in Genf.
- *Aus der Romandie*, Ausstellungskatalog, Fotomuseum Winterthur, 1993–1994, Zürich 1993.
- Lutz Windhöfel, *Ursula Mumenthaler*. In: Künstlerinnen des 20. Jahrhunderts, Ausstellungskatalog, Museum Wiesbaden, 1990, S. 238–242, Wiesbaden/ Kassel 1990.
- *Transformações*, Ausstellungskatalog, Lisboa, Centro de Arte Moderna, Fundação Gulbenkian, 1990, Lissabon/ Zürich 1990.
- *Bâle – Belfort. Rencontre d'une Galerie et d'un Musée. 5 artistes suisses de la Galerie Gisèle Linder Bâle*, Ausstellungskatalog, Musée d'Art et d'Histoire Belfort, 1990, Belfort und Basel 1990.
- *Ursula Mumenthaler. Arbeiten 1988/1989*, Ausstellungskatalog, Basel, Galerie Gisèle Linder, Basel 1989.
- *Ursula Mumenthaler. Interventions dans l'espace*, Ausstellungskatalog, Genève, Palais de l'Athénée (Les Cahiers de la Classe des Beaux-Arts 58), Genf 1987.

Guido Nussbaum
Muri 1948, lebt in Basel.
- *Guido Nussbaum. Travaux publics et privés*, Ausstellungskatalog, Aargauer Kunsthaus Aarau 1997.
- *Guido Nussbaum*, Ausstellungskatalog, Kunsthalle Basel 1987.
- *"4.2". Amaretti, Christoph Gossweiler, Josef Herzog, Guido Nussbaum*, Ausstellungskatalog, Aargauer Kunsthaus Aarau 1981.

Josef Maria Odermatt
Stans 1934, lebt in der Huob oberhalb von Stans.
- *Josef Maria Odermatt. Zeichnungen und Plastiken*, Ausstellungskatalog, Stein am Rhein, Klostermuseum St. Georgen/ Schaffhausen, Museum zu Allerheiligen, 1995, Stein am Rhein 1995.
- *Josef Maria Odermatt*, Ausstellungskatalog, Stans, Salzmagazin, Stans 1994.
- *Josef. M. Odermatt*, Ausstellungskatalog, Kunstmuseum Luzern 1976.

Meret Oppenheim
Berlin 1913–1985 Basel.
- *Louise Bourgeois – Meret Oppenheim – Ilse Weber. Zeichnungen und Arbeiten auf Papier*, Ausstellungskatalog, Aargauer Kunsthaus Aarau, 1999, Zürich 1999.
- *Meret Oppenheim: eine andere Retrospektive – a different retrospective*, Ausstellungskatalog, Wien, Galerie Krinzinger/.../ Helsinki City Art Museum, Finnland, Zürich 1997.
- *Meret Oppenheim. Beyond the Teacup*, Ausstellungskatalog, New York, The Solomon R. Guggenheim Museum, 1996/.../ Omaha, Joslyn Art Museum, 1997, New York 1996.
- Christiane Meyer-Thoss, *Meret Oppenheim. Book of Ideas. Early Drawings and Sketches for Fashions, Jewelry, and Designs*, Bern/Berlin 1996.
- Isabel Schulz, *Edelfuchs im Morgenrot. Studien zum Werk von Meret Oppenheim*, München 1993.
- Josef Helfenstein, *Meret Oppenheim und der Surrealismus*, Stuttgart 1993.
- *Meret Oppenheim: Legat an das Kunstmusuem Bern*, Ausstellungskatalog, Kunstmuseum Bern 1987.
- Bice Curiger, *Meret Oppenheim. Spuren durchstandener Freiheit*, Zürich 1982 (3. Auflage 1989).

Carmen Perrin
La Paz (Bolivien) 1953, lebt in Genf.
- *Carmen Perrin. L'ecran, le seuio, la trouee*, Ausstellungskatalog, Calais, Musée des Beaux-Arts et de la Dentelle/ Vassivière en Limousin, Centre d'art contemporain de Limousin, Vassivière en Limousin/Calais 1997.
- *Carmen Perrin. Vorsicht Hochspannung*, Ausstellungskatalog, Aargauer Kunsthaus Aarau, 1996, Baden 1996.
- *Carmen Perrin, arbeiten...*, Ausstellungskatalog, Kriens, Museum im Bellpark, 1992/ Genève, Musée Rath, 1992–1993/New York, John Good Gallery, 1993, Kriens 1992.
- *Carmen Perrin. Skulpturen*, Ausstellungskatalog, Graz, Neue Galerie am Landesmuseum Joanneum, Graz 1991.
- *Carmen Perrin*, Ausstellungskatalog, Barcelona, Fundació Joan Miró, 1989/Warth, Kunstmuseum des Kantons Thurgau, 1989, Barcelona/ Warth 1989.
- *Skulptur. Sculpture. Material und Abstraktion. 2 x 5 Positionen*, Ausstellungskatalog, Aargauer Kunsthaus Aarau, 1988/Lausanne, Musée Cantonal des Beaux-Arts, 1988/ New York, City Gallery & Swiss Institute, 1989, Genf 1988.

Jean Pfaff
Basel 1945, lebt in Ventalló (Spanien).
- *Jean Pfaff. Farben sind Nomaden. Aufzeichnungen 1987–1995* und *Hispano-Zyklus*, Zürich, Galerie Mark Müller, Zürich 1996 (2 Hefte).
- *Jean Pfaff. Pinturas*, Ausstellungskatalog, Warth, Kunstmuseum des Kantons Thurgau, Warth 1992.
- *Durch Farbe Farbigkeit erzeugen. Jean Pfaff. Arbeiten auf Papier*, Ausstellungskatalog, Zürich, Haus für konstruktive und konkrete Kunst, 1990/ Ingolstadt, Galerie am Stadttheater, 1991, Zürich 1990 (Schriften 11).
- *Jean Pfaff. René Zäch*, Ausstellungskatalog, Kunstmuseum Solothurn 1983.
- *"4.1.". Jean Pfaff, Heiner Richner, Jürg Stäuble, Hannah Villiger*, Ausstellungskatalog, Aargauer Kunsthaus Aarau 1980.

Vaclav Pozarek
Ceské Budejovice (CZ)1940, lebt in Bern.
- *Elisabeth Wagner – René Zäch – Vaclav Pozarek*, Ausstellungskatalog, Museo Nacional de Artes isuales Montevideo 1996.
- *Vaclav Pozarek*, Ausstellungskatalog, Aargauer Kunsthaus Aarau 1995.
- *Vaclav Pozarek*, Ausstellungskatalog, Kunsthalle Palazzo Liestal 1993.
- *Skulptur. Sculpture. Material und Abstraktion. 2 x 5 Positionen*, Ausstellungskatalog, Aargauer Kunsthaus Aarau, 1988/Lausanne, Musée Cantonal des Beaux-Arts, 1988/ New York, City Gallery & Swiss Institute, 1989, Genf 1988.
- *Vaclav Pozarek*, Ausstellungskatalog, Kunsthalle Bern 1987.

Henri Presset
Genf 1928, lebt in Chêne-Bourg bei Genf.
- Marcel Christin, *La sculpture dans les carnets d'Henri Presset. 1964 à 1990*, Genf 1991.
- *Henri Presset. Sculptures 1959–1988*, Ausstellungskatalog, La Chaux-de- Fonds, Musée des Beaux-Arts/Aargauer Kunsthaus Aarau/ Genève, Musée Rath, 1988, La Chaux-de-Fonds 1988.
- *Henri Presset. L'œuvre gravé. 1968–1987*, Ausstellungskatalog (Hrsg.: Rainer Michael Mason), Genève, Cabinet des estampes, Musée d'art et d'histoire, 1987/Aargauer Kunsthaus Aarau, 1988, Genf 1987.

Markus Raetz
Büren an der Aare 1941, lebt in Bern.
- *Markus Raetz. Polaroids 1978–1993*, Ausstellungskatalog, Valencia, IVAM Centre Julio González, 1993–1994/Serpentine Gallery London/Genève, Musée Rath, 1994, Genf 1993.
- Rainer Michael Mason/Juliane Willi-Cosandier, *Markus Raetz. Les Estampes – Die Druckgrafik – The Prints 1957–1991*, Genf/Bern/ Zürich 1991.
- Bernhard Bürgi, *Markus Raetz. Die Bücher 1972– 1976*, Zürich 1987, 2 Bde.
- *Markus Raetz. Arbeiten 1962–1986*, Ausstellungskatalog, Kunsthaus Zürich, 1986/ ... , Zürich 1986.
- *Markus Raetz. Arbeiten. Travaux. Works 1971–1981*, Ausstellungskatalog, Kunsthalle Basel/Musée d'Art Moderne de la Ville de Paris/ ... /Frankfurt am Main, Frankfurter Kunstverein,1982–1983, Basel 1982.
- *Markus Raetz, MIMI, 43 Photos*, Ausstellungskatalog, Aargauer Kunsthaus Aarau, 1981, Zürich 1981.
- *"Das Beobachten des Beobachtens". Markus Raetz. Zeichnungen*, Ausstellungskatalog, Kunstmuseum Bern, 1977–1978, Bern 1977.
- *Markus Raetz. Die Bücher*, Zürich 1975, 3 Bde.

Erwin Rehmann
Laufenburg 1921, lebt in Laufenburg.
- Matthias Frehner, *Geschichte der Schweizer Eisenplastik*, Zürich 1992, S. 94–97.
- *Erwin Rehmann 3.* Hrsg: Marcel Joray, Neuenburg 1987 (Die Plastik des 20. Jahrhunderts 3).
- *Erwin Rehmann 2.* Hrsg: Marcel Joray, Neuenburg 1977 (Die Plastik des 20. Jahrhunderts 2).
- *Erwin Rehmann. Retrospektive 1948–1972*, Ausstellungskatalog, Aargauer Kunsthaus Aarau 1972.
- *Erwin Rehmann*. Hrsg.: Marcel Joray, Neuenburg 1967 (Die Plastik des 20. Jahrhunderts).
- *Karl Ballmer (1891–1958). Erwin Rehmann*, Ausstellungskatalog, Aargauer Kunsthaus Aarau 1960.

Heiner Richner
Suhr 1944, lebt in Aarau.
- *Heiner Richner. Skulpturen und Zeichnungen*, Ausstellungskatalog, Aargauer Kunsthaus Aarau 1991.
- *"4. 1.". Jean Pfaff, Heiner Richner, Jürg Stäuble, Hannah Villiger*, Ausstellungskatalog, Aargauer Kunsthaus Aarau 1980.

Hans Richter
Berlin 1988–1976 Ascona.
- *Hans Richter. Tra cinema e pittura*, Ausstellungskatalog, Palazzo Morettini, Locarno 1989.
- *Hans Richter. 1988– 1976. Dadaist, Filmpionier, Maler, Theoretiker*, Ausstellungskatalog, Akademie der Künste Berlin/ Kunsthaus Zürich/ Städtische Galerie im Lembachhaus München, 1982, Berlin 1982.
- *Hans Richer (Autobiographie)*, Neuenburg 1965

Peter Roesch
Aarau 1950, lebt in Luzern.
- *Peter Roesch. Arbeiten 1995–1997*, Zürich/ Luzern 1997.
- *Peter Roesch. Zeichnungen*, Stans, Galerie am Dorfplatz, Stans 1993.
- *Peter Roesch*, Ausstellungskatalog, Aargauer Kunsthaus Aarau 1991.
- *Peter Roesch*, Ausstellungskatalog, La Chaux-de-Fonds, Musée des Beaux-Arts, La Chaux-de-Fonds 1988.
- *Peter Roesch*, Ausstellungskatalog, Kunstmuseum Luzern 1978.

Patrick Rohner
Rothenturm 1959, lebt in Rüti GL.
- *Patrick Rohner*, Hrsg.: Schweizer

Kulturstiftung Pro Helvetia (Collections cahiers d'artistes), Baden 1997
- *Patrick Rohner*, Ausstellungskatalog, Kunstmuseum St. Gallen/ Kunsthaus Glarus, 1998, St. Gallen 1998.

Charles Rollier
Mailand 1912–1968 Genf.
- *Charles Rollier et la trans-figuration*, Ausstellungskatalog, Genève, Musée Rath, Genf 1998.
- *Charles Rollier. Les deux phases cardinales. Peintures 1955–1968*, Ausstellungskatalog, Lausanne, Musée cantonal des Beaux-Arts, 1984/Aargauer Kunsthaus Aarau, 1985, Lausanne 1984.
- *Charles Rollier. Dessins*, Ausstellungskatalog, Genève, Cabinet des Estampes, Musée d'art et d'histoire, Genf 1975.
- Pierre Courthion, *Charles Rollier*, Neuchâtel 1969.

Dieter Roth
Hannover 1930–1998 Basel.
- *Dieter Roth. Druckgrafik und Bücher. Prints and Books 1949–1979 (Untertitel: Gedrucktes Gepresstes Gebundenes 1949–1979. Printed Pressed Boun 1949– 1979)*,
- Ausstellungskatalog, Wien, Graphische Sammlung Albertina, 1998/ ... , Köln 1998.
- Michael Baumgartner, *Dieter Roth. Das Frühwerk*, Bern 1997.
- *Dieter Roth. Werke 1951– 1961 und das Solothurner Wandbild*,
- Ausstellungskatalog, Kunstmuseum Solothurn 1995.
- *Dieter Roth. Zeichnungen*, Ausstellungskatalog, Hamburger Kunsthalle, 1987– 1988/Graphische Sammlung Stuttgart/ Kunstmuseum Solothurn, 1988, Solothurn 1988.
- Dieter Schwarz, *Auf der Bogen Bahn. Studien zum literarischen Werk von Dieter Roth*, Zürich 1981.
- *Collaborations of Ch. Rotham. Richard Hamilton and/or Dieter Roth*, Ausstellungskatalog, Aargauer Kunsthaus Aarau, 1977, Stuttgart/Cadaqués 1977.
- Dieter Roth,
- *Gesammelte Werke*, Stuttgart/London/ Reykjavik 1969–1976 (Teil 1), 1977–1987 (Teil 2).
- Bernhard-Michael Steinmetz Hrsg., *Der da in mir drinnen (Zur Person des Dieter Roth)*, Bonn 1974.

Christian Rothacher
Aarau 1944, lebt in Aarau und Brebbia/Varese.
- *Christian Rothacher. Linolschnitt-Zyklus 1982–1985*, Ausstellungskatalog, Kunstmuseum Olten 1992.
- Eva Korazija Magnaguagno, *Der moderne Holzschnitt in der Schweiz*, Zürich 1987.

Ilona Ruegg
Rapperswil 1949, lebt in Brüssel.
- *Ilona Ruegg. Die Echte Breite: Behalte Eins*, Ausstellungskatalog, Helmhaus Zürich 1995.
- *Ilona Ruegg. Die Ränder der Gegenwart*, Ausstellungskatalog, Kunsthaus Zürich, 1990/Münster, Westfälischer Kunstverein, 1990/Kunstmuseum St. Gallen, 1991, Zürich 1990.
- *Ilona Ruegg*, Ausstellungskatalog, Kunsthalle Bern 1989.

Mario Sala
Winterthur 1965, lebt in Winterthur.
- *Mario Sala*, Hrsg.: Schweizer Kulturstiftung Pro Helvetia, (Collection Cahiers d'artistes), Baden 1998.
- *Mario Sala. Badeanstalt–Weizengolf 1996–98*, Ausstellungskatalog, Galerie Friedrich Bern 1998.
- *Leopold Schropp, Cecile Hummel, Mario Sala*, Ausstellungskatalog, Kunsthalle St. Gallen 1995.
- Marco Obrist, *Mario Sala. Projektzeichnungen und ein Raum*. In: Fön, Nr. 15, Kunsthalle St. Gallen 1995.

Claude Sandoz
Zürich 1946, lebt in Luzern.
- *Claude Sandoz. Ornamente des Alltags*, Ausstellungskatalog, Chur, Bündner Kunstmuseum/Schaffhausen, Museum zu Allerheiligen, 1994, Chur 1994.
- *Claude Sandoz. Das zerstückelte Zimmer und andere Bilder*, Ausstellungskatalog, St. Gallen, Kloster St. Katharinen, St. Gallen 1985.
- *Claude Sandoz. Nachtbilder 1971–1984*, Ausstellungskatalog, Kunstmuseum Solothurn 1984.

Hans Schärer
Bern 1927–1997 St. Niklausen.
- *Hans Schärer. Terra capricciosa. Gedichte und Druckgraphiken*, Ausstellungskatalog, Katalog der Druckgraphiken 1964–1992, von Stephan Kunz , Aargauer Kunsthaus Aarau 1993.
- *Beat Wismer, Hans Schärer. Œuvres. Werke 1980–1990*, Genève, Galerie Anton Meier, Genf 1991.
- *Schärer & Schibig. Bilder-Zeichnungen von Hans Schärer und Philippe Schibig*, Ausstellungskatalog, Kunsthaus Zug 1987.
- *Hans Schärer. Malereien und Zeichnungen von 1950–1982*, Ausstellungskatalog, Aargauer Kunsthaus Aarau 1982.
- Hans Schärer, *Dame. 80 ausgewählte Arbeiten auf Papier 1970*–1980 und 80 Zeichnungen in Faksimile, Genève, Galerie Anton Meier, Genf 1980.

Marcel Schaffner
Basel 1931, lebt in Zürich.
- Aurel Schmidt, *Marcel Schaffner*, Ausstellungskatalog, Basel, Galerie Carzaniga & Ueker, 1997–1998, Basel 1997.
- *Marcel Schaffner. Karl Jakob Wegmann. Malerei*, Ausstellungskatalog, Helmhaus Zürich 1995.
- Dorothea Christ, *Marcel Schaffner*, Ausstellungskatalog, Basel, Galerie Carzaniga & Ueker, 1995, Basel 1995.
- Dieter Koepplin, Beat Stutzer, *Marcel Schaffner*, Basel, Editions Galerie Carzaniga & Ueker, 1991.
- *Marcel Schaffner*, Ausstellungskatalog, Kunsthalle Basel 1977.

Daniel Schibli
Killwangen 1963, lebt in Zürich.
- *Daniel Schibli*, Ausstellungskatalog, Aargauer Kunsthaus Aarau, Zürich 1999.

Adrian Schiess
Zürich 1959, lebt in Mouans-Sartoux (Frankreich).
- *Adrian Schiess. Malerei*, Ausstellungskatalog, Kunsthalle Giessen, 1997, Köln 1997 (Kunstgeschichte und zeitgenössische Kunst 2).
- *Adrian Schiess, Bildraum erweitert*, Ausstellungskatalog, Deurle, Museum Dhondt-Dhaenens, Deurle 1997.
- *Adrian Schiess*, Ausstellungskatalog, Genève, Musée d'art et d'histoire, 1996–1997, Genf 1996.
- *Adrian Schiess*, Ausstellungskatalog, Graz, Neue Galerie am Landesmuseum Joanneum, 1996, Graz 1996.
- *Adrian Schiess*, Ausstellungskatalog, Kunsthalle Zürich 1994.
- *Adrian Schiess*, Ausstellungskatalog, Musée d'art moderne de la ville de Paris 1993.
- *Adrian Schiess*, Ausstellungskatalog, Aargauer Kunsthaus Aarau 1990.

Klaudia Schifferle
Zürich 1955, lebt im Tessin.
- *Klaudia Schifferle. Unterwegs*, Ausstellungskatalog, Schaffhausen, Museum zu Allerheiligen/Ulmer Museum, 1992–1993, Ulm 1992.

- *Klaudia Schifferle. Bilder und Plastiken 1989*, Ausstellungskatalog, Kunsthaus Zürich 1989.
- *Klaudia Schifferle. Bilder und Zeichnungen*, Ausstellungskatalog, Kunstverein München/ Bonner Kunstverein/ Aargauer Kunsthaus Aarau, München/Bonn/ Aarau 1986.

Jean-Frédéric Schnyder
Basel 1945, lebt in Zug.
- *Jean-Frédéric Schnyder. Paintings*, Ausstellungskatalog, Philadelphia, Moore College of Art and Design, 1994/Akron Art Museum, 1995, Philadelphia, 1994 (The Moore International Discovery Series 2).
- *Jean-Frédéric Schnyder*, Ausstellungskatalog, Biennale Venedig 1993, Bern 1993.
- *Jean-Frédéric Schnyder. Landschaft I-XXV*, Ausstellungskatalog, Frankfurt am Main, Portikus, Frankfurt a. M. 1993.
- *Jean-Frédéric Schnyder. Malerei 1988–1991*, Ausstellungskatalog, Aargauer Kunsthaus Aarau 1992, 4 Bde.
- *Jean Frédéric Schnyder. Wasserfarbe auf Papier, 1971–1977*, Ausstellungskatalog, Kunstmuseum Bern 1992.
- *Jean Frédéric Schnyder*, Ausstellungskatalog, Kunsthalle Basel 1987.

Willi Schoder
Windisch 1930, lebt in Laufenburg.
- *Willi Schoder. Ausgewählte Werke 1959– 1992*, Ausstellungskatalog, Aargauer Kunsthaus Aarau 1993.

Ernst Schurtenberger
Luzern 1931, lebt in Allensteig (Österreich).
- *Ernst Schurtenberger. Bilder und Zeichnungen seit 1950*, Ausstellungskatalog, Aargauer Kunsthaus Aarau 1987.

Albert Siegenthaler
Endingen 1938–1984 Leibstadt.
- *Albert Siegenthaler 1938–1984*, Ausstellungskatalog, Aargauer Kunsthaus Aarau 1987.
- *10 Aargauer Künstler. Ars ad Interim*, Ausstellungskatalog, Zürich, Städtische Kunstkammer zum Strauhof, Zürich 1972.
- *Carl Roesch. Jakob Probst. Franz Fischer. Albert Siegenthaler*, Ausstellungskatalog, Aargauer Kunsthaus Aarau 1969.

Matias Spescha
Trun 1925, lebt in Bages (Frankreich).
- *Matias Spescha*, Bern 1999.
- *Matias Spescha. Die Druckgraphik 1953– 1992*, Ausstellungskatalog, Chur, Bündner Kunstmuseum Chur 1993.
- *Matias Spescha*, Ausstellungskatalog, Sigean, Lieu d'Art Contemporain, Sigean 1992.
- *Matias Spescha. Plastiken 1979–1989*, Ausstellungskatalog, Kunstmuseum Winterthur 1990.
- Edith Jud, *Matias Spescha*, Verein Künstler-Videodokumentationen Zürich 1990.
- *Matias Spescha. Malerei, Plastik, Grafik, Skizzen und Projekte 1959–1975*, Ausstellungskatalog, Chur, Bündner Kunstmuseum Chur 1975.

Jürg Stäuble
Wohlen 1948, lebt in Basel.
- *Jürg Stäuble. Zeichnungen. Modelle. Objekte und Installationen*, (3 Hefte im Schuber), Sulgen 1999.
- *Jürg Stäuble. Werke 1971–1994*, Ausstellungskatalog, Aargauer Kunsthaus Aarau, 1994/ Mönchengladbach, Städtisches Museum Abteiberg, 1995, Aarau 1994.
- *Skulptur. Sculpture. Material und Abstraktion. 2 x 5 Positionen*, Ausstellungskatalog, Aargauer Kunsthaus Aarau, 1988/Lausanne, Musée Cantonal des Beaux-Arts, 1988/ New York, City Gallery & Swiss Institute, 1989, Genf 1988.
- *"4. 1.". Jean Pfaff, Heiner Richner, Jürg Stäuble, Hannah Villiger*, Ausstellungskatalog, Aargauer Kunsthaus Aarau 1980.

Anselm Stalder
Rheinfelden 1956, lebt in Basel.
- *Anselm Stalder. Flüchtiger Raum und gezeichneter Wal*, Ausstellungskatalog, Schaffhausen, Museum zu Allerheiligen, Schaffhausen 1996.
- *Anselm Stalder. Querschneider, Schmetterling und Klang*, Ausstellungskatalog, Kunsthaus Zürich 1992.
- *Anselm Stalder. Zeichnungen und Aquarelle*, Ausstellungskatalog, Museum für Gegenwartskunst Basel/ Museum Overholand Amsterdam, 1988– 1989, Basel 1988.
- *Die Verdoppelung der Möglichkeit*, Ausstellungskatalog, Kunsthalle Basel/Paris, Centre culturel suisse, 1988, Basel 1988.
- *Anselm Stalder. Der Figurenmagnet und die Flüssigkeit zur Auflösung der Figur*, Ausstellungskatalog, Wilhelm-Lehmbruck-Museum der Stadt Duisburg 1985.
- *Anselm Stalder. Il ricevitore e le 5 gambe del disertore*, Ausstellungskatalog, Biennale Venedig 1984, Bern 1984.

Walter Arnold Steffen
Saanen 1924–1982 Zürich.
- *Visionäre Schweiz*, Ausstellungskatalog, Kunsthaus Zürich, 1991–1992/Düsseldorf, Städtische Kunsthalle und Kunstverein für die Rheinlande und Westfalen, 1992, Aarau 1991.
- *Walter Arnold Steffen (1924–1982)*, Ausstellungskatalog, Aargauer Kunsthaus Aarau 1984.
- Fritz Billeter, *Outside. Streiflichter auf die moderne Schweizer Kunst*, Aargauer Kunsthaus Aarau, 1981, Zürich 1980, S. 136–144.
- *Outside*, Ausstellungskatalog, Aargauer Kunsthaus Aarau 1976.

Peter Stein
Burgdorf 1922, lebt in Muri.
- *Peter Stein*, Ausstellungskatalog, Kunsthaus Zug, (2 Bde.: Katalog und *Werkverzeichnis der Tiefdruckgrafik 1960–1996*), Zug 1997.
- *Peter Stein*, Ausstellungskatalog, Kunsthalle Burgdorf 1995.
- Matthias Haldemann, *Orte der Begegnung. Untersuchungen zum Werk Peter Steins*, Muri bei Bern 1993.
- *Peter Stein. Arbeiten von 1957 bis 1987*, Ausstellungskatalog, Kunsthaus Zug 1987.
- *Peter Stein. Kupferstiche, Zeichnungen, Gemälde*, Ausstellungskatalog, Ludwigshafen am Rhein, Wilhelm-Hack-Museum und Städtische Kunstsammlungen, Ludwigshafen 1982.
- *Wilfrid Moser, Peter Stein, Oscar Wiggli*, Ausstellungskatalog, Biennale Venedig 1980, Bern 1980.
- *Peter Stein. Werkverzeichnis der Druckgrafik von den Anfängen bis 1973*, Ausstellungskatalog, Kunstmuseum Bern 1973.

Christoph Storz
Buchs 1952, lebt in Aarau und Bangalore (Indien).
- *Etliches, öfters. Christoph Storz*, Ausstellungskatalog, Aargauer Kunsthaus Aarau 1994.

Annelies Štrba
Zug 1947, lebt in Richterswil.
- *Shades of time. Annelies Štrba*, Baden 1997.
- *Annelies Štrba*, Ausstellungskatalog, Aargauer Kunsthaus Aarau 1997.
- *Vertrauenssache. Iris Häussler – Cary S. Leibowitz – Annelies Štrba*, Ausstellungskatalog, Bonner Kunstverein, Bonn 1997.
- *Annelies Štrba. Aschewiese*, Ausstellungskatalog, Kunsthalle Zürich 1990.

Robert Strübin
Basel 1897–1965 Basel.
- *Bild-Musik. Jakob Weder und Robert Strübin*, Ausstellungskatalog, Kunsthaus Zug 1992.
- Thomas Lehner, *Der Kunstkonverter. Über die Verwandlung von Musik in Malerei und wieder zurück. Die plastische Erfindung der Basler Maler-Pianisten Robert Strübin*, Nürnberg 1973
- *Robert Strübin (1897– 1965). Retrospektive. Musikbilder und andere Werke*, Ausstellungskatalog, Kunstmuseum Luzern 1970.

Marcel Stüssi
Sargans 1943–1997 Basel.
- *Marcel Stüssi*. (Hrsg.: Harry Zellweger), Ausstellungskatalog, Basel, Ausstellungsraum Harry Zellweger, 1992–1993, Basel 1992.
- *Schwellentore. 14 Arbeiten von 16 Künstlerinnen und Künstlern in einer ehemaligen Fabrikhalle*, Ausstellungskatalog, Liestal, Werkhalle Schafir & Mugglin, 1989, Basel 1989.

Hugo Suter
Aarau 1943, lebt in Birrwil.
- *Hugo Suter*. In: Du, Heft Nr. 695, Zürich 1999.
- *Hugo Suter. Das Eine im Andren*, Ausstellungskatalog, Aargauer Kunsthaus Aarau 1997.
- *In Nebel aufgelöste Wasser des Stromes. Hommage à Caspar Wolf*, Ausstellungskatalog, Aargauer Kunsthaus Aarau (Schriften zur Aargauischen Kunstsammlung 1), Aarau/Baden 1991.
- *Hugo Suter*, Ausstellungskatalog, Kunsthaus Zürich 1988.
- *Hugo Suter*, Ausstellungskatalog, Aargauer Kunsthaus Aarau 1982.

André Thomkins
Luzern 1930–1985 Berlin.
- *André Thomkins. 1930– 1985. Umwege. Denkmuster. Leitfaden*, Hrsg.: Schweizerisches Institut für Kunstwissenschaft, Ausstellungskatalog, (Werkkatalog), Kunstmuseum Bern, 1999, Köln 1999.
- *André Thomkins. Labyrinthspiel*, Ausstellungskatalog, Akademie der Künste Berlin, 1989/Kunstmuseum Luzern, 1990, Berlin 1989, 2 Bde.
- *André Thomkins – menschenmöglich. Federzeichnungen 1947– 1977*, Ausstellungskatalog, Kunsthalle Hamburg 1988, Köln 1988.
- *André Thomkins, Gesammelte Anagramme*, Hrsg.: Dieter Schwarz, Zürich *1987*.
- *André Thomkins*, Ausstellungskatalog, Kunsthaus Zürich 1986.
- *André Thomkins – Serge Stauffer. Oh! cet echo!*, Stuttgart 1985.
- *André Thomkins*, Ausstellungskatalog, 15. Biennale São Paulo 1979.
- *André Thomkins. Permanentszene*, Stuttgart 1978.
- *André Thomkins. Die Druckgrafik und Monotypisches*, Zürich 1977.

Jean Tinguely
Fribourg 1925–1991 Bern.
- *Museum Jean Tinguely: die Sammlung*, Bern 1996.
- Heidi E. Violand-Hobi, *Jean Tinguely. Biographie und Werk*. München/New York 1995.
- *Jean Tinguely. Werkkatalog. Band 2. Skulpturen und Reliefs 1969–1985*. Bearbeitet von Christina Bischofberger, Küsnacht/Zürich 1990.
- *Pandämonium. Jean Tinguely*, Zürich 1988.
- Pontus Hulten, *Tinguely*, Ausstellungskatalog, Paris, Centre national d'art et de culture Georges Pomidou, 1988–1989, Paris 1988.
- Pontus Hulten, *Tinguely. A Magic Stronger than Death*, Ausstellungskatalog, Venedig, Palazzo Grassi, 1987, Mailand 1987.
- *Jean Tinguely. Werkkatalog. Skulpturen und Reliefs 1954–1968*. Bearbeitet von Christina Bischofberger, Küsnacht/ Zürich 1982.

Varlin (Willy Guggenheim)
Zürich 1900–1977 Bondo.
- Paola Tedeschi-Pellanda/ Patrizia Guggenheim, *Varlin*, 2 Bände, mit einem Werkverzeichnis sämlicher Gemälde, Zürich/ Frankfurt 2000
- *Varlin. Wenn ich dichten könnte. Briefe und Schriften*, Zürich 1998.
- *Varlin. Opere 1925–1977*, Ausstellungskatalog, Mailand, Palazzo Reale e Museo della fabbrica del duomo, 1994, Mailand 1994.
- *Varlin*, Ausstellungskatalog, Lugano, Villa Malpensata, Galleria civica, 1992, Mailand 1992.
- *Varlin 1900–1977. Retrospektive*, Ausstellungskatalog, Aargauer Kunsthaus Aarau 1978.
- Ludmila Vachtova, *Varlin*, Frauenfeld 1978.

Hannah Villiger
Cham 1951–1997 Paris.
- *Hannah Villiger. Skulptural 1995–1997*, Ausstellungskatalog, Kunstmuseum Luzern 1998.
- *Hannah Villiger. Pipilotti Rist*, Ausstellungskatalog, Biennale de São Paulo 1994, Baden 1994.
- *Hannah Villiger. Zwei*, Ausstellungskatalog, Kunsthaus Zug, 1991– 1992, Zug 1991.
- *Hannah Villiger. Skulptural, 1988/89*, Ausstellungskatalog, Museum für Gegenwartskunst Basel 1989.
- *Hannah Villiger*, Hrsg.: Schweizer Kulturstiftung Pro Helvetia, (Künstlerheft), Zürich 1986.
- *Hannah Villiger. Neid. Skulptural*, Ausstellungskatalog, Kunsthalle Basel 1985.
- *"4. 1." Jean Pfaff, Heiner Richner, Jürg Stäuble, Hannah Villiger*, Ausstellungskatalog, Aargauer Kunsthaus Aarau 1980.

Bernard Voïta
Cully 1960, lebt in Brüssel.
- *Bernard Voïta. White Garden*, Ausstellungskatalog, Kunsthalle Zürich, 1997, Baden 1997.
- *Bernard Voïta*, Ausstellungskatalog, Lausanne, Musée de l'Elysée, 1994, Lausanne 1994.
- *Wichtige Bilder. Fotografie in der Schweiz*, Ausstellungskatalog, Museum für Gestaltung Zürich 1990.
- *Bernard Voïta*, Ausstellungskatalog, Zürich, Shedhalle, Rote Fabrik, Zürich 1988.

Waeckerlin/Zobrist
Theres Waeckerlin
Basel 1965, lebt in Zürich.
Agatha Zobrist
Aarau 1966, lebt in Zürich.
- *Waeckerlin/Zobrist, Koorder, Claudia & Julia Müller*, Ausstellungskatalog, Aargauer Kunsthaus Aarau 2000
- *Agatha Zobrist und Theres Waeckerlin*, Hrsg.: Schweizer Kulturstiftung Pro Helvetia (Collection Cahiers d'artistes), Baden 1998.

Aldo Walker
Winterthur 1938–2000 Luzern.
- *Aldo Walker*. In: Du, Heft Nr. 695, Zürich 1999.
- *Lettre d'images par Aldo Walker*, Ausstellungskatalog, Helmhaus Zürich 1989.
- *Aldo Walker. Früher oder später*, Ausstellungskatalog, Kunstmuseum Luzern 1989.
- *Aldo Walker*, Ausstellungskatalog, Hamburger Kunstverein, Hamburg 1988.
- *Aldo Walker*, Ausstellungskatalog, Kunsthalle Basel 1987.
- *Aldo Walker. Arbeiten seit 1964*, Ausstellungskatalog, Aargauer Kunsthaus Aarau 1986.
- *Aldo Walker. Die Mehrsinnigkeit der klaren Gestalt*, Ausstellungskatalog, Biennale Venedig 1986, Bern 1986.

Franz Wanner
Wauwil 1956, lebt vorwiegend in Zürich.
- *Land – Franz Wanner, Michael Donhauser*

- Buchpublikation, Erstfeld, Edition 4, 1999.
- *Franz Wanner. Aut tace aut loquere meliora silentio*, Buchpublikation, Flüelen, Alte Kirche, 1996, Zürich, Edition Unikate, 1996.
- *Franz Wanner*, Ausstellungskatalog, Frankfurt am Main, Galerie Ryszard Varisella, 1988/Kunstmuseum Luzern, 1989, Luzern 1989.
- *Artistes de Lucerne*, Ausstellungskatalog, Genève, Musée Rath, Genf 1984.

Ilse Weber
Baden 1908–1984 Washington.
- *Louise Bourgeois – Meret Oppenheim – Ilse Weber. Zeichnungen und Arbeiten auf Papier*, Ausstellungskatalog, Aargauer Kunsthaus Aarau/New York, Swiss Institut 1999, Zürich 1999.
- *Ilse Weber. Wie eine Landschaft – Zeichnungen, Aquarelle und Gemälde*, Ausstellungskatalog, Kunsthaus Zürich 1992.
- *Ilse Weber. Americana*, Genf 1985.
- Marie-Louise Lienhard, *Ilse Weber*, Luzern 1982.
- *Ilse Weber, Roland Guignard*, Ausstellungskatalog, Aargauer Kunsthaus Aarau 1967.

Karl Jakob Wegmann
Haslen 1928–1997 Zürich.
- *Karl Jakob Wegmann*, Opfikon, E Galerie Susi Landolf, 1997.
- *Marcel Schaffner. Karl Jakob Wegmann. Malerei*, Ausstellungskatalog, Helmhaus Zürich 1995.
- *Karl Jakob Wegmann. Werke 1959–1983*, Ausstellungskatalog, Helmhaus Zürich 1983.

Gillian White
Orpington (GB) 1939, lebt in Leibstadt.
- *Sammlung Dr. Hans Koenig. Metallplastiken. Sonderausstellung Gillian White*, Zollikon, Villa Meier-Severini, 1994, Zollikon 1994.
- *Eigenwerk im Eisenwerk. Sibylle Burla, Gillian White, Elke Scheu*, Ausstellungskatalog, Shed im Eisenwerk Frauenfeld 1992.
- *Eisen 89 – Perspektiven Schweizer Eisenplastik 1934–1989*, Ausstellungskatalog, Dietikon, 1989, Zürich 1989.

Rolf Winnewisser
Niedergösgen 1949, lebt in Birrwil.
- *Rolf Winnewisser*. In: Du, Heft 695, Zürich 1999.
- *Hugo Suter, Rolf Winnewisser. A wheel in wheel*, Ausstellungskatalog, Swiss Institute New York 1992.
- Stefan Banz, *Serendipity – unterwegs zu den Bildern von Rolf Winnewisser*, Helmhaus Zürich 1991.
- *Rolf Winnewisser. 23 Bildtücher*, Ausstellungskatalog, Kunstmuseum Luzern, 1990, Zürich 1990.
- *MAPTRAP WIWI. R. Rolf Winnewisser*, Ausstellungskatalog, Kunstmuseum Solothurn 1989.
- *Rolf Winnewisser. Entfaltetes und Entfallendes*, Ausstellungskatalog, Kunsthalle Basel 1979.
- *Rolf Winnewisser* (mit Theo Kneubühler und Aldo Walker), Ausstellungskatalog, Kunstmusem Luzern 1975.

Anna Winteler
Lausanne 1954, lebt in Basel.
- *Künstler-Videos. Entwicklung und Bedeutung. Die Sammlung der Videobänder des Kunsthauses Zürich*. Hrsg.: Ursula Perucchi-Petri, Ostfildern 1996 (Sammlungsheft 20), S. 249–251.
- *Video – vidim – ich sehe. Slowakische, tschechische und schweizerische Videokunst*, Ausstellungskatalog, Zilina, Povazska galeria umenia, 1994/ ... /Kunstmuseum Thun, 1995, Bern 1994.
- *In Nebel aufgelöste Wasser des Stromes. Hommage à Caspar Wolf*, Ausstellungskatalog, Aargauer Kunsthaus Aarau (Schriften zur Aargauischen Kunstsammlung 1), Aarau/Baden 1991.
- *Anna Winteler. Videoarbeiten 1979–1989*, Kölnischer Kunstverein, Köln 1991.
- *Künstlerinnen des 20. Jahrhunderts*, Ausstellungskatalog, Museum Wiesbaden, 1990, Kassel 1990, S. 321–325.
- *Video-Skulptur retrospektiv und aktuell 1963–1989*, Ausstellungskatalog, Kölnischer Kunstverein/ ... /Kunsthaus Zürich, 1989, Köln 1989.
- *Anna Winteler. Discours des Montagnes à la Mère*, Videokatalog, Kunsthalle Basel 1988.
- *Tanzen mit dem Video. Anna Winteler*. Hrsg.: Schweizer Kulturstiftung Pro Helvetia, (Künstlerheft), Zürich 1984.

Eva Wipf
Santo Angelo do Paraiso (Brasilien) 1929–1978 Brugg.
- *Eva Wipf. Retrospektive*, Ausstellungskatalog, Kunsthaus Zug, 1995–1996, Stuttgart/Zürich 1995.
- *Eva Wipf. Die neue Sprache*, Brugg 1980.
- *Eva Wipf. Bilder, Collagen, Assemblagen 1949–1968*, Ausstellungskatalog, Wessenberghaus Konstanz 1968.

Alfred Wirz
Aarau 1952, lebt in Montmélard (Burgund).
- *Alfred Wirz*, Ausstellungskatalog, Kunstmuseum Olten 1995.
- *Alfred Wirz. "ici-bas"*, Ausstellungskatalog, Berowergut Riehen 1992.
- *Alfred Wirz. Hendschiken*, Ausstellungskatalog, Aargauer Kunsthaus Aarau, 1989–1990, Aarau 1989.

Dieter Wymann
Basel 1961, lebt in Basel.
- *Travelling Light*, Ausstellungskatalog, London, Hales Gallery/Basel, Ausstellungsraum Klingental, 1995, London 1995.
- *Echo. Silvia Bächli, Stefan Gritsch, Claudio Moser, Stephan Landry, Dieter Wymann, Eric Hattan*, Ausstellungskatalog, Borås Konstmuseum, 1993/Lunds Konsthall, 1994, Borås (Schweden)1993.
- *Dieter Wymann, Tony Tasset, Olafur Gislason*, Ausstellungskatalog, Zürich, Shedhalle, Rote Fabrik, Zürich 1992.

Marcel Wyss
Bern 1930, lebt in Bern.
- *konkrete kunst. die sammlung gomringer aus dem museum für konkrete kunst ingolstadt*, Ausstellungskatalog, Ulmer Museum, 1990–1991, Ulm 1990.

Jurek Zaba
Wettingen 1957, lebt in Zürich.
- Ingrid Textor, *Alles, was geschieht, geht dich an oder Wo nehmen Maler und Malerinnen ihre Stoffe her?*, Blatt zur Ausstellung: *Hans Rudolf Fitze, Françoise Samuel, Jurek Zaba*, Martigny, Galerie Le Manoir, Martigny 1995.
- *Jurek Zaba*, Ausstellungskatalog, Aargauer Kunsthaus Aarau, 1993–1994, Aarau 1993.
- *Aktuell 90. Junge Kunst aus Zürich*, Ausstellungskatalog, Künstlerwerkstätten München, 1990, Zürich 1990.

René Zäch
Solothurn 1946, lebt in Biel.
- *René Zäch*, Ausstellungskatalog, Aargauer Kunsthaus Aarau 1999.
- *Elisabeth Wagner – René Zäch – Vaclav Pozarek*, Ausstellungskatalog, Montevideo, Museo Nacional de Artes isuales, Montevideo 1996.
- *René Zäch. Eine Zeichnung. Un dessin*, Ausstellungskatalog, Sion, Musée cantonal des beaux-arts, Sion 1995.
- *René Zäch*, Ausstellungskatalog, Kunsthalle Bern 1989.

Rémy Zaugg
Courgenay 1943, lebt in Basel.
- *Rémy Zaugg. Über die Blindheit – Schweizer Fresko – Hinter der Kunsthalle,* Ausstellungskatalog, Kunsthalle Basel 1999.
- *Rémy Zaugg. Das Kunstmuseum, das ich mir ertäume oder Der Ort des Werkes und des Menschen,* Hrsg.: Institut für moderne Kunst Nürnberg 1999.
- Hans Rudolf Reust, *Le monde dit/Die Welt spricht/Il mondo dice/Il mund di. Über das Gesamtkunstwerk von Rémy Zaugg im eidgenössischen Verwaltungsgebäude Monbijoustrasse 72/72 in Bern,* Hrsg.: Bundesamt für Kultur, Bern 1998.
- *Rémy Zaugg. Retrospektive, ein Fragment,* Ausstellungskatalog, Kunsthalle Nürnberg 1997.
- *Rémy Zaugg. Réflexions sur et d'une feuille de papier. Reflexionen auf und über ein Blatt Papier,* Hrsg.: Theodora Vischer, Ausstellungskatalog, Basel, Museum für Gegenwartskunst, 1993, Ostfildern 1993.
- *A Sheet of Paper II.* Rémy Zaugg, Paris/ Dijon/Bruxelles 1992.
- *Rémy Zaugg. Le tableau te constitue et tu constitues le tableau,* Ausstellungskatalog, Kunstmuseum Luzern 1991.
- *Rémy Zaugg. Le singe peintre,* Ausstellungskatalog, Aargauer Kunsthaus Aarau 1982.

Muz Zeier (Helmut Viktor Zeier)
Zürich 1929–1981 Zürich.
- *Muz Zeier 1929–1981,* Ausstellungskatalog, Aargauer Kunsthaus Aarau 1985.
- *Kurt Fahrner. Friedrich Kuhn. Hans Schärer. Philippe Schibig. Peter von Wattenwyl. Muz Zeier,* Ausstellungskatalog, Kunstmuseum Luzern 1969.

Beat Zoderer
Zürich 1955, lebt in Wettingen und Genua.
- *Beat Zoderer. Für alle Fälle,* Ausstellungskatalog, Kunstverein Freiburg/Zürich, Haus für konstruktive und konkrete Kunst/...,1999- 2000, Nürnberg 1999.
- *Beat Zoderer. Lagerware IX. 95,* Ausstellungskatalog, Aargauer Kunsthaus Aarau 1995.
- *Beat Zoderer,* Ausstellungskatalog, Valencia, Palau dels Scala/Bozen, Galerie Museum, 1994, Valencia 1994.
- *Beat Zoderer. Druckwerk,* Ausstellungskatalog, Helmhaus Zürich 1992.